国家开放教育汽车类专业（专科）规划教材
全国汽车职业教育人才培养工程规划教材

汽车电工电子基础

国家开放大学汽车学院组织编写
舒 华 李良洪

国家开放大学出版社·北京
人民交通出版社股份有限公司·北京

内 容 提 要

本书为国家开放教育汽车类专业（专科）规划教材、全国汽车职业教育人才培养工程规划教材之一。本书主要介绍汽车电工电子基础的相关知识，既注重基础知识介绍，又利用生产实际案例进行分析，旨在帮助学生掌握电路基础理论和技能训练方法等核心内容，并使其具备企业相关岗位所要求的能力。

本书可作为高等职业技术学院和高等专科学校汽车类专业的教材，也可供从事汽车维修、汽车营销的工程技术人员参考。

图书在版编目（CIP）数据

汽车电工电子基础 / 舒华，李良洪主编．—北京：中央广播电视大学出版社：人民交通出版社股份有限公司，2017.10（2020.10 重印）

ISBN 978 - 7 - 304 - 08940 - 5

Ⅰ.①汽… Ⅱ.①舒… ②李… Ⅲ.①汽车—电工 ②汽车—电子技术 Ⅳ.①U463.6

中国版本图书馆 CIP 数据核字（2017）第 250872 号

汽车电工电子基础
QICHE DIANGONG DIANZI JICHU
舒 华 李良洪

出版·发行： 国家开放大学出版社（原中央广播电视大学出版社） 人民交通出版社股份有限公司
电话： 营销中心 010 - 68180820（国家开放大学出版社）
总 编 室 010 - 68182524（国家开放大学出版社）
营销中心 010 - 59757973（人民交通出版社股份有限公司）
网址： http://www.crtvup.com.cn（国家开放大学出版社）
http://www.ccpress.com.cn（人民交通出版社股份有限公司）
地址： 北京市海淀区西四环中路 45 号 **邮编：** 100039（国家开放大学出版社）
北京市朝阳区安定门外外馆斜街 3 号 **邮编：** 100011（人民交通出版社股份有限公司）
经销： 新华书店北京发行所

策划编辑： 沈海哲 **版式设计：** 黄 晓
责任编辑： 王 可 **责任校对：** 冯 欢
责任印制： 赵连生

印刷： 廊坊十环印刷有限公司
版本： 2017 年 10 月第 1 版 2020 年 10 月第 4 次印刷
开本： 787mm × 1092mm 1/16 **插页：** 12 页 **印张：** 15 **字数：** 351 千字

书号： ISBN 978 - 7 - 304 - 08940 - 5
定价： 37.50 元

（如有缺页或倒装，本社负责退换）
意见及建议：OUCP_KFJY@ouchn.edu.cn

总　　序

国家开放大学汽车学院是国家开放大学的二级学院。其前身为北京中德合力技术培训中心与中央广播电视大学（现国家开放大学）于2004年创建的汽车专业（专科）。经过多年的教学努力与经验积累，以及北京中德合力技术培训中心与国家开放大学、中国汽车维修行业协会、中国汽车文化促进会鼎力合作，2013年11月26日国家开放大学汽车学院正式成立。

在2003年颁布的《教育部等六部门关于实施职业院校制造业和现代服务业技能型紧缺人才培养培训工程的通知》中，汽车维修专业被确定为紧缺人才专业。为满足教学需要，由北京中德合力技术培训中心负责组织编写，中央广播电视大学出版社出版了汽车专业（专科）系列教材，包括27本文字教材和相配套的课程形成性考核册、音像资料等。2008年5月，远程开放教育首届汽车维修专业500多名专科毕业生走向社会，受到行业普遍欢迎。十几年来，国家开放大学累计培养汽车专业（专科）毕业生近3万人，社会评价较高。

2015年年底，按照教育部最新颁布的《普通高等学校高等职业教育（专科）专业目录（2015年版）》，国家开放大学汽车学院对已开设的开放教育汽车（汽车维修方向）专业、汽车（汽车营销方向）专业两个专业和“新型产业工人培养和发展助力计划”汽车检测与维修技术专业、汽车技术服务与营销专业两个专业进行了合并，重新设置了汽车运用与维修技术、汽车营销与服务两个专业（专科），制定了新专业的人才培养方案。为满足新专业的教学需要，汽车学院组织编写了本套国家开放教育汽车类专业（专科）规划教材、全国汽车职业教育人才培养工程规划教材。本套教材具有如下特点：

第一，针对性强。教材内容的选择、深浅程度的把握、编写体例严格按照国家开放大学关于开放教育教材的编写要求进行，满足成人教育的需要。

第二，专业特色鲜明。汽车运用与维修技术、汽车营销与服务两个专业（专科）是应用型专业。教材主编均为来自高校和汽车维修、营销一线的专家，他们的教学和实践经验丰富，所选内容能够强化实训环节，理论和实训部分比例适当，联系紧密，实用性强。

第三，采用互联网科技。全套教材实现了文字教材+二维码，引入了二维、三维动画和音视频等学习资源，对传统教材是一大突破，增加了教材的可读性、可视性、知识性和趣味性。

第四，整合优质资源。本套教材是由中央广播电视大学出版社、人民交通出版社股份有限公司联合出版发行的国家开放教育汽车类专业（专科）规划教材、全国汽车职业教育人才培养工程规划教材，面向国家开放大学系统和全社会公开发行，不但适合国家开放大学的需要，也适合其他高等职业院校汽车运用与维修技术、汽车营销与服务专业（专科）的教学需要。

在本套教材的组编过程中，国家开放大学就规划教材如何做出鲜明行业特色做了重要指示。北京中德合力技术培训中心承担了教材编写、审定的组织实施及出版、发行等环节的沟通协调工作。中国汽车维修行业协会积极调动行业资源，深入参与教材的组织编写，人民交通出版社股份有限公司积极提供二维码资源。中国汽车文化促进会积极推荐主编人选，参与教材编写的组织工作。各教材主编、参编老师和专家们认真负责、兢兢业业，确保教材的组编工作如期完成。没有他们认真负责的工作和辛勤的劳动付出，本套教材的编写、出版、发行就不可能这么顺利进行。借此机会，对所有参与、关心、支持本套教材编辑、出版、发行的先生、女士表示衷心感谢！

本套教材编写时间紧，协调各方优质资源任务重，难免存有不足之处，还请使用者批评指正，不吝赐教。

2017 年 8 月

前　　言

《汽车电工电子基础》是国家开放教育汽车类专业（专科）规划教材、全国汽车职业教育人才培养工程规划教材之一。

汽车技术是衡量一个国家的工业化水平的标志之一。自20世纪80年代以来，汽车技术的发展主要是汽车电器与电控技术的发展，汽车发动机燃油喷射技术、自动变速技术、防抱死制动技术和安全气囊技术等已经成为汽车的标准装备技术。电工电子知识正是这些技术的基础，对学习汽车运用与维修技术具有奠基石的作用。本书既注重基础知识描述，又利用生产实际案例进行分析，能有效地帮助学生学习，使其达到企业相关岗位所要求的能力水准。

本书共分六章编写，并附有附录以供参考。前四章主要介绍电路基础知识，后两章主要介绍电工电子常用的测量仪表及其技能训练方法。每章开始都有“导言”和“学习目标”，每章结尾都附有“本章小结”和“自测题”，以帮助学生掌握电路基础知识和技能训练方法等核心内容。

本书具有以下特点：

（1）在内容上，力求体现“够用”和“实用”。对汽车运用与维修技术专业基础和汽车电工电子基础做到精练讲解，对技能训练内容做到详细介绍，目的是帮助学生打牢基础和掌握基本技能。

（2）所有技能训练项目均与生产实际相关，做到了真实的“情境式”教学，以激发学生的学习兴趣，并提高其解决实际问题的能力。

（3）根据远程开放教育的特点编写，语言精练，便于教师开展教学实践。

根据开放式教育的特点，书中配有二维码，扫一扫即可观看相关的动画或视频。本书中的二维码均由人民交通出版社股份有限公司提供。

本书由军事交通学院舒华教授和李良洪副教授编写，并由舒华担任统稿工作。第1章和第2章由舒华编写，第3～6章和附录由李良洪编写。在本书的编写过程中，承蒙国家开放大学和兄弟院校及企业有关同志的大力支持，在此向他们表示衷心的感谢。此外，在本书的编写过程中，我们参考了大量的文献资料，在此向原作者表示诚挚的谢意。

由于编者知识水平有限，书中难免存在疏漏之处，敬请广大读者批评指正。

编者

2017年9月

学习指南

0.1 学习目标

完成本课程的学习后，你将达到以下目标：

1. 认知目标

（1）熟悉电工电子学的基础知识、基本概念和基本定律，并能描述其含义。

（2）熟悉汽车电路、模拟电路、数字电路的结构组成与工作原理，并能进行分析说明。

2. 技能目标

（1）能够运用电工电子学的基本公式和有关定理或定律，进行各种物理量的求解计算。

（2）能够运用实验设备、装置和器材，对有关电路和定理、定律进行实验操作验证，并能对实验现象和结果进行简要分析说明。

3. 情感目标

（1）具有浓厚的学习兴趣，养成独立思考的良好习惯。

（2）具有良好的语言表达能力、社会沟通能力、组织指挥能力和关系协调能力。

（3）具有良好的团队合作精神。

（4）具有良好的职业道德与行为操守。

0.2 学习内容

本书包括以下内容：

1. 汽车电路基础

本章主要介绍与汽车电路有关的基础知识，包括电路的基本物理量、电路的组成与连接、电压和电流的参考方向、电路的基本定律、电源的工作状态、电阻的连接、电压源与电流源及其等效变换、电路的暂态分析、汽车电路的组成与特点等内容。通过学习本章内容，学生能够掌握汽车电路的基础知识，为学习后续相关章节和专业知识奠定坚实的基础。

2. 磁路与电机

本章主要介绍与汽车磁路有关的基础知识，包括磁路的基本概念与基本定律、磁性材料的特性、交流铁心线圈电路、电器材料、汽车交流发电机和汽车直流电机等内容。通过学习本章内容，学生能够掌握磁路与电机的基础知识，为学习后续相关章节和专业知识奠定坚实的基础。

3. 模拟电路基础

本章主要介绍与模拟电路有关的基础知识，包括半导体二极管、稳压二极管、晶体三极管等半导体器件，基本放大电路的组成和工作原理、静态分析和动态分析，集成运算放大器和直流稳压电源等内容。通过学习本章内容，学生能够掌握模拟电路的基础知识，为学习后续相关章节和专业知识奠定坚实的基础。

4. 数字电路基础

本章主要介绍与数字电路有关的基础知识，包括逻辑代数的基本运算规则和定律、逻辑函数的表示方法、逻辑函数的化简方法、组合逻辑电路与时序逻辑电路的分析和设计方法、集成定时器的工作原理、数/模转换器和模/数转换器的工作原理等。通过学习本章内容，学生能够掌握数字电路的基础知识，为学习后续相关章节和专业知识奠定坚实的基础。

5. 电工测量基础

本章主要介绍电工测量的基础知识、万用表的结构与使用等。通过学习本章内容，学生能够掌握常用电工测量仪表的基础知识，为学习后续相关章节和专业知识奠定坚实的基础。

6. 电工电子基本技能训练

本章主要介绍电工电子基本技能，对汽车相关专业的学生进行电工电子基本技能的训练，培养学生运用所学电工电子学的理论知识来分析、解决实际问题的能力，并为学习后续的“汽车电器构造与检修”“汽车电控技术”等课程打下坚实的基础。

0.3 学习准备

在学习本课程之前，学生应具有“高等数学基础”和“汽车机械基础”等课程的基本知识。

0.4 学习资源

为了帮助学生更好地掌握本书的内容，使教师顺利地完成教学工作，本课程在文字教材的基础上配备了二维、三维动画及音视频等学习资源，并以二维码的形式呈现在各章节的对应位置。

0.5 学习评价

1. 评价方式

本课程的学习评价采用形成性考核和终结性考试两种方式进行。其中，形成性考核采取作业册的方式进行，主要检验学生的作业完成情况。终结性考试是在形成性考核的基础上，对学生学习情况和学习效果进行的一次全面检测。

2. 评价要求

本课程的评价重点为文字教材的基本概念、基础知识和基本分析方法，各章内容均有考核要求。

3. 试题题型

本课程试题题型及其他说明详见国家开放大学考试中心发布的课程考试管理文件中的“汽车电工电子基础课程考核说明”。

目　　录

第 1 章　汽车电路基础

导　言

汽车电路的基础是电工学知识，而“电工学”是研究电工技术与电子技术的理论和应用的技术基础课程，具有基础性、应用性和先进性。基础包括基本理论、基本知识和基本技能。

本章主要介绍与汽车电路有关的基础知识，包括电路的基本物理量、电路的组成与连接、电压和电流的参考方向、欧姆定律及其应用、电源的工作状态、电路的计算方法、电压源与电流源及其等效变换、电路的暂态分析、汽车电路的组成与特点等内容。本章学习内容力求使学生掌握汽车电路的基础知识，为学习后续相关章节和专业知识奠定坚实的基础。

学习目标

1. 认知目标

（1）理解电流、电压、电阻、电位、电位差、电动势、电功、电功率和热功率等电路基本物理量的概念与意义。

（2）了解电功率与热功率的关系，电路的组成与作用、电路的状态及其连接方法。

（3）理解电路的模型以及电压和电流参考方向的运用。

（4）理解电阻定律、焦耳定律、欧姆定律和基尔霍夫定律的含义及其表达方法，以及电功、电功率和热功率的表达方法。

（5）了解电源有载工作、开路、短路的含义。

（6）掌握电阻连接电路的计算方法。

（7）掌握电源的电动势和内阻的测量方法、电源和负载的判别方法。

（8）了解汽车电路的组成与特点。

2. 技能目标

（1）能够在某一部分汽车电路图中，描述其电路的状态。

（2）能够利用电阻定律、焦耳定律、欧姆定律、基尔霍夫定律、电功率和热功率等的表达式，计算相应的物理量。

（3）能够利用电阻或电路元器件，进行串联、并联与混联，能够运用欧姆定律解决各种电路中的实际问题。

（4）能够进行电压源和电流源的等效变换。

3. 情感目标

（1）培养学习电工知识的兴趣，重视本课程的学习，提高自主学习和收集资料的能力。

(2) 尊重他人的感情和劳动成果，认可与他人协作作业的方法，养成善于倾听他人意见，特别是不同意见的习惯。

(3) 树立从全局出发考虑问题的观念，增强在学习与实践过程中自我教育、自我发展的意识，满足在汽车运用与维修技术岗位任职和个人成长的需要。

1.1 电路的基本概念

电路是电工技术和电子技术的基础，是学习电机电路、电子电路、汽车电路、控制与测量电路等不可或缺的基础知识。

1.1.1 电路的基本物理量

电路的相关物理量很多，常用的有电流、电压、电阻、电位、电位差、电动势、电功、电功率和热功率等。

1. 电流

用导线把小灯泡与干电池连接起来，当闭合开关时，小灯泡就会持续发亮；当断开开关时，小灯泡就会熄灭。为什么会产生这种现象呢？

(1) 电流的形成。当水在水管中沿着一定方向流动时，水管中就有了水流。当电荷在电路中沿着一定方向移动时，电路中就有了电流。因此，电荷的定向移动就会形成电流。小灯泡持续发亮，说明有持续的电流通过小灯泡的灯丝，这个持续的电流是由干电池提供的。像干电池这样，能够提供持续电流的装置叫作电源。例如，干电池、蓄电池和发电机等都是电源。

电源是把其他形式的能量转化为电能的装置。例如，干电池、蓄电池在对外供电时，其内部发生化学变化，将化学能转化为电能。又如，发电厂里的发电机是电量较大的电源，它通过电线把电输送给工厂、机关、学校以及千家万户。发电机在发电时，将机械能转化为电能。

(2) 电流的形成条件。要形成电流，必须有能够自由移动的电荷——自由电荷。例如，金属中的自由电子和电解质溶液（如酸、碱、盐的水溶液）中的正、负离子都是自由电荷。

当导体内没有电场时，导体中大量的自由电荷就像气体中的分子一样，不停地做无规则的热运动。自由电荷向各个方向运动的机会相等。因此，对于导体的任意一个横截面，在一段时间内从两侧穿过这个横截面的自由电荷数大致相等。导体中的自由电荷没有发生定向移动，所以导体内没有电流。因为电源正极的电位高，负极的电位低，所以两极之间有电压（电位差）。把导体的两端分别接到电源的两极上，导体内就有了电场，两端有了电压，导体中的自由电荷在电场力的作用下发生定向移动，便形成电流。因此，导体中产生电流的条件是，导体内有能够自由移动的自由电荷，且导体两端存在电压。

(3) 电流的方向。水流有方向，就是水的流动方向。电流也有方向，当电路中有电流时，发生定向移动的电荷可能是正电荷，也可能是负电荷，还可能是正、负电荷同时向相反的方向发生定向移动。19 世纪初，物理学家们在刚刚开始研究电流时，并不清楚在不同的情况下究竟是什么电荷在移动，当时就把正电荷的定向移动方向规定为电流的方向，这一规定一直沿用至今。

正电荷在电场力的作用下从电位高处向电位低处运动，所以电流的方向是从电位高的一端流向电位低的一端，即在电源外部的电路中，电流的方向是从电源的正极流向负极。在金属导体中，电流的方向与自由电子定向移动的方向相反；在电解质溶液中，电流的方向与正离子定向移动的方向相同，与负离子定向移动的方向相反。

（4）电流强度。电流的大小用电流强度（简称电流）来表示。通过导体横截面的电荷量 q 与通过这些电荷量所用的时间 t 之比称为电流，用 I 表示，则有

$$I=\frac{q}{t} \tag{1-1}$$

在国际单位制中，电流的单位是安培，简称安，用 A 表示。如果在 1 s 内通过导体横截面的电荷量 q 是 1 库仑（C），导体中的电流 I 就是 1 A。

电流的常用单位还有毫安（mA）和微安（μA），各单位之间的换算关系为

$$1\ \text{A}=1\ 000\ \text{mA},\ 1\ \text{mA}=1\ 000\ \mu\text{A}$$

在国际单位制中，电荷量的单位是导出单位，根据公式 $q=It$ 确定，即

$$1\ \text{C}=1\ \text{A}\cdot\text{s}$$

方向不随时间改变的电流叫作直流电流或直流。直流电流的大小可以是恒定的，也可以是变化的。大小和方向都不随时间改变的电流叫作恒定电流。例如，汽车蓄电池供给用电设备的电流就是直流电流，测量汽车蓄电池的充电特性和放电特性时的充放电电流就是恒定电流。当直流电流的大小有节奏地变化时，称为脉动直流。例如，汽车交流发电机经整流器整流后输出的直流电流就是脉动直流。

大小和方向都随时间做周期性变化的电流称为交变电流，简称交流（俗称交流电）。国内使用的交流电的方向就是以每秒约 50 次的频率变化的。

2. 电压

要使电气设备工作（如灯泡发光、电动机转动、手机运行等），就需要有电流。水流和电流的形成示意图如图 1-1 所示。

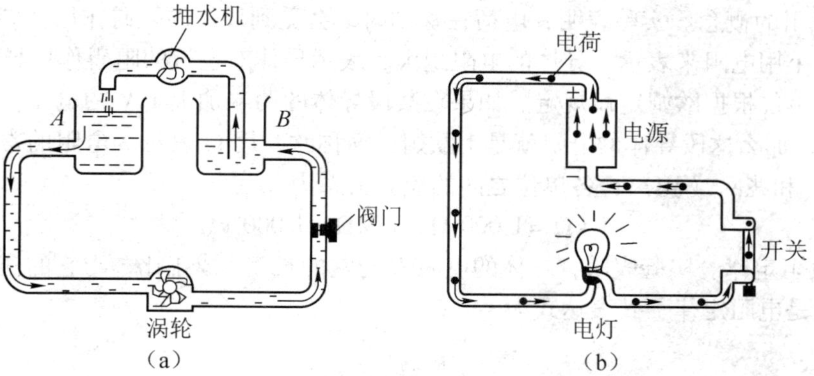

图 1-1 水流和电流的形成示意图

（a）水流的形成；（b）电流的形成

在图1-1（a）所示的水流形成装置中，打开阀门，水就会形成由A处经过水管流向B处的水流。这是因为A处的水位高，B处的水位低，A处水管中的水压强大，B处水管中的水压强小，所以水管中的水由A处向B处流动。可见，水压使水管中的水形成了水流。

在图1-1（b）所示的电路中，电源的正极聚集有正电荷，负极聚集有负电荷，在电源的正、负极之间就产生了电压（电位差）。这个电压可以使电路中的正电荷由正极流向负极，或者使电路中的负电荷由负极流向正极（在金属导体中是后一种情况）。这样，在电路中就产生了电流。可见，电压使电路中形成了电流。

电路两个端点之间的电位差称为电路两端的电压，用U表示，单位为伏特，简称伏，用V表示。电压也就是电场力将正电荷从一点移到另一点所做的功。当电场力将1 C正电荷从一点移到另一点所做的功为1焦耳（J）时，该两点之间的电压为1 V。其计算公式为

$$U=\frac{W}{q} \tag{1-2}$$

式中：W——功，J；

q——电量，C。

一节干电池的电压$U=1.5$ V，我国家用电器电路两端的电压$U=220$ V。电压的常用单位还有千伏（kV）、毫伏（mV）、微伏（μV），各单位之间的换算关系为

$$1\ \text{kV}=1\ 000\ \text{V},\ 1\ \text{V}=1\ 000\ \text{mV},\ 1\ \text{mV}=1\ 000\ \mu\text{V}$$

在图1-1（a）所示的水流形成装置中，抽水机不断地把水从B处抽到A处，使A处的水位总是高于B处，保持水管两端有一定的水压，水管中就有持续的水流。类似地，电源不断地使正极聚集正电荷，负极聚集负电荷，保持电路两端有一定的电压，电路中就有持续的电流。电压使电路中的电荷形成电流，电源是保持电路两端电压的装置。不同的抽水机在水管两端产生的水压高低不同，不同的电源在电路两端产生的电压高低也不同。

3. 电阻

金属中的电流是带负电荷的自由电子发生定向移动形成的。在金属导体中，除自由电子之外，还有金属正离子。在电场力的作用下，做加速定向移动的自由电子要频繁地与正离子发生碰撞，并把定向移动的动能传递给正离子，使正离子的热运动加剧。

（1）电阻的概念。实验表明，电荷在移动时，会受到导体的阻碍作用。导体对电流阻碍作用的大小用电阻来表示。导体的电阻越大，表示导体对电流的阻碍作用越大。

电阻的单位根据欧姆定律规定。如果在某段导体的两端加上1 V的电压，通过导体的电流是1 A，那么这段导体的电阻就是1欧姆，简称欧，用Ω表示。电阻的常用单位还有千欧（kΩ）和兆欧（MΩ），各单位之间的换算关系为

$$1\ \text{k}\Omega=1\ 000\ \Omega,\ 1\ \text{M}\Omega=1\ 000\ \text{k}\Omega$$

（2）电阻定律。实验表明，导体的电阻R与它的长度l成正比，与它的横截面积S成反比。这就是电阻定律，其表达式为

$$R=\rho\frac{l}{S} \tag{1-3}$$

这里，比例常数ρ与导体的材料有关，是一个反映材料导电性能的物理量，称为材料的电阻率或电阻系数。对于长度和横截面积都相同的不同材料的导体，电阻率越大，则电

阻越大。若电阻 R 的单位是 Ω，长度 l 的单位是 m，横截面积 S 的单位是 mm^2，则电阻率 ρ 的单位是 $\Omega \cdot mm^2/m$。对于不同材料的导体，其电阻率各不相同。常用电工材料在 20 ℃ 时的电阻率如表 1－1 所示。

表 1－1 常用电工材料的电阻率和平均电阻温度系数

材料名称	电阻率 $\rho/(\Omega \cdot mm^2/m)$ (20 ℃)	平均电阻温度系数 $\alpha/(1/℃)$ (0 ℃～100 ℃)
银	0.016 0	0.003 6
铜	0.017 5	0.004 3
铝	0.026 0	0.003 8
钨	0.053 0	0.005 1
黄铜	0.080 0	0.002 0
铁	0.097 0	0.006 2
钢	0.130 0	0.006
铸铁	0.500 0	0.001
碳	10.00	－0.000 5
锰铜（$Cu_{84}+Ni_4+Mn_{12}$）	0.420	0.000 005
康铜（$Cu_{60}+Ni_{40}$）	0.440	0.000 005
镍铬铁（$Ni_{66}+Cr_{15}+Fe_{19}$）	1.000	0.000 13
铝铬铁（$Al_5+Cr_{15}+Fe_{80}$）	1.200	0.000 08

（3）电阻定律的应用。由表 1－1 可见，纯金属的电阻率较小，合金的电阻率较大。连接电路所用的导线一般用电阻率较小的铝或铜来制作，电炉、电阻器的电阻丝一般用电阻率较大的合金制作。虽然铝的电阻率稍大、机械强度较低，但是在相同体积下，其质量小、成本低，所以它广泛应用于输电线路。另外，有些电气设备需要较大的电阻，此时要用电阻率较大的合金制作。例如，电炉的电阻丝就可用镍铬合金制作。

【例 1－1】 有一台三相感应电动机，其定子绕组采用直径为 1.16 mm 的漆包铜线制成，每相绕组在 20 ℃时的电阻为 1.64 Ω，问每相绕组的导线长度是多少米？

解： 查表 1－1 可得，20 ℃时铜的电阻率 $\rho=0.0175\ \Omega \cdot mm^2/m$，铜线的横截面积为

$$S=\frac{\pi d^2}{4}=\frac{3.14\times 1.16^2}{4}=1.056(mm^2)$$

由式（1－3）可得每相绕组的导线长度为

$$l=\frac{RS}{\rho}=\frac{1.64\times 1.056}{0.0175}\approx 99(m)$$

【例 1－2】 一条直流输电线路距离为 500 m，原来用横截面积为 20 mm^2 的橡皮绝缘铜线连接，如果用铝线代替铜线，且导线的电阻不能改变，问应当选用直径为多少的铝线？

解： 输电线路距离不能改变，说明导线长度不变（注意：直流输电线路为 2 根导线）；因为要求输电线路的电阻不变，所以当材料改变（电阻率改变）时，由式（1－3）可知，只能通过改变导线的横截面积（直径）来满足要求。原来使用铜线时的电阻为

$$R=\rho\frac{l}{S}=0.0175\times\frac{500\times 2}{20}=0.875(\Omega)$$

改用铝线的横截面积为

$$S = \rho \frac{l}{R} = 0.026 \times \frac{500 \times 2}{0.875} \approx 30(\text{mm}^2)$$

应选铝线的直径为

$$d = \sqrt{\frac{4S}{\pi}} = \sqrt{\frac{4 \times 30}{3.14}} \approx 6.2(\text{mm})$$

因此，根据计算结果（直径为6.2 mm）并由《电工手册》查得导线规格可知，应当选用直径为7.50 mm 的铝线。

4. 电位

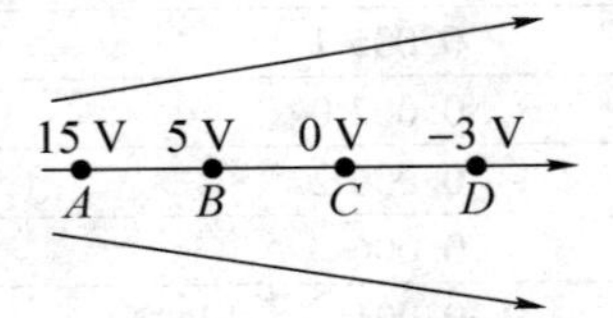

图1-2 电场中某点的电位

电场中某点的电位等于单位正电荷由该点移动到电位参考点（零电位点）时电场力所做的功。在图1-2所示的电场中，取C点为电位参考点，当1 C 的正电荷分别由A点、B点、D点移动到C点时，电场力所做的功分别是15 J、5 J、-3 J，A点、B点、D点的电位分别为

$$U_A = 15\ \text{V},\ U_B = 5\ \text{V},\ U_C = -3\ \text{V}$$

电位参考点（指定其电位为零的点）是可以任意选取的。在理论研究上，常选择离电场“无限远”处作为电位参考点。在工程技术上，常选大地为电位参考点，而把某点对地电压的大小看成该点电位的高低。当没有明确接地点时，也可以任选一点作为电位参考点。但必须指出的是，在同一个系统中，只能选一个电位参考点。比电位参考点高的电位为正电位，比电位参考点低的电位为负电位。

要比较同一电场中两点电位的高低，应将它们分别与电位参考点比较之后再进行判断。例如，A点的电位比电位参考点高15 V，B点的电位比电位参考点高5 V，因此，A点的电位比B点高10 V。可见，如果不确定电位参考点，就无法确定某一点电位的高低。必须注意的是，当电位参考点选定后，电路中各点的电位就只有固定的单一数值，称为“电位单值性”原理。

5. 电位差

当物体在重力作用下从高处向低处移动时，重力就会做功。对于同一个物体，高度差越大，重力做功越多。与此类似地，当电荷在电场中移动时，电场力做功。当同一个电荷从一点移动到另一点时，电场力做功越多，说明这两点之间的电位差越大。

电荷q在电场中由一点A移动到另一点B时，电场力所做的功W_{AB}与电荷量q之比叫作A、B两点间的电位差，用U_{AB}表示，即

$$U_{AB} = \frac{W_{AB}}{q} \quad 或 \quad W_{AB} = qU_{AB}$$

电场力所做的功W_{AB}与移动电荷的路径无关。如图1-3所示，在电场中，电荷q由A点移动到B点，沿1、2、3三条路径电场力所做的功是相同的。因此，电位差U_{AB}也与移动电荷的路径无关，只与A、B点的位置有关。电位差U_{AB}与电荷量q无关，只与电场中A、B点的位置有关，这说明电位差反映了电场本身的性质。

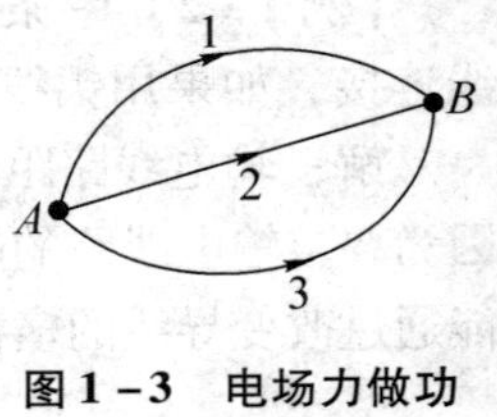

图1-3 电场力做功与路径无关

如果移动电荷 q 为单位正电荷，则 U_{AB} 在数值上等于 W_{AB}。可见，电场中 A、B 两点间的电位差 U_{AB} 在数值上等于当单位正电荷由 A 点移动到 B 点时电场力所做的功 W_{AB}。

电位差的单位是伏特，简称伏，用 V 表示。如果 1 C 的正电荷在电场中由一点移动到另一点，电场力所做的功为 1 J，则这两点间的电位差就是 1 V，即

$$1\ \text{V}(伏) = 1\ \text{J/C}(焦/库)$$

电场力所做的功可以是正值，也可以是负值，所以两点间的电位差可以是正值，也可以是负值。有时我们只关心两点间电位差的大小，不区分 U_{AB} 和 U_{BA}，这时电位差取正值，都简写成 U。电位差也称为电压，在电路中提到两点间的电压时，通常就是这样处理的。

【例 1-3】 在图 1-4 所示的电场中，把 $q = +2\times10^{-11}$ C 的点电荷由 A 点移动到 B 点，电场力所做的功 $W_{AB} = 4\times10^{-11}$ J，求 A、B 两点间的电位差 U_{AB} 和 B、A 两点间的电位差 U_{BA}。

分析： 在正电荷 q 沿图 1-4 中的直线由 A 点移动到 B 点的过程中，电场力方向与位移方向的夹角小于 90°，所以电场力所做的功 W_{AB} 为正值。在正电荷 q 沿图 1-4 中的直线由 B 点移动到 A 点的过程中，电场力方向与位移方向的夹角大于 90°，所以电场力所做的功 W_{BA} 为负值。W_{AB} 和 W_{BA} 的绝对值相等，但电场力所做的功的符号相反（$W_{BA} = -W_{AB}$）。实际上，由于电场力做功与路径无关，所以点电荷沿任何路径由 A 点移动到 B 点，电场力所做的功都等于 W_{AB}；点电荷沿任何路径由 B 点移动到 A 点，电场力所做的功都等于 W_{BA}。本例中用直线路径来分析功的正负主要是为了分析方便。

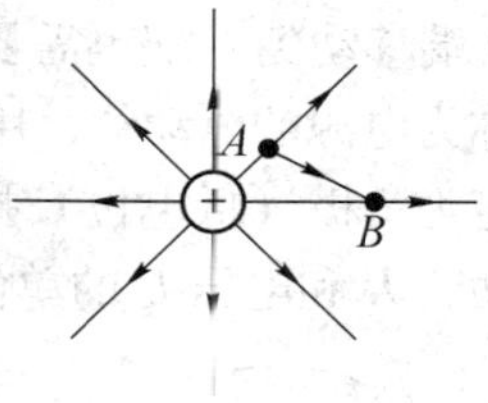

图 1-4　例 1-3 的电场

解： 由电位差的定义，可知

$$U_{AB} = \frac{W_{AB}}{q} = \frac{4\times10^{-11}}{2\times10^{-11}} = 2(\text{V})$$

$$U_{BA} = \frac{W_{BA}}{q} = \frac{-4\times10^{-11}}{2\times10^{-11}} = -2(\text{V})$$

故 A、B 两点间的电位差 U_{AB} 为 2 V，B、A 两点间的电位差 U_{BA} 为 -2 V。

在图 1-2 所示的电场中，A、B 两点间的电位差为

$$U_{AB} = U_A - U_B = 15 - 5 = 10(\text{V})$$

同理，D、A 两点间的电位差为

$$U_{DA} = U_D - U_A = -3 - 15 = -18(\text{V})$$

D、B 两点间的电位差为

$$U_{DB} = U_D - U_B = -3 - 5 = -8(\text{V})$$

电场中某点的电位与电位参考点的选取有关，但是两点间的电位差与电位参考点的选取无关。这就像高度差与零高度位置的选取无关一样，如无论选取地面的高度为零，还是选取地下 10 m 处的高度为零，楼顶与地面之间的高度差保持不变。

6. 电动势

电源有正、负两极，正极的电位高，负极的电位低，两极之间存在电压。对于不同的电源，两极之间电压的大小不同。为了讨论方便，把电路分为两部分：电源以外的部分（连接导线和负载）叫作外电路；电源内部的电路叫作内电路。

电源内部的主要部分是导体。导体内部有大量的自由电子，如果对这些自由电子施加外力 F_W（电源就能产生这种力，如电池的化学作用和发电机的电磁作用，所以也称为电源力），则在这个外力的作用下，导体内部的自由电子向导体的一端移动，如图 1－5（a）所示，使这一端积累了负电荷，而另一端因缺少自由电子呈现出正电荷的积累。在外力的作用下，由于正、负电荷的分离，在电源内部产生了电场。这时，自由电子除了受外力作用外，还要受电场力 F_D的作用。电场力的方向和外力的方向恰好相反，它对自由电子的继续移动起阻碍作用，如图 1－5（b）所示。开始时，外力大于电场力，自由电子继续向一端移动。当两端的电荷积累到一定程度，电场力增加到与外力相等时，如图 1－5（c）所示，自由电子就停止定向移动，两端电荷的积累处于稳定状态。

在外力作用下，自由电子从导体的 C 端移动到 D 端是需要做功的，或者正电荷从电源的 D 端移动到 C 端也需要做功。在外力作用下，单位正电荷从电源的 D 端移动到 C 端所做的功称为电源的电动势，用字母 E 表示。电动势的电位也是伏特（V）。但是，电动势的方向规定为负极（低电位）指向正极（高电位），即电动势的方向规定为电位升高的方向。虽然电动势 E 和电压 U 的单位相同，但关于它们的基本定义和方向的规定是有区别的。

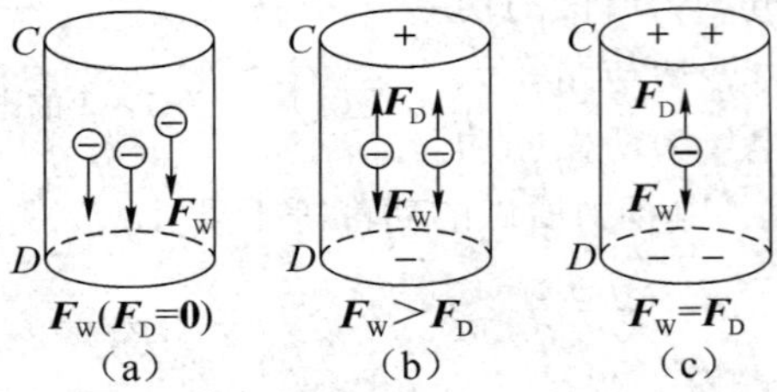

图 1－5　电荷受到的外力与电场力

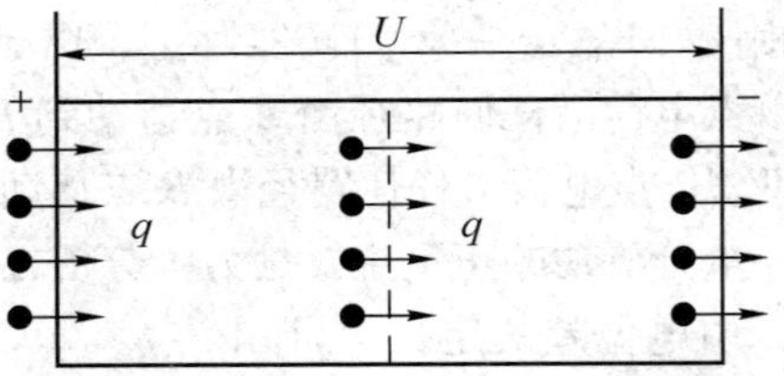

图 1－6　通过电路任意一个横截面的电荷量

7. 电功

当电流通过一段电路时，自由电荷在电场力的作用下发生定向移动，电场力就对自由电荷做功。电流所做的功称为电功。设一段电路两端的电压为 U，其中通过的电流为 I，在时间 t 内通过这段电路任意一个横截面的电荷量为 $q = It$，如图 1－6 所示。这相当于在时间 t 内将电荷 q 由这段电路的一端移动到另一端，电场力所做的功为

$$W = qU \tag{1-4}$$

由式（1－1）可得

$$W = UIt \tag{1-5}$$

式（1－5）表明，电流在一段电路上所做的功等于这段电路两端的电压 U、电路中的电流 I 和通电时间 t 的乘积。如果电压 U 的单位用 V、电流 I 的单位用 A、通电时间 t 的单位用 s，则电功 W 的单位为 J。

8. 电功率

在相同的时间内，电流通过不同用电设备所做的功一般不同。例如，在相同的时间内，电流通过电力机车的电动机所做的功远远大于电流通过电风扇的电动机所做的功。电流做功的快慢用电功率表示。单位时间内电流所做的功叫作电功率，用 P 表示，其计算公式为

$$P = \frac{W}{t} = UI \tag{1-6}$$

式（1－6）表明，一段电路上的电功率 P 等于这段电路两端的电压 U 和电路中电流 I 的乘积。如果电压 U 的单位用 V、电流 I 的单位用 A，则由式（1－6）求出的电功率 P 的单位是瓦特，简称瓦，用 W 表示。此外，电功率的单位还有千瓦（kW），它们之间的换算关系为

$$1\ \text{kW} = 1\ 000\ \text{W}$$

由电功率的单位千瓦（kW）可引出一个电功的单位，叫作千瓦·时或千瓦·小时（kW·h），即电功率为 1 kW，电流在 1 h 内所做的功就是 1 kW·h。千瓦·时就是人们在日常生活中所说的“度”。

$$1\ \text{kW·h} = 1\ 000\ \text{W} \times 3\ 600\ \text{s} = 3.6 \times 10^6\ \text{J}$$

【例 1－4】一只灯泡连接在电压为 220 V 的电路中，灯泡中通过的电流是 68 mA，求这只灯泡的电功率是多少瓦？若一个月总共通电 100 h，求电流所做的功是多少焦、多少千瓦·时？

解：灯泡的电功率为

$$P = UI = 220 \times 0.068 = 15(\text{W})$$

电流所做的功为

$$W = Pt = 15 \times 100 \times 3\ 600 = 5.4 \times 10^6(\text{J})$$

或

$$W = Pt = 0.015 \times 100 = 1.5(\text{kW·h})$$

9. *热功率*

电流通过导体时要产生热量，使导体的内能增加、温度升高，这就是电流的热效应。如果在一段电路中只有电阻元件，那么在这段电路中电场力所做的功 W 等于电流通过这段电路时发出的热量 Q，即 $Q = W = UIt$。由欧姆定律 $U = IR$（见 1.2.1 小节），热量 Q 的表达式可以写成

$$Q = I^2Rt \tag{1-7}$$

即电流通过导体产生的热量与电流的平方成正比，与导体的电阻成正比，与通电时间成正比。这个关系叫作焦耳定律。如果式（1－7）中电流 I 的单位为 A，电阻 R 的单位为 Ω，通电时间 t 的单位为 s，则热量 Q 的单位为 J。

电流的热效应在生产和生活中有许多实际应用，如灯泡、电炉、电烙铁、电烤箱等都是利用电流的热效应制作的。但电流的热效应在有些地方是有害的，如电流通过输电导线、电动机的线圈、电视机的零件时都要产生热量，这不仅消耗电能，如果产生的热量使温度升高过多，还会使它们受到损坏，因此，在实际中要注意通风散热。

导体在单位时间内发热的功率 $P = Q/t$ 通常称为热功率。由式（1－7）可得热功率为

$$P = I^2R \tag{1-8}$$

必须注意的是，电流做的功跟它产生的热之间是有区别的，即式（1－5）与式（1－7），或式（1－6）与式（1－8）的意义是不同的。式（1－6）表示输入一段电路的全部电功率，或者说，在这段电路上消耗的全部电功率；式（1－8）表示这段电路上因发热而消耗的功

率。如果电路中只含有灯泡、电炉等纯电阻元件，即该电路为所谓的纯电阻电路，由于这时电路两端的电压 $U=IR$，因此，$UIt=I^2Rt$。这就是说，电流所做的功 UIt 与产生的热量 I^2Rt 是相等的，如图 1－7（a）所示。

当电路中有电动机、电解槽等用电设备（电路不是纯电阻电路）时，电能要分别转化为机械能、化学能等，只有一部分电能转化为热能，这时电功率大于热功率，两者并不相等，如图 1－7（b）所示。下面举例说明。

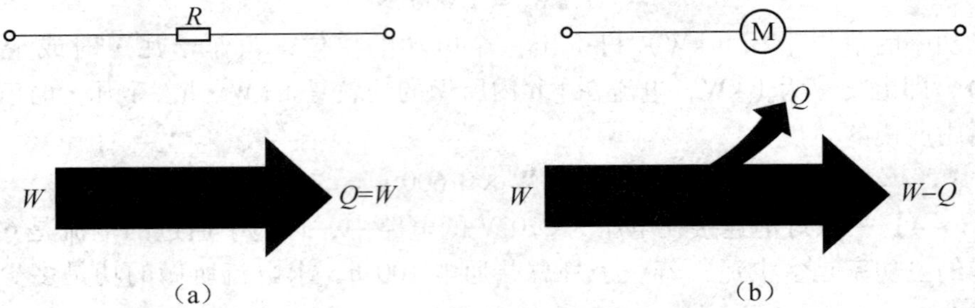

图 1－7　电功率与热功率的关系

（a）纯电阻电路；（b）非纯电阻电路

【例 1－5】 有一台电动机，它的额定电压是 220 V，电动机线圈的电阻只有 0.4 Ω，在额定电压下通过电动机的电流是 50 A。问在额定电压下，输入电动机的电功率和热功率分别是多少？

解： 由电功率的计算公式（1－6）得

$$P = UI = 220 \times 50 = 11(\text{kW})$$

由热功率的计算公式（1－8）得

$$P = I^2R = 50^2 \times 0.4 = 1(\text{kW})$$

可见，电功率比热功率大很多，大部分电能（10 kW）转化成机械能，只有一小部分电能（1 kW）由电动机的线圈产生热能消耗掉，如图 1－7（b）所示。

1.1.2　电路的组成、作用与状态

电路就是电流的通路。它是为了满足某种需要，由某些电工设备或元器件按一定方式组合而成的。将电源、用电设备（又称为负载）和开关用导线连接起来即可组成电路。

1. 电路的组成

灯泡电路的组成如图 1－8 所示。它一般由电源、负载、中间环节三部分组成。

（1）电源。电源是供应电能的设备。例如，发电机在发电厂内可把热能、水能或核能转化成电能，电池（把化学能转化成电能）也是常用的电源。

（2）负载。负载是消耗电能的设备，是一种把电能转化成其他能量的设备。例如，电炉（把电能转化成热能）、电动机（把电能转化成机械能）、灯泡（把电能转化成光能）等都是负载。人们在工作和生活中使用的手机、计算机、电风扇、电视机等用电来工作的

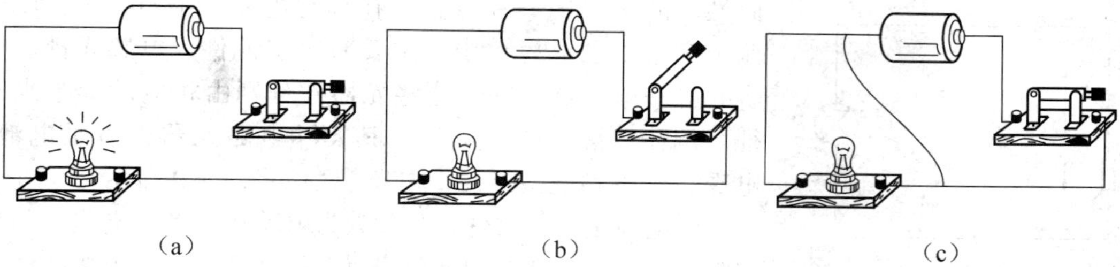

图1－8　灯泡电路的组成

（a）通路；（b）开路；（c）短路

设备都叫作负载。

（3）中间环节。中间环节是连接电源和负载的部分，起传输和分配电能的作用。例如，导线、开关、保险装置、继电器和接线盒等都是中间环节。

2. 电路的作用

电路的一个作用是实现电能的传输和转化。由图1－8（a）可见，该电路把电池的电能传输给灯泡，并将其转化成光能。电路的另一个作用是传递和处理信号。例如，扩音机，先由话筒把语言或音乐转换为相应的电压和电流，它们就是电信号。然后通过电路传递到扬声器，把电信号还原为语言或音乐。由于话筒输出的电信号比较微弱，不足以推动扬声器发音，因此，中间还要用放大器进行放大。信号的这种转换和放大称为信号处理。

3. 电路的状态

灯泡不能总亮着，计算机、电视机不能一直开着。为了能够控制用电设备工作，电路中还需要安装开关。闭合开关使电路接通，电路中就有电流流过。接通的电路叫作通路，如图1－8（a）所示。如果电路中某处断开了，如断开开关，电路中就没有电流。断开的电路叫作开路，如图1－8（b）所示。如果将导线连接在用电设备两端，使电源构成了通路，如图1－8（c）所示，或将导线直接连接在电源的正负极上，这种情况叫作短路。短路时，电路中没有负载（用电设备），电流很大，会将电源烧坏，甚至导致火灾。

1.1.3　电路的模型

实际电路都是由一些按需要起不同作用的电路元件或器件组成的，如发电机、变压器、电动机、电池以及各种电阻器和电容器等，它们的电磁性质较为复杂。最简单的如一只白炽灯，它除具有消耗电能的性质（电阻性）以外，当通有电流时还会产生磁场，即具有电感性。但电感微小，可忽略不计，于是可以认为白炽灯是一种电阻元件。为了便于对实际电路进行分析和数学计算，将实际元器件理想化（或称为模型化），即在一定条件下突出其主要的电磁性质，忽略其次要因素，将其近似地看作理想的电路元器件。由一些理想电路元器件所组成的电路就是实际电路的电路模型，它是对实际电路电

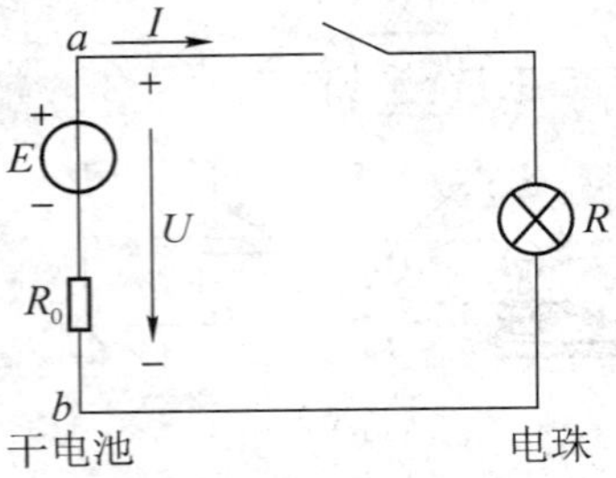

图 1-9　手电筒的电路模型

磁性质的科学抽象和概括。在理想电路元器件（“理想”两个字常略去不写）中，主要有电阻元件、电感元件、电容元件和电源器件等。这些元器件分别由相应的参数来表征。例如，常用的手电筒，其实际电路元器件有干电池、电珠、开关和连接导线，电路模型如图 1-9 所示。

干电池是电源器件，其参数为电动势 E 和内电阻（简称内阻）R_0；电珠是电阻元件，其参数为电阻 R；连接导线是连接干电池与电珠的中间环节（还包括开关），其电阻忽略不计，被认为是一个无电阻的理想导体。通常分析的都是电路模型，简称电路。在电路图中，各种电路元器件用规定的图形符号表示。最简单的直流电阻电路如图 1-9 所示，其中 E、U 和 R_0 分别为电源的电动势、端电压和内阻，R 为负载电阻。将开关闭合后，电路中就有电流 I。电流 I、电压 U 和电动势 E 是电路的基本物理量，在分析电路时，必须在电路图中用箭头标志或“+”“−”标出它们的方向或极性（如图 1-9 所示），这样才能正确地列出电路方程。

1.1.4　电压和电流的参考方向

电压和电流的方向有实际方向与参考方向之分，要加以区别。习惯上，规定正电荷运动的方向或负电荷运动的相反方向为电流的实际方向。电流的方向是客观存在的，但在分析较为复杂的直流电路时，往往难以事先判断某个支路中电流的实际方向；对于交流电路而言，其电流方向随时间改变，在电路图中无法用一个箭头标志来表示其实际方向。为此，在分析与计算电路时，常可任意选定某一方向作为电流的参考方向，或称为正方向。所选电流的参考方向并不一定与电流的实际方向一致。当电流的实际方向与其参考方向一致时，电流为正值；反之，当电流的实际方向与其参考方向相反时，电流为负值。因此，在选定参考方向之后，电流才有正负之分。

电压和电动势都是标量，但在分析电路时，和电流一样，也说它们具有方向。电压的方向规定为由高电位（“+”极性）端指向低电位（“−”极性）端，即电位降低的方向。电源电动势的方向规定为在电源内部由低电位（“−”极性）端指向高电位（“+”极性）端，即电位升高的方向。

在电路图中所标的电流、电压和电动势的方向一般都是参考方向，它们是正值还是负值，视选定的参考方向而定。例如，在图 1-10 所示的电路中，电压 U 的参考方向与实际方向一致，故电压 U 为正值；而电压 U' 的参考方向与实际方向相反，故电压 U' 为负值。两者之间的关系可写为 $U=-U'$；电流亦如此，即 $I=-I'$。

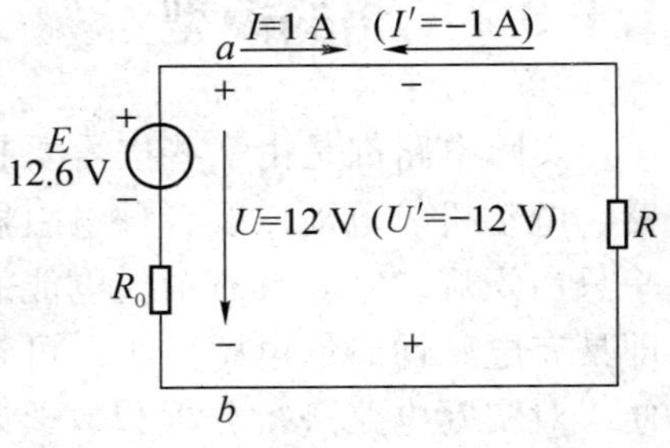

图 1-10　电压和电流的参考方向

电压的参考方向除用极性“+”“−”表示以外，也可用双下标表示。例如，a、b 两点之间的电压为

U_{ab}，其参考方向是由 a 指向 b。也就是说，a 点的参考极性为“+”，b 点的参考极性为“−”。如果参考方向选为由 b 指向 a，则 a、b 两点之间的电压为 U_{ba}，且 $U_{ab}=-U_{ba}$。电流的参考方向也可用双下标表示。

1.2　电路的基本定律

1.2.1　欧姆定律

德国物理学家欧姆（1789—1854 年）通过实验研究得出以下结论：导体中的电流与导体两端的电压成正比，与导体的电阻成反比。这个结论叫作欧姆定律。

根据电路的连接情况不同，欧姆定律又分为部分电路欧姆定律和全电路欧姆定律。

1. 部分电路欧姆定律

如果用 U 表示导体两端的电压，R 表示导体的电阻，I 表示导体中的电流，并且电压 U 的单位用 V，电阻 R 的单位用 Ω，电流 I 的单位用 A，那么，欧姆定律可用公式表达为

$$I=\frac{U}{R} \tag{1-9}$$

【例 1-6】 一种指示灯的电阻为 63 Ω，当通过的电流为 0.02 A 时，它才能正常发光。要使这种指示灯正常发光，需要施加多高的电压？

解： 根据题意，其电路如图 1-11 所示。需要把欧姆定律公式 $I=U/R$ 进行变形，得到 $U=IR$，然后进行计算。由欧姆定律公式，可得需要施加的电压为

$$U=IR=0.02\times 63=1.26(\text{V})$$

【例 1-7】 用电压表测出一段导体两端的电压是 12 V，用电流表测出通过这段导体的电流为 0.4 A，求这段导体的电阻。

解： 根据题意，其电路如图 1-12 所示。本例也需要把欧姆定律公式进行变形之后，再进行计算。由欧姆定律公式，可得这段导体的电阻为

$$R=\frac{U}{I}=\frac{12}{0.4}=30(\Omega)$$

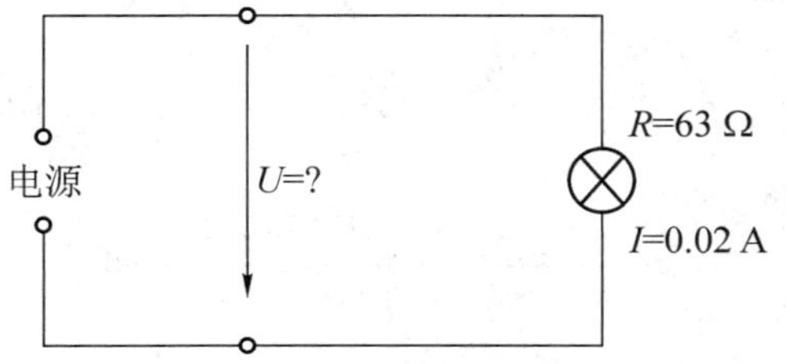

图 1-11　例 1-6 的电路

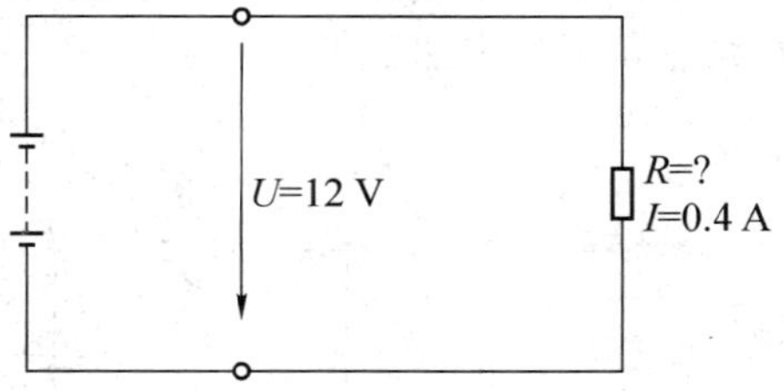

图 1-12　例 1-7 的电路

2. 全电路欧姆定律

用导线把电源和用电设备连接起来组成闭合电路后，电路中才有电流流过。含有电源的闭合电路称为全电路，如图 1-13 所示。

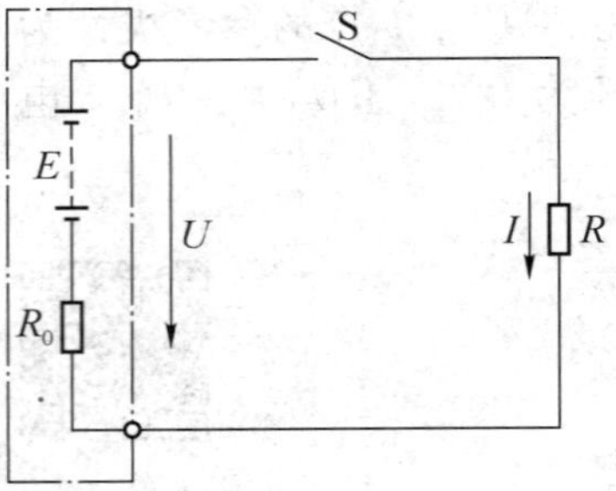

图 1－13　全电路

在全电路中，电流 I 与电源的电动势 E 成正比，与电路的总电阻（$R+R_0$）成反比。这个结论叫作全电路欧姆定律，又称为闭合电路欧姆定律。其表达式为

$$I=\frac{E}{R+R_0} \tag{1-10}$$

式中：I——电路的电流，A；

E——电源的电动势，V；

R——电路的电阻，Ω；

R_0——电源的内阻，Ω。

全电路由两部分组成：一部分是电源外部的电路，叫作外电路，包括用电设备和导线等；另一部分是电源内部的电路，叫作内电路，如发电机的线圈、电池内的溶液等。外电路的电阻通常称为外电阻，简称电阻；内电路也有电阻，通常称为电源的内电阻，简称内阻。

1.2.2　基尔霍夫定律

分析与计算电路的基本定律，除欧姆定律之外，还有基尔霍夫定律。欧姆定律适用于简单电路的计算，基尔霍夫定律不仅适用于简单电路的计算，而且适用于复杂电路的计算。基尔霍夫定律所阐述的是电路中电流和电压应遵循的定律，基尔霍夫电流定律应用于结点，基尔霍夫电压定律应用于回路。

电路中的每一条分支称为支路，支路中流过的电流称为支路电流。例如，在图 1－14 所示的电路中，共有三条支路。电路中两个或两个以上的支路相连接的点称为结点。例如，在图 1－14 所示的电路中，共有 a、b 两个结点。回路是由一条或多条支路所组成的闭合电路。例如，在图 1－14 所示的电路中，共有 $adbca$、$abca$、$abda$ 三条回路。

1. 基尔霍夫电流定律

基尔霍夫电流定律用来确定连接在同一结点上的各支路电流之间的关系。由于电流有连续性，电路中任何一点（包括结点在内）均不能堆积电荷，因此，在任一瞬间，流入某一结点的电流之和应该等于从该结点流出的电流之和。

在图 1－14 所示的电路中，结点 a 的示意图如图 1－15 所示。根据基尔霍夫电流定律，对结点 a 可列出如下等式：

$$I_1+I_2=I_3 \tag{1-11}$$

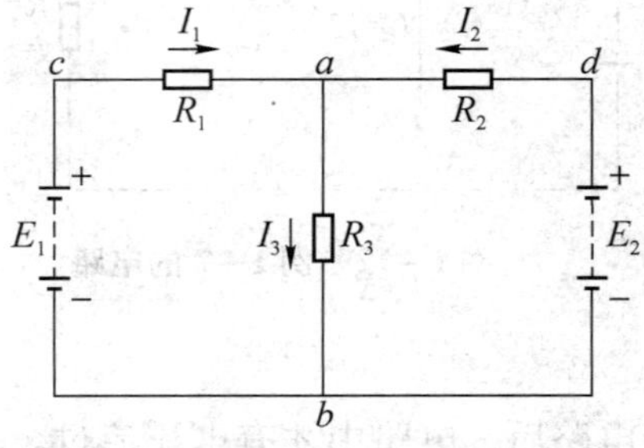

图 1－14　含有结点和回路的电路

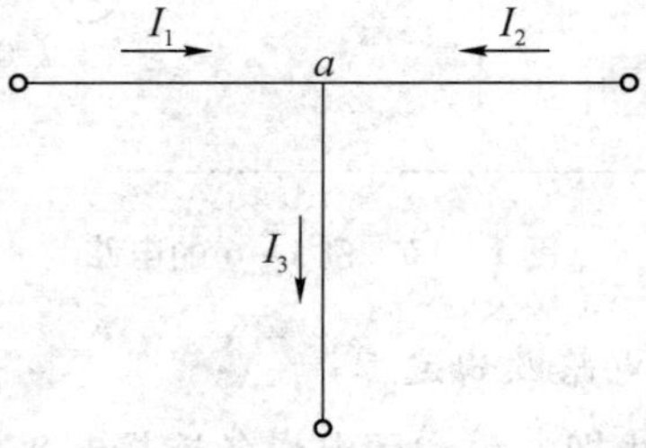

图 1－15　结点 a 的示意图

式（1－11）可改写为

$$I_1 + I_2 - I_3 = 0$$

即

$$\sum I = 0 \quad (1-12)$$

式（1－12）说明，在任意瞬间，一个结点上电流的代数和恒等于零。规定：参考方向指向结点的电流取正号；反之，取负号。这就是基尔霍夫电流定律，又称为基尔霍夫第一定律。

在应用基尔霍夫电流定律进行计算的结果中，有些支路的电流可能是负值，这是由于所选定的电流的参考方向与电流的实际方向相反。

基尔霍夫电流定律通常应用于结点，也可将其推广应用于包含几个结点的闭合面。如图 1－16 所示，闭合面包含的是一个三角形电路，它具有三个结点。应用基尔霍夫电流定律，可得

$$I_A = I_{AB} - I_{CA}$$
$$I_B = I_{BC} - I_{AB}$$
$$I_C = I_{CA} - I_{BC}$$

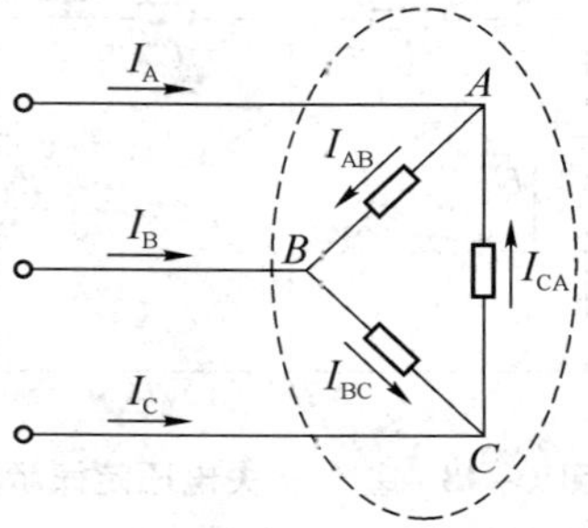

图 1－16　基尔霍夫电流定律的推广应用

三式相加，可得

$$I_A + I_B + I_C = 0$$

或

$$\sum I = 0$$

可见，在任意瞬间，通过任意闭合面的电流的代数和恒等于零。

【例 1－8】 在图 1－17 中，$I_1 = 2\ A, I_2 = -3\ A, I_3 = -2\ A$，试求 I_4。

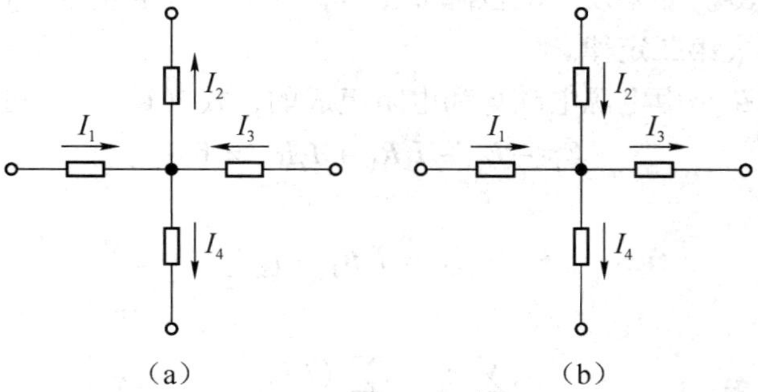

（a）　　（b）

图 1－17　例 1－8 的电路

（a）选定的电流参考方向；（b）电流的实际方向

解： 由基尔霍夫电流定律，可得

$$I_1 - I_2 + I_3 - I_4 = 0$$

即

$$2-(-3)+(-2)-I_4 = 0 \quad (1-13)$$

所以

$$I_4 = 3(\mathrm{A})$$

式（1－13）中有两套正负号：I 前的正负号是由基尔霍夫电流定律根据电流的参考方向确定的；括号内数字前的正负号表示电流本身数值的正负。因为电流为负值表示图中所选定的电流参考方向与电流的实际方向相反，所以电流的实际方向如图 1－17（b）所示。

2. 基尔霍夫电压定律

基尔霍夫电压定律用来确定回路中各段电压之间的关系。如果从回路中任意一点出发，以顺时针方向或逆时针方向沿回路循行一周，则在这个方向上的电位降之和应该等于电位升之和。当回到原来的出发点时，该点的电位不会发生变化，即电路中任意一点的瞬时电位都具有单值性。下面以图 1－18 中的回路（图 1－14 中的回路 $adbca$）为例说明。

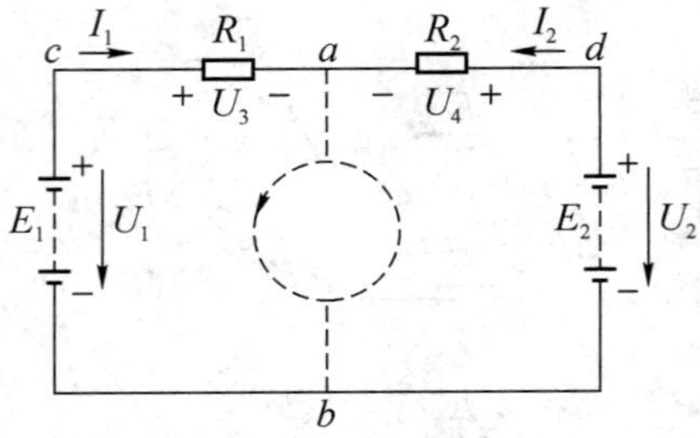

图 1－18　基尔霍夫电压定律示意图

在图 1－18 中，电源电动势、电流和各段电压的参考方向均已标出。按虚线所示的方向循行一周，根据电压的参考方向，可得

$$U_1 + U_4 = U_2 + U_3 \tag{1-14}$$

式（1－14）可改写为

$$U_1 - U_2 - U_3 + U_4 = 0 \tag{1-15}$$

即

$$\sum U = 0 \tag{1-16}$$

可见，在任意瞬间，沿任一回路循行方向（顺时针方向或逆时针方向），回路中各段电压的代数和恒等于零。如果规定电位降取正号，则电位升取负号。这就是基尔霍夫电压定律，又称为基尔霍夫第二定律。

图 1－18 中的回路是由电源电动势和电阻组成的，式（1－15）可改写为

$$E_1 - E_2 - I_1R_1 + I_2R_2 = 0$$

即

$$E_1 - E_2 = I_1R_1 - I_2R_2$$

也即

$$\sum E = \sum (IR) \tag{1-17}$$

式（1－17）为基尔霍夫电压定律在电阻电路中的另一种表达式，即在任一回路循行方向上，回路中电动势的代数和等于电阻上电压降的代数和。这里，凡是电动势的参考方向与所选回路循行方向相反者，取正号；凡是电动势的参考方向与所选回路循行方向一致者，取负号。凡是电流的参考方向与回路循行方向相反者，该电流在电阻上所产生的电压降取正号；凡是电流的参考方向与回路循行方向一致者，取负号。

基尔霍夫电压定律不仅应用于闭合回路，也可推广应用于闭合回路的部分电路。下面以图 1－19 中的两个电路为例，根据基尔霍夫电压定律列出式子。

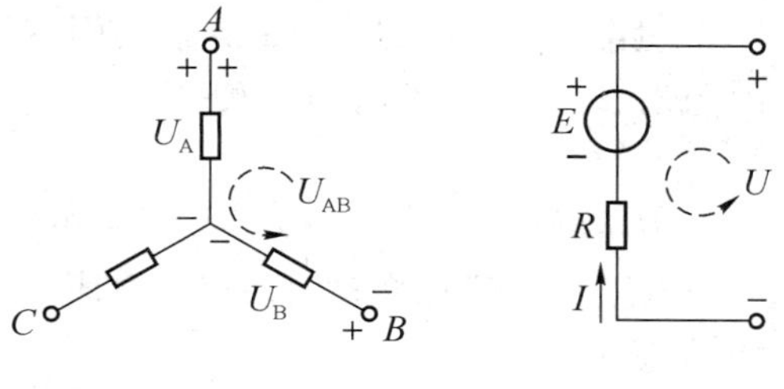

（a）　　（b）

图 1 - 19　基尔霍夫电压定律的推广应用

对图 1 - 19（a）中的电路（各支路的元器件是任意的），可列出

$$\sum U = U_A - U_B - U_{AB} = 0$$

即

$$U_{AB} = U_A - U_B$$

对图 1 - 19（b）中的电路，可列出

$$E = IR + U$$

即

$$U = E - IR$$

这就是一段有源（有电源）电路的欧姆定律表达式。

应该指出的是，图 1 - 14 中的电路虽然是直流电阻电路，但基尔霍夫定律具有普遍性，它适用于由各种不同元器件组成的电路，也适用于任一瞬时电流和电压变化的电路。在列方程时，无论应用基尔霍夫定律还是应用欧姆定律，首先都要在电路图中标出电流、电压或电动势的参考方向，因为所列方程中各项前的正负号是由它们的参考方向决定的，如果参考方向选得相反，则会相差一个负号。

1.3　电源的工作状态

下面以图 1 - 20 中的直流电路为例，讨论电源有载工作、电源开路、电源短路时的电流、电压和功率。此外，还将讨论电路中的几个重要概念。

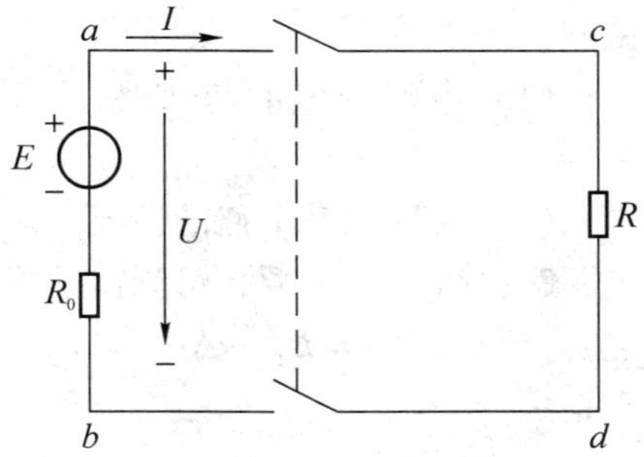

图 1 - 20　电源有载工作电路

1.3.1　电源有载工作状态

将图 1 - 20 中的开关闭合，接通电源与负载，这就是电源有载工作。下面讨论几个问题。

1. 电流与电压

根据欧姆定律，可列出电路中的电流为

$$I = \frac{E}{R + R_0}$$

负载电阻两端的电压为

$$U = RI$$

于是可得

$$U = E - R_0 I \tag{1-18}$$

由式（1 - 18）可见，电源端电压（称为路端电压）小于电动势，两者之差为电流通过电源内阻所产生的电压降 $R_0 I$。电流越大，内压降越大，则路端电压下降越多。路端电压 U 与输出电流 I 之间的关系曲线称为电源的外特性曲线，如图 1 - 21 所示，它是一条向下倾斜的直线。

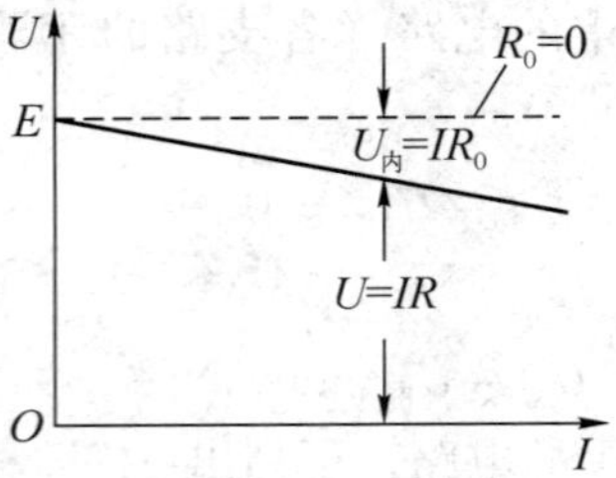

图 1－21　电源的外特性曲线

从图 1－21 可以看出，路端电压 U 随电流 I 的增大而减小，其斜率与电源的内阻有关。电源的内阻一般很小。当 $R_0 \ll R$ 时，有

$$U \approx E \tag{1-19}$$

式（1－19）表明，当电流（负载）变动时，路端电压变动不大，说明其带负载能力强。

就某个电源来说，电动势 E 和内阻 R_0 是一定的。当外电路断开时，R 变为无限大，电流 I 变为零，IR_0 也变为零，$U=E$。这就是说，断路时的路端电压等于电源的电动势。人们常常根据这个原理来测量电源的电动势。

2. 功率与功率平衡

当电源有载工作时，其功率平衡式为

$$P = P_E - \Delta P$$

或

$$UI = EI - R_0 I^2$$

这里，电源产生的功率 $P_E = EI$，电源内阻损耗的功率 $\Delta P = R_0 I^2$，电源输出的功率 $P = UI$。

【例 1－9】在图 1－22 所示的电路中，路端电压 $U=220$ V，电流 $I=5$ A，内阻 $R_{01}=R_{02}=0.6\ \Omega$。试问：

（1）电源的电动势 E_1 和负载的电动势 E_2 各是多少？

（2）说明功率平衡的情况。

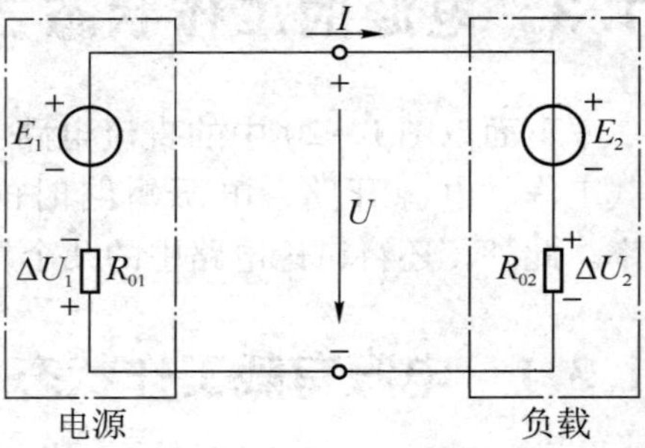

图 1－22　例 1－9 的电路

解：（1）对电源，可列出下式：

$$U = E_1 - \Delta U_1 = E_1 - R_{01} I \tag{1-20}$$

于是

$$E_1 = U + R_{01} I = 220 + 0.6 \times 5 = 223(\text{V})$$

对负载，可列出下式：

$$U = E_2 + \Delta U_2 = E_2 + R_{02} I \tag{1-21}$$

于是

$$E_2 = U - R_{02} I = 220 - 0.6 \times 5 = 217(\text{V})$$

（2）由式（1－20）和式（1－21）可得

$$E_1 = E_2 + R_{01} I + R_{02} I$$

等号两边同时乘以 I，可得

$$E_1 I = E_2 I + R_{01} I^2 + R_{02} I^2$$

代入上述数据可得

$$223 \times 5 = 217 \times 5 + 0.6 \times 5^2 + 0.6 \times 5^2$$

$$1\ 115 = 1\ 085 + 15 + 15$$

$$1\ 115 = 1\ 115$$

其中，$E_1I=1\ 115$（W）是电源产生的功率，即在单位时间内由机械能或其他形式的能量转化成电能的数值；

$E_2I=1\ 085$（W）是负载消耗的功率，即在单位时间内由电能转化成机械能（如负载是电动机）或化学能（如负载是充电时的蓄电池）的数值；

$R_{01}I^2=15$（W）是电源内阻损耗的功率；

$R_{02}I^2=15$（W）是负载内阻损耗的功率。

由此可见，在一个电路中，电源产生的功率和负载消耗的功率与内阻损耗的功率是平衡的。

3. 电源与负载的判别

在分析电路时，需要判别哪个电路元器件是电源（或起电源的作用）、哪个电路元器件是负载（或起负载的作用）。对电源而言，通过它的电流是从其正极“+”流出，从其负极“-”流入，发出功率；对负载而言，通过它的电流是从其正极“+”流入，从其负极“-”流出，消耗功率。

4. 额定值与实际值

通常负载（如照明灯、电动机等）都是并联运行的。因为路端电压是基本不变的，所以负载两端的电压也是基本不变的。因此，当负载增加（如并联的负载数目增加）时，负载的总电流和消耗的总功率都增加，即电源输出的功率和电流都相应增加。也就是说，电源输出的功率和电流取决于负载的大小。既然电源输出的功率和电流取决于负载的大小，是可大可小的，那么，有没有一个最合适的数值呢？对负载而言，它的电压、电流和功率又是怎样确定的呢？要回答这个问题，就要引出“额定值”这个术语。

各种电气设备的电压、电流和功率等都有一个额定值。例如，一只灯泡的电压是220 V，功率是60 W，这就是它的额定值。额定值是制造厂为了使产品能在给定的工作条件下正常运行而规定的允许值。大多数电气设备（如电动机、变压器等）的寿命与绝缘材料的耐热性能及绝缘强度有关。当通过电气设备的电流超过额定值过多时，由于发热过甚，绝缘材料将遭受损坏；当所加电压超过额定值过多时，绝缘材料也可能被击穿。反之，如果电流和电压远低于其额定值，则不仅得不到正常、合理的工作情况，而且不能充分利用电气设备的工作能力。此外，对灯泡及各种电阻器来说，当电流过大或电压过高时，其灯丝或电阻丝会被烧毁。因此，制造厂在确定产品的额定值时，要全面考虑使用的经济性、可靠性和产品寿命等因素，特别要保证电气设备的工作温度不超过规定的允许值。电气设备或元器件的额定值常被标在铭牌上或写在其说明中，使用时，应充分考虑额定值。例如，一个电烙铁上标有220 V/45 W，这是额定值，使用时不能将其接到380 V的电源上。额定电压、额定电流和额定功率分别用U_N、I_N和P_N表示。

使用时，电压、电流和功率的实际值不一定等于它们的额定值。这也是很重要的。究其原因，一方面，受到外界的影响。例如，电源的额定电压为220 V，但电源的电压经常波动，稍低或稍高于220 V，这样额定值为220 V/40 W的灯泡上所加的电压不是220 V，实际功率也就不是40 W了。另一方面，在一定的电压下，电源输出的功率和电流取决于负载的大小，即负载需要多少功率和电流，电源就供给多少，所以电源通常不一定处于额定工作状态，但是一般不应超过其额定值。对于电动机也是这样，它的实际功率和电流也取决于其轴上所带的机械负载的大小，它通常不一定处于额定工作状态。

【例 1－10】 有一只 220 V/60 W 的白炽灯，接在 220 V 的电源上，试求通过该白炽灯的电流和其在 220 V 电压下工作时的电阻。如果每晚使用 3 h，问一个月（30 天）消耗多少电能？

解： 根据电功率的表达式可得，通过该白炽灯的电流为

$$I = \frac{P}{U} = \frac{60}{220} \approx 0.273(\mathrm{A})$$

根据欧姆定律可得，该白炽灯工作时的电阻为

$$R = \frac{U}{I} = \frac{220}{0.273} \approx 806(\Omega)$$

于是一个月（30 天）消耗的电能为

$$W = Pt = 60 \times (3 \times 30) = 5.4\ (\mathrm{kW \cdot h})$$

1.3.2　电源开路状态

当图 1－20 所示电路中的开关断开时，电源即处于开路（空载）状态，如图 1－23 所示。开路时，外电路的电阻对于电源来说等于无穷大，因此，电路中的电流为零。这时，电源的端电压（称为开路电压或空载电压）U_0 等于电源的电动势，电源不输出电能。

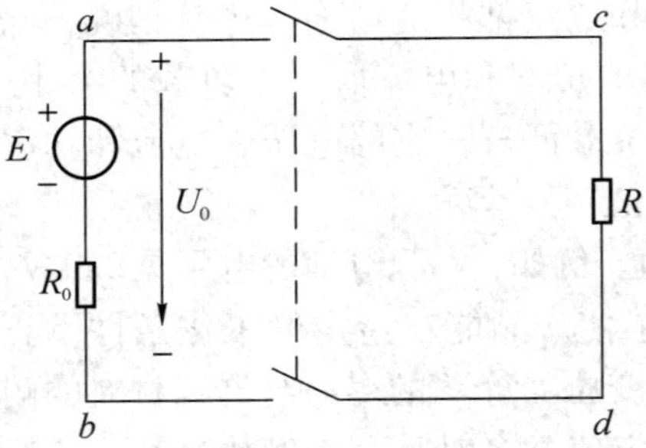

图 1－23　电源开路状态

如上所述，电源开路时的特征可用下列各式表示：

$$\begin{cases} I = 0 \\ U = U_0 = E \\ P = 0 \end{cases} \qquad (1-22)$$

1.3.3　电源短路状态

在图 1－20 所示的电路中，当某种原因使电源的两端连在一起时，电源短路，如图 1－24 所示。当电源短路时，外电路的电阻可被视为零，电流有捷径可通，不再流过负载。因为在电流的回路中仅有很小的电源内阻 R_0，所以这时电流很大，该电流称为短路电流 I_S。短路电流可能使电源遭受机械的（产生很大的电磁力，导致发电机或变压器的绕组被损坏）与热的损伤或毁坏。电视节目里时有报道汽车自燃现象，很多都是线路老化导致电路短路而引起的。

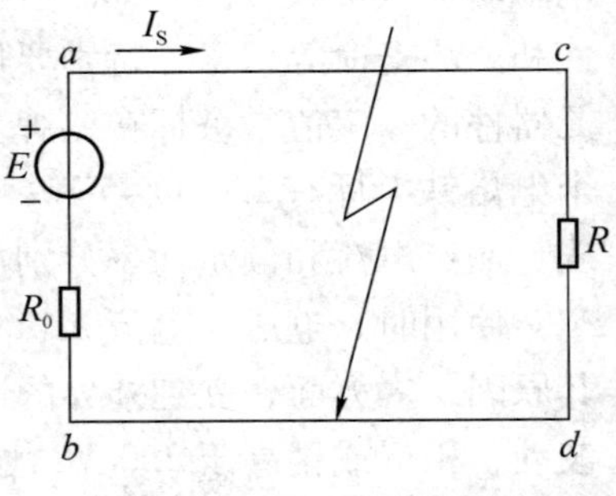

图 1－24　电源短路状态

当电源短路时，外电路的电阻为零，所以路端电压也为零。这时，电源的电动势全部降在电源内阻上，电源产生的电能全部被电源内阻消耗。

如上所述，电源短路时的特征可用下式表示：

$$\begin{cases} U = 0 \\ I = I_S = \dfrac{E}{R_0} \\ P_E = \Delta P = R_0 I^2 \\ P = 0 \end{cases} \tag{1-23}$$

式中：P_E——电源产生的功率；

ΔP——电源内阻损耗的功率；

P——电源输出的功率。

短路是一种严重事故，应该尽力预防。产生短路的原因往往是绝缘被损坏或接线不慎，因此，经常检查电气设备和线路的绝缘情况是一项很重要的安全措施。此外，为了防止短路事故所引起的后果，通常在电路中接入熔断器或空气断路器，以便在发生短路时，能迅速将故障电路自动切断。但是，有时由于某种需要，可以将电路中的某一段短路（常称为短接，如检查汽车某一段线路是否断路）或进行某种短路试验。

【例1-11】 若电源的开路电压 $U_0=12$ V，其短路电流 $I_S=30$ A，试问该电源的电动势和内阻各是多少？

解：电源的电动势为

$$E = U_0 = 12(\text{V})$$

电源的内阻为

$$R_0 = \frac{E}{I_S} = \frac{U_0}{I_S} = \frac{12}{30} = 0.4(\Omega)$$

上述计算是由电源的开路电压和短路电流来计算其电动势和内阻的一种方法。

1.4 电阻的连接

电阻在电路中的连接方式分为串联、并联和混联三种。

1.4.1 电阻的串联

在一段电路上，把几个电阻一个接着一个地连接起来，并且其中没有分岔支路，这种电路叫作电阻的串联电路，如图1-25所示。

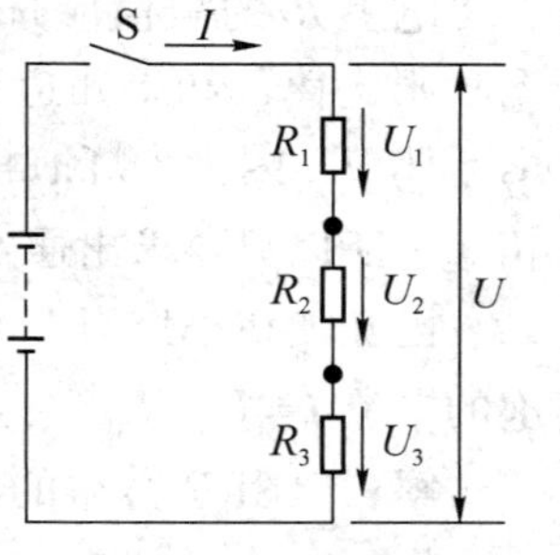

图1-25 电阻的串联电路

串联电路具有以下特点：

(1) 在串联电路中，各处流过的电流均相等，并且等于总电流 I，即

$$I = I_1 = I_2 = I_3$$

(2) 电路两端的总电压 U 等于各部分电路两端的电压之和，即

$$U = U_1 + U_2 + U_3$$

(3) 总电阻等于各个电阻之和。在图 1－25 所示的电路中，设串联电阻分别为 R_1、R_2、R_3，串联后的总电阻为 R。因为流过整个电路的电流都等于 I，所以根据欧姆定律，可得

$$U = IR,\quad U_1 = IR_1,\quad U_2 = IR_2,\quad U_3 = IR_3$$

所以

$$IR = IR_1 + IR_2 + IR_3$$

由此可得，串联电路的总电阻为

$$R = R_1 + R_2 + R_3 \tag{1-24}$$

式 (1－24) 表明，串联电路的总电阻等于各串联电阻之和。把几个导体串联起来，相当于增加了导体的长度，所以总电阻比任何一个导体的电阻都大。当用 R 代替电路中的 R_1、R_2、R_3之后，电路中的电流和电压都不会改变。因此，电阻 R 又称为等效电阻。每个电阻上分配到的电压与其电阻值成正比。

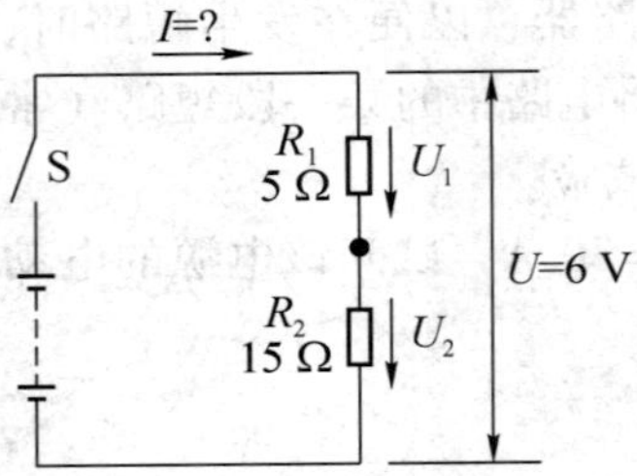

图 1－26　例 1－12 的电路

【例 1－12】把 5 Ω 的电阻 R_1 与 15 Ω 的电阻 R_2 串联起来，接在电压为 6 V 的电源上，求这个串联电路中的电流。

分析： 首先画出电路图，如图 1－26 所示，求出电阻 R_1、R_2 串联后的总电阻 R，再根据欧姆定律，求出电路中的电流。

解： 总电阻为

$$R = R_1 + R_2 = 5 + 15 = 20(\Omega)$$

于是串联电路中的电流为

$$I = \frac{U}{R} = \frac{6}{20} = 0.3(\mathrm{A})$$

【例 1－13】有一只小灯泡，它正常工作时灯丝的电阻是 8.3 Ω，且正常工作时它两端的电压是 2.5 V。如果只有电压为 6 V 的电源，要使小灯泡正常工作，需要串联一只多大的电阻？

分析： 先画出电路图，如图 1－27 所示。由串联电路中电压的关系 $U = U_1 + U_2$ 可以看出，给小灯泡串联一个电阻 R_2，可分去一部分电压，使小灯泡两端的电压 U_1 为其正常工作时的电压 2.5 V。因此，R_2 分去的电压 U_2 应等于 $U - U_1$。

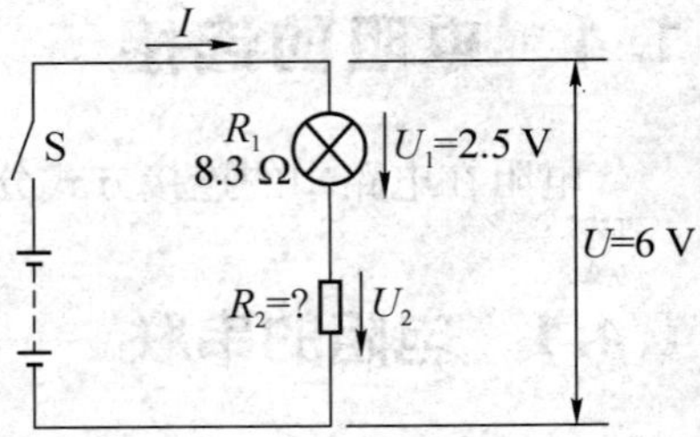

图 1－27　例 1－13 的电路

电阻 R_2 的阻值应选多大，才能分去电压 U_2 呢？根据欧姆定律，如果知道通过电阻 R_2 的电流 I，就可求出 $R_2 = U_2/I$。因为小灯泡与电阻 R_2 串联，通过它们的电流相等，所以只要求出通过小灯泡的电流，就可以得到通过电阻 R_2 的电流。

已知加在小灯泡上的电压 U_1 和小灯泡的电阻 R_1，根据欧姆定律，就可求出通过小灯泡的电流 $I = U_1/R_1$。

解： 电阻 R_2 分得的电压为

$$U_2 = U - U_1 = 6 - 2.5 = 3.5(\mathrm{V})$$

电路中的电流为

$$I = \frac{U_1}{R_1} = \frac{2.5}{8.3} \approx 0.3(\mathrm{A})$$

需要串联的电阻值为

$$R_2 = \frac{U_2}{I} = \frac{3.5}{0.3} \approx 11.7(\Omega)$$

1.4.2　电阻的并联

如果把几个电阻的一端连在电路的同一点上，而把它们的另一端共同连接在另一点上，则这种电路叫作电阻的并联电路，如图 1－28 所示。

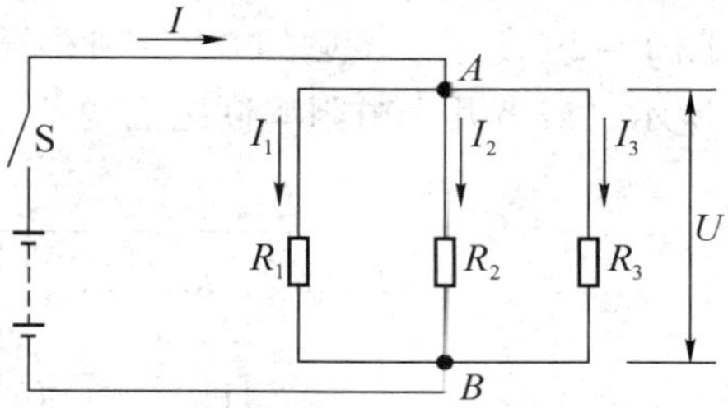

图 1－28　电阻的并联电路

并联电路具有以下特点：

（1）在并联电路中，各支路两端的电压相等，并且等于总电压 U，即

$$U = U_1 = U_2 = U_3$$

（2）电路中的总电流等于各支路中的电流之和，即

$$I = I_1 + I_2 + I_3$$

（3）并联电路的总电阻的倒数等于各并联电阻的倒数之和，即

$$\frac{1}{R} = \frac{1}{R_1} + \frac{1}{R_2} + \frac{1}{R_3} \tag{1-25}$$

如图 1－28 所示，设电路中各支路的电阻分别为 R_1、R_2、R_3，电路两端的电压为 U，根据欧姆定律可得，通过电阻 R_1、R_2、R_3 的电流分别为 I_1、I_2、I_3，且

$$I_1 = \frac{U}{R_1},\quad I_2 = \frac{U}{R_2},\quad I_3 = \frac{U}{R_3}$$

设并联电路的总电阻为 R，则主电路中的电流为

$$I = \frac{U}{R}$$

因为 $I = I_1 + I_2 + I_3$，所以

$$\frac{U}{R} = \frac{U}{R_1} + \frac{U}{R_2} + \frac{U}{R_3}$$

由此可得

$$\frac{1}{R} = \frac{1}{R_1} + \frac{1}{R_2} + \frac{1}{R_3}$$

并联电路的总电阻 R 又称为等效电阻。在实际工作中，经常要计算两个电阻并联的等效电阻，利用式（1－25）可得，其计算公式为

$$R = R_1 /\!/ R_2 = \frac{R_1 \cdot R_2}{R_1 + R_2}$$

式中，符号“//”表示电阻 R_1 与电阻 R_2 并联，在实际计算中经常使用。

当 $R_1 = R_2$ 时，总电阻 $R = \frac{1}{2}R_1$。如果将 n 个相同的电阻 R_1 并联，则总电阻为

$$R = \frac{1}{n}R_1$$

由此可知，并联的电阻越多，则其总电阻越小，且总电阻比任何一只电阻的阻值都小。这是因为当把导体并联起来时，相当于增大了导体的横截面积。

1.4.3 电阻的混联

在一段电路中，既有电阻串联，也有电阻并联，这种电路称为电阻的混合电路，如图 1-29 所示。混联的方式多种多样，或者几个电阻并联后与其他电阻串联，如图 1-29（a）所示，或者几个电阻串联之后再相互并联，如图 1-29（b）所示。

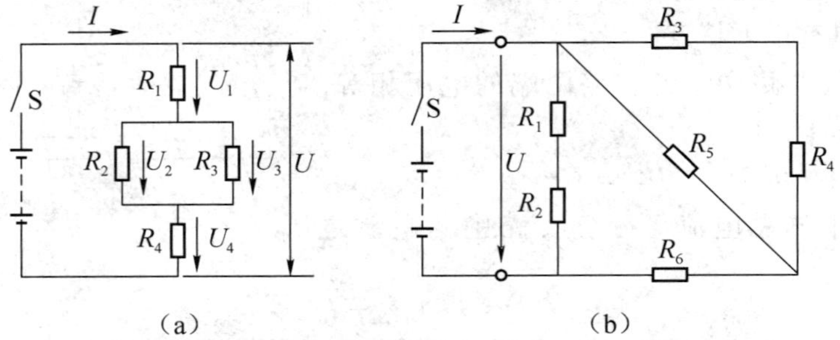

图 1-29 电阻的混联电路

计算混联电路的电阻时，要根据电路的实际情况，灵活运用串联电路和并联电路的知识。先求出串联或并联部分的等效电阻，逐步简化，再求出总的等效电阻，就可以计算出电路中流过的总电流，最后求出各部分的电压、电流和功率等。

【例 1-14】 在图 1-29（a）所示的电路中，设电压 $U = 220$ V，电阻 $R_1 = 10\ \Omega$，$R_2 = 20\ \Omega$，$R_3 = 30\ \Omega$，$R_4 = 40\ \Omega$，求电路中流过的总电流 I。

分析： 要求电路中流过的总电流 I，必须先求出电路的总电阻 R，然后根据欧姆定律即可求出。先按串联电路、并联电路等效电阻的计算方法，对混联电路逐步进行简化，最终得到一个无分支的电路，就可求出总电阻 R。

解： 电路的总电阻为

$$R = R_1 + R_2 /\!/ R_3 + R_4 = 10 + \frac{20 \times 30}{20 + 30} + 40 = 62(\Omega)$$

根据欧姆定律可得，电路中流过的总电流为

$$I = \frac{U}{R} = \frac{220}{62} \approx 3.5(\mathrm{A})$$

【例 1-15】 在图 1-29（b）所示的电路中，设电压 $U = 220$ V，电阻 $R_1 = 10\ \Omega$，$R_2 = 20\ \Omega$，$R_3 = 30\ \Omega$，$R_4 = 40\ \Omega$，$R_5 = 50\ \Omega$，$R_6 = 60\ \Omega$，求电路中流过的总电流 I。

分析： 要求电路中流过的总电流 I，必须先求出电路的总电阻 R。从图 1-29（b）所示的电路来看，电阻的连接关系比较复杂，因此，需要先按串联电路、并联电路等效电阻的计算方法逐步进行简化，才能求出总电阻 R，然后根据欧姆定律求出总电流 I。

图 1－29（b）中电路的简化过程如图 1－30 所示。

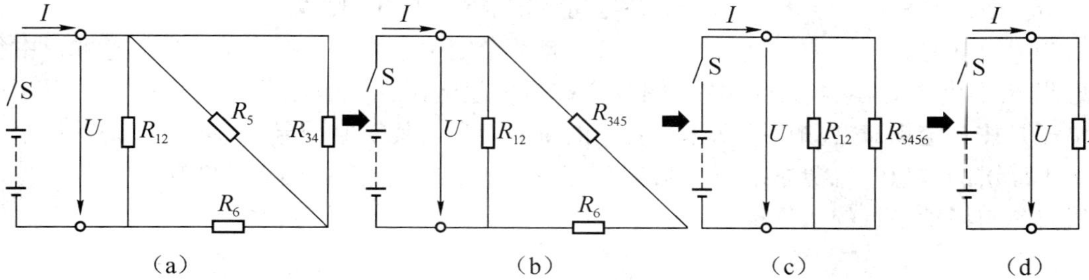

图 1－30　混联电路的简化过程

解：在图 1－30（a）所示的电路中，

$$R_{12} = R_1 + R_2 = 10 + 20 = 30(\Omega)$$

$$R_{34} = R_3 + R_4 = 30 + 40 = 70(\Omega)$$

在图 1－30（b）所示的电路中，

$$R_{345} = R_{34} /\!/ R_5 = \frac{(R_3 + R_4) \times R_5}{(R_3 + R_4) + R_5} = \frac{(30 + 40) \times 50}{(30 + 40) + 50} \approx 29(\Omega)$$

在图 1－30（c）所示的电路中，

$$R_{3456} = R_{345} + R_6 = 29 + 60 = 89(\Omega)$$

于是总电阻为

$$R = R_{3456} /\!/ R_{12} = \frac{89 \times 30}{89 + 30} \approx 22(\Omega)$$

根据欧姆定律，电路中流过的总电流为

$$I = \frac{U}{R} = \frac{220}{22} = 10(\mathrm{A})$$

1.5　电压源与电流源及其等效变换

一个电源可用两种不同的电路模型来表示：一种是用理想电压源与电阻串联的电路模型来表示，称为电源的电压源模型；另一种是用理想电流源与电阻并联的电路模型来表示，称为电源的电流源模型。

1.5.1　电压源

任何一个电源（如发电机、电池或各种信号源）都有电动势 E 和内阻 R_0。在进行电路分析与计算时，往往把它们分开，组成的电路模型如图 1－31 所示，这就是电压源模型，简称电压源。图中，U 是路端电压，R_L是负载电阻，I 是负载电流。根据图 1－31 中的电路，可得

$$U = E - R_0 I \qquad (1-26)$$

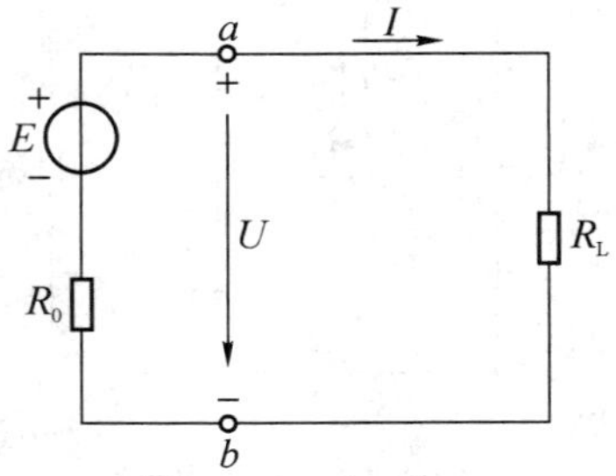

图 1－31　电压源电路

由此可作出电压源的外特性曲线，如图 1－32 所示。当电压源开路时，$I=0$，$U=U_0=E$；当电压源短路时，$U=0$，$I=I_S=E/R_0$。电源内阻 R_0越小，则直线越平。

当 $R_0=0$ 时，电压 U 恒等于电动势 E，是一个定值，而其中的电流 I 是任意的，由负载电阻 R_L及电压 U 本身确定。这样的电源称为理想电压源或恒压源［这里指直流电压或者电压是按一定规律（如正弦规律）变化的时间函数，其幅值恒定，与电路中的其他量无关。下面讲的理想电流源亦是如此］，其电路符号及电路模型如图 1－33 所示。其外特性曲线将是与横轴平行的一条直线。

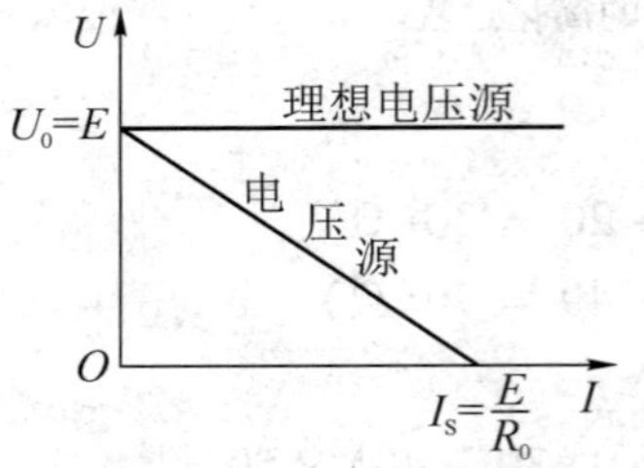

图 1－32　电压源的外特性曲线

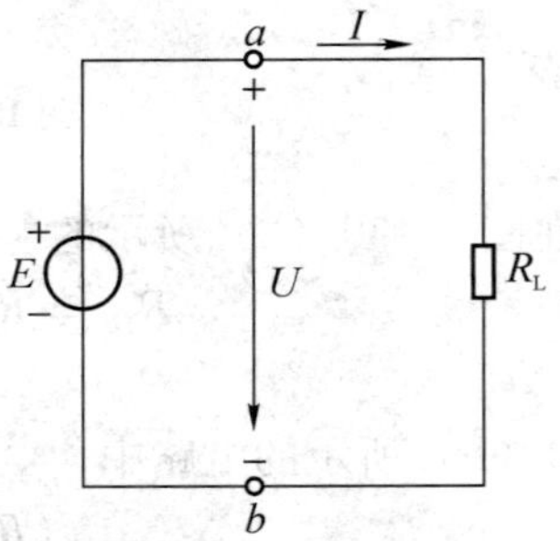

图 1－33　理想电压源电路

理想电压源是理想的电源。如果一个电源的内阻远远小于负载电阻，即 $R_0 \ll R_L$，则内阻上的电压降 $R_0 I \ll U$，于是 $U \approx E$ 基本上恒定，可以认为，该电源是理想电压源。通常用的稳压电源也可以认为是一个理想电压源。

1.5.2　电流源

电源除用电动势 E 和内阻 R_0的电路模型来表示之外，还可以用另一种电路模型来表示。如果将式（1－26）两边同时除以 R_0，则可得

$$\frac{U}{R_0}=\frac{E}{R_0}-\frac{R_0 I}{R_0}=I_S-I$$

即

$$I_S=\frac{U}{R_0}+I \tag{1-27}$$

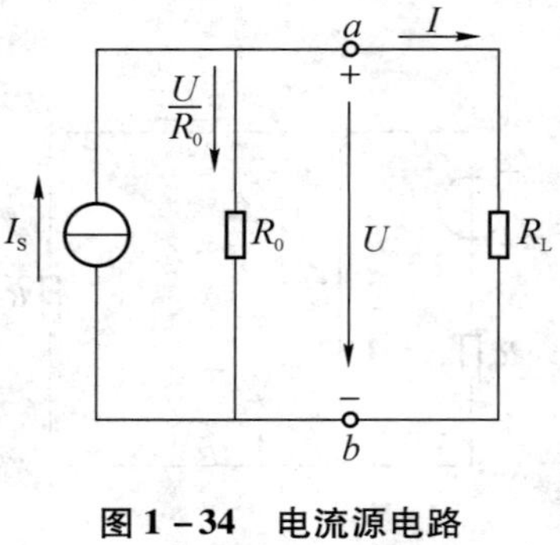

图 1－34　电流源电路

式中：I_S——电源的短路电流（$I_S=E/R_0$）；

I——负载电流；

U/R_0——引出的另一部分电流，如图 1－34 所示。

这就是用电流表示的电源的电路模型，即电流源模型，简称电流源。两条支路并联，其中的电流分别为 I_S和 U/R_0。对负载电阻 R_L而言，与图 1－31 中的电路一样，其上的电压 U 和通过的电流 I 没有改变。

由式（1－27）可作出电流源的外特性曲线，如图1－35所示。当电流源开路时，$I=0$，$U=U_0=R_0I_S$；当电流源短路时，$U=0$，$I=I_S$。电源内阻R_0越大，则直线越陡。

当$R_0=\infty$（相当于并联支路R_0断开）时，电流I恒等于I_S，是一个定值，而其两端的电压U是任意的，由负载电阻R_L及电流I_S来确定。这样的电源称为理想电流源或恒流源，其电路符号及电路模型如图1－36所示，其外特性曲线将是与纵轴平行的一条直线。

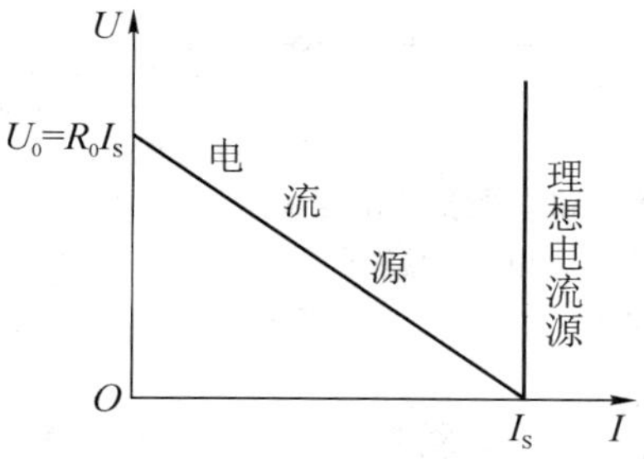

图1－35　电流源的外特性曲线

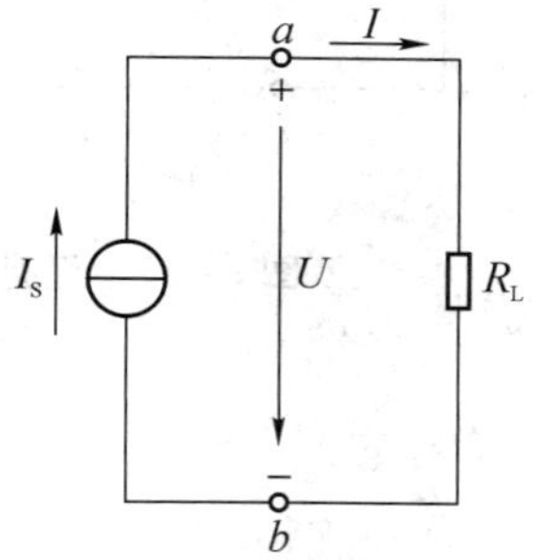

图1－36　理想电流源电路

理想电流源也是理想的电源。如果一个电源的内阻远远大于负载电阻，即$R_0 \gg R_L$，则$I \approx I_S$基本上恒定，可以认为，该电源是理想电流源。例如，三极管就可近似地认为是一个理想电流源。因为由三极管的输出特性可见，当基极电流I_B为某个值，并且集电极与发射极之间的电压U_{CE}超过一定值时，电流I_C可近似地认为不随电压U_{CE}的改变而改变。

1.5.3　电压源与电流源的等效变换

由图1－32和图1－35可见，电压源模型的外特性与电流源模型的外特性是相同的。因此，电源的这两种电路模型相互之间是等效的，可以进行等效变换。需要注意的是，电压源模型和电流源模型之间的等效关系仅仅是对外电路而言的，对电源内部来说，它们是不等效的。例如，在图1－31中，当电压源开路时，$I=0$，电源内阻R_0不损耗功率；但在图1－34中，当电流源开路时，电源内部仍有电流，电源内阻R_0上有功率损耗。当电压源和电流源短路时也是这样，两者对外电路是等效的（$U=0$，$I_S=E/R_0$），但电源内部的功率损耗不一样，电压源有功率损耗，而电流源无功率损耗（电源内阻R_0被短路，其上并无电流通过）。

【例1－16】 有一个直流发电机，$E=230$ V，$R_0=1\ \Omega$，当负载电阻$R_L=22\ \Omega$时，用电源的两种电路模型分别求电压U和电流I，并计算内阻上的电压降和电源内部损耗的功率，验证其是否相等。

解： 直流发电机的电压源电路和电流源电路如图1－37所示。

（1）计算电压U和电流I。在图1－37（a）中，

$$I=\frac{E}{R_L+R_0}=\frac{230}{22+1}=10(\text{A})$$

$$U=R_LI=22\times 10=220(\text{V})$$

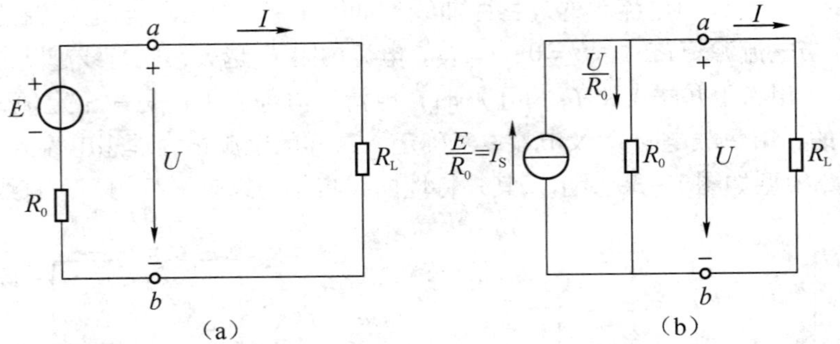

图 1－37　直流发电机的电压源电路与电流源电路

（a）电压源电路；（b）电流源电路

在图 1－37（b）中，

$$I_S = \frac{U}{R_0} + I = \frac{IR_L}{R_0} + I = \frac{R_L + R_0}{R_0}I$$

于是

$$I = \frac{R_0}{R_L + R_0}I_S = \frac{1}{22+1} \times \frac{230}{1} = 10(\mathrm{A})$$

$$U = R_L I = 22 \times 10 = 220(\mathrm{V})$$

（2）计算内阻上的电压降和电源内部损耗的功率。在图 1－37（a）中，

$$R_0 I = 1 \times 10 = 10(\mathrm{V})$$

$$\Delta P = R_0 I^2 = 1 \times 10^2 = 100(\mathrm{W})$$

在图 1－37（b）中，

$$\frac{U}{R_0} \times R_0 = 220(\mathrm{V})$$

$$\Delta P = R_0 \times \left(\frac{U}{R_0}\right)^2 = \frac{U^2}{R_0} = \frac{220^2}{1}(\mathrm{W}) = 48.4(\mathrm{kW})$$

可见，对外电路而言，电压源和电流源相互之间是等效的；但对电源内部而言，它们是不等效的。

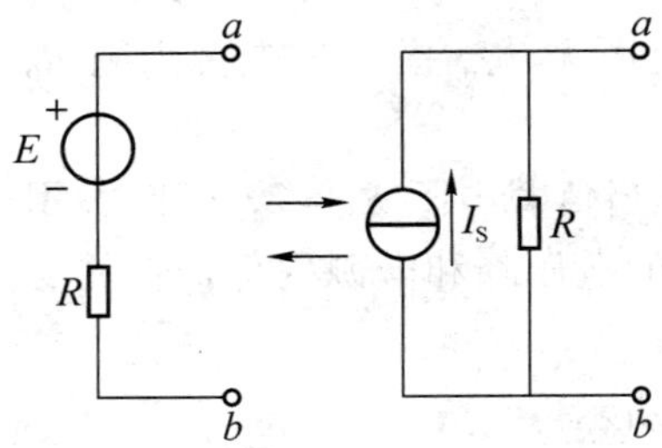

图 1－38　电压源与电流源的等效变换电路

对于上述电源的两种电路模型，实际上，一种是电动势为 E 的理想电压源和电源内阻 R_0 串联的电路，如图 1－31 所示；另一种是电流为 I_S 的理想电流源和电源内阻 R_0 并联的电路，如图 1－34 所示。事实上，一般不限于电源内阻 R_0，一个电动势为 E 的理想电压源和某个电阻 R 串联的电路，都可以简化为一个电流为 I_S 的理想电流源和这个电阻 R 并联的电路，如图 1－38 所示，两者之间是等效的关系，其中，

$$I_S = \frac{E}{R} \quad 或 \quad E = RI_S$$

在分析与计算电路时，可根据需要用这种等效变换的方法进行。但必须注意的是，理想电压源和理想电流源之间没有等效的关系。因为对理想电压源（$R_0=0$）而言，其短路电流 I_S 为无穷大，对理想电流源（$R_0=\infty$）而言，其开路电压 U_0 为无穷大，它们都不能得到有限的数值，故两者之间不存在等效变换的条件。电压源与电流源的等效变换对照表如表 1 – 2 所示。

表 1 – 2　电压源与电流源的等效变换对照表

状态 \ 电源		电压源	电流源	理想电压源	理想电流源
开路	U	E	$R_0 I_S$	E	×
	I	0	0	0	×
短路	U	0	0	×	0
	I	$\dfrac{E}{R_0}$	I_S	×	I_S
等效条件		$E=R_0 I_S$ $\dfrac{E}{R_0}=I_S$		不等效	

注：“×”号表示无参数。

【例 1 – 17】 试用电压源与电流源等效变换的方法，计算图 1 – 39 所示的电路中通过电阻 R 的电流 I。

解： 将 E_1 和 R_1 组成的电压源变换成 I_2 和 R_5 组成的电流源，如图 1 – 40 所示。于是

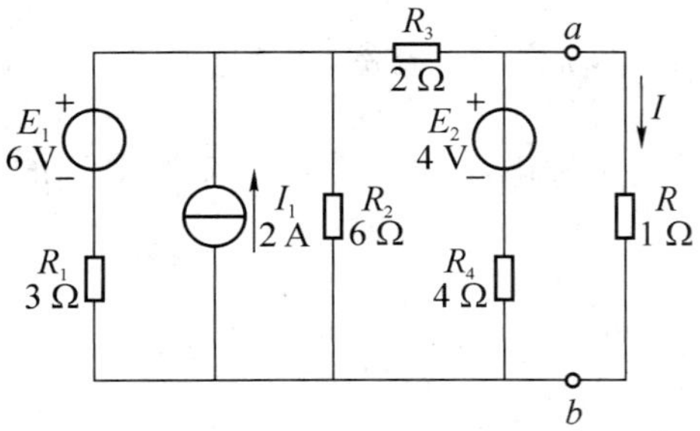

图 1 – 39　例 1 – 17 的电路

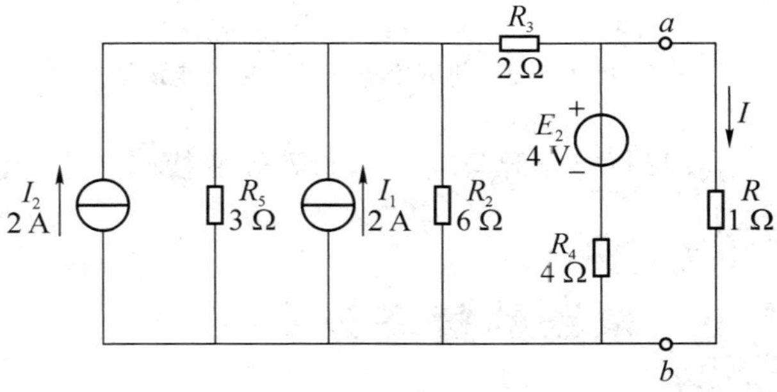

图 1 – 40　将 E_1 和 R_1 组成的电压源变换成电流源

$$I_2=\frac{E_1}{R_1}=\frac{6}{3}=2(\mathrm{A}),\ R_5=R_1=3(\Omega)$$

将图 1 – 40 中的两个电流源 I_2、R_5 和 I_1、R_2 合并，如图 1 – 41 所示。于是

$$I_3=I_2+I_1=2+2=4(\mathrm{A})$$

$$R_6=R_5 /\!/ R_2=\frac{3\times 6}{3+6}=2(\Omega)$$

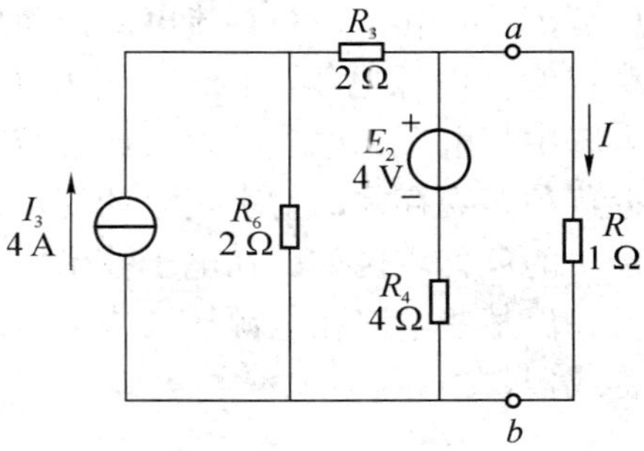

图 1 – 41　合并电流源

将电流源 I_3、R_6 变换成电压源，如图 1 – 42 所示。

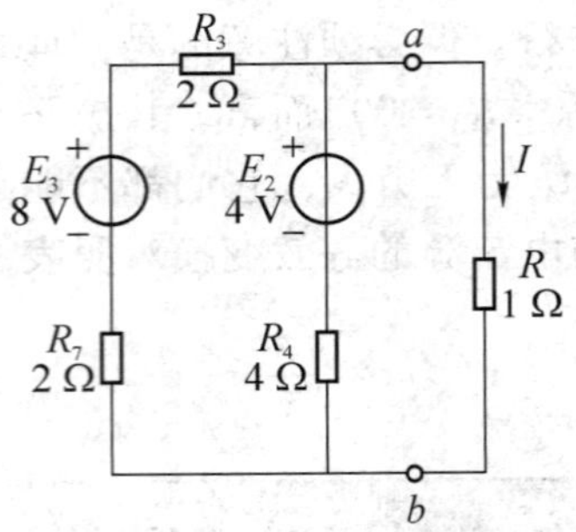

图 1-42　将电流源 I_3、R_6 变换成电压源

于是

$$E_3 = R_6 I_3 = 2 \times 4 = 8(\mathrm{V})$$

$$R_7 = R_6 = 2(\Omega)$$

将图 1-42 中的两个电压源变换成电流源，如图 1-43 所示。于是

$$I_4 = \frac{E_3}{R_7} = \frac{8}{2} = 4(\mathrm{A})$$

$$R_8 = R_7 + R_3 = 2 + 2 = 4(\Omega)$$

$$I_5 = \frac{E_2}{R_4} = \frac{4}{4} = 1(\mathrm{A})$$

$$R_9 = R_4 = 4(\Omega)$$

将图 1-43 中的两个电流源合并，如图 1-44 所示。因此，通过电阻 R 的电流为

$$I = \frac{R_{10}}{R + R_{10}} \times I_6 = \frac{2}{1+2} \times 3 = 2(\mathrm{A})$$

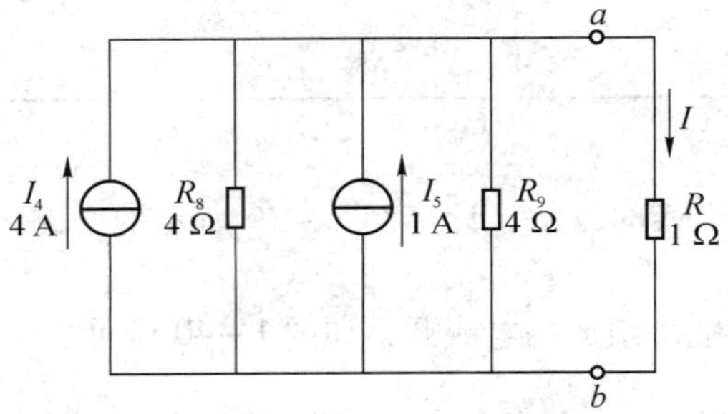

图 1-43　将两个电压源变换成电流源

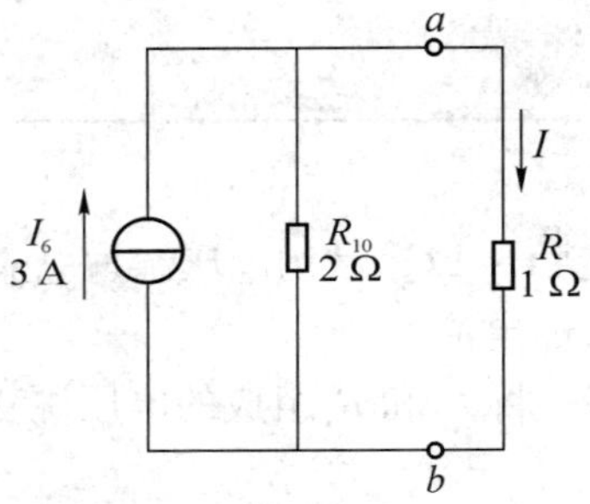

图 1-44　再次合并电流源

在进行电压源与电流源的等效变换时，应当注意电压源电压的极性和电流源电流的方向。

1.6　电路的暂态分析

当电路中含有电感元件或电容元件时，如当 RC 串联电路（电阻元件 R 与电容元件 C 串联后的电路）与直流电源接通后，电容元件充电，电容元件上的电压是逐渐增长到稳定值（电源电压）的；电路中有充电电流，并且电流逐渐衰减到零。可见，在这种电路中，电压和电流的增长或衰减有一个暂态过程。研究暂态过程的目的是，认识和掌握这种客观存在的物理现象的规律，既要充分利用暂态过程的特性，同时也必须预防其产生的危害。例如，在电子技术中，常利用电路中的暂态过程来改善波形和产生特定波形；但某些电路在电源接通或断开的暂态过程中会产生过电压或过电流，从而使电气设备或器件损坏。

1.6.1　线性元件的特征

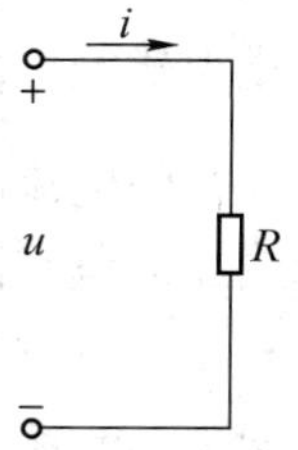

图1-45　电阻元件

在电路中，常用的线性元件有电阻元件、电感元件与电容元件。

1. 电阻元件

在图1-45所示的电路中，u和i的参考方向相同，根据欧姆定律，可得

$$u = Ri \tag{1-28}$$

电阻元件的参数为$R=\frac{u}{i}$，称为电阻，它具有对电流起阻碍作用的物理性质。将式（1-28）两边同时乘以i，并积分，可得

$$\int_0^t ui\mathrm{d}t = \int_0^t Ri^2\mathrm{d}t \tag{1-29}$$

式（1-29）表明，电能全部消耗在电阻元件上，被转化为热能。因此，电阻元件是耗能元件。

2. 电感元件

图1-46所示为一个电感元件（线圈），其上的电压为u。当通过电流i时，将产生磁通$\varPhi$。设磁通通过每匝线圈，如果线圈有N匝，则电感元件的参数为

$$L = \frac{N\varPhi}{i} \tag{1-30}$$

称为电感或自感。线圈的匝数越多，其电感越大；线圈中单位电流产生的磁通越大，电感也越大。电感的单位是亨利，简称亨，用H表示，此外，还有毫亨（mH）；磁通的单位是韦伯，简称韦，用Wb表示。

当电感元件中的磁通$\varPhi$或电流i发生变化时，电感元件中产生的感应电动势为

$$e_{\mathrm{L}} = -N\frac{\mathrm{d}\varPhi}{\mathrm{d}t} = -L\frac{\mathrm{d}i}{\mathrm{d}t}$$

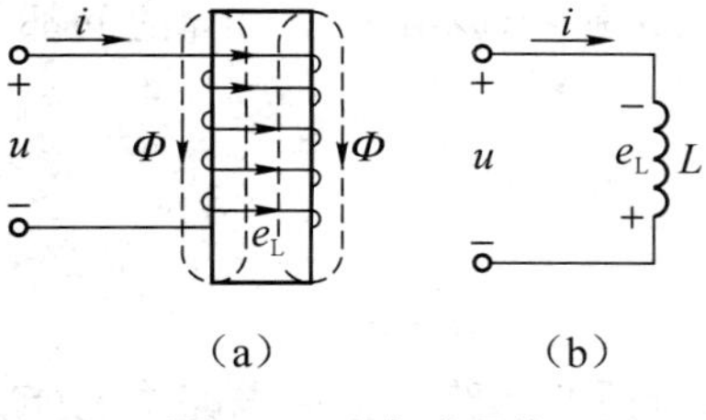

图1-46　电感元件

习惯上规定：选定的u和i的参考方向一致；i与$\varPhi$、$\varPhi$与e_{L}的参考方向均符合右手螺旋定则。因此，u、i与e_{L}的参考方向如图1-46所示。根据基尔霍夫电压定律，可得

$$u + e_{\mathrm{L}} = 0$$

或

$$u = -e_{\mathrm{L}} = L\frac{\mathrm{d}i}{\mathrm{d}t} \tag{1-31}$$

当线圈中通过恒定电流时，其上的电压u为零，故电感元件可被视为短路。

将式（1-31）两边同时乘以i，并积分，可得

$$\int_0^t ui\mathrm{d}t = \int_0^i Li\mathrm{d}i = \frac{1}{2}Li^2 \tag{1-32}$$

式（1－32）表明，当电感元件中的电流增大时，磁场能量增大。在此过程中，电能被转化为磁能，即电感元件从电源处取用能量。$\frac{1}{2}Li^2$ 就是电感元件中的磁场能量。当电感元件中的电流减小时，磁场能量减小。在此过程中，磁能被转化为电能，即电感元件向电源放还能量。由此可见，电感元件不消耗能量，是储能元件。

3. 电容元件

图 1－47 所示为电容元件，其参数为

$$C = \frac{q}{u} \tag{1-33}$$

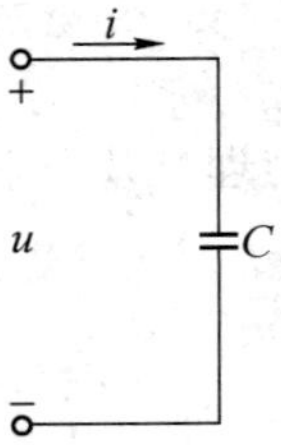

图 1－47　电容元件

称为电容。它的单位是法拉，简称法，用 F 表示。由于法太大，故工程上多采用微法（μF）或皮法（pF），其换算关系为

$$1\ \mu F = 10^{-6}\ F,\ 1\ pF = 10^{-12}\ F$$

当电容元件上的电荷（量）q 或电压 u 发生变化时，在电路中引起的电流为

$$i = \frac{dq}{dt} = C\frac{du}{dt} \tag{1-34}$$

式（1－34）是在 u 和 i 的参考方向相同的情况下得出的，否则要加负号。

当在电容元件两端加上恒定电压时，其中的电流 i 为零，故电容元件可被视为开路。

将式（1－34）两边同时乘以 u，并积分，可得

$$\int_0^t ui\mathrm{d}t = \int_0^u Cu\mathrm{d}u = \frac{1}{2}Cu^2 \tag{1-35}$$

式（1－35）表明，当电容元件上的电压升高时，电场能量增大。在此过程中，电容元件从电源处取用能量（充电）。$\frac{1}{2}Cu^2$ 就是电容元件中储存的电场能量。当电容元件上的电压降低时，电场能量减小，即电容元件向电源放还能量（放电）。可见，电容元件也是储能元件。

以上所述都是线性元件，R、L 和 C 都是常数，即相应的 u 和 i、Φ 和 i、q 和 u 之间都是线性关系。

1.6.2　储能元件与换路定则

电路接通、断开、短路，电压改变或参数改变等将引起所谓的换路，会使电路中的能量发生变化，但是不能跃变，否则将使功率 $P = \frac{dW}{dt}$ 达到无穷大，这在实际中是不可能的。因此，电感元件中储存的磁能 $\frac{1}{2}Li_L^2$ 不能跃变，这反映为电感元件中的电流 i_L 不能跃变；电容元件中储存的电能 $\frac{1}{2}Cu_C^2$ 也不能跃变，这反映为电容元件上的电压 u_C 不能跃变。可见，电路的暂态（过渡）过程是由于储能元件的能量不能跃变而产生的。

设 $t=0$ 为换路瞬间，而以 $t=0_-$ 表示换路前的终了瞬间，$t=0_+$ 表示换路后的初始瞬间。0_- 和 0_+ 在数值上都等于0，但前者是指 t 从负值趋于零，后者是指 t 从正值趋于零。从 $t=0_-$ 到 $t=0_+$ 瞬间，电感元件中的电流和电容元件上的电压不能跃变，称为换路定则。如果用公式表示，则

$$\begin{cases} i_L(0_-) = i_L(0_+) \\ u_C(0_-) = u_C(0_+) \end{cases} \tag{1-36}$$

换路定则仅适用于换路瞬间，可根据它来确定 $t=0_+$ 时电路中电压和电流的值，即暂态过程的初始值。在确定各个电压和电流的初始值时，先由 $t=0_-$ 的电路求出 $i_L(0_-)$ 或 $u_C(0_-)$，然后由 $t=0_+$ 的电路在已求得的 $i_L(0_+)$ 或 $u_C(0_+)$ 的条件下，求出其他电压和电流的初始值。

【例1－18】 试确定图1－48（a）所示电路中各电流和电压的初始值。设开关S闭合前电感元件和电容元件均未储能。

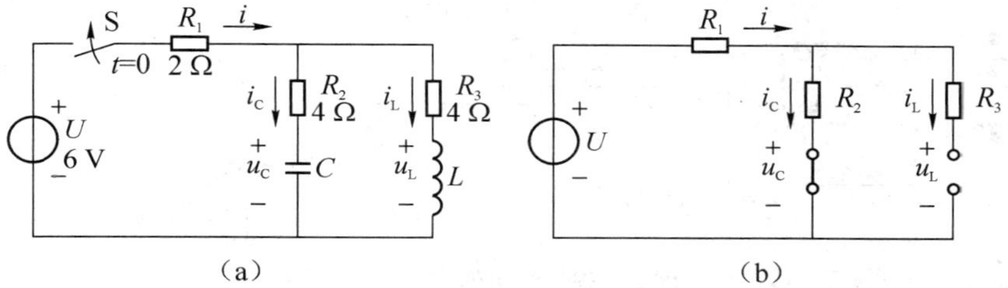

图1－48　例1－18的电路

（a）$t=0_-$；（b）$t=0_+$

解： 先由 $t=0_-$ 的电路［图1－48（a）中开关S未闭合时的电路］得知

$$u_C(0_-) = 0,\ i_L(0_-) = 0$$

因此，

$$u_C(0_+) = 0,\ i_L(0_+) = 0$$

在 $t=0_+$ 的电路［如图1－48（b）所示］中，将电容元件短路，将电感元件开路，由此便得其他各个初始值分别为

$$i(0_+) = i_C(0_+) = \frac{U}{R_1+R_2} = \frac{6}{2+4} = 1(\mathrm{A})$$

$$u_L(0_+) = R_2 i_C(0_+) = 4\times 1 = 4(\mathrm{V})$$

1.7　汽车电路的组成与特点

汽车是由发动机、底盘、电气设备和车身四大部分组成的。汽车的电气设备是由汽车电器系统和汽车电子控制系统（简称汽车电控系统）两大系统组成的，每一个系统又由若干个子系统组成。

1.7.1 汽车电路的组成

汽车整车电路主要由电源电路、起动电路、点火电路、照明与信号电路、信息显示与报警电路、辅助电器电路以及各种电子控制系统电路等组成。其中，电源电路如图 1－49 所示。

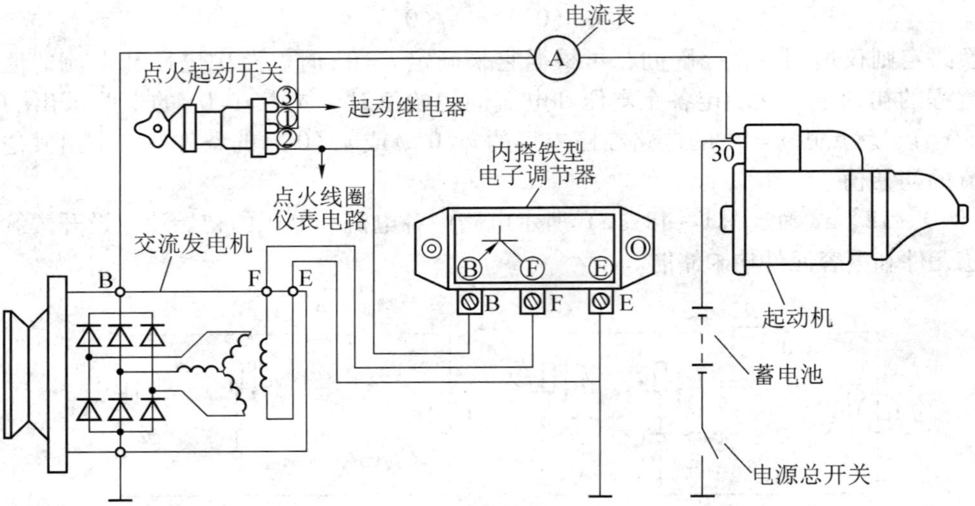

图 1－49　汽车的电源电路

1.7.2 汽车电路的特点

汽车种类繁多，其电器设备形式各异，但结构和原理大同小异，电器系统的特点也基本相同，具有“两个电源、低压直流、并联单线、负极搭铁”四个特点。

（1）两个电源，即蓄电池和发电机。在汽车装备的两个电源中，蓄电池是辅助电源，发电机是主要电源。蓄电池主要在起动发动机时供电；发电机在汽车运行过程中，既向用电设备供电，又向蓄电池充电。

（2）低压直流。汽车电器系统的标称电压有 12 V、24 V 两种等级，汽油发动机汽车普遍采用 12 V 电器系统，柴油发动机汽车大多数采用 24 V 电器系统。12 V、24 V 电器系统的额定电压分别为 14 V 和 28 V。为了满足汽车电器装置日益增多、用电量越来越大、电源系统供电功率增大的要求，目前世界各国都在研究开发 48 V 电器系统，欧洲国家从 2008 年开始试用 48 V 电器系统。无论标称电压等级为 12 V、24 V，还是 48 V，它们都是直流安全电压（直流安全电压不超过 50 V，交流安全电压不超过 36 V），其主要优点是用电安全，不会导致人体触电。

由于发动机靠起动机来起动，起动机采用直流电动机且由蓄电池供电，而蓄电池必须使用直流电充电，所以汽车电器系统为直流电器系统。

（3）并联单线。汽车电路均为并联电路。蓄电池与发电机并联工作，整车电器与电子控制系统均与两个直流电源并联连接。

单线是指从电源到用电设备只用一根导线连接，并用发动机、底盘或车身等金属机体作为另一根公用导线，又称为单线制。由于单线制节省导线、安装和维修方便，且电器总成部件不需与车体绝缘，因此，现代汽车普遍采用单线制。但是，在特殊情况下，为了保证电器系统，特别是电子控制系统的工作可靠性，也需采用双线制。

（4）负极搭铁。在单线制中，将电器设备的壳体与车体金属连接作为电路导电体的方法称为“搭铁”。将蓄电池的负极连接到车体上称为“负极搭铁”；反之，将蓄电池的正极连接到车体上称为“正极搭铁”。根据《汽车电气设备基本技术条件》（QC/T 413—2002）中的规定，汽车电气设备统一规定为负极搭铁。

本章小结

1. 电路的电流、电压、电阻、电位差和电动势等基本物理量。

2. 在同一个系统中，只能选一个电位参考点。比电位参考点高的电位为正电位，比电位参考点低的电位为负电位。当电位参考点选定后，电路中各点的电位就只有固定的单一数值。

3. 电压和电流参考方向的确定。电压的方向规定为由高电位（“+”极性）端指向低电位（“-”极性）端，即电位降低的方向。电源电动势的方向规定为在电源内部由低电位（“-”极性）端指向高电位（“+”极性）端，即电位升高的方向。在电路图中所标的电流、电压和电动势的方向一般都是参考方向，它们是正值还是负值，视选定的参考方向而定。

4. 部分电路欧姆定律及其运用。导体中的电流 I 与导体两端的电压 U 成正比，与导体的电阻 R 成反比，此结论称为部分电路欧姆定律。

5. 全电路欧姆定律及其运用。含有电源的闭合电路称为全电路。在全电路中，电流 I 与电源的电动势 E 成正比，与电路的总电阻 $R+R_0$ 成反比，此结论称为全电路欧姆定律，又称为闭合电路欧姆定律。

6. 基尔霍夫电流定律及其运用。在任意瞬间，流入某一结点的电流之和等于从该结点流出的电流之和。基尔霍夫电流定律通常应用于结点，也可应用于包含几个结点的闭合面。

7. 基尔霍夫电压定律及其运用。在任意瞬间，沿任一回路循行方向（顺时针方向或逆时针方向），回路中各段电压的代数和恒等于零。如果规定电位降取正号，则电位升取负号。电路中任意一点的瞬时电位都具有单值性。

8. 电阻的串联电路、并联电路和混联电路的计算。串联电路的总电阻等于各串联电阻之和。并联电阻的总电阻的倒数等于各并联电阻的倒数之和。在计算混联电路的电阻时，要根据电路的实际情况，灵活运用串联电路和并联电路的知识。先求出串联或并联部分的等效电阻，逐步简化，再求出总的等效电阻，就可以计算出电路中流过的总电流，最后求出各部分的电压、电流和功率等。

9. 电压源与电流源及其等效变换。电压源模型和电流源模型之间的等效关系仅仅是对外电路而言的，对电源内部来说，它们是不等效的。

10. 电阻元件、电感元件和电容元件的特征。

11. 汽车整车电路具有“两个电源、低压直流、并联单线、负极搭铁”四个特点。

自测题

一、选择题

1. 电源输出的功率和电流取决于（　　）的大小。

A. 负载　　B. 电流　　C. 功率　　D. 电压

2. 在闭合电路中，负载增加是指（　　）。

A. 负载电阻增大　　B. 负载电流增大　　C. 端电压增高　　D. 电源内阻增大

3. 用一只额定值为 110 V/100 W 的白炽灯和一只额定值为 110 V/40 W 的白炽灯串联后接到 220 V 的电源上，当将电路中的开关闭合时，（　　）。

A. 两只白炽灯都能正常工作　　B. 110 V/100 W 的白炽灯灯丝被烧毁

C. 110 V/40 W 的白炽灯灯丝被烧毁　　D. 两只白炽灯都不能正常工作

二、判断题

1. 如果一个电感元件两端的电压为零，则其储能也一定等于零。（　　）

2. 如果一个电容元件中的电流为零，则其储能也一定等于零。（　　）

三、简答题

1. 汽车整车电路主要由哪些电路组成？汽车电路有何特点？

2. 欧姆定律的内容是什么？其数学表达式是什么？

3. 电阻的并联电路具有哪些特点？

四、计算题

1. 有一只白炽灯，电阻为 800 Ω，连接在 220 V 的电源上，求通过这只白炽灯的电流。

2. 有一只测量仪表，额定工作电流为 $I_N = 200\ \mu A$，内阻 $R_0 = 300\ \Omega$，要用此表头测量 $I = 0.5$ A 的电流，求需要并联多大的分流电阻 R。

3. 在图 1－50 所示的电路中，已知 $U_{ab} = 16$ V，求等效电阻 R_{ab} 和电流 I。

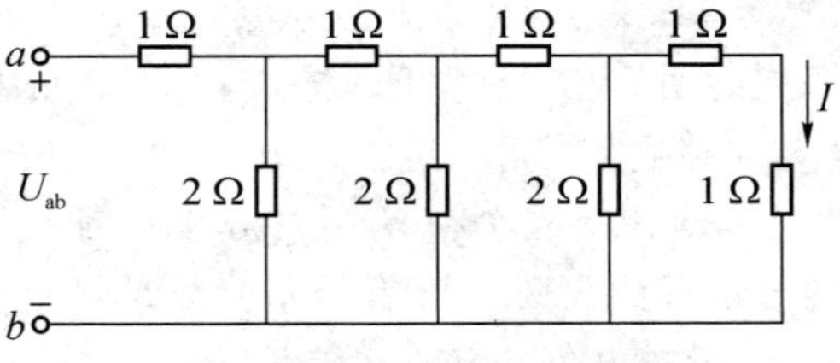

图 1－50　计算题 3 的电路

4. 在图 1－51 所示的电路中，求各理想电流源的端电压、功率及各电阻消耗的功率。

5. 计算图 1－52 所示电路中的电流 I_3。

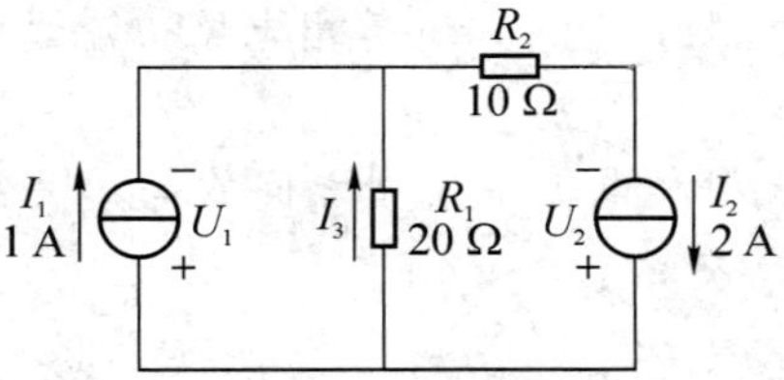

图 1－51　计算题 4 的电路

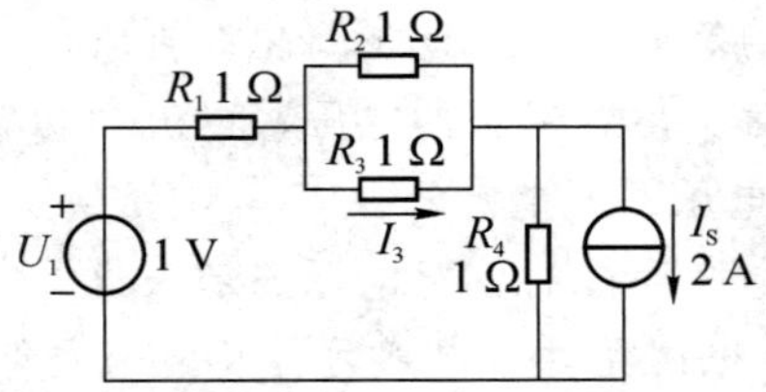

图 1－52　计算题 5 的电路

第 2 章　磁路与电机

导　言

在汽车发电机、起动机、点火线圈和继电器等电器设备中，不仅涉及电路问题，而且涉及磁路问题。只有同时掌握电路和磁路的基本理论，才能对这些电器设备进行全面分析。

本章主要介绍磁路的基本概念与基本定律、磁性材料的特性、交流铁心线圈电路、电器材料、汽车交流发电机和汽车直流电机等内容。本章学习内容力求使学生掌握磁路与交流电路的基础知识，为学习后续相关章节和专业知识奠定坚实的基础。

学习目标

1. 认知目标

（1）了解磁体、磁场、磁场方向与磁感线的概念。

（2）掌握安培定则（右手螺旋定则）、左手定则（通电导线受力方向判定方法）、右手定则（感应电流与感应电动势的方向判定方法）的运用。

（3）熟悉磁感应强度、磁场强度、磁导率、磁通的概念及其表达式。

（4）熟悉磁性材料的分类方法及其性能。

（5）熟悉电磁感应定律、楞次定律、安培环路定律、磁路欧姆定律的含义及其表达式。

（6）熟悉汽车交流发电机和汽车直流电机的构造原理及工作性能。

2. 技能目标

（1）能够运用磁感应强度、磁场强度、磁导率、磁通的概念及其表达式分析并解决磁路中的问题。

（2）能够利用电磁感应定律、楞次定律、安培环路定律、磁路欧姆定律等的表达式计算相应的物理量。

（3）能够运用电磁原理和电工知识，分析并解决汽车交流发电机和汽车直流电机在使用维修中遇到的问题。

3. 情感目标

（1）培养学习电磁知识的兴趣，重视本课程的学习，提高自主学习和收集资料的能力。

（2）尊重他人的感情和劳动成果，认可与他人协作作业的方法，养成善于倾听他人意见，特别是不同意见的习惯。

（3）树立从全局出发考虑问题的观念，增强在学习与实践过程中自我教育、自我发展的意识，满足在汽车运用与维修技术岗位任职和个人成长的需要。

2.1 磁路的基本概念

磁路就是磁通的闭合回路，如图 2－1 所示。在电机、电磁铁、变压器等电气设备中，不仅有电路问题，而且有磁路问题。任何电机的工作原理都是建立在电磁力和电磁感应的基础上的。因此，只有同时掌握了电路与磁路的基本理论，才能对这些电气设备进行全面的分析。研究磁路时，通常都局限于研究一定路径内的磁场。

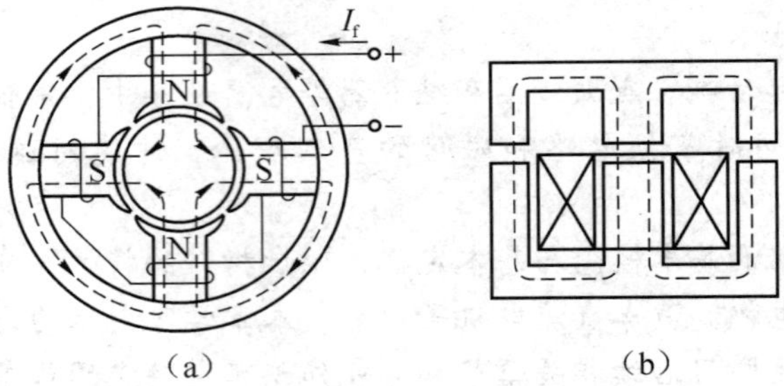

图 2－1　常见的磁路

（a）直流电机的磁路；（b）交流接触器的磁路

2.1.1 磁体

磁铁能够吸引铁、钴、镍等物质，磁铁的这种性质叫作磁性。具有磁性的物质叫作磁体或磁性材料。例如，磁铁矿、磁化的钢、有电流通过的导体、地球、太阳和许多天体都是磁体。人们最先认识的磁体是天然的铁矿石，叫作天然磁体。后来，人们又学会了自制人造磁体，通常我们看到的蹄形磁体、条形磁体、磁针等都是人造磁体。天然磁体和人造磁体都能长期保持磁性，统称永磁体。

把一段磁铁插入铁屑后拿起来，可以看到，在磁铁的两端挂住了很多铁屑，而在磁铁的中间部位没有铁屑，如图 2－2（a）所示。

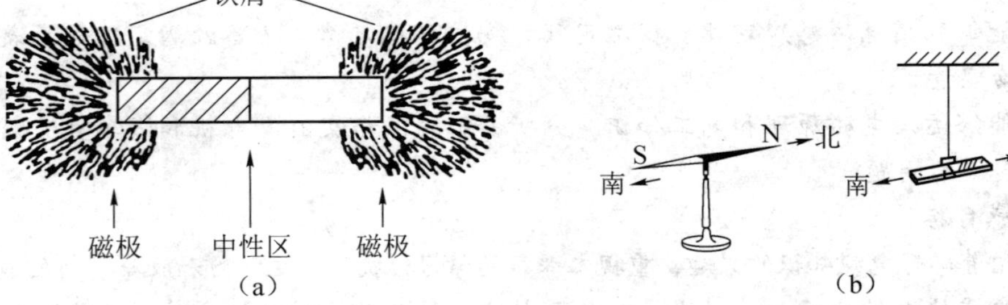

图 2－2　磁体的磁极和中性区与磁体静止时指示的方向

（a）磁体的磁极和中性区；（b）磁体静止时指示的方向

实验证明：磁体各部分的磁性强弱不同，磁体上磁性最强的部分叫作磁极。条形磁体两端的磁性最强，所以两端是条形磁体的磁极；中间部位没有吸引力，叫作中性区。能在水平面内自由转动的条形磁体或磁针静止后，总是一个磁极指南，另一个磁极指北。指南的磁极叫作南极，用S表示，指北的磁极叫作北极，用N表示，如图2-2（b）所示。

当两个磁铁的磁极靠近时，同名磁极互相排斥，异名磁极互相吸引，如图2-3所示。把条形磁体的一端靠近一根原来没有磁性的铁棒，如图2-4所示，观察所发生的现象。可以看到，铁棒获得了磁性，吸起了下面的铁屑。这种使原来没有磁性的物体获得磁性的过程叫作磁化。铁或钢制的物体都能被磁化。

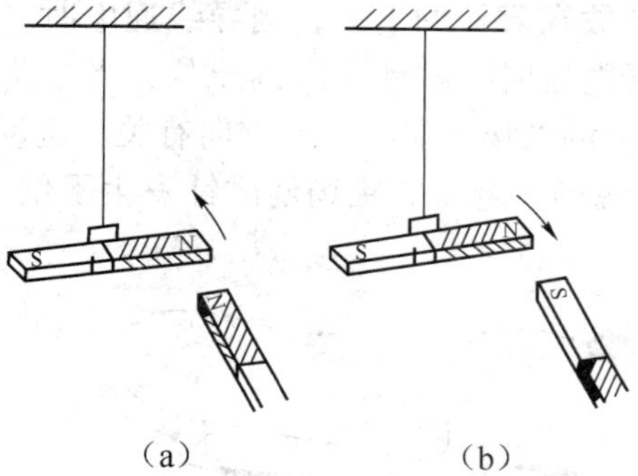

图2-3　磁体极性实验

（a）同名磁极互相排斥；（b）异名磁极互相吸引

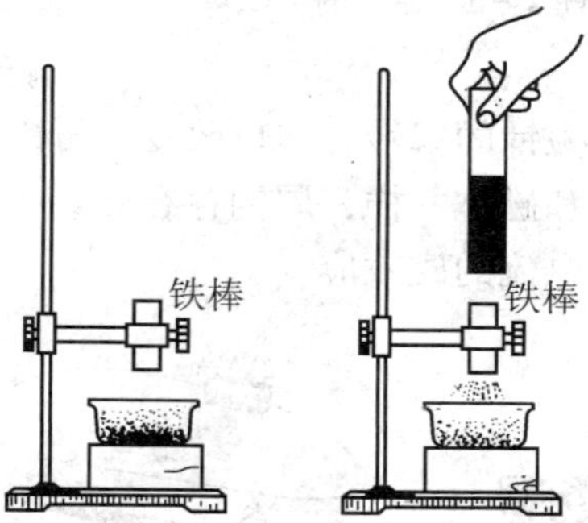

图2-4　磁化实验

铁棒被磁化后，其磁性很容易消失，称为软磁体。钢棒被磁化后，其磁性能够长期保持，称为硬磁体或永磁体。因此，钢是制造永磁体的好材料。除铁、钴、镍之外，几十年来，科学家还研制出多种具有软磁性、硬磁性或其他电磁特性的材料，它们大多数是含铁、钴、镍的合金或铁与其他金属的氧化物，统称磁性材料。

磁性材料一般用来制造电气设备的铁心。这类材料的主要特点是具有较高的磁导率。常见的磁性材料有硅钢、铁氧体、铸铁等。导电材料是电的良导体，而磁性材料是磁的良导体，它主要用来构成磁感线的通路。

2.1.2　磁场

场是物质存在的一种形式，具有能量、动量和质量，能够传递实物之间的相互作用。磁场是一种传递实物间磁力作用的场。磁体和有电流流过的导体的周围空间内都有磁场存在，如指南针指南就是地球磁场作用的结果。

1. 地磁场

磁针静止时北极指北，南极指南，世界各地基本如此，这是为什么呢？原来地球本身是一个巨大的磁体，地磁北极在地理南极附近，地磁南极在地理北极附近。

在地球周围的空间里存在磁场，叫作地磁场。地磁场中的磁感线（俗称磁力线）从地理南极出发，回到地理北极，如图2-5所示。磁针指向南北，就是因为它受到了地磁场的作用。

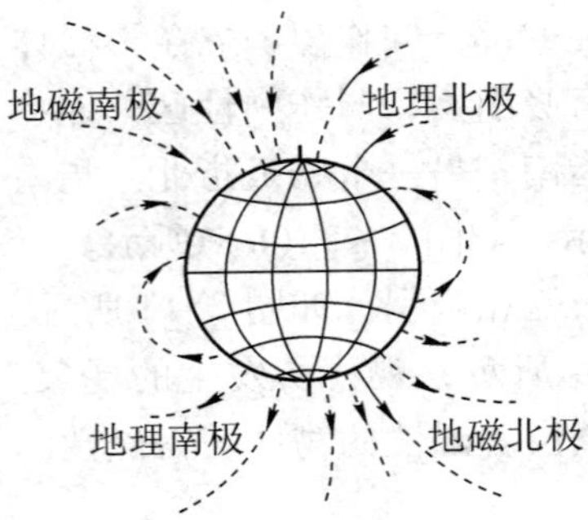

图 2-5　巨大的地磁场

由于地理两极与地磁两极并不重合，所以磁针所指的南北方向不是地理的正南正北方向，而是稍微有些偏离。我国宋代学者沈括（1031—1095 年）是世界上最早准确地记述这一现象的人。这比哥伦布横渡大西洋时（1492 年）才发现这一现象还要早 400 多年。

2. *电流的磁场*

磁铁并不是磁场的唯一来源。1820 年，丹麦物理学家奥斯特（1777—1851 年）做过图 2-6 所示的实验。把一根导线平行地放在磁针的上方，当导线通电时，磁针发生偏转；当切断电流时，磁针又回到原位；当电流方向改变时，磁针的偏转方向也改变。可以看出，电流的磁场方向与电流方向有关。这说明，通电导线和磁体一样，周围存在磁场，即电流的磁场。电流的磁场使磁针发生了偏转的现象，叫作电流的磁效应。

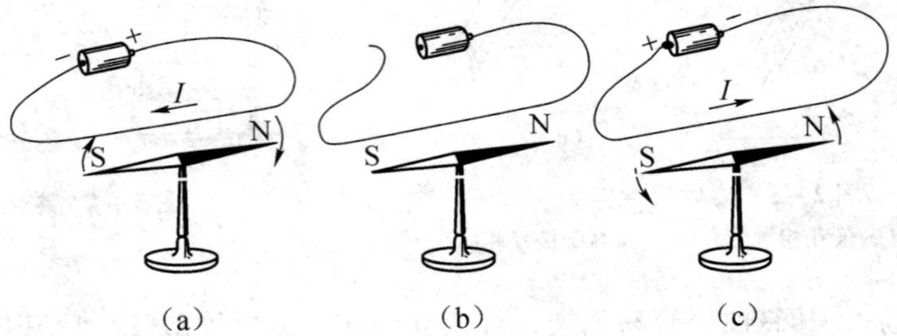

图 2-6　奥斯特实验

(a) 通电；(b) 断电；(c) 改变电流方向

综上所述，磁体或电流在其周围的空间里产生磁场，而磁场对处在它里面的磁极或电流有磁场力的作用。磁极与磁极之间、磁极与电流之间以及电流与电流之间的相互作用都是通过磁场来传递的。

3. *磁场方向与磁感线*

当把小磁针放在磁体或电流的磁场中时，由于小磁针受到磁场力的作用，因此，它在两极静止时不一定指向南北方向，而指向另外某一个方向，如图 2-7 所示。在磁场中的不同点，小磁针静止时所指的方向一般并不相同。这个事实说明，磁场是有方向性的。物理学中规定，在磁场中的任一点，小磁针北极受力的方向（小磁针静止时北极所指的方向）就是那一点的磁场方向。

物理学家用磁感应线来形象地描述空间磁场的情况。在磁场中画一些有方向的曲线，任何一点的切线方向都与放在该点的磁针北极所指的方向一致，这样的曲线叫作磁感应线，简称磁感线。磁体周围的磁感线都是从磁体北极 N 出发，回到磁体南极 S，如图 2-8 所示。

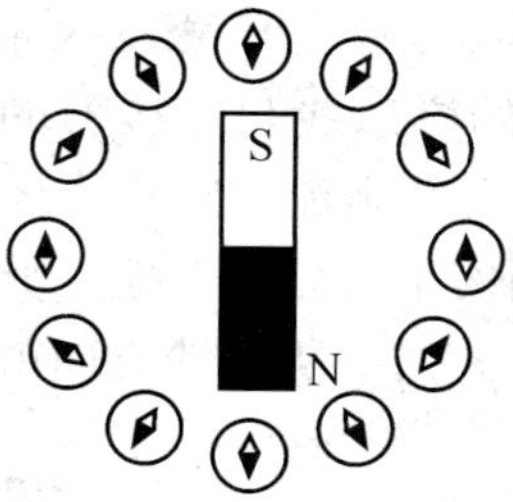

图 2-7 磁场方向实验

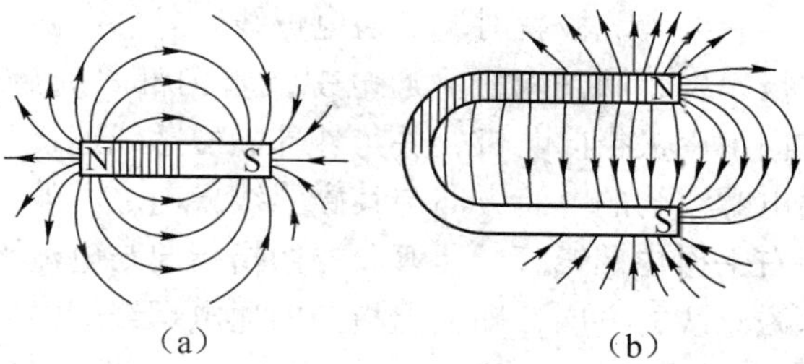

图 2-8 磁铁的磁感线分布情况

(a) 条形磁铁；(b) 蹄形磁铁

综上所述，可得到如下结论：

(1) 磁场对放入其中的磁体有磁场力的作用，磁场力的方向和磁场的强弱可以用磁感线来表示。在磁场中的某一点，北极所受磁场力的方向与该点的磁场方向一致，南极所受磁场力的方向与该点的磁场方向相反。在磁场中，磁感线越密集的地方磁场越强；磁感线越稀疏的地方磁场越弱。在磁铁的两极附近，磁感线最密，磁场最强。

(2) 磁感线总是一些自身闭合的曲线。在磁体外部，磁感线从 N 极出发，回到 S 极；在磁体内部，磁感线则从 S 极出发，回到 N 极。

2.1.3 安培定则

如图 2-9 (a) 所示为直线电流磁场中的磁感线分布情况。直线电流磁场中的磁感线是一些以导线上各点为圆心的同心圆，这些同心圆都在与导线垂直的平面上。实验表明，改变电流的方向，各点的磁场方向都会变成相反的方向，即磁感线的方向随着电流方向的改变而改变。

直线电流的方向与其磁感线方向之间的关系可用安培定则［又称为右手螺旋定则，如图 2-9 (b) 所示］来判定。其方法如下：用右手握住导线，让伸直的大拇指指向与导线中的电流方向一致，弯曲的四指所指的方向就是磁感线的环绕方向。

通电螺线管磁场中的磁感线分布情况如图 2-10 所示。汽车交流发电机的磁场线圈、各种继电器的电磁线圈、点火线圈等磁场中的磁感线分布情况与此相同。螺线管通电以后表现出来的磁性很像一根条形磁铁，一端相当于北极 N，另一端相当于南极 S。改变电流

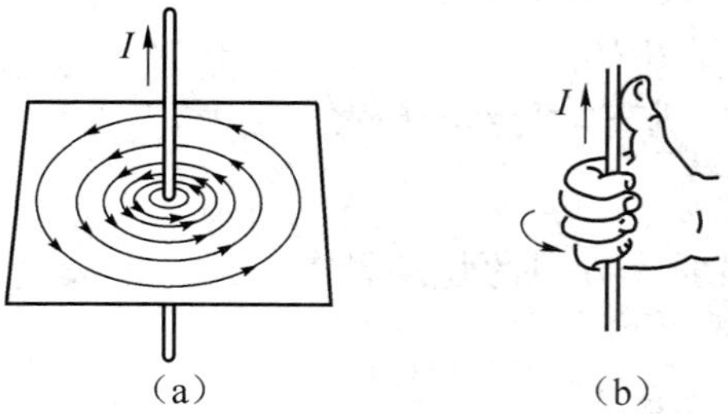

图 2-9 直线电流磁场中的磁感线分布情况与安培定则

(a) 磁感线分布情况；(b) 安培定则

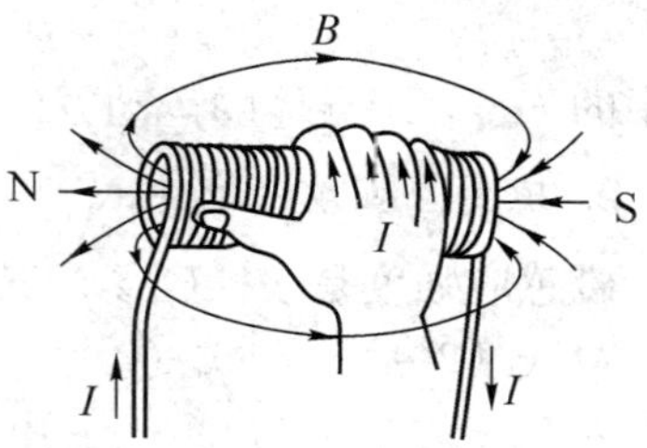

图 2-10 通电螺线管磁场中的磁感线分布情况

的方向，它的南北极就对调。通电螺线管外部的磁感线和条形磁铁外部的磁感线相似，也是从北极出发，回到南极。通电螺线管内部具有磁场，内部的磁感线与螺线管的轴线平行，方向由南极指向北极，并与外部的磁感线连接，形成一些环绕电流的闭合曲线。

通电螺线管的电流方向与其磁感线方向之间的关系也可用安培定则来判定。其方法如下：用右手握住螺线管，让弯曲的四指指向与电流方向一致，大拇指所指的方向就是螺线管内部磁感线的方向，即大拇指指向通电螺线管的北极。

2.1.4 磁感应强度

电场对电荷有电场力的作用，研究电场的强弱时，从分析电荷在电场中的受力情况着手，找到了表示电场强弱的物理量，即电场强度。类似地，磁场对电流有磁场力的作用，研究磁场的强弱时，要从分析电流在磁场中的受力情况着手，找出表示磁场强弱的物理量。

1. *安培力的大小*

磁场对电流的作用力称为安培力，又称为磁场力，俗称磁力。

实验表明，把一段通电直导线放在磁场里，当导线的运动方向与磁场方向垂直时，电流所受到的安培力最大；当导线的运动方向与磁场方向一致时，电流所受到的安培力最小，等于零；当导线的运动方向与磁场方向斜交时，电流所受到安培力的大小介于最大值与最小值之间。当导线的长度一定时，电流越大，它所受到的安培力就越大；当电流一定时，导线越长，它所受到的安培力也越大。

精确的实验表明，通电直导线在磁场中受到的安培力的大小既与导线的长度 L 成正比，又与导线中的电流 I 成正比。用公式表示为

$$F = BIL\sin\alpha \tag{2-1}$$

式中：F——导体受到的安培力，N；

B——磁感应强度，特斯拉（T）；

I——导体中的电流强度，A；

L——导体在磁场中的长度，m；

α——导体的运动方向与磁感线方向之间的夹角，度（°）。

当导体的运动方向与磁感线方向垂直时，$\alpha = 90°$，$\sin\alpha = 1$，则式（2-1）变为

$$F_{max} = BIL \tag{2-2}$$

其中的 F_{max} 表示导体的运动方向与磁感线方向垂直时受到的最大安培力。

2. *磁感应强度的表达式*

磁感应强度是表征磁场内某点的磁场强弱和方向的物理量。它是一个矢量，用 B 表示。由式（2-1）和式（2-2）分别可得

$$B = \frac{F}{IL\sin\alpha} \tag{2-3}$$

$$B = \frac{F_{max}}{IL} \tag{2-4}$$

在不同蹄形磁铁的磁场中进行的实验表明，在同一磁场中，无论电流 I、导线长度 L 怎样改变，比值 B 总是确定的。但是，在不同的磁场中，比值 B 一般是不同的。可见，B 是由磁场本身决定的。在电流 I、导线长度 L 相同的情况下，电流所受的安培力 F 越大，比值 B 越大，表示磁场越强。因此，可用比值 B 表示磁场的强弱，称为磁感应强度。人们当时之所以将其叫作磁感应强度，而没有叫作磁场强度，是因为历史上“磁场强度”一词已经用来表示另外一个物理量。

在磁场中，垂直于磁场方向的通电直导线所受到的安培力 F 与电流 I 和导线长度 L 的乘积 IL 之比叫作磁感应强度。

磁场是一个矢量场，不仅具有强弱的不同，而且具有方向性。物理学中规定：在磁场中的任意一点，将小磁针北极受力的方向定义为该点的磁场方向。也就是说，在磁感线上，每一点的切线方向就是该点的磁场方向，如图 2－11 所示。所谓磁感线，就是在磁场中画出的一些有方向的曲线。

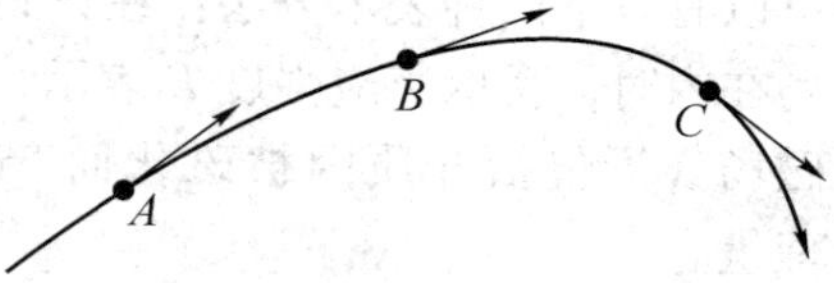

图 2－11　磁场方向

用磁感应强度表示磁场的强弱，并把磁场中某一点的磁场方向定义为磁感应强度的方向。这样，用磁感应强度就可以全面地反映磁场的强弱和方向。

磁感应强度 B 的单位由安培力 F、电流 I、导线长度 L 的单位决定。在国际单位制中，磁感应强度的单位是特斯拉，简称特，用 T 表示。1 T 的定义如下：当长度为 1 m 的直导体，通过 1 A 的电流，且导线的运动方向垂直于磁场方向时，电流所受到的力为 1 N。

地面附近地磁场的磁感应强度是 $0.3\times10^{-4}\sim0.7\times10^{-4}$ T，永久磁铁（简称永磁铁）磁极附近的磁感应强度是 0.001～1 T，电机和变压器铁心的磁感应强度为 0.8～1.4 T。在工程上，磁感应强度的另一个较小的单位是高斯，简称高，用 Gs 表示。它与特斯拉之间的换算关系是

$$1\ \text{T} = 10^4\ \text{Gs}$$

3. 匀强磁场

如果在磁场的某一区域里，磁感应强度的大小和方向处处相同，则这个区域中的磁场叫作匀强磁场。匀强磁场是最简单但又很重要的磁场，在电磁仪器和科学实验中有重要的应用。例如，距离很近的两个异名磁极之间的磁场、通电螺线管内部的磁场（除边缘部分之外）都可被认为是匀强磁场。由式（2－1）可见，在匀强磁场中，通电直导线的运动方向与磁场方向垂直的情况下，电流所受到的安培力 F 等于磁感应强度 B、电流 I 和导线长度 L 三者的乘积，即

$$F = BIL \tag{2-5}$$

在非匀强磁场中，式（2－5）仅适用于很短的一段通电直导线。这是因为，当导线很短时，它所处磁场中各点的磁感应强度的变化很小，可近似认为该磁场是匀强磁场。这对于分析发电机、电动机等电气设备的工作原理十分方便。

2.1.5 磁场强度

磁场强度是描述磁介质中磁场的一个辅助物理量，它也是矢量，用 H 表示。通常用它来确定磁场与电流之间的关系。磁场强度的单位是安/米（A/m）。

磁场强度和磁感应强度均为表征磁场性质（磁场的强弱和方向）的物理量。由于磁场是电流或运动电荷引起的，而磁介质（除超导体以外不存在磁绝缘的概念，故一切物质均为磁介质）在磁场中发生的磁化对源磁场也有影响（场的迭加原理）。因此，磁场的强弱可以有以下两种表示方法：在充满均匀磁介质的情况下，当包括介质因被磁化而产生的磁场在内时，用磁感应强度 B 表示，它是一个基本物理量；单独由电流或运动电荷所引起的磁场（不包括介质因被磁化而产生的磁场），则用磁场强度 H 表示，它是一个辅助物理量。

2.1.6 磁导率

在各向同性的磁介质中，磁感应强度与磁场强度之比称为介质的绝对磁导率，通常简称磁导率，用 μ 表示，即

$$\mu = \frac{B}{H}$$

磁导率 μ 是一个用来表示磁场介质磁性的物理量，即用来衡量物质磁能力的物理量，它的单位是亨/米（H/m）。

实验测得真空的磁导率为 $\mu_0 = 4\pi \times 10^{-7}$ H/m。因为 μ_0 为一个常数，所以将其他物质的磁导率与它进行比较是十分方便的。任意一种物质的磁导率 μ 和真空的磁导率 μ_0 的比值称为该物质的相对磁导率 μ_{τ}，即

$$\mu_{\tau} = \frac{\mu}{\mu_0}$$

2.1.7 安培力的方向与左手定则

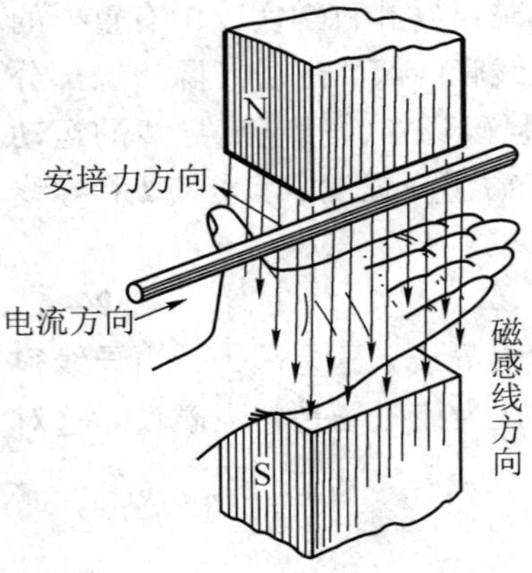

图 2－12　左手定则

实验表明，安培力的方向既与磁场方向垂直，又与电流方向垂直。也就是说，安培力的方向总是垂直于磁感线和通电直导线所在的平面。通电直导线所受安培力的方向和磁场方向、电流方向之间的关系可以用左手定则来判定，如图 2－12 所示。

左手定则的含义如下：伸开左手，使大拇指与其余四指垂直，并且都与手掌处于一个平面内，把手放入磁场中，让磁感线垂直穿入手心，并使伸开的四指指向电流的方向，那么，大拇指所指的方向就是通电直导线在磁场中

所受安培力的方向。

汽车起动机及各种直流电动机都是根据磁场对电流的作用力的原理进行工作的。

2.1.8　磁通与磁通密度

研究电磁感应现象时，需要引入一个新的物理量，即磁通。设在匀强磁场中有一个与磁场方向垂直的平面，如图2－13（a）所示，磁场的磁感应强度为B，平面的面积为S，定义如下：磁感应强度B与面积S的乘积叫作穿过这个平面的磁通量，简称磁通。如果用Φ表示磁通，则有

$$\Phi = BS \tag{2-6}$$

磁通的意义可以用磁感线形象地加以说明。已经知道，在同一磁场中，磁感线越密的地方也就是穿过单位面积的磁感线条数越多的地方，磁感应强度B越大。因此，磁感应强度B越大，平面的面积S越大，穿过这个平面的磁感线条数就越多，磁通越大。如果平面与磁场方向不垂直，则可以作出它在垂直于磁场方向上的投影平面，如图2－13（b）所示。可见，穿过斜面和投影面的磁感线条数相等，即磁通相等。因此，对于同一个平面，当它与磁场方向垂直时，穿过它的磁感线条数最多，磁通最大；当它与磁场方向平行时，没有磁感线穿过它，即磁通为零。

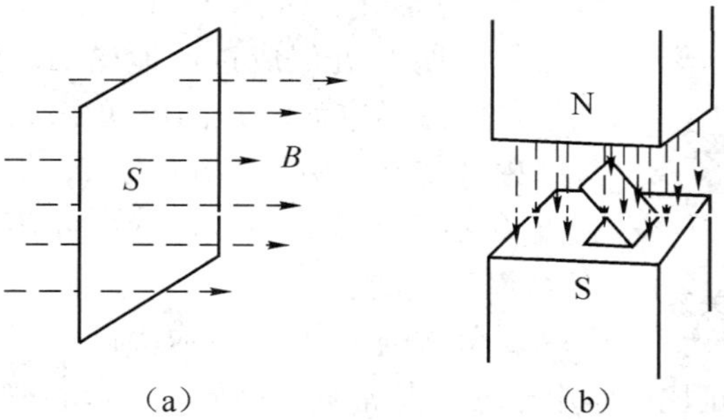

图2－13　磁通的定义

（a）磁感线与平面垂直；（b）磁感线与平面不垂直

由式（2－6）可得

$$B = \frac{\Phi}{S} \tag{2-7}$$

由式（2－7）可见，磁感应强度在数值上可以看作与磁场方向垂直的单位面积所通过的磁通，故又称为磁通密度。

在国际单位制中，磁通的单位是韦伯，简称韦，用Wb表示。根据式（2－6），有

$$1\ \text{Wb} = 1\ \text{T} \times 1\ \text{m}^2 = 1\ \text{V} \cdot \text{s}$$

2.2 磁性材料的特性

分析磁路时，首先要了解磁性材料的特性。磁性材料主要是指铁、镍、钴及其合金。

2.2.1 高导磁性

磁性材料的磁导率很高，其相对磁导率 $\mu_r \gg 1$，可达数百、数千乃至数万，所以磁性材料具有被强烈磁化（呈现磁性）的特性。当在高导磁性材料具有铁心的线圈中通入不大的电流（又称为励磁电流）时，便可产生足够大的磁通和磁感应强度。这就解决了既要磁通大，又要励磁电流小的矛盾。利用优质的磁性材料，可使同一容量电机的质量大大减小，体积大大缩小。

2.2.2 磁饱和性

将磁性材料放入磁场强度为 H 的磁场（通常由线圈的励磁电流产生，磁场强度 H 与励磁电流 I 成正比）内，它会受到强烈的磁化，其磁化曲线（$B-H$ 曲线）如图 2－14 所示。开始时，磁感应强度 B 与磁场强度 H 近似成正比地增加。然后，随着磁场强度 H 的增加，磁感应强度 B 的增加变慢，最后趋于磁饱和。

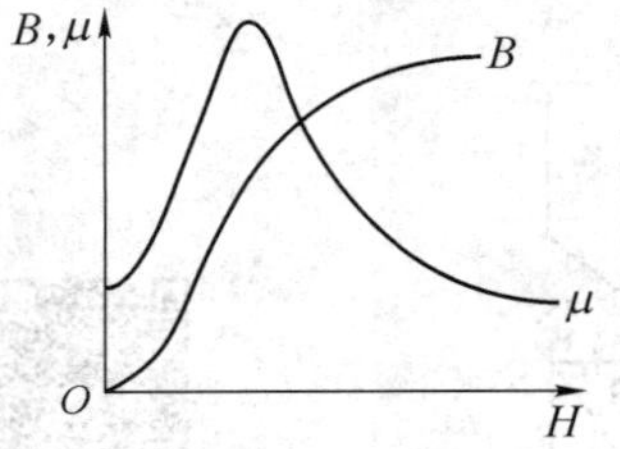

图 2－14　B 和 μ 与 H 的关系

磁性物质的磁导率 $\mu = B/H$，由于磁感应强度 B 与磁场强度 H 不成正比，所以磁导率 μ 不是常数，而是随磁场强度 H 而变化的。

尽管磁通 Φ 与磁感应强度 B 成正比，产生磁通的励磁电流 I 与磁场强度 H 成正比，但由于 μ 不是常数，因此，在存在磁性物质的情况下，磁通 Φ 与励磁电流 I 也不成正比。必须指出的是，在额定工作状态下，通常电磁设备的磁感应强度都被设计在接近磁饱和的拐点附近，如果此时再使磁通稍有增加，就会进入饱和状态，其所需励磁电流将急剧增大，从而导致电磁设备被损坏。

2.2.3 磁滞性

当铁心线圈中通有交流电时，铁心就会受到交变磁化。当电流变化一次时，磁感应强度 B 随磁场强度 H 变化的情况如图 2－15 所示。可见，当磁场强度 H 已减到零时，磁感应强度 B 并未回到零。这种磁感应强度滞后于磁场强度变化的性质称为磁性物质的磁滞性，图 2－15 中的曲线称为磁滞回线。

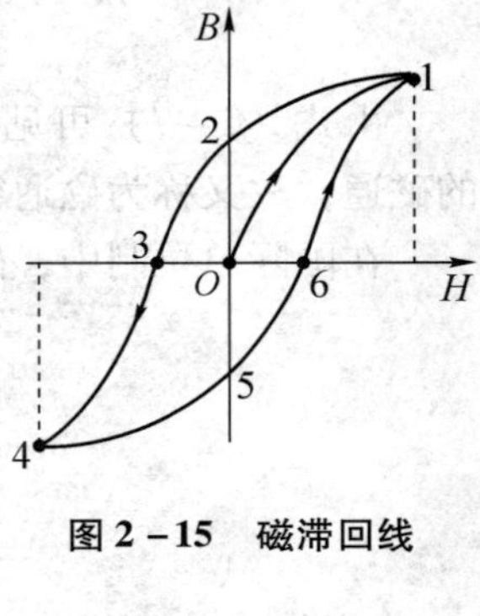

图 2－15　磁滞回线

当线圈中的电流减到零（$I=0$）时，铁心在被磁化时所获得的磁性还未完全消失。这时，铁心中所保留的磁感应强度称为剩磁感应强度（简称剩磁），用 B_{τ}表示，在图 2－15 中为纵坐标 O—2 和 O—5，永久磁铁的磁性就是由剩磁产生的。但对剩磁也要一分为二，有时它是有害的。例如，当在平面磨床上将工件加工完毕后，由于电磁吸盘有剩磁，所以还会将工件吸住。为此，要通入反向去磁电流，去掉剩磁，才能将工件取下。

要使铁心的剩磁消失，通常通过改变线圈中励磁电流的方向，即改变磁场强度 H 的方向来进行反向磁化。使磁感应强度 $B=0$ 的磁场强度 H 值在图 2－15 中用 O—3 和 O—6 代表，称为矫顽磁力 H_c。

磁性物质不同，由实验得出其磁滞回线和磁化曲线也不同。图 2－16 所示为几种磁性材料的磁化曲线。

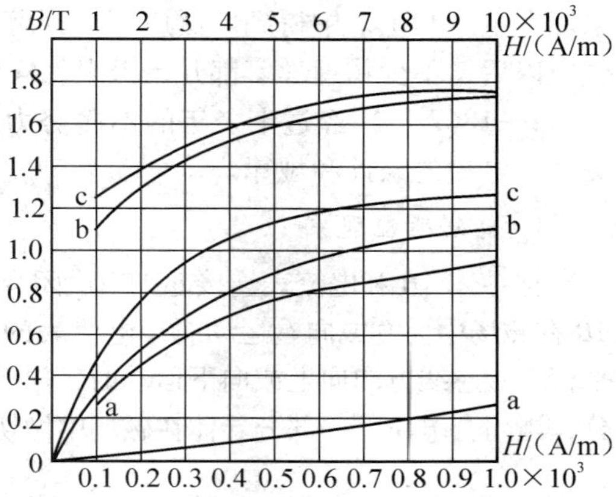

图 2－16　几种磁性材料的磁化曲线

a—铸铁；b—铸钢；c—硅钢片

按磁性物质的磁性能，可将磁性材料分成以下三种类型：

（1）软磁材料。软磁材料具有较小的矫顽磁力，其磁滞回线较窄，一般用来制造电机、电器及变压器等的铁心。常用的软磁材料有铸铁、硅钢片、坡莫合金及铁氧体等。其中，铁氧体在电子技术中应用很广泛，如用作计算机的磁心、磁鼓以及录音机的磁带、磁头等。

（2）永磁材料。永磁材料具有较大的矫顽磁力，其磁滞回线较宽，一般用来制造永久磁铁。常用的永磁材料有碳钢及铁镍铝钴合金等。近年来，稀土永磁材料发展很快，如稀土钴、稀土钕铁硼等，其矫顽磁力更大。

（3）矩磁材料。矩磁材料具有较小的矫顽磁力和较大的剩磁，其磁滞回线接近矩形，稳定性良好，在计算机和控制系统中可用作记忆元件、开关元件和逻辑元件。常用的矩磁材料有镁锰铁氧体及 1J51 型铁镍合金等。

常用磁性材料的磁性能如表 2－1 所示。

表 2－1　常用磁性材料的最大相对磁导率 $\mu_{\tau max}$、剩磁 B_{τ}和矫顽磁力 H_c

材料名称	$\mu_{\tau max}$	B_{τ}/T	H_c/（A/m）
铸铁	200	0.475～0.500	880～1 040
硅钢片	8 000～10 000	0.800～1.200	32～64
坡莫合金（78.5% Ni）	20 000～200 000	1.100～1.400	4～24
碳钢（0.45% C）		0.800～1.100	2 400～3 200
铁镍铝钴合金		1.100～1.350	40 000～52 000
稀土钴		0.600～1.000	320 000～690 000
稀土钕铁硼		1.100～1.300	600 000～900 000

2.3 磁路的基本定律

磁路的基本定律有电磁感应定律、楞次定律、安培环路定律和磁路欧姆定律等。

2.3.1 电磁感应定律

电磁感应现象是电磁学的重大发现之一，由此发明了发电机、变压器等电气设备，使电能在生产和生活中得到广泛应用，开辟了电气化时代。自 1820 年奥斯特发现电流的磁效应以后，不少物理学家都开始探索怎样用磁体使导线中产生电流。英国物理学家法拉第（1791—1867 年）经过十余年的不懈努力，终于取得了重大突破，于 1831 年发现了由磁场产生电流的条件和规律。

1. 电磁感应现象

把导体 *AB* 和电流表连接起来组成闭合电路，如图 2－17（a）所示。实验表明，当导体 *AB* 在磁场中向左或向右运动时，电流表的指针发生偏转，表明电路中产生了电流；当导体平行于磁感线方向向上或向下运动时，电流表的指针并不偏转。导体 *AB* 是闭合电路的一部分，当闭合电路的一部分导体在磁场中做切割磁感线的运动时，电路中就产生了电流。

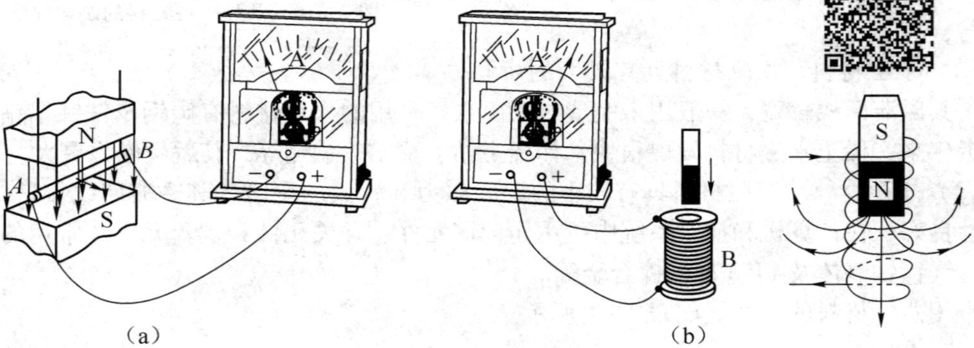

（a）　（b）

图 2－17　电磁感应实验

（a）导体运动时；（b）磁铁运动时

如果把磁铁插入螺线管，或者从螺线管里拔出来，如图 2－17（b）所示，可以看到，当磁铁相对于螺线管运动时，电流表的指针发生偏转，表明螺线管电路中产生了电流。如果保持磁铁在螺线管中不动，或者让两者以同一速度一起运动，即保持相对静止，螺线管电路中就没有电流。当磁铁相对于螺线管运动时，螺线管的导线切割磁感线。可见，无论导体运动，还是磁体运动，只要闭合电路的一部分导体切割磁感线，电路中就有电流产生。

如果导体和磁体不发生相对运动，而让穿过闭合电路的磁场发生变化，从而引起闭合电路中的磁通发生变化，那么在闭合电路中会产生电流吗？实验如图 2－18 所示。把螺线管 B

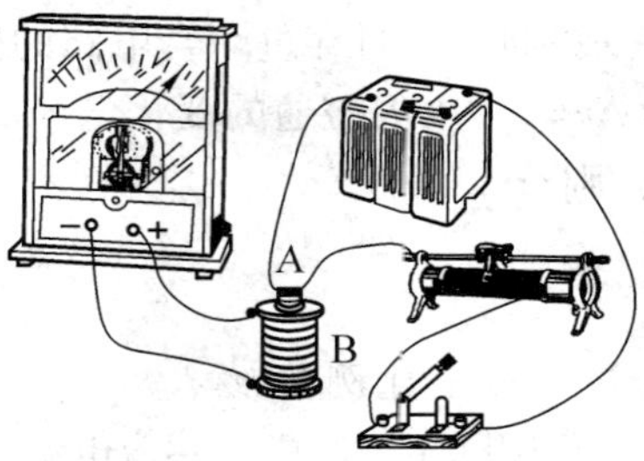

图2－18 磁场变化时的电磁感应实验

套在螺线管A的外面，将螺线管B的两端接到电流表上。当闭合开关，给螺线管A通电时，电流表的指针发生偏转，螺线管B中有了电流。当螺线管A中的电流达到稳定时，螺线管B中的电流消失。当断开开关，使螺线管A断电时，螺线管B中也有电流产生。

如果用变阻器来改变电路中的电阻，使螺线管A中的电流发生变化，那么螺线管B中也有电流产生。螺线管B处在螺线管A的磁场中，当给螺线管A通电和使其断电，或者螺线管A中的电流发生变化时，螺线管A的磁场也随着发生变化。可见，即使导体和磁体不发生相对运动，只要闭合电路中的磁场发生变化，穿过闭合电路的磁通就会发生变化，闭合电路中就有电流产生。

综上所述，可总结出如下结论：无论用什么方法，只要穿过闭合电路的磁通发生变化，闭合电路中就有电流产生。这种利用磁场产生电流的现象叫作电磁感应，产生的电流叫作感应电流。

2. 电磁感应现象中能量的转化

能量守恒定律是一个普遍适用的定律，同样适用于电磁感应现象。当电路闭合时，感应电流做功，消耗电能。在图2－17中，外力移动导体*AB*或磁铁时做功，消耗机械能，产生的电能是从机械能转化而来的，发电机就是应用这个原理制成的。在图2－18中，电能是由螺线管A转移给螺线管B的，变压器和电磁铁就是应用这个原理制成的。在这种转化和转移的过程中，能量保持不变。

3. 感应电动势

要使闭合电路中有电流，电路中必须有电源，电流是由电源的电动势产生的。在电磁感应现象中，既然闭合电路中有感应电流，这个电路中就一定有电动势。当电路断开时，虽然没有感应电流，但是电动势依然存在。在电磁感应现象中产生的电动势叫作感应电动势，产生感应电动势的那部分导体就相当于电源。例如，图2－17（a）中的导线*AB*、图2－17（b）和图2－18中的螺线管B都相当于电源。感应电流的强弱由感应电动势的大小和闭合电路的电阻决定，可由闭合电路的欧姆定律算出。

（1）法拉第电磁感应定律。在图2－17（a）所示的实验中，导体*AB*切割磁感线的速度越快，穿过闭合电路所围面积的磁通的变化就越快，感应电流和感应电动势就越大。在图2－17（b）所示的实验中，磁铁运动的速度越快，穿过螺线管的磁通的变化就越快，感应电流和感应电动势就越大。在图2－18所示的实验中，螺线管A在通电或断电时的电流变化比逐渐改变电阻器的电阻时快，因此，穿过螺线管B的磁通变化快，螺线管B中的感应电流和感应电动势在通电或断电时就大。

实验表明，感应电动势的大小与磁通变化的快慢有关。磁通变化的快慢可以用单位时间内磁通的变化量来表示。单位时间内磁通的变化量通常叫作磁通的变化率。换句话说，感应电动势的大小与磁通的变化率有关。精确的实验表明，电路中感应电动势的大小与穿过这一电路的磁通的变化率成正比。这就是法拉第电磁感应定律。

设时刻 t_1 时穿过闭合电路的磁通为 Φ_1，时刻 t_2 时穿过闭合电路的磁通为 Φ_2，则在时间 $\Delta t = t_2 - t_1$ 内磁通的变化量为 $\Delta\Phi = \Phi_2 - \Phi_1$，磁通的变化率为 $\Delta\Phi/\Delta t$。设感应电动势为 E，则有

$$E = k\frac{\Delta\Phi}{\Delta t} \tag{2-8}$$

式中：k——比例常数。

在国际单位制中，感应电动势 E 的单位是 V，磁通 Φ 的单位是 Wb，时间 t 的单位是 s。因为 1 Wb = 1 V·s，即 1 V = 1 Wb/s，所以 $k = 1$。于是

$$E = \frac{\Delta\Phi}{\Delta t} \tag{2-9}$$

设闭合电路是一个 N 匝线圈，且穿过每匝线圈的磁通的变化率都相同，由于 N 匝线圈可以看作由 N 个单匝线圈串联而成，因此，整个线圈中的感应电动势是单匝线圈的 N 倍，即

$$E = N\frac{\Delta\Phi}{\Delta t} \tag{2-10}$$

或用微分表示为

$$e = -N\frac{\mathrm{d}\Phi}{\mathrm{d}t} \tag{2-11}$$

在实际应用中，为了获得较大的感应电动势，通常采用多匝线圈。例如，汽车交流发电机的定子绕组就是由多匝线圈串联而成的。

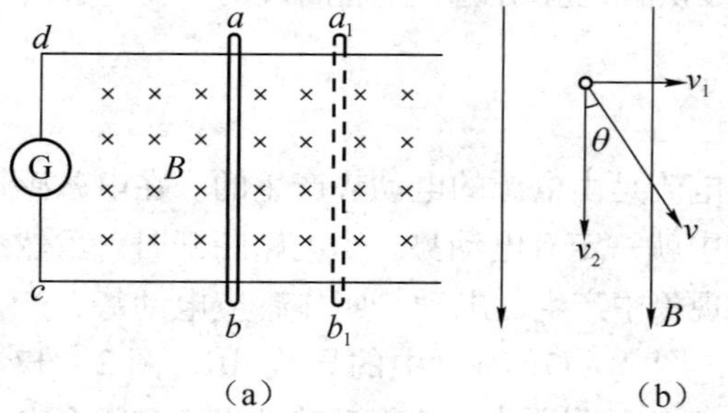

图 2-19 线框在匀强磁场中运动

(2) 感应电动势的表达式。把矩形导线框 $abcd$ 放在磁感应强度为 B 的匀强磁场中，如图 2-19 (a) 所示，线框平面与磁感线垂直。

设线框中可动部分 ab 的长度为 L，它以速度 v 向右运动，在 Δt 时间内由原来的位置 ab 移到 a_1b_1，这时线框面积的变化量为 $\Delta S = Lv\Delta t$，穿过闭合电路的磁通的变化量为

$$\Delta\Phi = B\Delta S = BLv\Delta t$$

代入式 (2-9)，得到

$$E = BLv \tag{2-12}$$

如果导线的运动方向与导线本身垂直，但与磁感线方向之间有一个夹角，如图 2-19 (b) 所示，那么可把速度 v 分解为两个分量：垂直于磁感线方向的分量 $v_1 = v\sin\theta$ 和平行于磁感线方向的分量 $v_2 = v\cos\theta$。后者不切割磁感线，故不产生感应电动势。前者切割磁感线，产生的感应电动势为 $E = BLv_1$，所以

$$E = BLv\sin\theta \tag{2-13}$$

由此可见，导线切割磁感线时产生的感应电动势的大小与磁感应强度 B、导线长度 L、导线运动速度 v 以及导线运动方向与磁感线方向之间夹角的正弦 $\sin\theta$ 成正比。

在国际单位制中，式 (2-12) 和式 (2-13) 中 E、B、L、v 的单位分别用 V、T、m、m/s 表示。

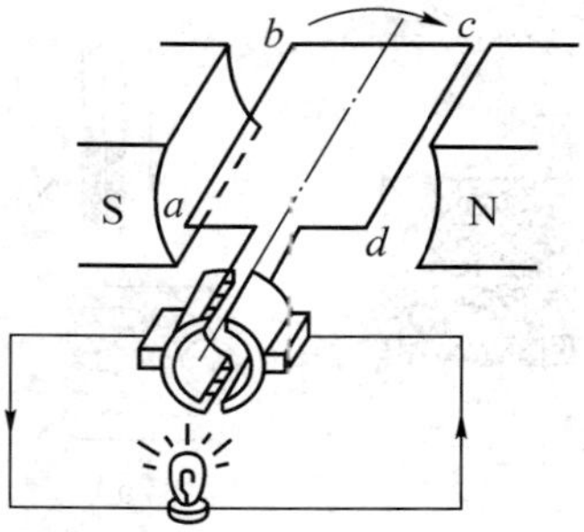

图 2－20　简单直流发电机的原理示意图

【例 2－1】图 2－20 所示为简单直流发电机的原理示意图。能够产生感应电动势的线圈 *abcd* 叫作电枢绕组，连接在线圈两端并随之一起转动的金属圆环叫作换向片，两个换向片之间相互绝缘。紧压在换向片上的是由铜粉与石墨粉压制而成的电刷，电枢绕组产生的感应电动势从电刷引出。若线圈 *abcd* 是边长为 0.2 m 的正方形线圈，且线圈平面的起始位置与磁感线方向垂直，均匀磁场的磁感应强度 $B=0.6\ \mathrm{Wb/m^2}$，线圈的转速 $n=900\ \mathrm{r/min}$，试求当线圈转过 90°时，感应电动势的最大值和平均值各是多少？

解： 因为在起始位置时，线圈中的磁通不发生变化，即导体不切割磁感线，所以感应电动势为零。当线圈转过 90°时，导体垂直切割磁感线，线圈中磁通的变化率最大，所以感应电动势最大。由式（2－13）可得

$$E = 2BLv\sin\theta = 2BLv\sin 90° = 2BLv$$

因为线圈运转的速度为

$$v = \pi Ln(\mathrm{m/min})$$

所以感应电动势为

$$E = 2\pi nBL^2 = 2\times 3.14\times\frac{900}{60}\times 0.6\times 0.2^2 \approx 2.26(\mathrm{V})$$

感应电动势的平均值用式（2－9）计算较为方便。因为在起始位置时，穿过线圈平面的磁通为

$$\Phi_1 = BS = BL^2 = 0.6\times 0.2^2 = 0.024(\mathrm{Wb})$$

当线圈转过 90°时，线圈平面与磁感线平行，穿过线圈的磁通为零，即 $\Phi_2=0$。于是线圈中磁通的变化量为

$$\Delta\Phi = |\Phi_2-\Phi_1| = \Phi_1 = 0.024(\mathrm{Wb})$$

因为线圈转过 90°所需的时间是它转一周所需时间的 1/4，即

$$\Delta t = \frac{1}{4}\times\frac{1}{n} = \frac{1}{4}\times\frac{1}{900/60} = \frac{1}{60}(\mathrm{s})$$

当线圈转过 90°时，感应电动势的平均值为

$$e = \left|-\frac{\Delta\Phi}{\Delta t}\right| = \frac{0.024}{1/60} = 1.44(\mathrm{V})$$

因此，当该发电机的线圈转过 90°时，感应电动势的最大值为 2.26 V，感应电动势的平均值为 1.44 V。

2.3.2　楞次定律

实验发现，感应电流和感应电动势的方向与磁通的变化具有如图 2－21 所示的规律。

当将磁铁移近或插入线圈时，线圈中感应电流的磁场方向与磁铁的磁场方向相反，如图 2－21（a）和图 2－21（c）所示；当磁铁离开线圈或将其从线圈中拔出时，线圈中感应电流的磁场方向与磁铁的磁场方向相同，如图 2－21（b）和图 2－21（d）所示。

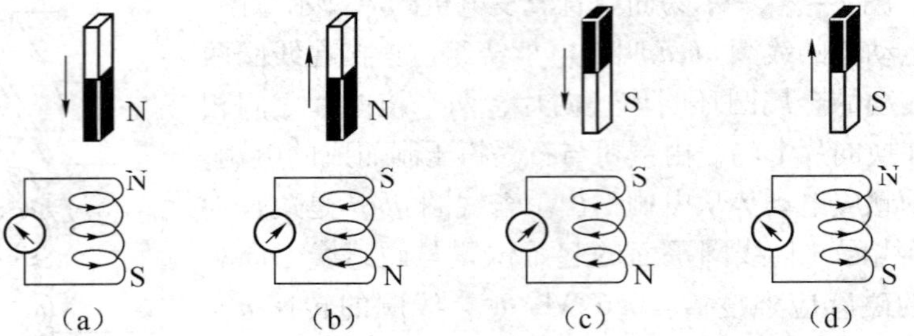

图 2-21　感应电流的变化规律

当将磁铁移近或插入线圈时，穿过线圈的磁通增加，这时，感应电流的磁场方向与磁铁的磁场方向相反，并且阻碍磁通的增加，如图 2-22（a）所示；当磁铁离开线圈或将其从线圈中拔出时，穿过线圈的磁通减少，这时，感应电流的磁场方向与磁铁的磁场方向相同，并且阻碍磁通的减少，如图 2-22（b）所示。

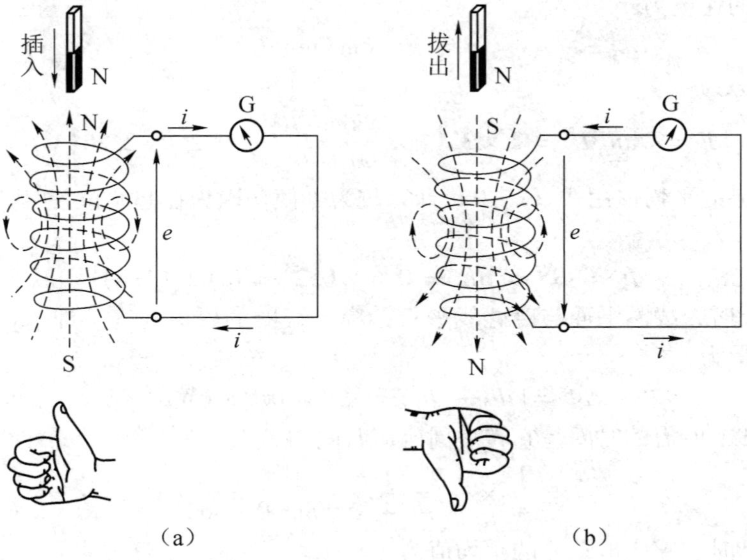

图 2-22　感应电流的方向

实验证明，在其他电磁感应现象中也有相同的规律，即凡是磁通的增加引起感应电流，那么该感应电流激发的磁场就会阻碍原来磁通的增加；凡是磁通的减少引起感应电流，那么该感应电流激发的磁场就会阻碍原来磁通的减少。俄国物理学家楞次（1804—1865 年）概括了各种实验结果，于 1834 年得到如下结论：感应电流具有这样的方向，即感应电流的磁场总要阻碍引起感应电流的磁通的变化。这就是楞次定律。

此外，还可以从另一个角度来认识楞次定律。当磁铁的 N 极移近螺线管时，如图 2-22（a）所示，螺线管的上端是 N 极，因而磁铁受到推斥，阻碍磁铁相对于螺线管的运动；当磁铁的 N 极离开螺线管时，如图 2-22（b）所示，螺线管的上端是 S 极，因而磁铁受到吸引，也阻碍磁铁相对于螺线管的运动。

总而言之，楞次定律的内容如下：从磁通变化的角度来看，感应电流总要阻碍磁通的变化；从导体与磁体相对运动的角度来看，感应电流总要阻碍导体与磁体的相对运动。

利用楞次定律，可以判断各种情况下感应电流的方向。因为感应电流的方向与感应电动势的方向是一致的，所以判断出感应电流的方向后，也就能判断出感应电动势的方向。

在实际应用中，判定感应电流或感应电动势的方向是一项非常重要的工作，因为感应电流或感应电动势的方向决定了电源的正负极性。例如，在汽车点火系统中，如果火花塞的中心电极连接到点火线圈高压电源的负极，其跳火电压就可降低 2 000 V 左右。只有在正确判定点火线圈的感应电动势方向的基础上，才能正确地连接点火线路，以便将火花塞的中心电极连接到点火线圈高压电源的负极。

应用楞次定律判断感应电流和感应电动势方向的步骤如下：

（1）明确原来磁场的方向。

（2）明确穿过闭合电路的磁通增加还是减少。

（3）根据楞次定律确定感应电流的磁场方向。

（4）利用安培定则确定感应电流。

（5）根据感应电流方向与感应电动势方向一致的原则，确定感应电动势的方向。

值得注意的是，必须把线圈或直导体看成一个电源，在线圈或直导体内部，感应电流的方向与感应电动势的方向相同，即由电源负极“－”到电源正极“＋”；在线圈或直导体外部，感应电流则由电源正极“＋”经负载回到电源负极“－”。

如果判定通电直导体中感应电流的方向，则用右手定则更方便、快捷。

如果磁通的变化是导体切割磁感线引起的，则感应电流方向与磁感线方向、导体运动方向三者之间有一个便于记忆的关系，如图 2－23 所示，这就是右手定则：伸开右手，让拇指与其余四指垂直，并且都与手掌在一个平面内，让磁感线垂直从手心进入，拇指指向导体运动的方向，其余四指所指的方向就是感应电流的方向。

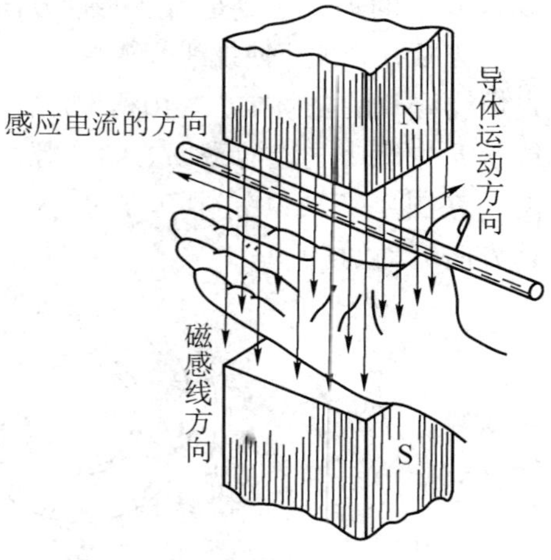

图 2－23　右手定则

下面按不同条件，举例说明判定感应电流和感应电动势方向的方法。

【例 2－2】 试确定当磁铁的 S 极移近或离开螺线管时感应电流的方向。

如图 2－24（a）所示，原来的磁场方向向上，当把磁铁的 S 极移近螺线管时，穿过螺线管的磁通就会增加。由楞次定律可知，感应电流的磁场要阻碍磁通的增加，因此，感应电流的磁场方向与原来的磁场方向相反，即感应电流的磁场方向向下。知道感应电流的磁场方向后，利用安培定则就可以确定感应电流和感应电动势的方向（感应电动势的方向向下）。

如图 2－24（b）所示，原来的磁场方向向上，当磁铁的 S 极离开螺线管时，穿过螺线管的磁通减少。由楞次定律可知，感应电流的磁场要阻碍磁通的减少，因此，感应电流的磁场方向与原来的磁场方向相同，方向也是向上的。知道感应电流的磁场方向后，利用安培定则就可以确定感应电流和感应电动势的方向（感应电动势的方向向上）。

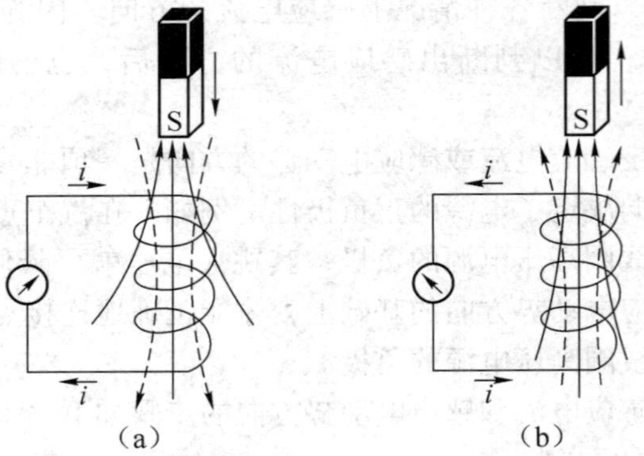

图 2-24　当磁铁 S 极移近或离开螺线管时感应电流方向的判定

（实线表示磁铁的磁感线，虚线表示感应电流的磁感线）

【例 2-3】试确定图 2-18 所示的螺线管中感应电流的方向。

在图 2-18 中，当闭合开关，使螺线管 A 通电，或减小变阻器的电阻，使螺线管 A 中的电流增大时，穿过螺线管 B 的磁通增加。设螺线管 A 中的电流沿着顺时针方向流动，因而原来的磁场方向是向下的，如图 2-25（a）所示。由楞次定律可知，感应电流的磁场要阻碍磁通的增加，因此，螺线管 B 中感应电流的磁场方向与螺线管 A 中电流的磁场方向相反，即磁感线的方向是向上的［在图 2-25（a）中其方向为指向读者］。由此可见，螺线管 B 中的感应电流是沿逆时针方向流动的。

当断开开关，使螺线管 A 断电，或增大变阻器的电阻，使螺线管 A 中的电流减小时，穿过螺线管 B 的磁通减小。由楞次定律可知，感应电流的磁场要阻碍磁通的减小，因此，螺线管 B 中感应电流的磁场方向与螺线管 A 中电流的磁场方向相同，即磁感线的方向是向下的［在图 2-25（b）中其方向为指向纸面］。由此可见，螺线管 B 中的感应电流是沿顺时针方向流动的。

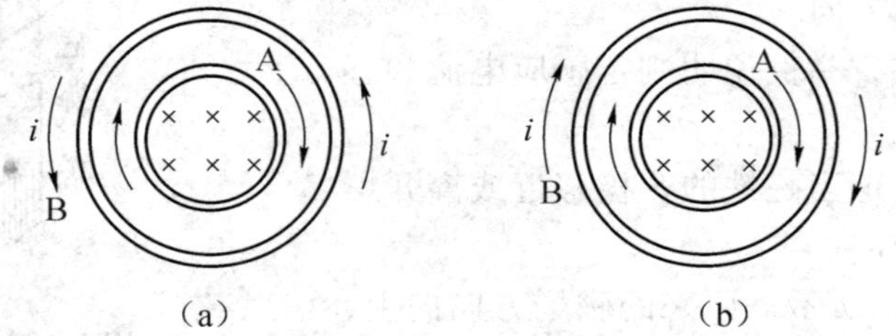

图 2-25　例 2-3 附图（俯视图）

（图中只画出了螺线管 A 中电流的磁场方向）

【例 2-4】试确定图 2-17（a）所示实验中感应电流的方向。

在图 2-17（a）所示的实验中，当导体 AB 向右运动时，用右手定则判断的结果如下：感应电流的方向是由 A 流向 B。

下面用楞次定律来判断。当导体 AB 向右运动时，穿过闭合电路的磁通减少，如图 2－26 所示，而感应电流的磁场要阻碍磁通的减少，因此，感应电流在闭合电路内部的磁场方向与磁铁的磁场方向相同，即磁感线的方向也是向下的（指向纸面）。利用安培定则可知，感应电流的方向是由 A 流向 B。

由此可见，用楞次定律判定感应电流方向的结果与用右手定则判定的结果一致。因此，右手定则可以看作楞次定律的特殊情况。

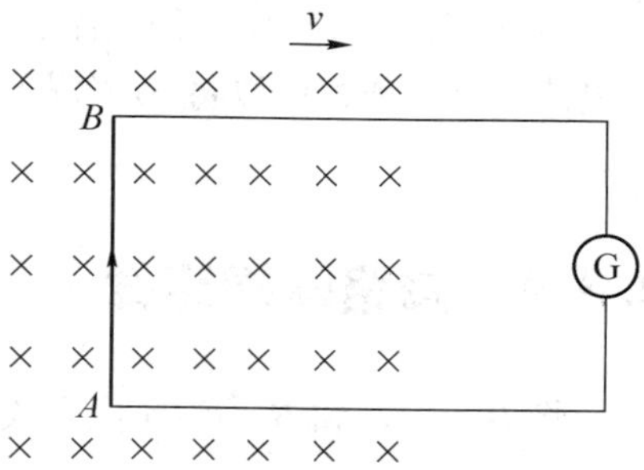

图 2－26　右手定则与楞次定律的关系

2.3.3　安培环路定律

安培环路定律又称为全电流定律，是计算磁场的基本定律。其内容如下：磁场强度在磁场中沿任何闭合路径的曲线积分等于这个闭合路径所包围的各个电流的代数和，即

$$\oint H \cdot dl = \sum I$$

安培环路定律反映了稳恒磁场中磁感线和载流导线相互套链的性质。在计算电流的代数和时，与绕行方向符合安培定则的电流取正号；反之，取负号。图 2－27 所示为无分支磁路及其等效磁路。图中，R_m 为磁阻，表示磁体对磁通的阻碍作用。

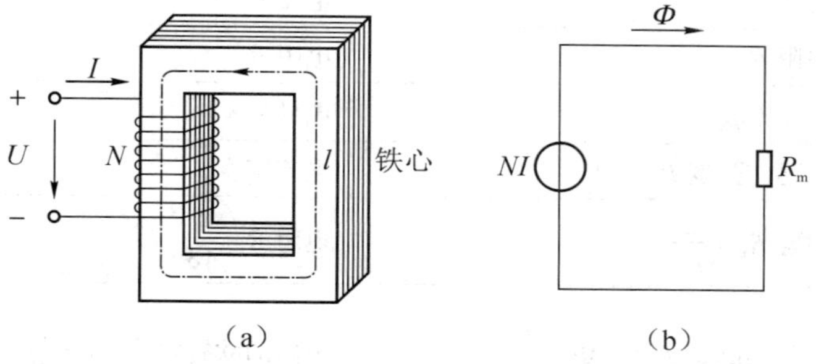

图 2－27　无分支磁路及其等效磁路

（a）无分支磁路；（b）等效磁路

设绕在铁心上的线圈匝数为 N，线圈中通入恒定电流 I，铁心的横截面积为 S，磁路（闭合回路）的平均长度为 l，铁心中的磁场强度为 H。因为闭合回路上各点的磁场强度 H 相等，且其方向与闭合回路的切线方向一致，所以根据安培环路定律，可得

$$\oint H \cdot dl = Hl = \sum I$$

由于电流 I 和闭合回路的绕行方向符合安培定则，如果线圈匝数为 N，电流就 N 次穿过回路，因此，

$$Hl = NI \tag{2-14}$$

在式（2－14）中，线圈匝数与电流的乘积 NI 是产生磁通的原动力，相当于电路中产生电流的电动势，所以将 NI 称为磁通势，简称磁势，用 F 表示，单位为 A，即

$$F = NI$$

2.3.4 磁路欧姆定律

将 $H=B/\mu$ 和 $B=\Phi/S$ 代入式（2－14），得到

$$\Phi = \frac{NI}{\frac{l}{\mu S}} = \frac{F}{R_m} \tag{2-15}$$

式中：R_m——磁路的磁阻，$R_m=\frac{l}{\mu S}$。

式（2－15）说明，磁路中的磁通与磁通势 F 成正比，与磁阻 R_m 成反比。这与电路的欧姆定律在形式上十分相似，所以称为磁路的欧姆定律。磁路与电路有很多相似之处，其对照表如表 2－2 所示。

表 2－2　磁路与电路的对照表

项目名称	磁　路	电　路
基本的物理量	磁通势 F	电动势 E
	磁通 Φ	电流 I
	磁阻 R_m	电阻 R
	磁导率 μ	电导率 γ
	磁感应强度 B	电流密度 J
各物理量之间的关系	磁阻 $R_m=\frac{l}{\mu S}$	电阻 $R=\frac{l}{\gamma S}$
	磁路的欧姆定律，$\Phi=\frac{F}{R_m}=\frac{NI}{\frac{l}{\mu S}}$	电路的欧姆定律，$I=\frac{E}{R}=\frac{E}{\frac{l}{\gamma S}}$

注：电阻率 ρ 的倒数称为电导率或电导系数，用 γ 表示，$\gamma=\frac{1}{\rho}$。导体单位横截面积通过的电流称为电流密度，用 J 表示。

但是，分析与处理磁路比电路要困难得多，原因如下：

（1）在处理电路时，一般不涉及电场问题；而在处理磁路时，离不开磁场的概念。例如，在讨论电机时，常常要分析电机磁路气隙中磁感应强度的分布情况。

（2）在处理电路时，一般可以不考虑漏电流（因为导体的电导率比周围介质的电导率大得多）；但在处理磁路时，一般都要考虑漏磁通（因为磁性材料的磁导率比周围介质的磁导率大得不太多）。

（3）磁路的欧姆定律与电路的欧姆定律只是在形式上相似，由于磁导率 μ 不是常数，而是随励磁电流的变化而变化的，所以不能直接应用磁路的欧姆定律来进行计算，只能用它进行定性分析。

（4）在电路中，当 $E=0$ 时，$I=0$；但在磁路中，由于有剩磁，当 $F=0$ 时，$\Phi\neq 0$。

（5）磁路中的磁感应强度、磁通、磁场强度、磁导率等几个基本物理量的单位较为复杂，学习时应特别注意。

在计算电机、电器等的磁路时，往往预先给定铁心中的磁通（或磁感应强度），然后按照给定的磁通及磁路中各段的材料和尺寸来求解产生预定磁通所需的磁通势 $F=NI$。

如第（3）条所述，磁导率 μ 不是常数，所以计算磁路时不能应用式（2－15），而要用式（2－14）来进行计算，但式（2－14）是对均匀磁路而言的。如果磁路是由不同材料或不同长度和横截面积的几段组成的，即磁路由磁阻不同的几段串联而成，则

$$NI = H_1 l_1 + H_2 l_2 + H_3 l_3 + \cdots = \sum (H_i l_i) \tag{2-16}$$

式（2－16）才是计算磁路的基本公式。式中，$H_1 l_1$，$H_2 l_2$，$H_3 l_3$，…也称为各段磁路的磁压降。

如图2－28所示，继电器的磁路是由三段磁阻串联（其中一段是空气隙）而成的。如果已知磁通和各段的材料及尺寸，则可按下面的步骤求磁通势。

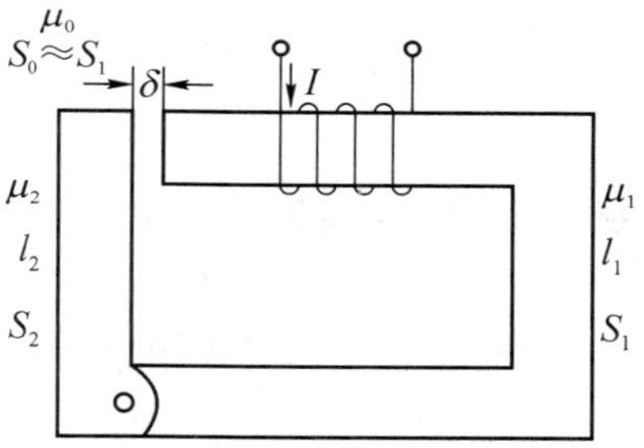

图2－28 继电器的磁路

（1）由于各段磁路的横截面积不同，又通过同一磁通，因此，各段磁路的磁感应强度也不同，可分别按下列各式进行计算：

$$B_1 = \frac{\Phi}{S_1},\ B_2 = \frac{\Phi}{S_2},\ \cdots$$

（2）根据各段磁路材料的磁化曲线 $B=f(H)$，找出与上述 B_1，B_2，…相对应的磁场强度 H_1，H_2，…。各段磁路的磁场强度也是不同的。

在计算空气隙或其他非磁性材料的磁场强度 H_0时，可直接应用下式：

$$H_0 = \frac{B_0}{\mu_0} = \frac{B_0}{4\pi \times 10^{-7}} (\text{A/m})$$

式中，B_0用特（T）计量。如果用高（Gs）为单位，则

$$H_0 = \frac{B_0}{\mu_0} = \frac{B_0}{4\pi \times 10^{-3}} \approx 80 B_0 (\text{A/m}) = 0.8 B_0 (\text{A/cm})$$

（3）计算各段磁路的磁压降。

（4）用式（2－16）求出磁通势 NI。

【例2－5】 一个具有闭合均匀铁心的线圈，其匝数为300，铁心中的磁感应强度为0.91 T，磁路的平均长度为45 cm，试求：

（1）当铁心材料为铸铁时线圈中的电流；

（2）当铁心材料为硅钢片时线圈中的电流。

解： 先从图2－16中的磁化曲线查出磁场强度 H，然后根据式（2－14）计算电流。

(1) $H_1 = 9\ 000(\mathrm{A/m})$，$I_1 = \dfrac{H_1 l}{N} = \dfrac{9\ 000 \times 0.45}{300} = 13.5(\mathrm{A})$

(2) $H_2 = 260(\mathrm{A/m})$，$I_2 = \dfrac{H_2 l}{N} = \dfrac{260 \times 0.45}{300} = 0.39(\mathrm{A})$

由计算结果可见，由于所用铁心材料不同，要想得到相等的磁感应强度，所需要的磁通势或励磁电流的大小相差很悬殊。因此，采用磁导率高的铁心材料，可使线圈的用铜量大为减少。

如果在上述（1）、（2）两种情况下，给线圈都通入 0.39 A 的电流，则铁心中的磁场强度是相等的，都是 260 A/m。但从图 2－16 中的磁化曲线可查得

$$B_1 = 0.05\ \mathrm{T},\ B_2 = 0.9\ \mathrm{T}$$

两者相差 17 倍，磁通也相差 17 倍。在此情况下，如果要得到相等的磁通，那么铸铁铁心的横截面积就必须增加 17 倍。因此，采用磁导率高的铁心材料，可使铁心的用铁量大大减少。

【例 2－6】 有一个环形铁心线圈，其内径为 10 cm，外径为 15 cm，铁心材料为铸钢。磁路中含有一个空气隙，其长度等于 0.2 cm。设线圈中通有 1 A 的电流，如果要得到 0.9 T 的磁感应强度，试求线圈的匝数。

解： 磁路的平均长度为

$$l = \frac{10 + 15}{2} \times \pi = 39.25(\mathrm{cm})$$

从图 2－16 中铸钢的磁化曲线查得，当 $B = 0.9$ T 时，$H_1 = 500$ A/m。因此，有

$$H_1 l_1 = 500 \times (39.25 - 0.2) \times 10^{-2} = 195.25(\mathrm{A})$$

由于空气隙中的磁场强度为

$$H_0 = \frac{B_0}{\mu_0} = \frac{0.9}{4\pi \times 10^{-7}} \approx 7.2 \times 10^5(\mathrm{A/m})$$

于是

$$H_0\delta = 7.2 \times 10^5 \times 0.2 \times 10^{-2} = 1\ 440(\mathrm{A})$$

所以总磁通势为

$$NI = \sum (H_i l_i) = H_1 l_1 + H_0\delta = 195.25 + 1\ 440 = 1\ 635.25(\mathrm{A})$$

故线圈匝数为

$$N = \frac{\sum (H_i l_i)}{I} = \frac{1\ 635.25}{1} = 1\ 635.25$$

可见，当磁路中含有空气隙时，由于空气隙的磁阻较大，磁通势大都用在了空气隙上。

例 2－5 和例 2－6 的主要目的是得出以下几个实际结论：

（1）要想得到相等的磁感应强度，采用磁导率高的铁心材料，可使线圈的用铜量大大减少。

（2）如果线圈中通有同样大小的励磁电流，要想得到相等的磁通，采用磁导率高的铁心材料，可使铁心的用铁量大为减少。

（3）当磁路中含有空气隙时，由于空气隙的磁阻较大，所以在线圈匝数一定的情况下，要想得到相等的磁感应强度，就必须增大励磁电流。

2.4 交流铁心线圈电路

铁心线圈分为直流铁心线圈和交流铁心线圈两种。其中，直流铁心线圈通直流电来励磁，如直流电机的励磁线圈、电磁吸盘的线圈、汽车空调器的电磁离合器线圈，以及各种直流电器的线圈；交流铁心线圈通交流电来励磁，如交流电机、变压器及各种交流电器的线圈。分析直流铁心线圈比较简单，这是因为励磁电流是直流，产生的磁通是恒定的，在线圈和铁心中不会产生感应电动势；在一定的电压 U 下，线圈中的电流 I 只与线圈本身的电阻 R 有关；功率损耗也只有 RI^2。而交流铁心线圈在电磁关系、电压电流关系及功率损耗等几方面与直流铁心线圈有所不同。

2.4.1 电磁关系

交流铁心线圈的电路如图 2－29 所示。先来讨论其中的电磁关系。磁通势 Ni 产生的磁通绝大部分通过铁心而闭合，这部分磁通称为主磁通或工作磁通 Φ。此外，还有很少的一部分磁通主要通过空气或其他非导磁介质而闭合，这部分磁通称为漏磁通 Φ_σ。这两个磁通在线圈中产生两个感应电动势：主磁电动势 e 和漏磁电动势 e_σ。这个电磁关系表示如下：

因为漏磁通主要不通过铁心，所以励磁电流 i 与漏磁通 Φ_σ之间可以认为呈线性关系，铁心线圈的漏磁电感为 $L_\sigma=\dfrac{N\Phi_\sigma}{i}=$常数（设 Φ_σ是一个等效漏磁通，与线圈各匝相链）。但是，主磁通是通过铁心的，所以励磁电流 i 与主磁通 Φ 之间不存在线性关系。铁心线圈的主磁电感 L 不是一个常数，其随励磁电流的变化而变化的关系与磁导率 μ 随磁场强度的变化而变化的关系相似，如图 2－30 所示。

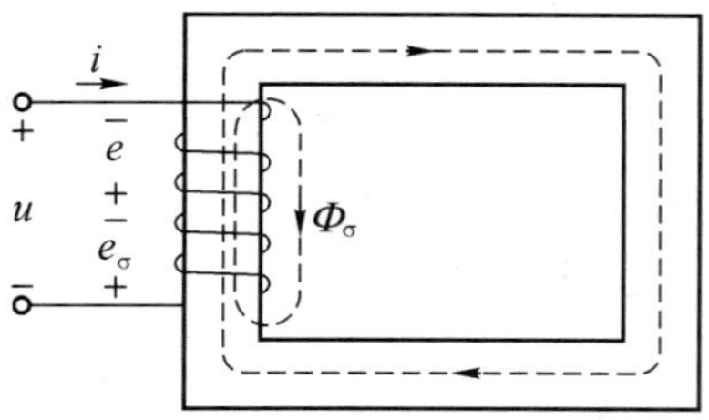

图 2－29 交流铁心线圈的电路

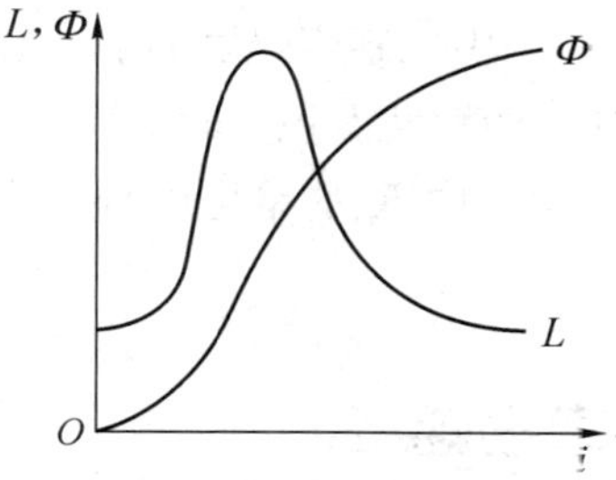

图 2－30 主磁通 Φ 和主磁电感 L 与励磁电流 i 的关系

2.4.2 电压电流关系

如图 2－29 所示，交流铁心线圈中的电压电流关系也可由基尔霍夫电压定律得出（i、e、e_σ三者的参考方向一致），即

$$u + e + e_\sigma = Ri$$

或

$$u = Ri + (-e_\sigma) + (-e) = Ri + L_\sigma \frac{di}{dt} + (-e) = u_R + u_\sigma + u' \qquad (2-17)$$

当 u 是正弦电压时，式（2－17）中的各量可被视为正弦量（当 u 是正弦电压时，一般 $u \approx -e$，而 $e = -N\frac{d\Phi}{dt}$，所以也可认为磁通 Φ 是正弦量，但是，电流 i 不是正弦量。一个非正弦周期电流在用等效正弦电流来代替时，必须满足一定的条件）。

对于主磁感应电动势，由于主磁电感 L 或相应的主磁感抗 X_L（感抗是指当交流电通过线圈时，线圈的电感对交流电的阻碍作用，$X_L = \omega L$，$\omega = 2\pi f$，其中，f 为交流电变化的频率）不是常数，故应按下述方法计算：

设主磁通 $\Phi = \Phi_m \sin\omega t$，则

$$e = -N\frac{d\Phi}{dt} = -N\frac{d(\Phi_m \sin\omega t)}{dt} = -N\omega\Phi_m \cos\omega t$$

$$= 2\pi fN\Phi_m \sin(\omega t - 90°) = E_m \sin(\omega t - 90°) \qquad (2-18)$$

式中：E_m——主磁电动势 e 的幅值，$E_m = 2\pi fN\Phi_m$，而其有效值为

$$E = \frac{E_m}{\sqrt{2}} = \frac{2\pi fN\Phi_m}{\sqrt{2}} = 4.44fN\Phi_m \qquad (2-19)$$

由式（2－17）可知，电源电压 u 可分为三个分量：$u_R = Ri$，是电阻上的电压降；$u_\sigma = -e_\sigma$，是平衡漏磁电动势的电压分量；$u' = -e$，是与主磁电动势相平衡的电压分量。因为根据楞次定律，感应电动势具有阻碍电流变化的物理性质，所以电源电压中必须有一部分来平衡它。

通常由于线圈的电阻 R 和感抗 X_σ（或漏磁通 Φ_σ）较小，因而其上的电压降也较小，与主磁电动势相比，可以忽略不计。于是

$$U \approx E = 4.44fN\Phi_m = 4.44fNB_mS(\mathrm{V}) \qquad (2-20)$$

式中：B_m——铁心中磁感应强度的最大值，T；

S——铁心的横截面积，m^2。

若式（2－20）中 B_m 的单位用 Gs，S 的单位用 cm^2，则

$$U \approx E = 4.44fNB_mS \times 10^{-8}(\mathrm{V}) \qquad (2-21)$$

2.4.3 功率损耗

在交流铁心线圈中，除线圈的电阻 R 上有功率损耗 RI^2（所谓的铜损耗 ΔP_{Cu}）外，处于交变磁化下的铁心上也有功率损耗（所谓的铁损耗 ΔP_{Fe}）。铁损耗是由磁滞和涡流产生的。

由磁滞产生的铁损耗称为磁滞损耗 ΔP_h。可以证明，交变磁化一周，在铁心的单位体积内所产生的磁滞损耗与磁滞回线所包围的面积成正比。磁滞损耗会引起铁心发热。为了减小磁滞损耗，应选用磁滞回线狭小的磁性材料来制造铁心。硅钢片就是变压器和电机中常用的铁心材料，其磁滞损耗较小。

由涡流产生的铁损耗称为涡流损耗 ΔP_e。在图 2－31 中，当线圈中通有交流电时，它所产生的磁通也是交变的。因此，不仅会在线圈中产生感应电动势，而且会在铁心内产生感应电动势和感应电流。这种感应电流称为涡流，它在垂直于磁通方向的平面内环流。

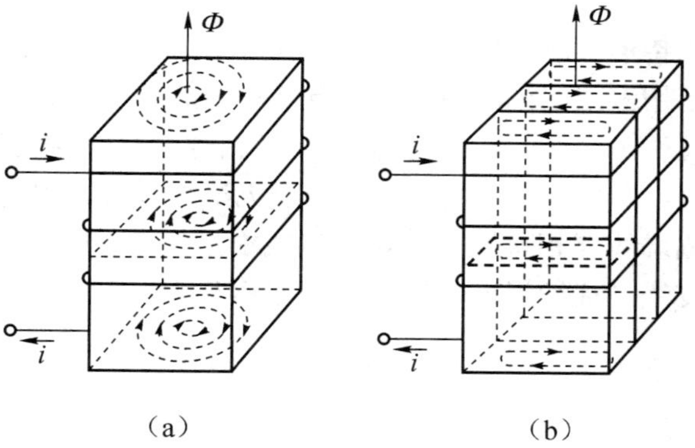

图 2－31　铁心中的涡流

（a）大块铁心中的涡流；（b）硅钢片中的涡流

涡流损耗也会引起铁心发热。为了减小涡流损耗，在顺磁场方向，铁心可由彼此绝缘的硅钢片叠成，这样就可以限制涡流只能在较小的截面内流通。此外，通常所用的硅钢片中含有少量的硅（0.8%～4.8%），因而其电阻率较大，也可使涡流减小。

涡流虽然有有害的一面，但是在另外一些场合下也有有利的一面。对其有害的一面，应尽可能地加以限制；而对其有利的一面，应充分加以利用。例如，利用涡流的热效应来冶炼金属；利用涡流和磁场相互作用而产生电磁力的原理来制造感应式仪器及涡流测距器；等等。

在交变磁通的作用下，铁心内的磁滞损耗和涡流损耗合称铁损耗 ΔP_{Fe}。由于铁损耗近似与铁心内磁感应强度的最大值 B_m 的平方成正比，故 B_m 不宜选得过大，一般取 0.8～1.2 T。

由上述可知，交流铁心线圈电路的有功功率为

$$P = UI\cos\varphi = RI^2 + \Delta P_{Fe} \tag{2-22}$$

2.5　电器材料

电器材料主要有导电材料、绝缘材料和电碳材料。

2.5.1　导电材料

导电材料是输送和传导电能、制造各种电器元件和电气设备的主要材料之一。用作导电材料的金属应当具有良好的导电性、足够的机械强度、不易被氧化腐蚀、容易加工焊接等特性。导电材料可分为良导体导电材料和高电阻导电材料。最常用的良导体导电材料有铜、铝和铁等。金、银的导电性能虽然很好，但是价格昂贵，故它们只用于特殊场合。高电阻导电材料主要有康铜、锰铜及铁铬铝合金等，主要用于制造精密的电阻器。

铜是应用最广泛的导电材料，其导电性能和机械性能均优于铝。在电阻值相同的情况下，铝导线的横截面积比铜导线大 1.68 倍，但其质量只有铜导线的 54%。由于铝资源丰富，且价格便宜，因此，除对导体尺寸和机械性能有特殊要求的场合之外，均可优先采用铝作为导电材料。

导线是传输电能、传递信息的电工线材，一般由线芯、绝缘层、保护层三部分组成。其中，线芯绝大部分是用铜或铝拉制而成的。电工所用的导线分成两大类：电磁线及电力线。电磁线用来制作各种电感线圈，常见的有漆包线、丝包线、纱包线等。电力线用作各种电路连线，分为裸导线和绝缘导线两类。裸导线无绝缘包层，主要有裸铝绞线、钢芯铝绞线及各种型材，如铝母线（铝排）等。绝缘导线根据外包不同的绝缘材料，又分为塑料线、塑料护套线、橡皮线、棉纱编织橡皮软线（俗称花线）等。

2.5.2 绝缘材料

绝缘材料的主要特点是具有极高的电阻率，在电压的作用下，几乎无电流流过，所以常用来隔离带电体，使电流沿一定的方向和路线流通，从而保证安全用电。

1. 绝缘材料的分类

绝缘材料的品种很多，按物质的状态，可将其分为以下三类：

（1）气体绝缘材料。常用的气体绝缘材料有空气、氮气、六氟化硫等。

（2）液体绝缘材料。常用的液体绝缘材料有变压器油、电容器油、电缆油等。

（3）固体绝缘材料。常用的固体绝缘材料有绝缘漆、绝缘胶带、塑料制品、橡胶、云母和陶瓷材料等。

2. 绝缘材料的耐热等级

按绝缘材料在正常运行条件下允许的最高工作温度（极限工作温度）分级，称为绝缘材料的耐热等级，如表 2－3 所示。

表 2－3　绝缘材料的耐热等级

级别	Y	A	E	B	F	H	C
极限工作温度/℃	90	105	120	130	155	180	>180

2.5.3 电碳材料

电碳材料实际上是一种特殊的导电材料，主要用来制造电机的电刷、连接旋转的转子与外部电源。其主要特点是具有良好的导电性能及优越的电接触性能，一般由石墨和铜材料制成。

2.6 汽车交流发电机

交流发电机于20世纪60年代开始在汽车上应用，到20世纪70年代末期，国内外几乎所有汽车都采用了交流发电机。交流发电机是汽车的主要电源，其功用如下：当发动机以怠速以上转速运转时，向除起动机以外的用电系统供电，同时还给蓄电池充电。

2.6.1 汽车交流发电机的结构

交流发电机在汽车上使用多年以来，虽然局部结构有所改进，但其基本结构都是由转子、定子、整流器和端盖组成的。整体式交流发电机在基本结构的基础上增加了电压调节器，且都采用集成电路调节器。整体式交流发电机的零部件组成如图2－32所示。

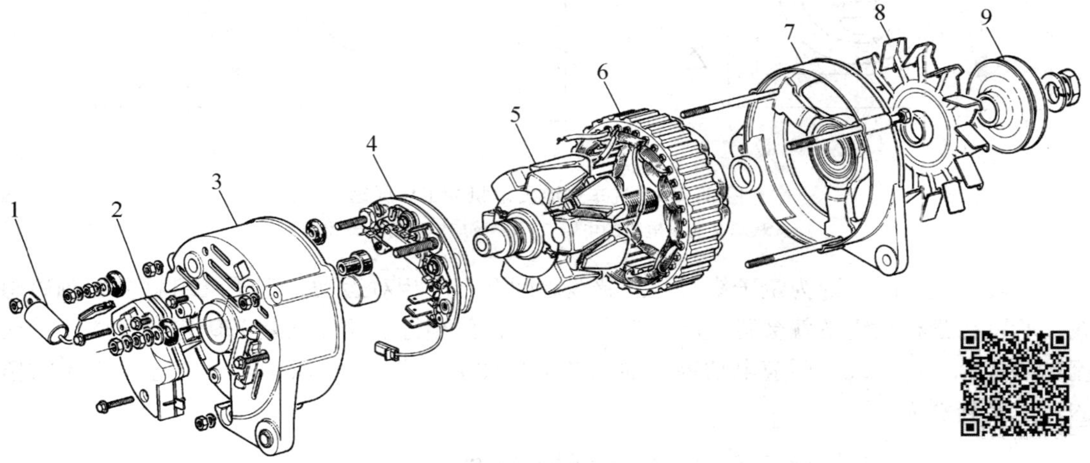

图2－32 整体式交流发电机的零部件组成

1—抗干扰电容器；2—集成电路调节器与电刷组件总成；3—电刷端盖；4—整流器总成；5—转子总成；6—定子总成；7—驱动端盖；8—风扇；9—驱动带轮

汽车交流发电机为三相同步交流发电机，其转子的功用是产生磁场。转子由两块爪极、磁场绕组、铁心和集电环组成。定子由定子铁心与定子绕组组成，其功用是产生交流电。整流器由整流二极管和二极管的散热板组成，其功用是将三相定子绕组产生的交流电转换为直流电。前、后端盖均用铝合金压铸或用砂模铸造而成，采用铝合金的主要目的是减少漏磁，这是因为铝合金为非导磁材料，且具有质量小、散热性能好等优点。在后端盖上，安装有电刷组件。电刷组件由电刷、电刷架和电刷弹簧组成，其功用是将电流引入磁场绕组。

2.6.2 汽车交流发电机的工作原理

根据汽车交流发电机的结构特点，其工作原理可分为发电原理与整流原理。这里介绍汽车交流发电机的发电原理，整流原理在学习第 3 章中的二极管知识后再进行介绍。

交流发电机是根据电磁感应原理产生交流电的。交流发电机的三相定子绕组按一定规律分布在定子铁心槽中，彼此相差 120°电角度，如图 2-33（a）所示。

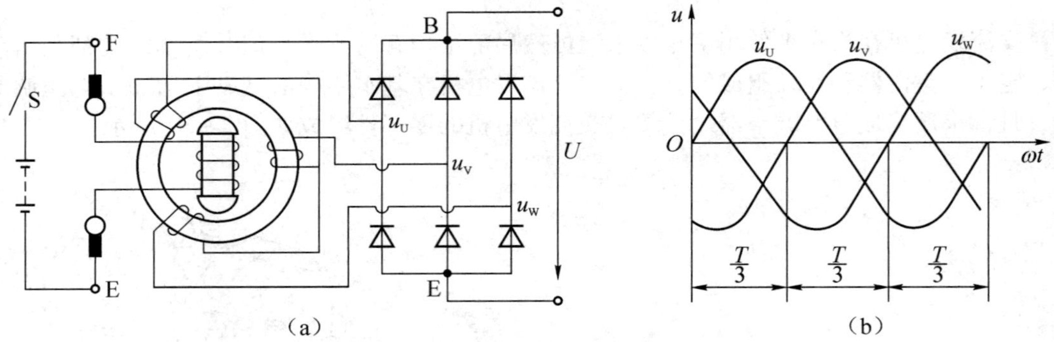

图 2-33 汽车交流发电机的工作原理

（a）汽车交流发电机的电路；（b）感应电动势的输出波形

当转子旋转时，因为定子绕组与磁感线之间会产生相对运动，定子绕组就会切割磁感线，所以在三相绕组中就会感应产生频率相同、幅值相等、相位互差 120°电角度的正弦交流电动势 e_U、e_V、e_W，感应电动势的输出波形如图 2-33（b）所示。交流电动势瞬时值的表达式分别为

$$e_U = E_m \sin \omega t = \sqrt{2} E_\Phi \sin \omega t$$

$$e_V = E_m \sin(\omega t - 120°) = \sqrt{2} E_\Phi \sin(\omega t - 120°)$$

$$e_W = E_m \sin(\omega t + 120°) = \sqrt{2} E_\Phi \sin(\omega t + 120°)$$

式中：E_m——每相电动势的最大值；

E_Φ——每相电动势的有效值；

ω——电角速度，$\omega = 2\pi f$，$f = pn/60$，其中，p 为磁极对数，n 为交流发电机的转速，r/min。

每相绕组中产生的感应电动势的有效值为

$$E_\Phi = 4.44 KNf\Phi = C_e \Phi n \tag{2-23}$$

式中：K——绕组系数（交流发电机采用整距集中绕组，$K=1$）；

N——每相绕组串联线圈的匝数；

f——感应电动势的频率，Hz；

Φ——磁极磁通，Wb；

C_e——汽车交流发电机的结构常数。

由式（2－23）可见，汽车交流发电机定子绕组内感应电动势的大小与每相绕组串联线圈的匝数和感应电动势的频率成正比，即定子绕组串联线圈的匝数越多、转子旋转的速度越快，定子绕组内产生的感应电动势也就越高。

2.7 汽车直流电机

直流电机是机械能与直流电能相互转化的旋转机械装置。当直流电机用作发电机时，其将机械能转化为电能；当直流电机用作电动机时，其将电能转化为机械能。在生产上主要使用交流电，但对于蓄电池充电、电镀和电解、直流电焊、直流电动机，以及汽车、拖拉机、船舶上的用电等，仍然需要使用直流电。

2.7.1 直流电机的组成

直流电机主要由磁极、电枢和换向器三部分组成，如图2－34所示。

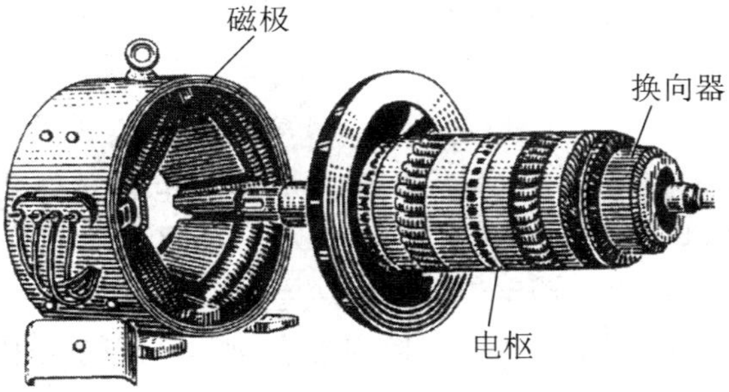

图2－34 直流电机的组成

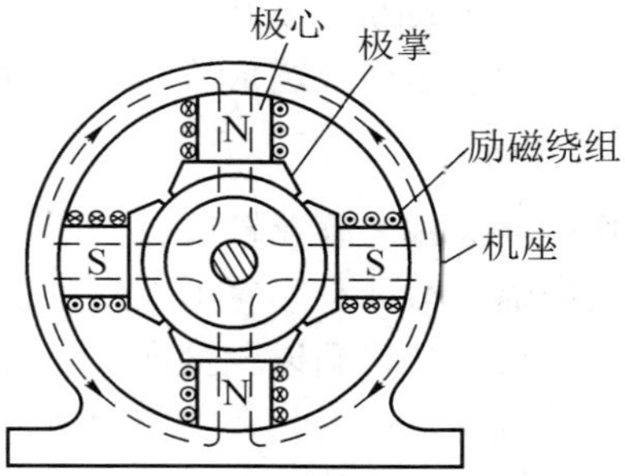

图2－35 直流电机的磁极与磁路

1. 磁极

磁极的功用是产生磁场。电磁式直流电机的磁场为电磁场，其磁极由铁心和励磁绕组（磁场绕组或磁场线圈）两部分组成。当励磁绕组接通电流时，在铁心中就会产生磁场（电磁场）。直流电机的磁极与磁路如图2－35所示。

铁心分为极心和极掌两部分，用低碳钢制成马蹄形或用硅钢片叠合而成，并用螺钉固定在电机壳体的内壁上。极心上套装励磁绕组，极掌的作用是使电机在空气隙中磁感应强度的分布达到最佳，并可防止励磁绕组松动。机座也是磁路的一部分，通常用铸钢制成。小型和微型直流电机（如汽车刮水器电机、门窗玻璃升降电机和座椅控制电机等）大多数采用永久磁铁作为磁极。

2. 电枢

电枢的功用是产生电磁转矩，其结构如图2－36（a）所示，主要由电枢铁心和电枢绕组（线圈）组成。

电枢铁心呈圆柱状，由相互绝缘的硅钢片叠装而成，其圆周上制有安放电枢绕组的线槽，内孔借花键槽压装在电枢轴上。电枢绕组绕制在电枢铁心的线槽内，电枢绕组两端分

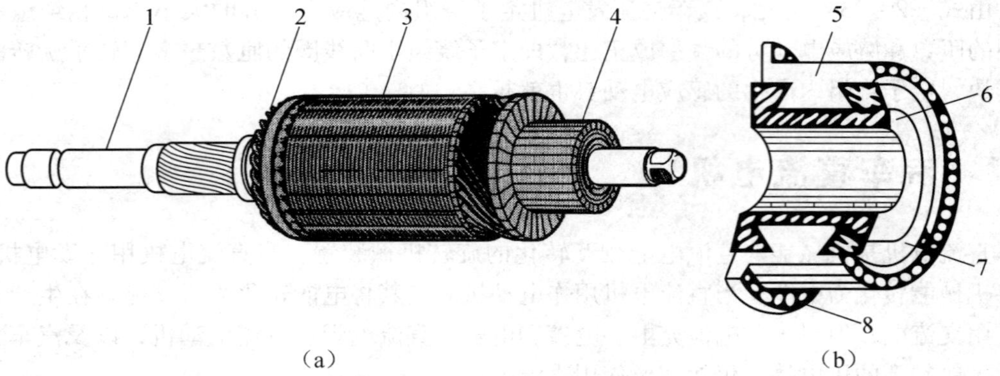

图 2－36　电枢和换向器的结构

(a) 电枢总成；(b) 换向器的结构

1—电枢轴；2—电枢绕组；3—电枢铁心；4—换向器；5—换向片；6—轴套；7—压环；8—焊线凸缘

别焊接在换向器的铜片上。汽车起动机为了获得较大的电磁转矩，流经电枢绕组的电流很大（小功率起动机为300 A左右，大功率起动机在1 000 A以上）。因此，电枢绕组采用横截面积较大的矩形或圆形漆包铜线绕制。

3. 换向器

换向器又称为整流器或整流子，其功用是保证电枢绕组产生的电磁转矩的方向保持不变。换向器由截面呈燕尾形的铜片围合而成，如图2－36（b）所示。燕尾形的铜片称为换向片，换向片之间以及换向片与轴套、压环之间均用云母绝缘。

电动机的电刷安装在电刷架内，借电刷弹簧压力紧压在换向器表面。电刷的功用是使转动的电枢绕组与外电路连接起来。

2.7.2　直流电机的工作原理

任何电机的工作原理都是建立在电磁力和电磁感应基础上的，直流电机也不例外。下面把复杂的直流电机结构简化为如下结构进行分析：具有一对磁极，电枢绕组只是一个线圈，线圈两端分别连在两个换向片上，换向片上压着两个电刷。

1. 直流电机作为电动机运行的原理

电磁式起动机的磁场是由励磁线圈通电产生的电磁场，如图2－37（a）所示。如果将通电线圈放入磁场中，并使电流从 B 边流入、A 边流出，如图2－37（b）所示，那么根据左手定则，可以判定线圈的 A 边将向上运动，B 边将向下运动。直流电动机就是根据载流导体在磁场中会受到电磁力作用的原理工作的，其工作原理如图2－38所示。

当电枢绕组处于图2－38（a）中的垂直位置时，由于电刷5、6没有接触换向片3、4，因此，线圈中没有电流流过，线圈不受力的作用而静止不动。

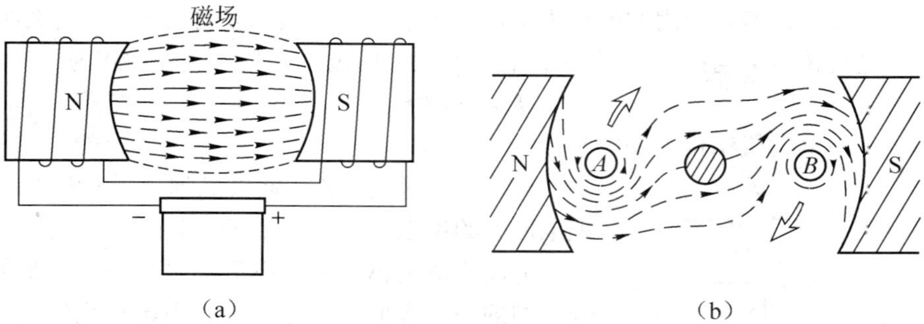

图 2－37　通电线圈在磁场中的受力方向

(a) 磁场的产生；(b) 受力方向

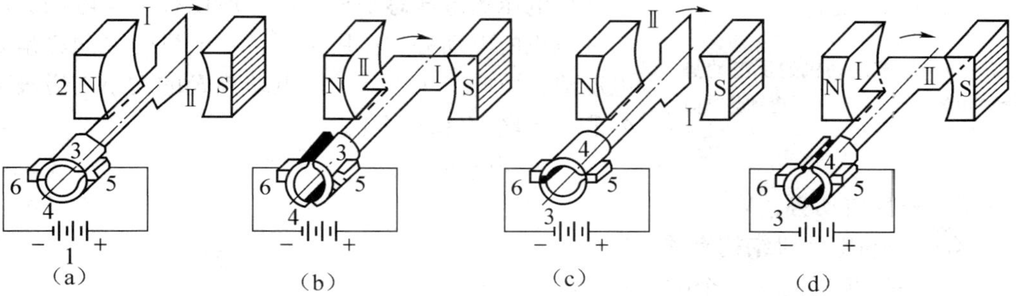

图 2－38　直流电动机的工作原理

(a) 静止状态；(b) 顺时针转动；(c) 惯性转过；(d) 顺时针转动

1—蓄电池；2—磁极；3、4—换向片；5、6—电刷

如果将线圈稍微向顺时针方向转动，电刷 5、6 便分别与换向片 3、4 接触，如图 2－38（b）所示。此时，电枢绕组中便有电流流过，电流路径是由蓄电池正极，经电刷 5、换向片 3、电枢绕组、换向片 4、电刷 6 回到蓄电池负极。根据左手定则，可以判定，线圈Ⅰ边向下运动，线圈Ⅱ边向上运动，整个线圈仍沿顺时针方向转动。

当线圈转到图 2－38（c）中的垂直位置时，电刷 5、6 又不能接触换向片 3、4，线圈中没有电流流过，线圈将在惯性力矩的作用下转过此位置。

当线圈转过垂直位置后，电刷 5、6 便分别与换向片 4、3 接触，如图 2－38（d）所示。此时，线圈中又有电流流过，电流路径是由蓄电池正极，经电刷 5、换向片 4、电枢绕组、换向片 3、电刷 6 回到蓄电池负极。由左手定则可知，此时，线圈的Ⅰ边向上运动，线圈Ⅱ边向下运动，整个线圈仍沿顺时针方向转动。

由此可见，在换向片的作用下，S 极下导线中的电流始终由电池正极经电刷流入，N 极下导线中的电流始终由导线经电刷流回电池负极。由于磁场方向和每个磁极下面导线中的电流方向都保持不变，所以由左手定则可知，电枢绕组受力形成的电磁力矩方向不变。如果电流不断通入电枢绕组，电枢就会不停地旋转。当电动机有负载时，就可将电源的电能转化为机械能。

图 2－38 中的电枢绕组虽然能按一定的方向转动，但是每当转到垂直位置时，它都是依靠惯性转过的，转动很不平稳，电磁力产生的电磁转矩也很小。为了增大电磁转矩和提

高电动机的平顺性，实际使用的电动机采用了多组电枢绕组和多对磁极。对于结构一定的电动机，其电磁转矩 T 与磁极磁通 Φ 和电枢电流 I_a 成正比，其数学表达式为

$$T = K_T \Phi I_a \tag{2-24}$$

式中：K_T——与电动机结构有关的常数。

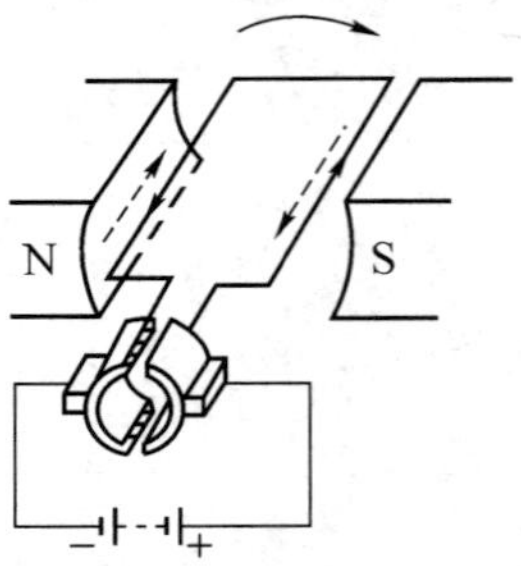

图 2－39　直流电动机的反电动势

→—电流方向；⇢—反电动势方向

在式（2－24）中，磁极磁通 Φ 的单位是 Wb；电枢电流 I_a 的单位是 A；电磁转矩 T 的单位是 N·m。

电动机的电枢绕组通电后在磁场中受力而转动，这是问题的一个方面。除此之外，当电枢绕组在磁场中转动时，线圈中也会产生感应电动势，如图 2－39 中的虚线所示。这个电动势的方向（由右手定则确定）与电流或外加电压的方向总是相反的，所以称为反电动势。它与发电机的电动势的作用不同，发电机的电动势是电源电动势，由此产生电流。反电动势 E 的大小与磁极磁通 Φ 和电枢转速 n 成正比，即

$$E = K_E \Phi n \tag{2-25}$$

式中：E——反电动势，V；

K_E——与电动机结构有关的常数；

Φ——磁极磁通（一个磁极），Wb；

n——电枢转速，r/min。

2. 直流电机作为发电机运行的原理

在图 2－38 中，如将蓄电池（电源）更换为负载（电阻），电枢用原动机驱动，则该图变换为直流发电机的工作原理，如图 2－40 所示。当电枢在磁场中旋转时，在电枢绕组的两条有效边（切割磁感线的Ⅰ、Ⅱ部分导体）中便会产生感应电动势。

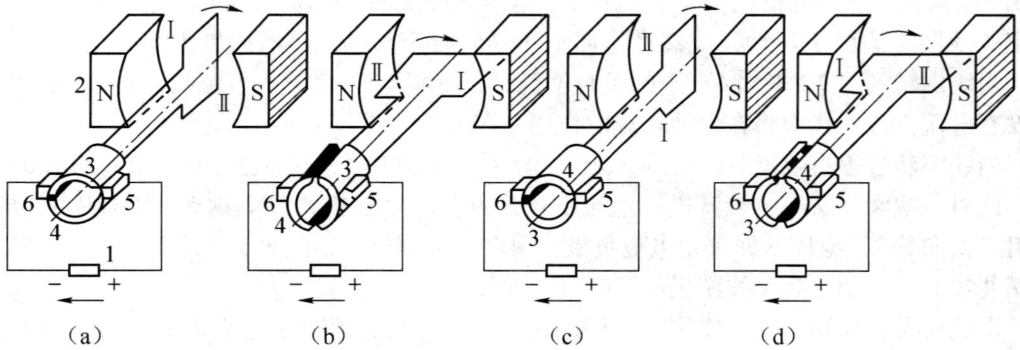

图 2－40　直流发电机的工作原理

（a）静止状态；（b）顺时针转动；（c）惯性转过；（d）顺时针转动

1—负载（电阻）；2—磁极；3、4—换向片；5、6—电刷

显然，每一条有效边中的电动势都是交变的，即在 N 极下是一个方向，当它转到 S 极下时是另一个方向。但是，由于电刷 6 总是同与 N 极下的一边相连的换向片接触，而电刷 5 总

是同与S极下的一边相连的换向片接触，所以在电刷之间就出现一个极性不变的电动势或电压。由此可见，换向器的作用在于，将直流发电机电枢绕组内的交变电动势转换成电刷之间极性不变的电动势。当电刷之间接有负载时，在电动势的作用下就会在电路中产生一定方向的电流。

3. 直流电动机与直流发电机的异同

直流电动机与直流发电机的电磁转矩的作用是不同的。

直流电动机的电磁转矩是驱动转矩，其使电枢转动。因此，直流电动机的电磁转矩 T 必须与机械负载转矩 T_2 及空载损耗转矩 T_0 相平衡。当轴上的负载发生变化时，直流电动机的转速、电动势、电流及电磁转矩将自动进行调整，以适应负载的变化，从而保持新的平衡。当负载增加，即阻转矩增加时，直流电动机的电磁转矩便暂时小于阻转矩，所以转速开始下降。随着转速的下降，当磁极磁通 Φ 不变时，反电动势 E 必将减小，而电枢电流将增加，于是电磁转矩也随之增加。直到电磁转矩与阻转矩达到新的平衡后，转速不再下降，而直流电动机以比原先慢的转速稳定运行，这就是直流电动机的转矩自动调节原理。此时的电枢电流已经大于原先的电流。换句话说，在电源电压保持不变的情况下，从电源输入的功率有所增加。

直流发电机的电磁转矩是阻转矩，其与电枢转动的方向或原动机驱动转矩的方向相反（在图 2－40 中，用左手定则即可判定）。因此，在等速转动时，原动机的转矩 T_1 必须与发电机的电磁转矩 T 及空载损耗转矩 T_0 相平衡。当直流发电机的负载（电枢电流）增加时，电磁转矩和输出功率也随之增加。这时，原动机的驱动转矩和所供给的机械功率也必须相应增加，以保持转矩之间及功率之间的平衡，从而保持转速基本不变。

由上可知，直流电机在作为电动机运行和作为发电机运行时，虽然都产生电动势和电磁转矩，但两者的作用截然相反，如表 2－4 所示。

表 2－4 直流电机作为电动机运行和作为发电机运行的比较

作为电动机运行	作为发电机运行
E 和 I_a 方向相反	E 和 I_a 方向相同
E 为反电动势	E 为电源电动势
T 为驱动转矩	T 为阻转矩
$T=T_2+T_0$	$T_1=T+T_0$

2.7.3 直流电动机的工作特性

直流电动机按励磁方式，可分为串励电动机、并励电动机、复励电动机和他励电动机四种类型，如图 2－41 所示。

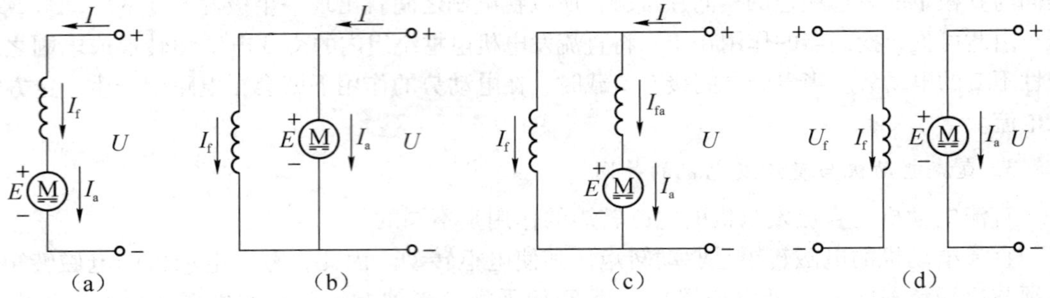

图 2-41　直流电动机的接线示意图

(a) 串励电动机；(b) 并励电动机；(c) 复励电动机；(d) 他励电动机

在串励电动机中，励磁绕组与电枢绕组串联，由电压 U 供电；在并励电动机中，励磁绕组与电枢绕组为并联关系，并由同一个电压 U 供电；在复励电动机中，有两个励磁绕组，其中一个与电枢绕组为串联关系，另一个与电枢绕组为并联关系；在他励电动机中，励磁绕组与电枢绕组是分离的，由两个直流电源电压，即励磁电源电压 U_f 和电枢电源电压 U 供电。他励电动机和并励电动机只是在连接方式上不同，两者的特性是一致的。复励电动机兼有串励电动机与并励电动机的特性。汽车起动机一般都采用串励电动机或并励电动机，故下面主要介绍这两种电动机的特性。

1. 转矩特性

直流电动机的电磁转矩 T 与电枢电流 I_a 之间的函数关系 $T=f(I_a)$ 称为直流电动机的转矩特性。

(1) 串励电动机。对于串励电动机，由于励磁绕组与电枢绕组串联，所以电枢电流 I_a 与励磁电流 I_f 相同。因此，在磁路未饱和时，磁极磁通 Φ 与电枢电流 I_a 成正比，即 $\Phi = CI_a$（C 为与磁路有关的常数），其电磁转矩为

$$T = K_1\Phi I_a = K_S I_a^2 \tag{2-26}$$

式中：K_S——常数，$K_S = K_1 C$。

可见，串励电动机的电磁转矩在磁路未饱和时与电枢电流的平方成正比。当磁路饱和后，磁极磁通 Φ 几乎不变，电磁转矩与电枢电流呈线性关系。在电枢电流相同的情况下，串励电动机的电磁转矩要比并励电动机大得多，这是串励电动机的一个重要特点。

(2) 并励电动机。对于并励电动机，由于励磁绕组与电枢绕组并联，当电源电压 U 和励磁电路的电阻 R_f 保持不变时，励磁电流 I_f 和由其产生的磁极磁通 Φ 也保持不变（不考虑电枢反应的影响），即磁极磁通 Φ = 常数。因此，并励电动机的电磁转矩与电枢电流成正比，即

$$T = K_T\Phi I_a = KI_a \tag{2-27}$$

式中：K——常数，$K = K_T\Phi$。

并励电动机的特点之一就是，其磁极磁通 Φ = 常数，电磁转矩与电枢电流成正比。

2. 转速特性

直流电动机的电枢转速 n 与电枢电流 I_a 之间的函数关系 $n=f(I_a)$ 称为直流电动机的转速特性。

（1）串励电动机。根据基尔霍夫电压定律，由图2-41（a）中的电路可得

$$U = E + I_a \sum R = K_E \Phi n + I_a \sum R \tag{2-28}$$

式中：U——供电电源电压；

E——直流电动机的反电动势；

$\sum R$——励磁绕组的电阻、电枢绕组的电阻、电源的内阻以及连接导线的电阻之和。

由式（2-28）可得

$$n = \frac{U - I_a \sum R}{K_E \Phi} \tag{2-29}$$

可知，当磁路未饱和时，因为磁极磁通 Φ 与电枢电流 I_a 成正比，所以电枢转速随电枢电流的增大而迅速下降，机械特性曲线具有双曲线性质；当磁路饱和后，磁极磁通 Φ 基本不变，电枢转速随电枢电流的增大呈直线下降状态。当电枢转速为零时（相当于发动机起动瞬间），电枢电流将达到最大值 I_{amax}（称为制动电流）。

（2）并励电动机。由图2-41（b）中的电路可得

$$n = \frac{E}{K_E \Phi} = \frac{U - R_a I_a}{K_E \Phi} \tag{2-30}$$

可见，当电源电压 U 不变时，磁极磁通 Φ 不变，电枢转速 n 与电枢电流 I_a 成反比。

3. 机械特性

如前所述，当直流电动机的电磁转矩 T 与机械负载转矩 T_2 及空载损耗转矩 T_0 相平衡时，直流电动机将等速转动；当轴上的机械负载发生变化时，将引起直流电动机的转速、电流及电磁转矩等发生变化。在电源电压 U 和励磁电路的电阻 R_f 都为常数的条件下，直流电枢转速 n 与电磁转矩 T 之间的关系 $n = f(T)$ 称为直流电动机的机械特性。

（1）串励电动机。由式（2-26）和式（2-29）可知，在磁路未饱和时，磁极磁通 Φ 与电枢电流 I_a 成正比。当电枢电流增大时，电磁转矩迅速增大，电动机的转速急剧下降；当磁路饱和后，磁极磁通 Φ 基本不变，此时，电磁转矩随电枢电流线性增加，电动机的转速直线下降，如图2-42所示。

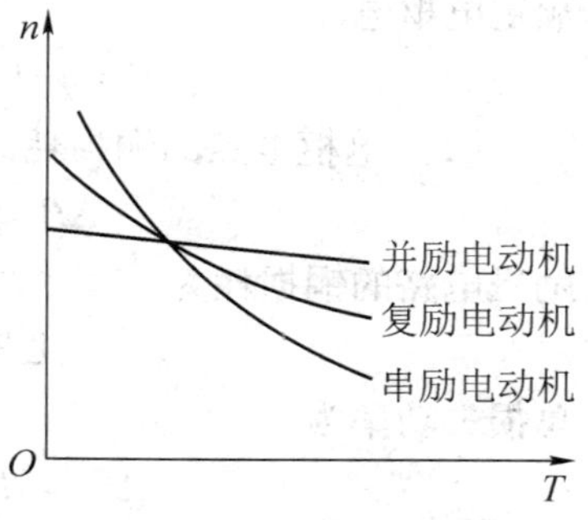

图2-42 直流电动机的机械特性曲线

（2）并励电动机。在并励电动机中，因为磁极磁通 Φ 为常数，将式（2-27）代入式（2-30）可得

$$n = \frac{U}{K_E \Phi} - \frac{R_a}{K_E K_T \Phi^2} T = n_0 - \Delta n \tag{2-31}$$

在式（2-31）中，$n_0 = U/(K_E \Phi)$ 是 $T=0$ 时的转速，它实际上是不存在的。这是因为，即使电动机轴上没有加机械负载，电动机的电磁转矩也不可能为零，它还要平衡空载损耗转矩。因此，通常 n_0 称为理想空载转速。$\Delta n = \frac{R_a}{K_E K_T \Phi^2} T$ 是转速降，表示当负载增加时，电动机的转速会下降。转速降是由电枢电阻 R_a 引起的。

由式（2－30）可知，当负载增加时，电枢电流I_a随着增大，于是R_aI_a增加。由于电源电压U是一定的，这使反电动势E减小，即电枢转速n降低。

并励电动机的机械特性曲线如图2－42所示。由于电枢电阻R_a很小，在负载变化时，电动机的转速变化不大，所以并励电动机具有硬的机械特性，这也是它的特点之一。

与并励电动机相比，串励电动机具有软的机械特性，即轻载时转速高，重载时转速低，故对起动发动机十分有利，这也是汽车起动机采用串励电动机的一个重要原因。

对于大功率起动机，为了防止空载时转速太高而造成电动机损坏，大多采用复励电动机。复励电动机的机械特性介于并励电动机和串励电动机之间。

【例2－7】 有一台并励电动机，其额定数据如下：$P_2=22$ kW，$U=110$ V，$n=1\ 000$ r/min，效率$\eta=0.84$，并且已知$R_a=0.04\ \Omega$，$R_f=27.5\ \Omega$。试求：

（1）额定电流I_N、额定电枢电流I_{aN}及额定励磁电流I_{fN}；

（2）损耗功率ΔP_{aCu}、ΔP_{fCu}及ΔP_0；

（3）额定电磁转矩T；

（4）反电动势E。

解：（1）P_2是输出（机械）功率，额定输入（电）功率为

$$P_1=\frac{P_2}{\eta}=\frac{22}{0.84}\approx 26.19(\text{kW})$$

额定电流为

$$I_N=\frac{P_1}{U}=\frac{26.19\times 10^3}{110}\approx 238(\text{A})$$

额定励磁电流为

$$I_{fN}=\frac{U}{R_f}=\frac{110}{27.5}=4(\text{A})$$

额定电枢电流为

$$I_{aN}=I_N-I_{fN}=238-4=234(\text{A})$$

（2）电枢电路的铜损耗为

$$\Delta P_{aCu}=R_aI_{aN}^2=0.04\times 234^2\approx 2\ 190(\text{W})$$

励磁电路的铜损耗为

$$\Delta P_{fCu}=R_fI_{fN}^2=27.5\times 4^2=440(\text{W})$$

总损失功率为

$$\Delta P=P_1-P_2=26\ 190-22\ 000=4\ 190(\text{W})$$

空载损耗功率为

$$\Delta P_0=\Delta P-\Delta P_{aCu}=4\ 190-2\ 190=2\ 000(\text{W})$$

（3）额定电磁转矩为

$$T=9\ 550\frac{P_2}{n}=9\ 550\times\frac{22}{1\ 000}\approx 210(\text{N}\cdot\text{m})$$

（4）反电动势为

$$E=U-R_aI_{aN}=110-0.04\times 234=100.64(\text{V})$$

2.7.4 并励电动机的起动与反转

当并励电动机接通电源起动时，其转速从零逐渐上升到稳定值。在这个过程中，并励电动机的运行特性与稳定运行时是不同的。当并励电动机稳定运行时，其电枢电流为

$$I_a = \frac{U - E}{R_a}$$

因为电枢电阻 R_a 很小，所以电源电压 U 和反电动势 E 极为接近。

1. 并励电动机的起动

在并励电动机起动的初始瞬间，$n=0$，所以 $E=K_E \Phi n=0$。这时，电枢电流（直接起动时的电枢电流）为

$$I_{ast} = \frac{U}{R_a} \tag{2-32}$$

由于电枢电阻 R_a 很小，此时，起动电流将达到额定电流的 10 ~ 20 倍，这是不允许的。因为并励电动机的电磁转矩与电枢电流成正比，所以其起动转矩过大，会产生机械冲击，使传动机构（齿轮）遭受损坏。因此，必须限制起动电流。限制起动电流的方法如下：起动时，在电枢电路中串联起动电阻 R_{st}。如此一来，电枢中起动电流的初始值为

$$I_{ast} = \frac{U}{R_a + R_{st}}$$

由此可确定起动电阻的大小，即

$$R_{st} = \frac{U}{I_{ast}} - R_a \tag{2-33}$$

一般规定：起动电流应不超过额定电流的 1.5 ~ 2.5 倍。

起动时，将起动电阻放在最大值处，待起动后，随着并励电动机转速的上升，再将其逐渐减小。

2. 并励电动机起动时的注意事项

使用并励电动机时必须注意的是，在电动机起动或工作时，励磁电路一定要接通，绝不能让其断开（起动时要满励磁），否则，由于磁路中只有很小的剩磁，就可能发生下述事故：

（1）如果电动机是静止的，由于电磁转矩太小（$T=K_T \Phi I_a$），电动机将不能起动。这时，反电动势为零，电枢电流很大，电枢绕组有被烧坏的危险。

（2）如果在电动机有载运行时断开励磁电路，则反电动势立即减小而使电枢电流增大。同时，由于所产生的电磁转矩不能满足负载的需要，电动机必将减速而停转，这更加促使电枢电流的增大，以致烧毁电枢绕组和换向器。

（3）如果电动机空载运行，则其转速可能上升到很高的数值（这种事故称为“飞车”），使电动机遭受严重的机械损伤，并且因电枢电流过大而将电枢绕组烧坏。

3. 并励电动机的反转

由并励电动机的工作原理可知，要改变其转动方向，必须改变电磁转矩的方向。由左手定则可知，在磁场方向固定的情况下，必须改变电枢电流的方向；如果电枢电流的方向

不变，那么，改变励磁电流的方向同样可以达到使电动机反转的目的。

【例 2-8】 在例 2-7 中，试求：

（1）电枢中直接起动电流的初始值；

（2）如果使起动电流不超过额定电流的 1.5 倍，起动电阻是多少？

解：（1）直接起动电流的初始值为

$$I_{ast}=\frac{U}{R_a}=\frac{110}{0.04}=2\ 750(\mathrm{A})\approx 12I_a$$

（2）起动电阻为

$$R_{st}=\frac{U}{I_{ast}}-R_a=\frac{U}{1.5I_a}-R_a=\frac{110}{1.5\times 234}-0.04\approx 0.27(\Omega)$$

2.7.5 步进电机

步进电机是一种利用电磁铁的作用原理，将电脉冲信号转换为线位移或角位移的电机。随着微电子技术的发展，它在自动控制领域中的应用日益广泛。例如，在数控机床中，将加工零件的图形、尺寸及工艺要求等编程并输入数字计算机。数字计算机根据给定的数据和要求进行运算，然后发出电脉冲指令。数字计算机每发出一个电脉冲指令，步进电机便转过一定角度，由步进电机通过传动装置所带动的工作台或刀架就移动一段很小的距离（或转动一个很小的角度）。电脉冲指令一个接着一个发来，步进电机便一步一步地转动，从而达到自动加工零件的目的。在汽车发动机电控系统中，各种传感器信号被输入汽车电控单元（electrical control unit，ECU），电控单元经过数学计算和逻辑判断后，向步进电机式节气门控制执行器发出控制指令，该执行器便一步一步地转动，从而通过增大或减小节气门的开度来调节发动机的进气量。

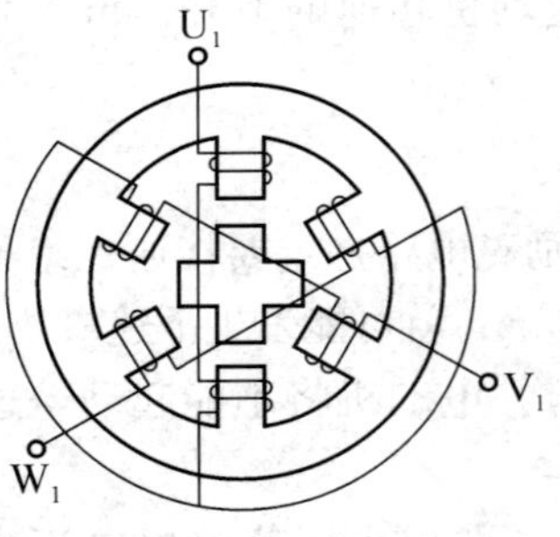

图 2-43　反应式步进电机的结构示意图

图 2-43 所示为反应式步进电机的结构示意图。其定子具有均匀分布的六个磁极，磁极上绕有绕组。两个相对的磁极组成一相，绕组的接法如图 2-43 所示。设转子具有均匀分布的四个齿。下面介绍单三拍、六拍及双三拍三种工作方式的基本原理。

1. 单三拍工作方式

设 U 相首先通电（V、W 两相不通电），产生 U_1-U_2 轴线方向的磁通，并且通过转子形成闭合回路。这时，U_1、U_2 极就分别成为电磁铁的 N、S 极。在磁场的作用下，转子总是力图转到磁阻最小的位置，即转到转子的齿与 U_1、U_2 极对齐的位置，如图 2-44（a）所示。

接着向 V 相通电（U、W 两相不通电），产生 V_1-V_2 轴线方向的磁通，并且通过转子形成闭合回路。这时，V_1、V_2 极就分别成为电磁铁的 N、S 极，转子便沿顺时针方向转过 30°，其齿与 V_1、V_2 极对齐，如图 2-44（b）所示。

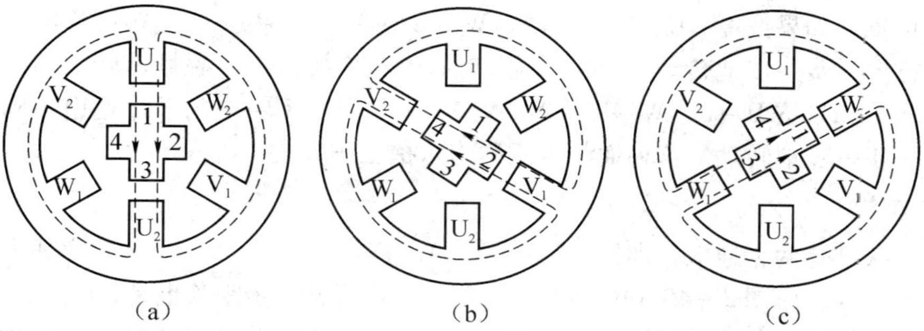

图 2 - 44　采用单三拍工作方式时转子的位置

(a) U 相通电；(b) V 相通电；(c) W 相通电

随后向 W 相通电（U、V 两相不通电），同理，转子又沿顺时针方向转过 30°，其齿与 W_1、W_2极对齐，如图 2 - 44（c）所示。

由此可见，当脉冲信号一个一个发来，如果按 U→V→W→U→…的顺序轮流通电，则转子便沿顺时针方向一步一步地转动。每一步的转角为 30°（称为步距角或步进角）。电流换接三次，磁场旋转一周，转子前进了一个齿距角（当转子为四个齿时，齿距角为 $\frac{360°}{4}=90°$）。如果按 U→W→V→U→…的顺序轮流通电，则转子便沿逆时针方向一步一步地转动。这种通电方式称为单三拍工作方式。

2. 六拍工作方式

设 U 相首先通电，转子的齿和定子的 U_1、U_2极对齐，如图 2 - 45（a）所示。然后在 U 相继续通电的情况下接通 V 相。这时，定子的 V_1、V_2极对转子的齿 2、4 有磁拉力，使转子沿顺时针方向转动，但是 U_1、U_2极继续拉住齿 1、3。因此，转子转到两个磁拉力平衡时为止。这时，转子的位置如图 2 - 45（b）所示，即转子从图 2 - 45（a）中的位置沿顺时针方向转过了 15°。

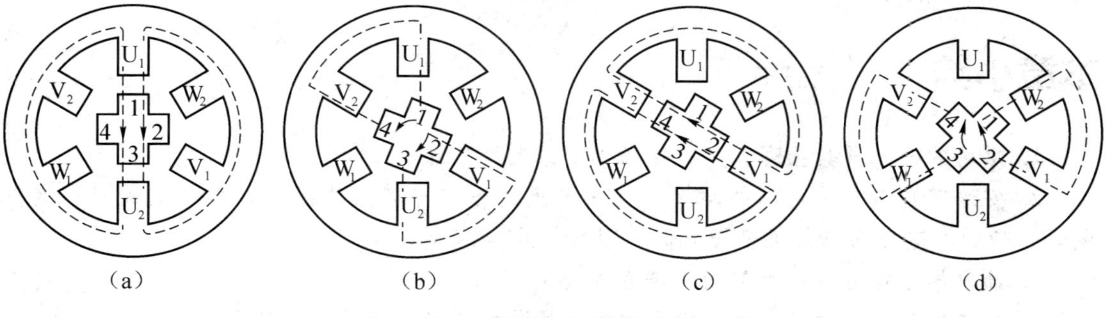

图 2 - 45　六拍通电方式时转子的位置

(a) U 相通电；(b) U、V 相通电；(c) V 相通电；(d) V、W 相通电

接着 U 相断电，V 相继续通电。这时，转子的齿 2、4 和定子的 V_1、V_2 极对齐，如图 2 - 45（c）所示，转子从图 2 - 45（b）中的位置又转过了 15°。然后接通 W 相，V 相继续通电，这时，转子又转过了 15°，其位置如图 2 - 45（d）所示。

由此可见，如果按 U→U、V→V→V、W→W→W、U→U→…的顺序通电，则转子便沿顺时针方向一步一步地转动，步距角为 15°。电流换接六次，磁场旋转一周，转子前进一个齿距角。如果按 U→U、W→W→W、V→V→V、U→U→…的顺序通电，则转子沿逆时针方向一步一步地转动。这种通电方式称为六拍工作方式。

3. 双三拍工作方式

如果每次都是两相通电，即按 U、V→V、W→W、U→U、V→…的顺序通电，则称为双三拍工作方式。由图 2－45（b）和图 2－45（d）可见，步距角也是 30°。

由上述可知，在采用单三拍和双三拍工作方式时，转子步进三步前进一个齿距角，每步进一步前进 1/3 的齿距角；在采用六拍工作方式时，转子步进六步前进一个齿距角，每步进一步前进 1/6 的齿距角。因此，步距角 θ 可用下式计算：

$$\theta = \frac{360°}{Z_r m} \qquad (2-34)$$

式中：Z_r——转子齿数；

m——运行拍数。

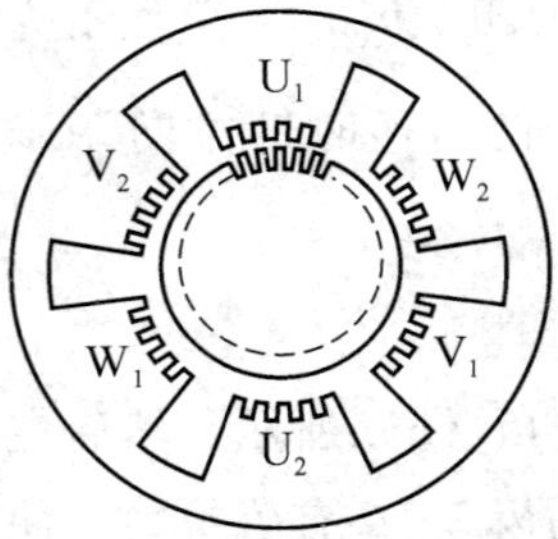

图 2－46　三相反应式步进电机的结构

实际上，一般步进电机的步距角不是 30°或 15°，最常见的是 3°或 1.5°。转子上也不是仅有四个齿（齿距角为 90°），而是有 40 个齿（齿距角为 $\frac{360°}{40}=9°$）。为使转子的齿和定子的齿对齐，两者的齿宽和齿距必须相等。因此，定子上除了有六个极以外，在每个极面上还有五个与转子齿一样的小齿。三相反应式步进电机的结构如图 2－46 所示。

步进电机的转速取决于脉冲信号的频率，并且与频率同步。此外，由于脉冲信号的功率很小，不能直接用来控制步进电机，所以必须先将脉冲信号按通电工作方式进行分配，再经过功率放大器放大到具有足够的功率之后，才能驱动步进电机工作。

本章小结

1. 磁场的概念及其物理意义；磁场方向的判定方法。
2. 安培定则与左手定则的运用。直线电流的方向与其磁感线方向之间的关系；通电螺线管的电流方向与其磁感线方向之间的关系。
3. 通电导线在磁场中受到的安培力的大小。
4. 磁感应强度、磁场强度、磁导率和磁通量的含义、表达式及其运用。
5. 磁性材料的选用。
6. 电磁感应定律；感应电动势的计算方法。
7. 感应电流和感应电动势方向的判定方法。
8. 磁路欧姆定律的运用。
9. 交流铁心线圈电路中的电磁关系与电压计算。

10. 汽车交流发电机的组成与发电原理。
11. 直流电动机电磁转矩的产生原理。
12. 直流电动机的机械特性和转速特性。
13. 并励电动机的反转与起动。
14. 步进电机的结构与步进转动原理。

自测题

一、选择题

1. 磁场强度的单位是（　　）。

A. A/m　　B. Wb　　C. T　　D. V·s

2. 磁感应强度的单位是（　　）。

A. A/m　　B. Wb　　C. T　　D. V·s

3. 在交流铁心线圈中，如果铁心的横截面积减小，其他条件不变，则磁通势（　　）。

A. 增大　　B. 减小　　C. 不变　　D. 为零

二、判断题

1. 交流电磁铁在吸合过程中气隙减小，则磁路磁阻减小。（　　）
2. 直流电磁铁在吸合过程中气隙减小，则线圈电感不变。（　　）
3. 在民用供电电路中，当接通的负载增多时，每个负载的电流和功率增大。（　　）

三、简答题

1. 法拉第电磁感应定律的含义是什么？感应电动势的数学表达式是什么？
2. 什么是电磁感应？什么是感应电动势？产生感应电流的条件是什么？

四、计算题

有一台 Z2 - 32 型他励电动机，其额定数据如下：$P_2 = 2.2$ kW，$U = U_f = 110$ V，$n = 1\ 500$ r/min，$\eta = 0.8$，并且已知 $R_a = 0.40\ \Omega$，$R_f = 82.7\ \Omega$，试求额定电枢电流、额定励磁电流、励磁功率、额定电磁转矩、额定电流时的反电动势各是多少？

第3章　模拟电路基础

导　言

本章主要介绍半导体二极管、稳压二极管、晶体三极管等半导体器件，基本放大电路的工作原理、静态分析和动态分析，集成运算放大器和直流稳压电源等。通过学习本章内容，学生能够掌握模拟电路的基础知识，为学习后续相关章节和专业知识奠定坚实的基础。

学习目标

1. 认知目标

（1）了解半导体的基本知识与 PN 结的单向导电性。

（2）理解半导体二极管、稳压二极管、晶体三极管的基本结构、工作原理、主要特性曲线和主要参数。

（3）掌握共发射极放大电路的组成和工作原理，以及静态工作点、输入电阻、输出电阻和放大倍数的计算方法。

（4）理解反馈的概念，了解负反馈的基本形式和负反馈对放大电路性能的影响。

（5）理解直流稳压电源的电路组成及工作原理。

（6）理解二极管整流电路的工作原理，掌握单相半波整流电路与单相桥式整流电路的工作原理及整流电压、电流平均值的计算，理解整流电路各点波形的分析方法。

（7）了解滤波电路的工作原理。

（8）了解集成稳压电源的工作原理。

2. 技能目标

（1）能够在涉及模拟电路的汽车电路图中分析电路的工作原理。

（2）能够通过对放大电路进行静态分析、动态分析，计算出放大电路的物理量。

（3）能够利用集成稳压电源构建符合要求的电路。

3. 情感目标

（1）培养学习电工知识的兴趣，重视本课程的学习，提高自主学习和收集资料的能力。

（2）尊重他人的感情和劳动成果，认可与他人协作作业的方法，养成善于倾听他人意见，特别是不同意见的习惯。

（3）树立从全局出发考虑问题的观念，增强在学习与实践过程中自我教育、自我发展的意识，满足在汽车运用与维修技术岗位任职和个人成长的需要。

3.1 半导体器件

常用的半导体器件有半导体二极管、三极管、场效应晶体管及集成电路等。半导体器件是构成各种电子电路最基本的元器件。学习电子技术，必须首先了解和掌握半导体器件的基本结构、工作原理、主要特性曲线和主要参数。

3.1.1 半导体的基本知识

半导体是导电能力介于导体和绝缘体之间的物质，如硅、锗、硒、砷化镓和大多数金属氧化物、硫化物等都是半导体材料。

1. 本征半导体

常用的半导体材料有硅和锗，硅元素和锗元素都是具有共价键结构的四价元素。把具有晶体结构的纯净半导体称为本征半导体。

在本征半导体中，价电子在获得一定的能量（温度升高或受到光照）后，即可挣脱原子核的束缚而成为自由电子。在价电子成为自由电子的同时，共价键中就留下一个空位，称为空穴。由于中性原子失去一个电子而带正电，因此，可以认为空穴是带正电的。自由电子和空穴总是成对出现的，称为电子空穴对。半导体中产生电子空穴对的过程叫作本征激发。

自由电子带负电，空穴带正电，它们统称载流子。在外电场的作用下，自由电子逆着电场方向运动而形成电子电流，空穴顺着电场方向运动而形成空穴电流。这两个电流的实际方向是相同的，所以通过半导体的电流是自由电子和空穴两种载流子的定向运动形成的。这是半导体导电与金属导体导电在机制上的本质区别。

环境条件的变化会影响半导体的导电能力，这主要体现在以下几方面：

（1）热敏性。环境温度对半导体的导电能力影响很大。当温度升高时，本征激发增强，产生的电子空穴对就增多，半导体的导电能力增强。根据半导体材料的热敏性，可将其制成热敏电阻和其他热敏器件。

（2）光敏性。在受到光照时，本征激发增强，载流子数量增加，半导体的导电能力也随之增强。利用半导体材料的光敏性，可将其制成光敏电阻、光敏二极管、光敏三极管等光敏器件。

（3）掺杂性。在半导体中掺入微量其他元素称为掺入杂质，简称掺杂。掺杂后半导体的导电能力将大大增强。

2. P 型半导体和 N 型半导体

（1）P 型半导体。在纯净的半导体中掺入微量的三价元素，如硼元素，硼原子取代硅（或锗）原子的位置，并与邻近硅（或锗）原子形成共价键，因缺少一个电子而形成一个空穴，如图 3－1 所示。

因此，对于掺入三价元素的半导体，空穴的总数远大于自由电子的总数，空穴成为多数载流子，自由电子成为少数载流子。这种半导体主要靠空穴导电，称为空穴型半导体，简称 P 型半导体。

（2）N 型半导体。在纯净的半导体中掺入微量的五价元素，如磷元素，在构成共价键结构中，由于存在多余的价电子而产生大量的自由电子，如图 3－2 所示。

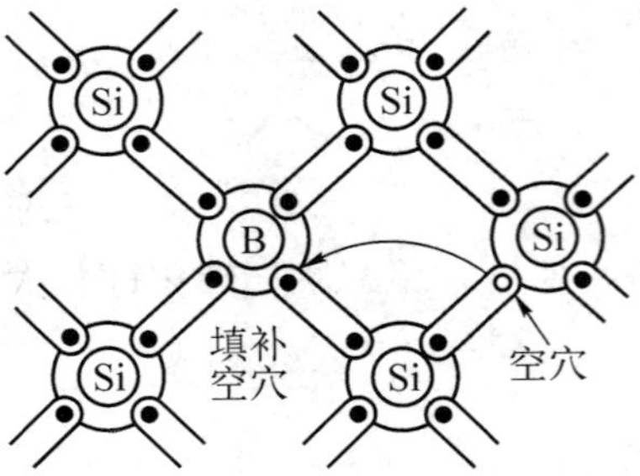

图 3－1　在硅晶体中掺入硼后出现空穴

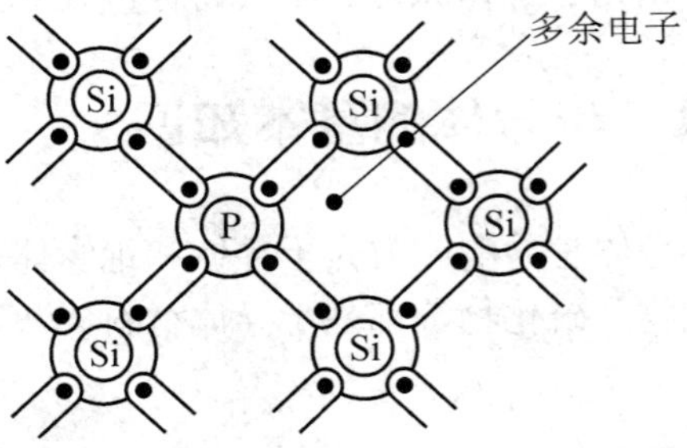

图 3－2　在硅晶体中掺入磷后出现自由电子

因此，对于掺入五价元素的半导体，自由电子的总数远大于空穴的总数，自由电子成为多数载流子，空穴成为少数载流子。这种半导体主要靠自由电子导电，称为电子型半导体，简称 N 型半导体。

在掺杂半导体中，虽然两种载流子的数目不等，但整个半导体中的正、负电荷数目仍相等，故半导体保持电中性。

3. PN 结及其单向导电性

（1）PN 结的形成。采用适当的工艺把 P 型半导体和 N 型半导体做在同一个基片上，这两种半导体之间便形成一个交界面。由于交界面两侧电子和空穴的浓度存在差异，所以 N 型半导体中的自由电子要向 P 型半导体中扩散，同样，P 型半导体中的空穴也要向 N 型半导体中扩散，如图 3－3（a）所示。多数载流子扩散到对方区域后被复合而消失，但在交界面两侧分别留下不能移动的正、负离子，呈现出一个空间电荷区，如图 3－3（b）所示。这个空间电荷区就称为 PN 结。由于 PN 结内的载流子因扩散和复合消耗殆尽，故又称为耗尽层。

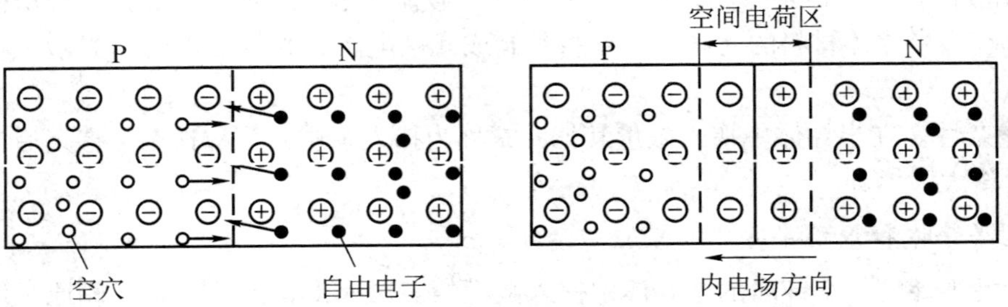

（a）　　（b）

图 3－3　PN 结的形成

（a）多数载流子的扩散；（b）空间电荷区

PN 结内在 N 区一侧是正电荷，在 P 区一侧是负电荷，由此产生一个方向由 N 区指向 P 区的内电场，如图 3－3（b）所示。内电场对多数载流子的扩散运动起阻碍作用，但对于少数载流子的漂移运动起推动作用。在无外电场作用的情况下，扩散运动和漂移运动达到动态平衡，PN 结的宽度保持一定，从而处于稳定状态。

（2）PN 结的单向导电性。在 PN 结两端加上不同极性的电压，PN 结便会呈现出不同的导电性能。在 PN 结两端外加电压的方式称为偏置方式，所加电压称为偏置电压。

① PN 结外加正向电压导通。当将 PN 结的 P 区接电源正极，N 区接电源负极，即 PN 结处于正向偏置时，外加电场方向与 PN 结内电场方向相反，削弱了内电场的作用，从而破坏了原来的平衡，使空间电荷区变窄，多数载流子的扩散运动大大超过少数载流子的漂移运动，形成较大的扩散电流。这时，PN 结所处的状态称为正向导通，如图 3－4 所示。在正向导通时，通过 PN 结的正向电流较大，即 PN 结呈现的正向电阻很小。

② PN 结外加反向电压截止。当将 PN 结的 P 区接电源负极，N 区接电源正极，即 PN 结处于反向偏置时，外加电场方向与 PN 结内电场方向一致，使空间电荷区变宽，多数载流子的扩散运动几乎难以进行，少数载流子的漂移运动则得到加强，从而形成反向漂移电流。由于少数载流子的浓度极小，故反向电流很弱。这时，PN 结所处的状态称为反向截止，如图 3－5 所示。在反向截止时，通过 PN 结的反向电流很小，PN 结呈现的反向电阻很大。

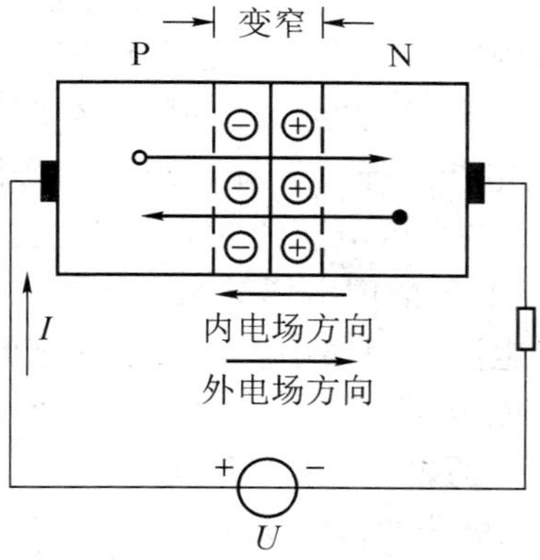

图 3－4　PN 结外加正向电压

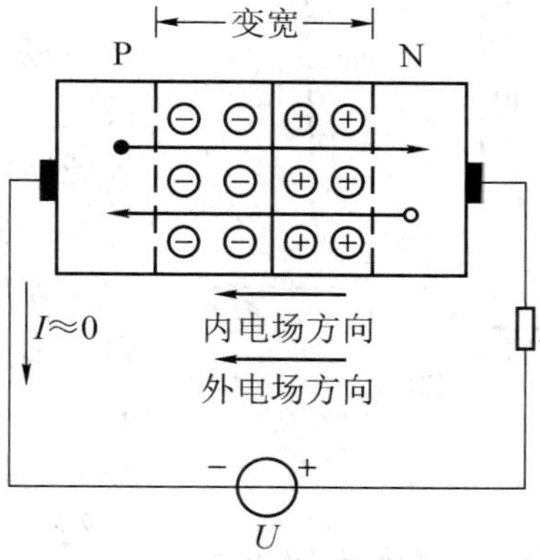

图 3－5　PN 结外加反向电压

单向导电性是 PN 结的重要特性，也是半导体二极管、三极管等半导体器件导电特性的基础。

3.1.2　半导体二极管

1. 基本结构

在 PN 结两端各接上一条电极引线，再将 PN 结封装在管壳里就构成了半导体二极管，也称为晶体二极管，简称二极管。P 区一侧引出的电极称为阳极，N 区一侧引出的电极称为阴极。图 3－6 所示为常用半导体二极管的结构和电路符号。

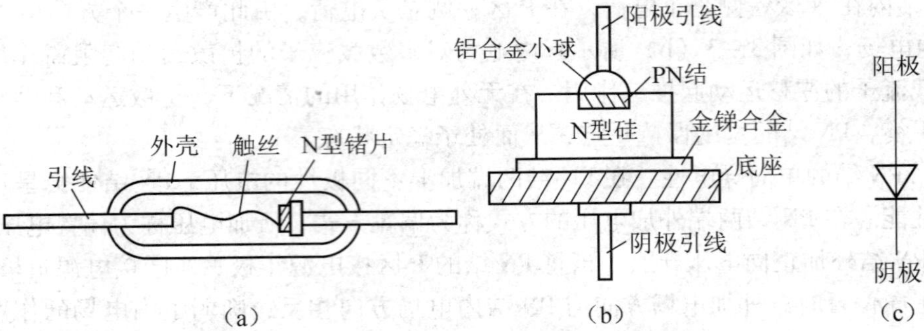

图 3-6　常用半导体二极管的结构和电路符号

(a) 点接触型；(b) 面接触型；(c) 电路符号

按材料的不同，可将二极管分为硅管和锗管；按用途不同，又可将二极管分为普通管、整流管、稳压管和开关管等。

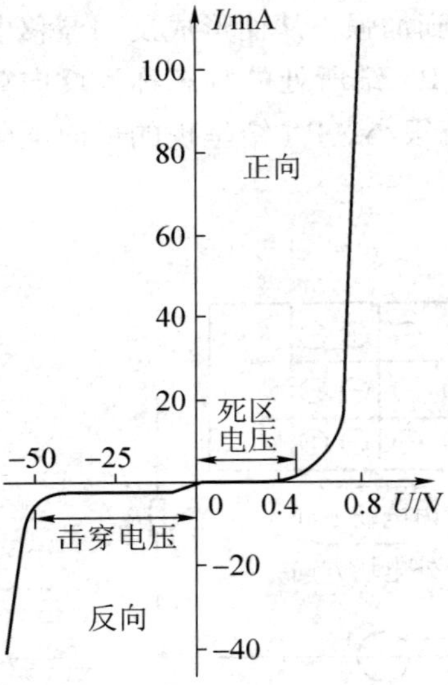

图 3-7　二极管的伏安特性曲线

2. 伏安特性

图 3-7 所示为二极管的伏安特性曲线，即二极管两端的电压和流过二极管的电流之间的关系曲线。由图 3-7 可见，它有正向特性和反向特性两部分。

（1）正向特性。当二极管承受的正向电压很低时，外电场不足以克服内电场对多数载流子扩散运动的阻力，故正向电流 I_F 很小，几乎为零。这一段所对应的电压称为死区电压或阈值电压。通常，硅二极管的死区电压约为 0.5 V，锗二极管的死区电压约为 0.2 V。当正向电压大于死区电压时，PN 结的内电场被大大削弱，正向电流迅速增大，而正向电阻变得很小。在二极管充分导通后，其特性曲线很陡，二极管两端的电压几乎恒定，该电压称为二极管的正向导通电压 U_F。硅二极管的正向导通电压约为 0.7 V，锗二极管的正向导通电压约为 0.3 V。

（2）反向特性。当二极管两端加反向电压时，外电场方向和内电场方向一致，只有少数载流子的漂移运动，形成很小的反向电流。由于少数载流子数目很少，在相当大的反向电压范围内，反向电流几乎恒定，故称为反向饱和电流 I_R。在正常情况下，硅二极管的反向饱和电流在几微安以下，锗二极管的反向饱和电流较大，一般为几十至几百微安。

当反向电压增大到一定值时，反向电流急剧增大，这一现象称为反向击穿，所对应的电压称为反向击穿电压。在二极管发生反向击穿时，反向电流突然增大，如不加以限制，将会造成二极管的永久性损坏，使其失去单向导电性。因此，在二极管工作时，所加反向电压值应小于其反向击穿电压值。

在实际工作中，为使问题简化，在电源电压远远大于二极管导通时的正向压降时，可将二极管看成理想元件，即当加正向电压时，二极管导通，其上的正向压降和正向电阻等于零，二极管相当于短路；当加反向电压时，二极管截止，反向电流等于零，反向电阻等于无穷大，二极管相当于开路。

3. 主要参数

二极管的参数是正确选择和使用二极管的依据。二极管的参数很多，主要有如下几个：

（1）最大正向平均电流 I_{FM}。最大正向平均电流又称为最大整流电流，是指在二极管长期工作时允许通过的最大正向电流的平均值。在实际工作中，二极管中通过的电流不允许超过该数值，否则二极管将因 PN 结过热而被损坏。

（2）最高反向工作电压 U_{DRM}。最高反向工作电压是指二极管不被击穿时所允许施加的最大反向电压。一般规定其为反向击穿电压的 1/2 ~ 2/3。

（3）最大反向电流 I_{RM}。最大反向电流是指在室温下，二极管承受最高反向工作电压时的反向电流。其值越小，二极管的单向导电性越好。当温度升高时，反向电流会显著增加。

二极管的应用范围很广，利用它的单向导电性，可组成整流电路、检波电路、限幅电路、钳位电路等。在脉冲与数字电路中，常将其用作开关元件。

【例 3－1】 已知电路如图 3－8 所示，D_A 和 D_B 为硅二极管，若 $U_A = 3$ V，$U_B = 0$ V，求输出端 F 的电压 U_F。

解： 当两个二极管的阳极连在一起时，阴极电位低的二极管优先导通。在图 3－8 中，D_A 和 D_B 的阳极通过电阻 R 接在 +12 V 的电源上，输入端电压 $U_A > U_B$，所以 D_B 优先导通。由于硅管的正向压降约为 0.7 V，所以 $U_F = U_B + 0.7 = 0.7$（V）。

在例 3－1 中，D_B 导通后，使得 D_A 承受反向电压而截止。这里，D_B 起钳位作用，把输出端的电位钳制在 0.7 V；D_A 起隔离作用，隔断了 U_A 对 U_F 的影响。

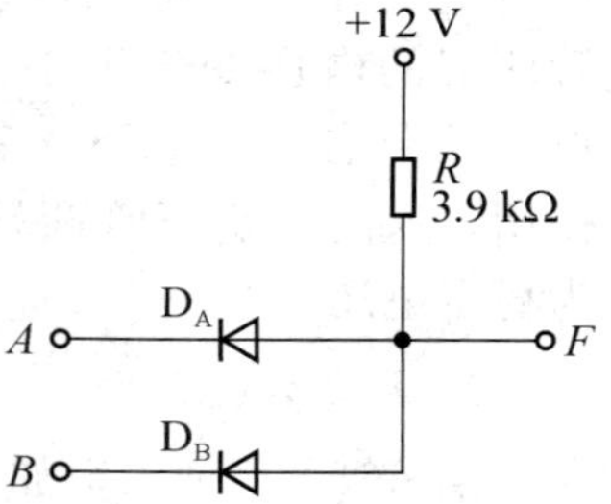

图 3－8　例 3－1 的电路

【例 3－2】 已知电路如图 3－9（a）所示，电源电压 $U_S = 5$ V，输入信号 $u_i = 10\sin\omega t$ V，试画出输出电压 u_o 的波形。

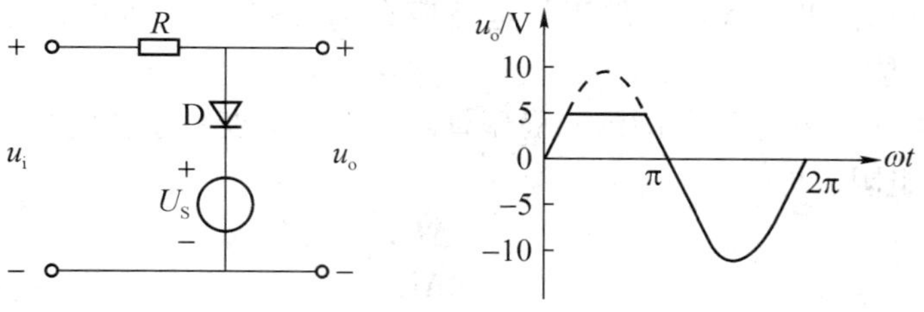

（a）　　（b）

图 3－9　例 3－2 的电路和输出电压 u_o 的波形

（a）电路；（b）输出电压 u_o 的波形

解： 分析时应把握以下两点：其一，二极管可被视为理想元件，正向电阻为零，正向导通时的正向压降可忽略不计；反向电阻为无穷大，反向截止时相当于开路，反向电流可忽略不计。其二，确定二极管导通、截止的时刻。

在本例中，直流电源 U_S对二极管施加反向电压，只有当 $u_i > U_S$时，二极管导通，相当于短路，输出电压 $u_o = U_S = 5$ V；而当 $u_i < U_S$时，二极管截止，相当于开路，输出电压 $u_o = u_i$，即输出电压的波形与输入电压的波形相同。因此，输出电压 u_o的波形如图 3－9（b）所示。

3.1.3 稳压二极管

1. 伏安特性

稳压二极管是一种特殊的面接触型半导体硅二极管，简称稳压管，其伏安特性曲线和电路符号如图 3－10 所示。

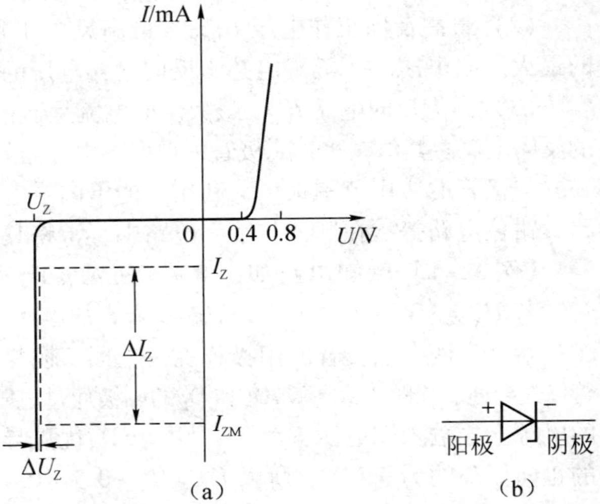

图 3－10 稳压管的伏安特性曲线和电路符号

（a）伏安特性曲线；（b）电路符号

稳压管的伏安特性与普通二极管相似，但在反向击穿区的伏安特性曲线十分陡峭。在反向击穿状态下，当反向电流在很大范围内变化时，稳压管两端的电压变化很小，让稳压管工作在反向击穿状态下，就能起到稳压作用。这时，稳压管两端的电压 U_Z称为稳定电压。

2. 主要参数

稳压管的主要参数如下：

（1）稳定电压 U_Z。稳定电压是指稳压管反向击穿后的稳定工作电压。

（2）最小稳定工作电流 I_{Zmin}和最大稳定工作电流 I_{Zmax}。与稳压管稳压范围所对应的电流为 $I_{Zmin} \sim I_{Zmax}$，如果工作电流小于 I_{Zmin}，则电压不能稳定；若工作电流大于 I_{Zmax}，则稳压管将因过热而损坏。因此，稳压管的工作电流应在 $I_{Zmin} \sim I_{Zmax}$范围内，这样才能保证稳压管有较好的稳压性能。

（3）动态电阻 r_Z。在稳压范围内，稳压管两端电压的变化量 ΔU_Z与对应的电流变化量 ΔI_Z之比称为动态电阻，即

$$r_Z = \frac{\Delta U_Z}{\Delta I_Z} \tag{3-1}$$

稳压管的动态电阻越小，其稳压性能越好。

（4）电压温度系数 α_U。环境温度每变化 1 ℃，稳定电压 U_Z的相对变化量称为电压温度系数，即

$$\alpha_U = \frac{\Delta U_Z}{U_Z \Delta T} \tag{3-2}$$

电压温度系数越小，稳压管的温度稳定性越好。通常，对于稳定电压低于 6 V 的稳压管，α_U是负值；对于稳定电压高于 6 V 的稳压管，α_U是正值；对于稳定电压为 6 V 左右的稳压管，α_U接近零。

3.1.4　晶体三极管

晶体三极管也称为半导体三极管，通常简称三极管或晶体管。

1. 基本结构

三极管是放大电路的核心元件。常见三极管的外形如图 3 - 11 所示。

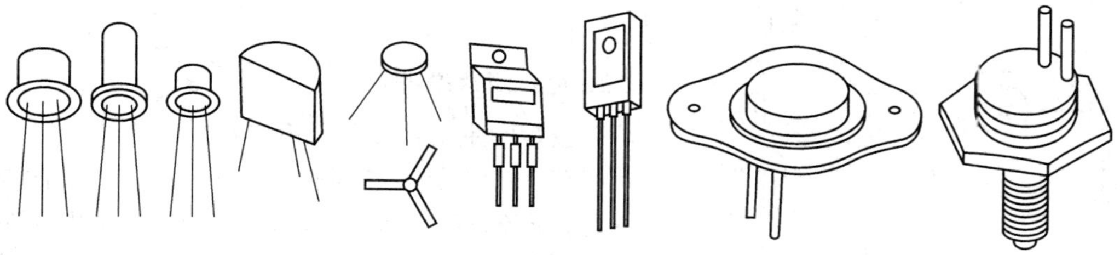

图 3 - 11　常见三极管的外形

三极管的基本结构是由两个 PN 结构成的。按 PN 结组合方式的不同，可将三极管分为 NPN 型和 PNP 型两种，其结构及电路符号分别如图 3 - 12 和图 3 - 13 所示。

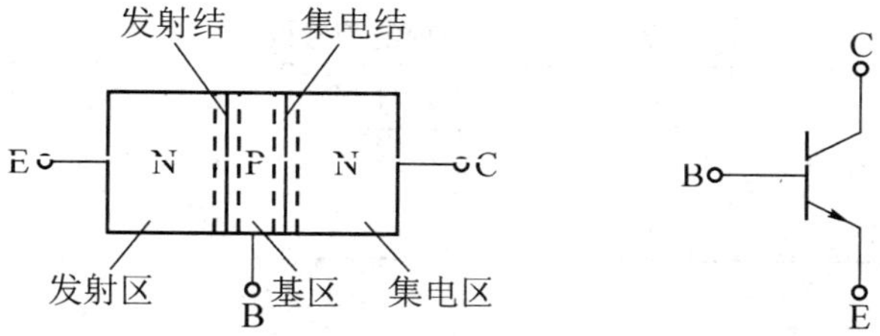

（a）　　（b）

图 3 - 12　NPN 型三极管的结构及电路符号

（a）结构；（b）电路符号

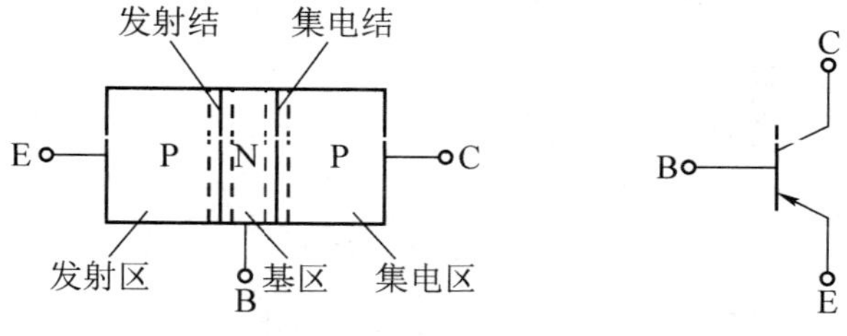

（a）　　（b）

图 3 - 13　PNP 型三极管的结构及电路符号

（a）结构；（b）电路符号

三极管有三个导电区，即发射区、集电区和基区。发射区的掺杂浓度较高，其作用是发射载流子；集电区的掺杂浓度低于发射区，其作用是收集载流子；基区的掺杂浓度很低，且比发射区、集电区薄得多，起控制载流子的作用。发射区与基区之间形成的 PN 结称为发射结，集电区与基区之间形成的 PN 结称为集电结。从相应的三个区引出的电极分别称为发射极 E、集电极 C 和基极 B。

根据半导体材料的不同，三极管有硅管和锗管之分。目前我国生产的硅管大多为 NPN 型三极管，锗管大多为 PNP 型三极管。由于硅三极管的温度特性较好，应用也较多，因此，下面以 NPN 型三极管为例进行原理分析。

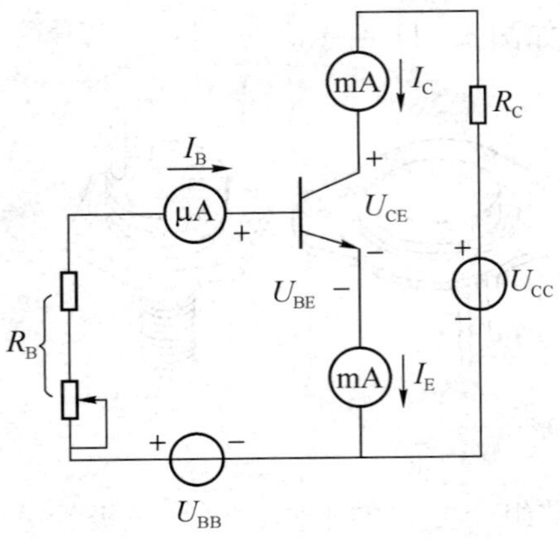

图 3－14　三极管电流放大实验电路

对于 PNP 型三极管，其工作原理与 NPN 型三极管相似，它们的不同之处仅在于，使用时，工作电源的极性相反。

2. 电流放大作用

三极管的主要特点是具有电流放大作用。

在图 3－14 所示的实验电路中，电源 U_{BB}使发射结承受正向偏置电压；电源 $U_{CC} > U_{BB}$，使集电结承受反向偏置电压。当改变基极电阻 R_B时，不仅基极电流 I_B发生变化，集电极电流 I_C和发射极电流 I_E也随之有较大的变化。实验测得的数据如表 3－1 所示。

表 3－1　三极管电流分配表

I_B/mA	0	0.02	0.04	0.06	0.08	0.10
I_C/mA	<0.001	1.18	2.35	3.54	4.72	5.90
I_E/mA	<0.001	1.20	2.39	3.60	4.80	6.00

由表 3－1 中的数据可知，I_B、I_C、I_E有如下关系：

（1）三个极的电流始终符合基尔霍夫电流定律，即

$$I_E = I_C + I_B \tag{3-3}$$

并且 I_B与 I_E、I_C相比小得多，因而 $I_E \approx I_C$。

（2）当 I_B增大时，I_C按比例相应增大。这从表 3－1 中第三列和第四列的数据可以得到证明：

$$\frac{I_{C3}}{I_{B3}} = \frac{2.35}{0.04} = 58.75$$

$$\frac{I_{C4}}{I_{B4}} = \frac{3.54}{0.06} = 59$$

（3）基极电流较小的变化量 ΔI_B可以引起集电极电流较大的变化量 ΔI_C，两者的变化量在一定范围内保持比例关系，即

$$\beta = \frac{\Delta I_C}{\Delta I_B} \tag{3-4}$$

β 称为三极管的电流放大系数，反映了 I_B 对 I_C 的控制能力。把这种控制能力称为三极管的电流放大作用。

三极管中各极电流的分配和它的电流放大作用是由内部载流子的运动规律决定的。由图 3－15 可知，电源 U_{BB} 使发射结正向偏置，发射区内的多数载流子不断越过发射结注入基区，从而形成电子电流，外电路中就是发射极电流 I_E。由于基区很薄，空穴的浓度又很低，所以注入基区的电子大部分扩散到集电结附近，只有少数电子与基区的空穴复合。电源 U_{BB} 从基区抽走电子来补充空穴，从而形成了基极电流 I_B。电源 U_{CC} 使集电结反向偏置，保证了结电场对注入基区的电子的加速作用，使电子越过集电结，被集电极收集而形成集电极电流 I_C。

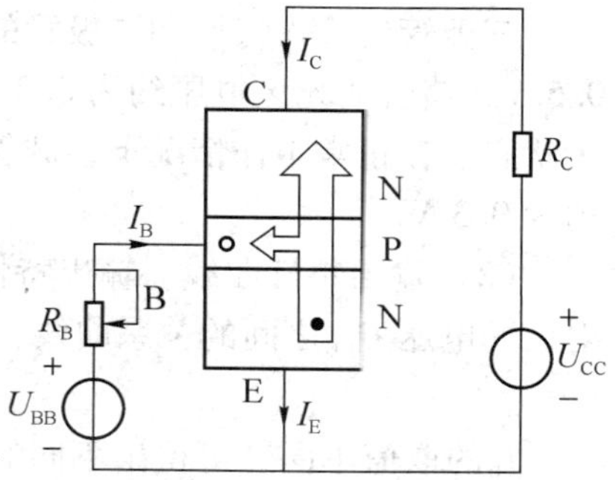

图 3－15　三极管内部载流子的运动规律

综上所述，三极管起电流放大作用所必须具备的外部条件是，发射结正向偏置，集电结反向偏置。而电流的分配关系由三极管的内部结构决定。

3. 特性曲线

三极管的特性曲线反映了三极管各极电压与电流之间的关系，是分析三极管有关电路的重要依据。最常用的是采用共发射极接法时的输入特性曲线和输出特性曲线。特性曲线可用晶体管特性图示仪直观地显示出来，也可用实验电路进行测绘。

（1）输入特性曲线。输入特性曲线是当集、射极间电压 U_{CE} 保持不变时，基极电流与基、射极间电压之间的关系曲线，即

$$I_B = f(U_{BE})\big|_{U_{CE}=\text{常数}}$$

如图 3－16 所示。

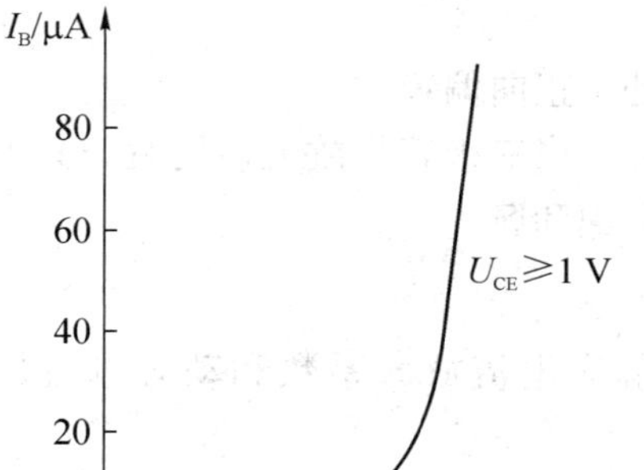

图 3－16　三极管的输入特性曲线

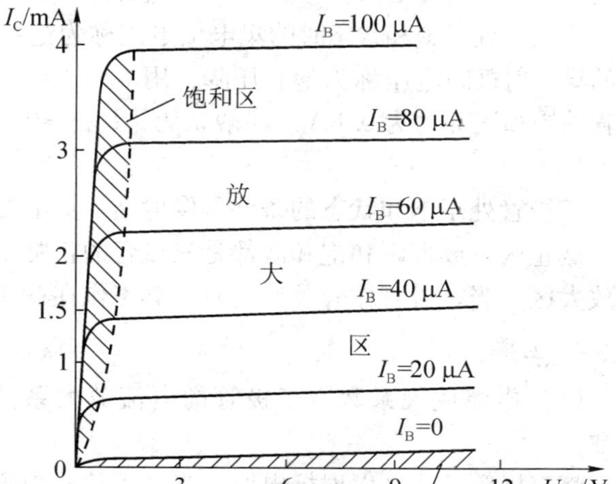

图 3－17　三极管的输出特性曲线

当 $U_{CE}\geqslant1$ V 时，三极管处于放大状态，基极电流的变化主要受到 U_{BE}的控制，而 U_{CE}对 I_B的影响很小，所以 $U_{CE}\geqslant1$ V 的输入特性曲线基本上是重合的。

三极管的输入特性和二极管的伏安特性相似，也有一段死区，如硅管的死区电压约为 0.5 V，锗管的死区电压约为 0.2 V。当发射结外加电压大于死区电压时，三极管才进入放大状态。在正常工作情况下，硅管发射结的正向压降约为 0.7 V，锗管发射结的正向压降约为 0.3 V。

（2）输出特性曲线。输出特性曲线是指当基极电流 I_B为常数时，集电极电流 I_C与集、射极间电压 U_{CE}之间的关系曲线，即

$$I_C = f(U_{CE})\mid_{I_B=\text{常数}}$$

I_B的取值不同，可得出不同的特性曲线，所以三极管的输出特性曲线是一组曲线，如图 3－17 所示。对应于三极管的三种工作状态，可将其输出特性曲线分为三个区，即截止区、放大区和饱和区。

① 截止区。$I_B=0$ 对应的曲线下面的区域为截止区。在此区域内，$I_C=I_{CEO}\approx0$（I_{CEO}为穿透电流），集电极与发射极之间呈现出高阻状态，三极管相当于一个断开的开关。为了使三极管可靠截止，通常给发射结加上反向偏置电压，所以三极管处于截止状态的工作条件是发射结、集电结均处于反向偏置。

② 放大区。输出特性曲线近于水平且间距较均匀的部分称为放大区。在放大区内，I_C的变化仅取决于 I_B的变化，而与 U_{CE}的变化几乎无关，呈现出恒流特性，即 $I_C=\beta I_B$。当三极管处于放大状态时，发射结处于正向偏置，集电结处于反向偏置。

③ 饱和区。输出特性曲线上升段拐点连接线右侧画斜线的区域称为饱和区。这一区域包括了各个 I_B值下输出特性曲线的起始部分。由图 3－14 中的实验电路可知，三极管集、射极间电压 $U_{CE}=U_{CC}-I_CR_C$，或 $I_C=\dfrac{U_{CC}-U_{CE}}{R_C}$。当 U_{CE}很小时，$I_C\approx\dfrac{U_{CC}}{R_C}$，此后即使 I_B再增大，I_C也不再增大，即 I_C不再受 I_B的控制，三极管进入饱和状态。

三极管处于饱和状态时的集电极电流称为饱和电流，用 I_{CS}表示；三极管处于饱和状态时的集、射极间电压称为饱和压降，用 U_{CES}表示。U_{CES}很小，硅管的饱和压降约为 0.3 V，锗管的饱和压降约为 0.1 V。一般认为，$U_{CES}\approx0$，集电极和发射极之间相当于一个闭合的开关。

三极管处于饱和状态的条件是发射结、集电结均处于正向偏置。

截止区、放大区和饱和区都是三极管的正常工作区。当三极管作放大使用时，其工作在放大区；当三极管作开关使用时，其工作在截止区和饱和区。

4. 主要参数

（1）电流放大系数。三极管的电流放大系数有静态电流放大系数和动态电流放大系数。

将三极管接成共发射极电路，当输入信号为零时，集电极电流 I_C与基极电流 I_B的比值称为静态电流放大系数，即

$$\bar{\beta} = \frac{I_C}{I_B} \tag{3-5}$$

当输入信号不为零时，在保持 U_{CE}不变的情况下，集电极电流的变化量 ΔI_C与基极电流的变化量 ΔI_B的比值称为动态电流放大系数，即

$$\beta = \left.\frac{\Delta I_C}{\Delta I_B}\right|_{U_{CE}=常数} \tag{3-6}$$

$\bar{\beta}$ 与β具有不同的含义，但在输出特性曲线的线性区，两者的数值较为接近，一般不做严格区分。对于常用的小功率三极管，其β值为 30～200，大功率管的β值较小。当β值太小时，三极管的放大能力差；当β值太大时，三极管的热稳定性能差。β值通常以 100 左右为宜。

（2）穿透电流 I_{CEO}。在基极开路，集电结处于反向偏置，发射结处于正向偏置的条件下，集电极与发射极之间的反向电流称为穿透电流。I_{CEO}受温度影响很大，当温度上升时，I_{CEO}增加得很快。在选用三极管时，I_{CEO}应尽可能小些。

（3）集电极最大允许电流 I_{CM}。当集电极电流 I_C超过一定值时，三极管的β值下降。当β值下降到正常值的 2/3 时所对应的集电极电流称为集电极最大允许电流。

（4）集电极最大允许耗散功率 P_{CM}。集电极电流在通过集电结时产生的功率损耗使集电结的温度升高，当集电结的温度超过一定数值后，将导致三极管性能变差，甚至被烧毁。为使三极管集电结的温度不超过允许值，规定了集电极最大允许耗散功率。P_{CM}与 I_C和 U_{CE}之间的关系为

$$P_{CM} = I_C \cdot U_{CE} \tag{3-7}$$

根据式（3－7），可在输出特性曲线上作出一条 P_{CM}曲线，如图 3－18 所示。曲线右侧的区域为过损耗区，曲线左侧的区域为安全工作区。

（5）反向击穿电压 $U_{(BR)CEO}$。当基极开路时，集电极与发射极之间的最大允许电压称为反向击穿电压。当其实际值超过此值时将会导致三极管的击穿，从而使其被损坏。

此外，三极管还有其他参数，使用时，可根据需要查阅有关器件手册。

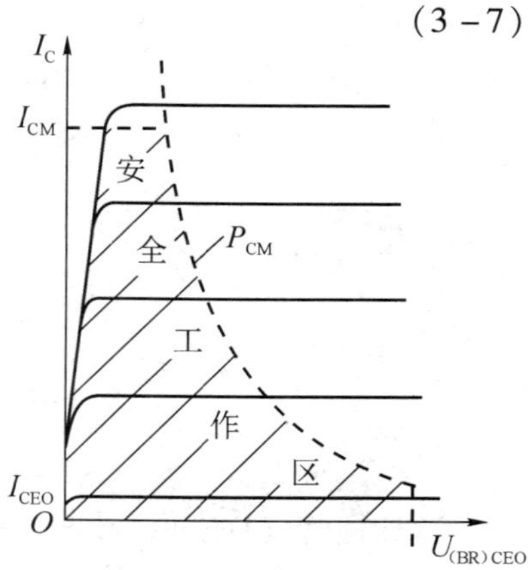

图 3－18　P_{CM}曲线

5. 复合三极管

复合三极管是指把两个三极管的管脚适当地连起来，使之等效为一个三极管，简称复合管。复合管可分为 NPN 型和 PNP 型两种，其内部结构和电路符号分别如图 3－19 和图 3－20 所示。

从图 3－19 和图 3－20 可以看出，复合管的导电类型取决于前一个三极管 T_1的导电类型。另外，复合管的电流放大系数β近似地等于两个三极管的电流放大系数的乘积，即

$$i_{c1} = \beta_1 i_{b1}$$
$$i_{c2} = \beta_2 i_{b2}$$
$$\beta = \frac{i_c}{i_b} \approx \frac{i_{c2}}{i_{b1}} = \frac{\beta_2 i_{b2}}{i_{b1}} = \frac{\beta_2 i_{e1}}{i_{b1}} \approx \frac{\beta_2 i_{c1}}{i_{b1}} = \frac{\beta_1\beta_2 i_{b1}}{i_{b1}} = \beta_1\beta_2$$

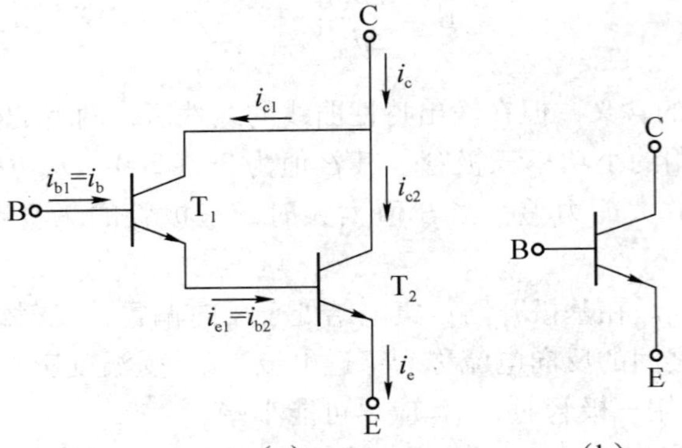

图 3－19　NPN 型复合管的内部结构和电路符号

(a) 内部结构；(b) 电路符号

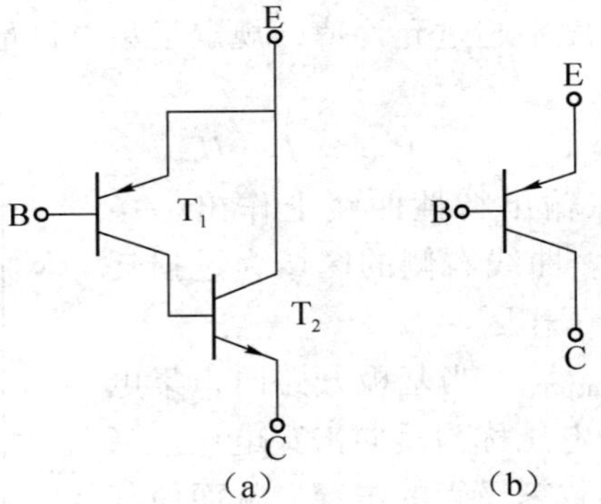

图 3－20　PNP 型复合管的内部结构和电路符号

(a) 内部结构；(b) 电路符号

达林顿管（Darlington transistor）是一种复合管，具有很高的电流放大系数，其值可达几千，甚至几十万。利用它不仅能构成高增益放大器，还能提高驱动能力，获得大电流输出，构成达林顿功率开关管。在光电耦合器中，也有的用达林顿管作为接收管。

达林顿管大致分为以下两类：一类是普通型，内部无保护电路，中小功率（2 W 以下）的达林顿管大多属于此类；另一类带保护电路，大功率的达林顿管均属于此类。

3.2 基本放大电路

基本放大电路是模拟电路部分最基本的内容，任何一个放大系统都是由基本的单元电路组成的。

3.2.1 放大电路的组成和工作原理

1. 放大电路的组成

三极管放大电路分为共基极放大电路、共集电极放大电路、共发射极放大电路三种组态，下面以共发射极放大电路为例进行介绍。

由三极管构成的共发射极放大电路如图 3-21 所示。输入信号由基极和发射极之间输入，输出信号由集电极和发射极之间输出，发射极是电路的公共端，故称为共发射极放大电路。

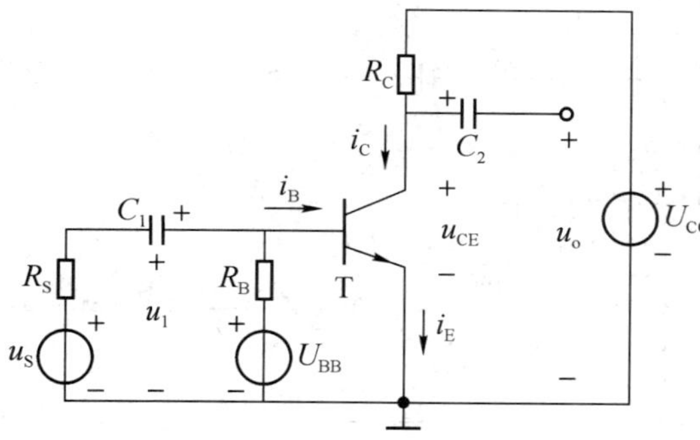

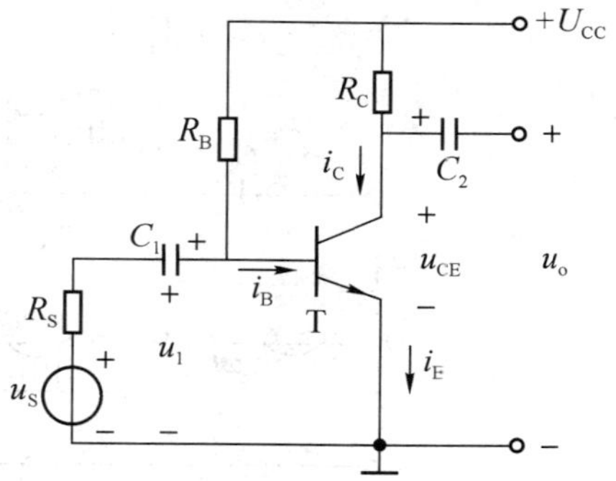

图 3-21 共发射极放大电路

(a) 双电源电路；(b) 单电源电路

电路中各个元件的作用如下：

(1) 三极管 T。T 是电流放大元件，是放大电路的核心。

(2) 集电极电源 U_{CC}。U_{CC}为集电结提供反向偏置电压，保证三极管工作在放大状态。同时，U_{CC}也是放大电路的能量来源，以便放大电路将直流电能转化为输出信号的交流电能。U_{CC}一般为几伏到十几伏。

(3) 集电极负载电阻 R_C。R_C的主要作用是将集电极电流的变化转换为电压的变化并输出，实现放大电路的电压放大作用。如果不接 R_C，则三极管集电极的电位恒等于直流电源的电压 U_{CC}，因此，输出端就不会有变化的电压信号输出。

(4) 电源 U_{BB}和偏置电阻 R_B。它们的作用是使发射结处于正向偏置，并提供大小适当的基极电流 I_B，使三极管有一个合适的工作点。R_B一般为几十千欧到几百千欧。

（5）耦合电容 C_1 和 C_2。它们的作用在于传输交流信号而隔断直流信号。当 C_1 和 C_2 的电容量足够大时，它们对交流信号呈现的容抗很小，电容上的交流压降可以忽略不计，对交流信号可视为短路。C_1 和 C_2 一般为几微法到几十微法，通常采用极性电容。C_1 和 C_2 的另一个作用是隔断放大电路与信号源和负载之间的直流通路，避免信号源和负载受到直流电源的影响。

在图 3－21（a）中，采用两个电源供电，既不经济，又不方便。在实际电路中，用电源 U_{CC} 代替 U_{BB}，只要 R_B 选取合适的数值，仍可保证三极管有合适的静态工作点（见 3.2.2 小节）。另外，电路中的电源 U_{CC} 可以用电位的形式表示，如图 3－21（b）所示。在此电路中，R_B 一经确定，电流 I_B 的值就是一个固定值，所以将这种电路称为固定偏置电路。

2. 放大电路的工作原理

下面用图 3－22 中的电路来说明放大电路的工作原理。

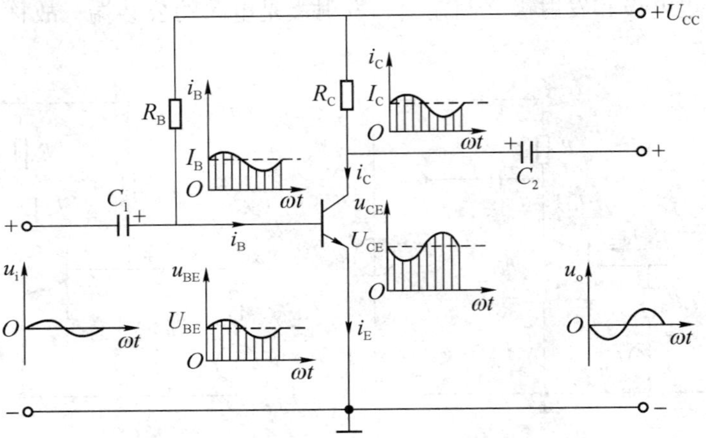

图 3－22　放大电路的工作原理

当输入信号 $u_i = 0$ 时，放大电路的工作状态称为静态。在直流电源电压的作用下，形成静态基极电流 I_B、集电极电流 I_C、发射极电流 I_E，以及基、射极间电压 U_{BE} 和集、射极间电压 U_{CE}。其波形如图 3－22 中各波形的虚线所示。

当输入端加上输入信号 u_i 时，放大电路的工作状态称为动态。u_i 通过 C_1 加到三极管的基极，使基、射极间电压在静态值 U_{BE} 的基础上按 u_i 的规律变化。这时，基、射极间电压 u_{BE} 包含两个分量：一个是直流分量 U_{BE}；另一个是交流分量 u_{be}。若忽略耦合电容上的电压损失，则 $u_{be} = u_i$。此时，$u_{BE} = U_{BE} + u_{be}$。u_{BE} 的变化引起基极电流 i_B 的相应变化，i_C 亦随 i_B 变化。i_C 的变化量在集电极负载电阻 R_C 上产生压降，集、射极间电压 $u_{CE} = U_{CC} - R_C i_C$。当 i_C 增加时，u_{CE} 减小，u_{CE} 的变化与 i_C 的变化相反。需要指出的是，i_B、i_C、u_{CE} 都是由直流分量和交流分量叠加而成的。当 u_{CE} 的直流分量被 C_2 隔离，交流分量通过 C_2 输出时，在放大电路的输出端便产生了交流输出电压 u_o。若忽略 C_2 上的交流电压降，则 $u_o = u_{ce} = -R_C i_c$，即 u_o 与 u_i 在相位上相差 180°。只要 R_C 足够大，u_o 的幅值就比 u_i 的幅值大得多，从而实现了电压放大。各电流、电压的波形如图 3－22 所示。

3.2.2 放大电路的静态分析

静态分析就是确定电路中三极管各电极的直流电压和直流电流，这些数值在三极管的输入特性曲线和输出特性曲线上所对应的工作点称为静态工作点。因此，静态分析就是确定放大电路的静态工作点。静态分析的主要方法有估算法和图解法。

1. 估算法

估算法是利用放大电路的直流通路计算各静态值。在图3-21（b）中，由于电容 C_1、C_2 具有隔直流的作用，所以该放大电路的直流通路如图3-23所示。根据直流通路，可求出如下各静态值：

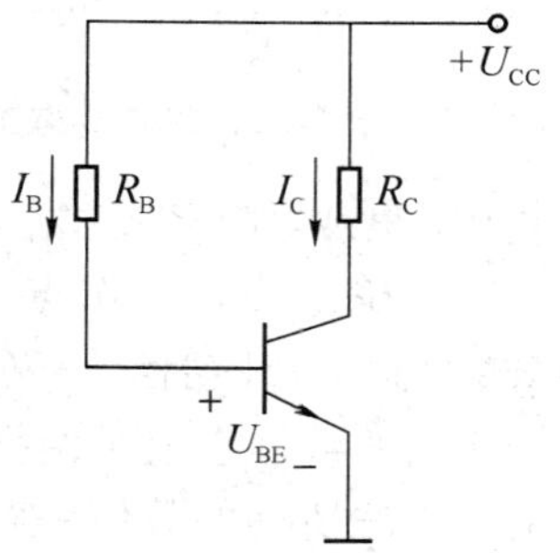

图3-23 放大电路的直流通路

基极电流为

$$I_B = \frac{U_{CC} - U_{BE}}{R_B} \qquad (3-8)$$

式中：U_{BE}——三极管的基、射极间电压，如硅管的基、射极间电压约为0.7 V。

当 $U_{CC} \gg U_{BE}$ 时，式（3-8）可近似为

$$I_B \approx \frac{U_{CC}}{R_B} \qquad (3-9)$$

集电极电流为

$$I_C = \beta I_B \qquad (3-10)$$

集、射极间电压为

$$U_{CE} = U_{CC} - R_C I_C \qquad (3-11)$$

可见，放大电路的静态工作点既与三极管的特性有关，又与放大电路的结构有关。当电源电压 U_{CC} 和集电极负载电阻 R_C 选定后，静态工作点便由 I_B 决定。通常用调节偏置电阻 R_B 的办法来调节各静态值，使放大电路获得一个合适的静态工作点。

【例3-3】 用估算法求图3-21（b）中电路的静态工作点，已知电路中 $U_{CC}=12$ V，$R_C=3$ kΩ，$R_B=300$ kΩ，$\beta=50$。

解： 由式（3-8）~式（3-11），可求得各静态值如下：

$$I_B \approx \frac{U_{CC}}{R_B} = \frac{12}{300\times10^3}(\mathrm{A}) = 40(\mu\mathrm{A})$$

$$I_C = \beta I_B = 50\times40\times10^{-6}(\mathrm{A}) = 2(\mathrm{mA})$$

$$U_{CE} = U_{CC} - R_C I_C = 12 - 3\times10^3\times2\times10^{-3} = 6(\mathrm{V})$$

2. 图解法

图解法就是在三极管的输出特性曲线上，通过作图的方法求解静态工作点。在图3-21（b）所示的电路中，三极管的输出特性曲线如图3-24所示，其他参数与例3-3相同。

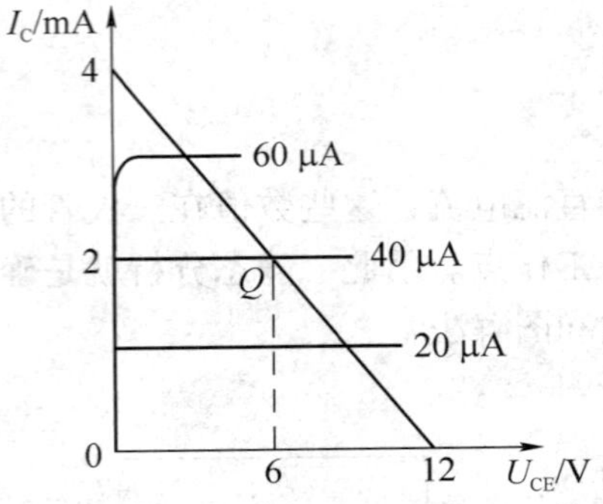

图 3-24　用图解法确定静态工作点

图解法的步骤如下：

(1) 用估算法求出基极电流 I_B，$I_B=40\ \mu A$。

(2) 在输出特性曲线上找到 I_B 对应的曲线。

(3) 作出直流负载线。由式 (3-11) 可得

$$I_C=\frac{U_{CC}-U_{CE}}{R_C}$$

它是过 $(0,\ U_{CC}/R_C)$ 和 $(U_{CC},\ 0)$ 两点的直线方程。由电路参数可知 $U_{CC}=12\ V$，$U_{CC}/R_C=4\ mA$。过两点作直线，如图 3-24 所示。由于该直线的斜率为 $-\frac{1}{R_C}$，它只与集电极负载电阻 R_C 有关，故称为直流负载线。

(4) 确定静态工作点 Q。由上述分析可以看出，三极管的 I_C 和 U_{CE} 既要满足 $I_B=40\ \mu A$ 的输出特性曲线，又要满足直流负载线，因此，三极管必然工作在它们的交点 Q 处。Q 点的各静态值可由坐标查出，由图 3-24 可知 $I_C=2\ mA$，$U_{CE}=6\ V$，与例 3-3 中用估算法所得的数值一致。

3.2.3　放大电路的动态分析

动态分析就是分析在输入信号不为零时，电路中各种变量的变动情况及其相互关系。常用的分析方法是微变等效电路法。

当放大电路的静态工作点选择合适，输入信号的幅值较小时，三极管静态工作点附近的特性曲线非常接近线性。因此，可以把非线性器件三极管用线性的微变等效电路替代，从而把三极管的放大电路当作线性电路来分析，这就是微变等效电路法。该方法是分析小信号放大电路的主要方法。

1. 三极管的微变等效电路

当采用共发射极连接时，基极与发射极为输入端，集电极与发射极为输出端，如图 3-25 (a) 所示。

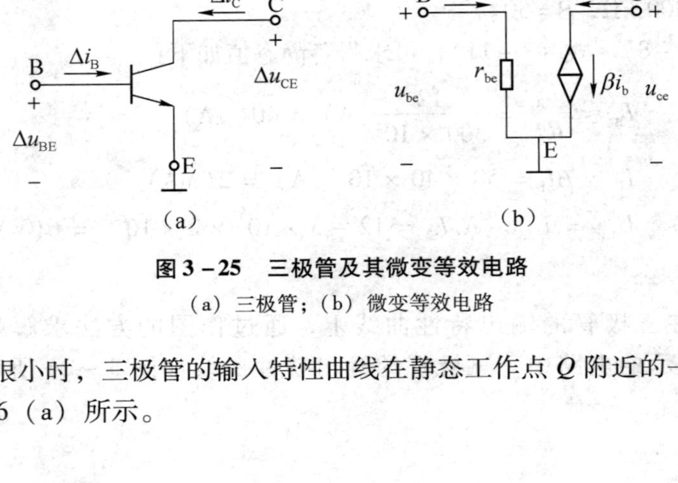

图 3-25　三极管及其微变等效电路

(a) 三极管；(b) 微变等效电路

当输入信号很小时，三极管的输入特性曲线在静态工作点 Q 附近的一段可以认为是线性的，如图 3-26 (a) 所示。

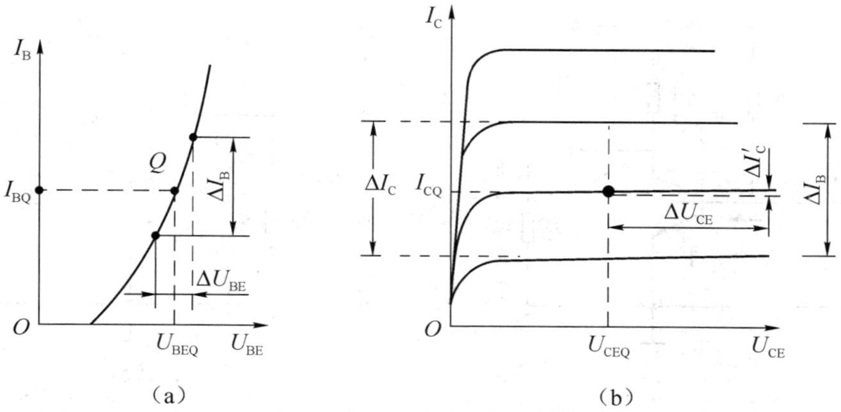

图 3-26 三极管的微变等效分析

(a) 输入特性曲线；(b) 输出特性曲线

若 U_{CE}为常数，则 ΔU_{BE}与 ΔI_B之比为

$$r_{be}=\left.\frac{\Delta U_{BE}}{\Delta I_B}\right|_{U_{CE}=\text{常数}}=\left.\frac{u_{be}}{i_b}\right|_{U_{CE}=\text{常数}} \tag{3-12}$$

这里，r_{be}称为三极管的输入电阻，它实际上是静态工作点 Q 处的动态电阻。在小信号情况下，r_{be}近似为常数，可由它确定 u_{be}与 i_b之间的关系。因此，三极管的输入端可用 r_{be}来等效代替。

在常温下，低频小功率三极管的输入电阻可用下式计算：

$$r_{be}=200+(1+\beta)\frac{26}{I_E} \tag{3-13}$$

或

$$r_{be}=200+\frac{26}{I_B} \tag{3-14}$$

式（3-13）中：r_{be}——三极管的输入电阻，一般为几百欧到几千欧；

I_E——静态工作点的发射极电流。

当三极管工作在放大区时，其输出特性曲线是一组近似平行于横轴的直线，如图 3-26（b）所示。可以认为，集电极电流的变化量 ΔI_C只取决于基极电流的变化量 ΔI_B，而与集、射极间电压 u_{CE}几乎无关，即 $\Delta I_C=\beta\Delta I_B$。因此，三极管的输出端可用一个等效的受控电流源 $\beta\Delta I_B$来表示。

综上所述，对于工作在交流小信号条件下的三极管，其动态特性可用图 3-25（b）中的微变等效电路来表示。当输入信号为正弦量时，电路中的所有电流、电压均可用相量表示。

2. 放大电路动态指标的分析

将图 3-27 的放大电路交流通路中的三极管用微变等效电路代替，便可得到放大电路的微变等效电路，如图 3-28 所示。然后可用线性电路的分析方法来分析其动态指标。

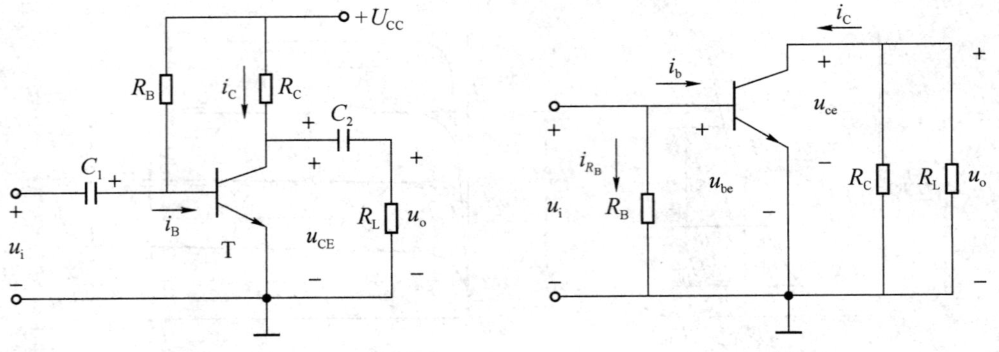

(a)　　(b)

图 3-27　带负载的放大电路

(a) 电路；(b) 交流通路

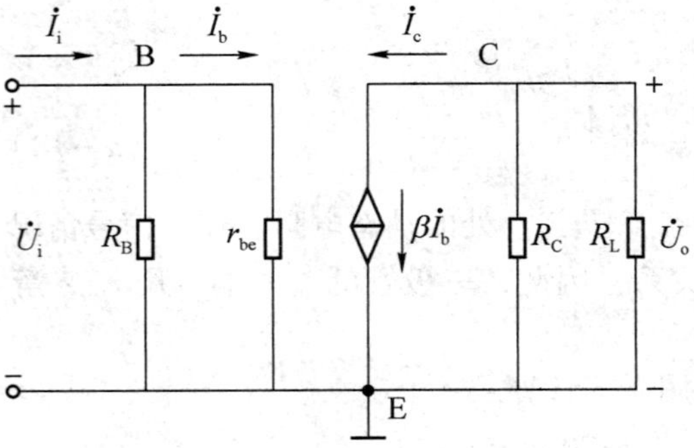

图 3-28　放大电路的微变等效电路

(1) 电压放大倍数 A_u。电压放大倍数是衡量放大电路对输入信号放大能力的主要指标，其计算公式为

$$A_u = \frac{\dot{U}_o}{\dot{U}_i} \tag{3-15}$$

由图 3-28 可知，输入电压为

$$\dot{U}_i = \dot{I}_b r_{be}$$

输出电压为

$$\dot{U}_o = -\dot{I}_c(R_C \,/\!/\, R_L) = -\dot{I}_c R'_L = -\beta\dot{I}_b R'_L$$

则电压放大倍数为

$$A_u = \frac{\dot{U}_o}{\dot{U}_i} = \frac{-\beta\dot{I}_b R'_L}{\dot{I}_b r_{be}} = -\beta\frac{R'_L}{r_{be}} \tag{3-16}$$

其中的负号表示输出电压 $\dot{U}_o$ 与输入电压 $\dot{U}_i$ 的相位相反。

若放大电路的输出端开路（未接 R_L），则

$$A_u = -\beta\frac{R_C}{r_{be}} \tag{3-17}$$

可见，输出端开路时的电压放大倍数大于输出端接有负载时的电压放大倍数。

(2) 输入电阻 r_i。对于信号源而言，放大电路可等效为一个负载电阻，这个等效电阻称为放大电路的输入电阻。它等于输入电压与输入电流之比。由图 3-28 可得

$$r_i = \frac{\dot{U}_i}{\dot{I}_i} = R_B \,/\!/\, r_{be} \tag{3-18}$$

在一般情况下，$R_B \gg r_{be}$，所以

$$r_i \approx r_{be} \tag{3-19}$$

即 r_i 在数值上接近 r_{be}。但 r_i 和 r_{be} 的概念是有区别的，r_{be} 是三极管的输入电阻，r_i 则为放大电路的输入电阻。通常要求放大电路的输入电阻足够大，以减小放大电路对信号电压的衰减。

（3）输出电阻 r_o。对于负载而言，放大电路相当于一个电压源，其内阻定义为放大电路的输出电阻。在已知电路结构的条件下，可用求有源二端网络等效电阻的方法计算放大电路的输出电阻，也可用实验测量的方法求解。

如图3－28所示，电路的输出电阻为

$$r_o = R_C \tag{3-20}$$

对于一个放大电路来说，通常要求输出电阻 r_o 越小越好，以便带动较大的负载。

【例3－4】 电路如图3－29所示，已知 $R_B = 300\ \text{k}\Omega$，$R_C = 2\ \text{k}\Omega$，$R_L = 6\ \text{k}\Omega$，$\beta = 50$，$U_{CC} = 12\ \text{V}$，试求：

（1）放大电路不接负载电阻 R_L 时的电压放大倍数；

（2）放大电路接有负载电阻 R_L 时的电压放大倍数；

（3）输入电阻 r_i 和输出电阻 r_o。

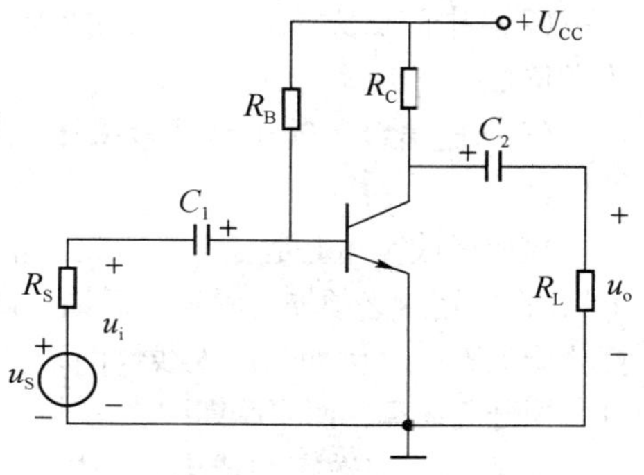

图3－29　例3－4的电路

解： 为求电压放大倍数，首先求出 r_{be}。

$$I_B = \frac{U_{CC} - U_{BE}}{R_B} \approx \frac{U_{CC}}{R_B} = \frac{12}{300 \times 10^3}(\text{A}) = 40(\mu\text{A})$$

$$I_E = (1+\beta)I_B = (1+50) \times 40 \times 10^{-3} = 2.04(\text{mA})$$

$$r_{be} = 200 + (1+\beta)\frac{26}{I_E} = 200 + (1+50) \times \frac{26}{2.04} = 0.85(\text{k}\Omega)$$

（1）当不接负载电阻 R_L 时，

$$A_u = -\beta\frac{R_C}{r_{be}} = -50 \times \frac{2}{0.85} \approx -117.65$$

（2）当接有负载电阻 R_L 时，

$$A_u = -\beta\frac{R'_L}{r_{be}} = -50 \times \frac{2 /\!/ 6}{0.85} = -88.24$$

（3）输入电阻为

$$r_i = R_B /\!/ r_{be} \approx r_{be} = 0.85(\text{k}\Omega)$$

输出电阻为

$$r_o = R_C = 2(\text{k}\Omega)$$

3.3　集成运算放大器

集成运算放大器简称集成运放，或称为运放，是一种具有很高的电压放大倍数、性能优越、集成化的多级放大器，目前在电子技术领域中已得到广泛应用。

3.3.1 集成运放的基础知识

1. 集成运放的组成

集成运放的类型很多，其电路各不相同，但在电路结构上通常分为输入级、中间放大级、输出级三个部分。

（1）输入级。输入级是决定集成运放性能的关键部分，通常采用双端输入的差分放大电路。其目的在于有效地减小零点漂移，抑制干扰信号，增大输入电阻。

（2）中间放大级。中间放大级由多级电压放大电路组成，使集成运放获得很高的电压放大倍数。

（3）输出级。输出级通常采用互补对称的共集电极电路，减小输出电阻，提高电路的带负载能力。

集成运放实际上是一个电压放大倍数很高的直流放大器（其开环电压放大倍数达 10^6 以上），在应用时必须加入深度负反馈，以组成负反馈放大器。加入的反馈网络不同，实现的运算功能也不同。例如，加入线性网络（由 R、C 等元件组成），可实现放大、加法、减法、微分、积分等运算；而当反馈网络为非线性网络时，可实现乘法、除法、对数、反对数等运算。

集成运放与数字集成电路一样，都是由多个引脚组成的（有 8、14 脚等）。它们引脚的排列顺序也相同，都是由其上的标志（其表面上有一个圆点或顶端有一个凹槽）开始，逆时针数，分别为 1，2，…，如图 3－30 所示。集成电路的型号不同，各引脚的功能也不同，使用时可查阅相关资料。

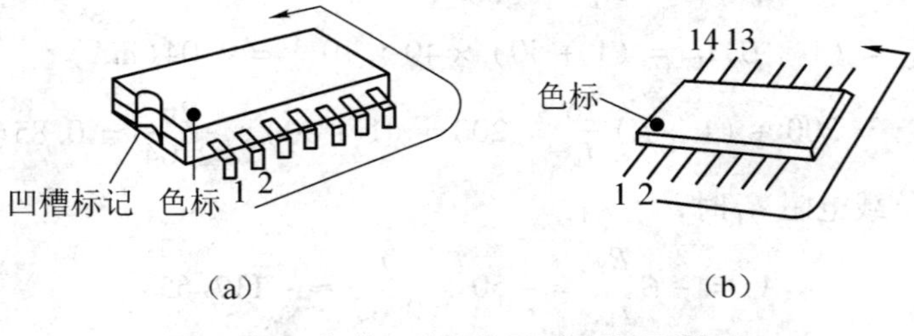

图 3－30　集成电路的外形及引脚识别标记

集成运放的电路符号如图 3－31 所示。它有两个输入端，即同相输入端 U_+、反相输入端 U_-。在图 3－31 中，“▷”表示放大器，其箭头表示信号传递方向。$+U_{CC}$ 为正电源，

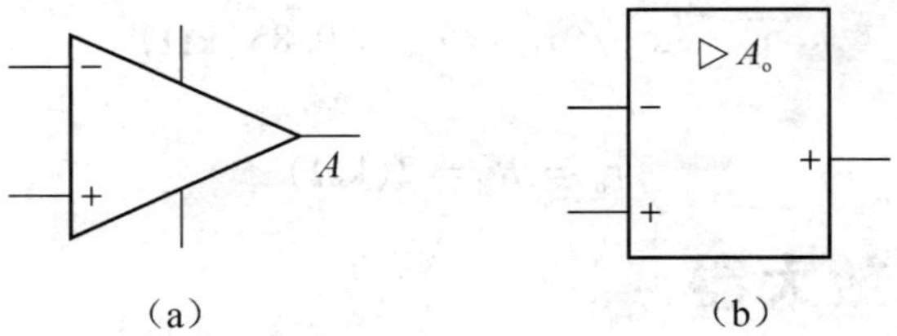

图 3－31　集成运放的电路符号

（a）国际通用符号；（b）国标符号

$-U_{SS}$为负电源。在国标符号中，A_o表示电压放大倍数，如果是理想运放，则用∞取代。

集成运放可组成三种输入方式：反相输入、同相输入和比较输入。

图3－32所示为集成运放LM324的引脚排列。

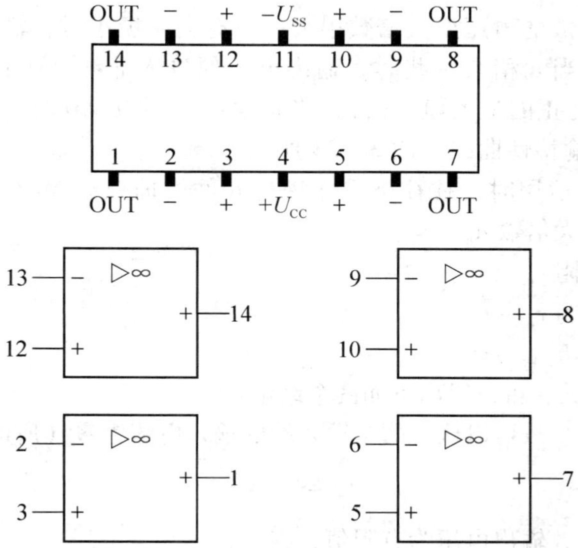

图3－32 集成运放LM324的引脚排列

对于实际使用的集成运放，产品型号不同，引脚编号不同，外部接线也有所区别。使用时，可查阅有关手册。

2. 集成运放的主要参数

为合理选择、正确使用集成运放，必须了解其主要参数的意义。

(1) 开环差模电压放大倍数A_{do}。开环差模电压放大倍数是指集成运放的输出端与输入端之间无外接回路时的差模电压放大倍数，也称为开环电压增益，通常用分贝（dB）表示，即

$$A_{do} = 20\lg \frac{u_o}{u_i}$$

对于常用的集成运放，其开环差模电压放大倍数一般为80～140 dB。

(2) 最大输出电压U_{omax}。最大输出电压是指集成运放在额定电源电压和额定负载下，不出现明显非线性失真的最大输出电压峰值。它与集成运放的电源电压有关。

(3) 最大输出电流I_{omax}。最大输出电流是指集成运放在额定电源电压下达到最大输出电压时所能输出的最大电流。通用型集成运放的最大输出电流一般为几毫安至几十毫安。

(4) 共模抑制比K_{CMR}。共模抑制比主要取决于输入级差分电路的共模抑制比，通常用dB表示。集成运放的共模抑制比一般在80 dB以上，理想运放的共模抑制比为∞。

(5) 差模输入电阻r_{id}。集成运放的输入电阻一般为10^5～10^{11} Ω。当输入级采用场效应晶体管时，差模输入电阻可达10^{11} Ω以上。

此外，集成运放还有其他参数。使用时，可查阅有关手册。

3. 集成运放的电压传输特性

电压传输特性是指输出电压与输入电压之间的关系。在图 3－33 中，输入电压 $u_i = u_+ - u_-$。由于集成运放的电压放大倍数很大，只有当 u_i极小时，输出电压与输入电压之间才存在线性关系。当 u_i稍大一些时，输出电压便进入非线性工作区。当 $u_+ > u_-$，即 $u_i > 0$ 时，输出电压为正的最大值 $+U_{OM}$；当 $u_+ < u_-$，即 $u_i < 0$ 时，输出电压为负的最大值 $-U_{OM}$。其电压传输特性曲线如图 3－33 所示。

集成运放作线性运用时，往往被看作理想元件。理想运放应具有如下技术指标：

（1）开环电压放大倍数 $A_o \to \infty$。

（2）差模输入电阻 $r_{id} \to \infty$。

（3）开环输出电阻 $r_o \to 0$。

（4）共模抑制比 $K_{CMR} \to \infty$。

利用上述理想参数，可以得出下面两个结论：

（1）由于 $r_{id} \to \infty$，故可以认为两个输入端的输入电流为零（所谓的“虚断”），即

$$i_+ = i_- = 0 \tag{3-21}$$

（2）由于 $A_o \to \infty$，输出电压为有限值，则

$$u_i = u_+ - u_- = \frac{u_o}{A_o} = 0$$

即所谓的“虚短”，

$$u_+ = u_- \tag{3-22}$$

这两个结论是分析理想运放作线性运用时的重要依据。

理想运放的电压传输特性曲线如图 3－34 所示。它与实际运放的传输特性曲线虽然有一定的差别，但两者非常相近。因此，在分析运放电路时，可用理想运放代替实际运放，其结果误差很小，这在工程上是允许的。

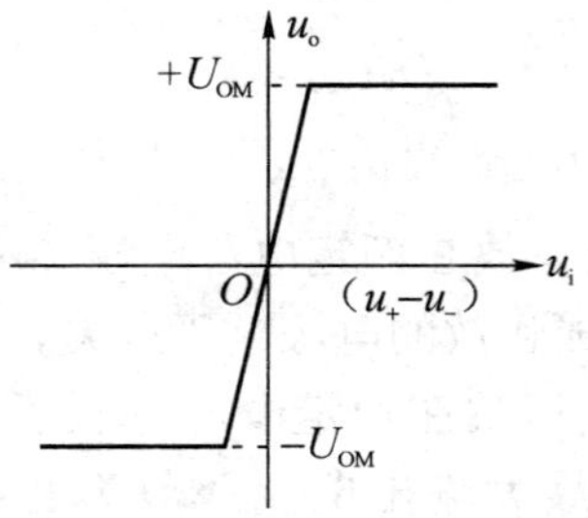

图 3－33　集成运放的电压传输特性曲线

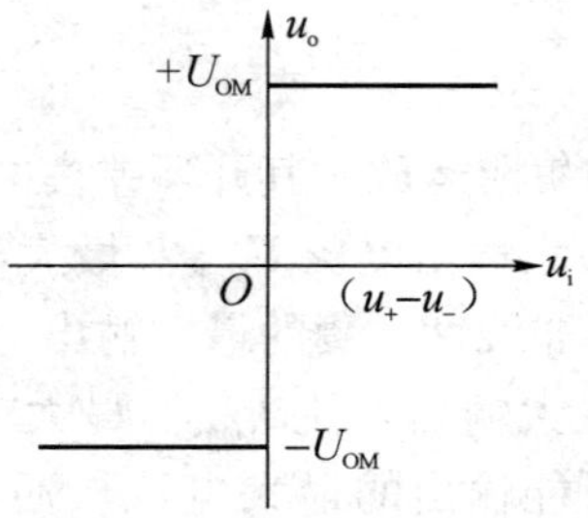

图 3－34　理想运放的电压传输特性曲线

3.3.2 放大电路中的负反馈

放大电路中的反馈，就是将电路输出信号（电压或电流）的一部分或全部，通过一定的电路送回放大电路输入端，与输入信号叠加，以改善放大电路的某些性能。若引入的反馈信号削弱了输入信号，使电路的放大倍数减小，则称为负反馈；反之，若引入的反馈信号增强了输入信号，使电路的放大倍数增大，则称为正反馈。负反馈广泛应用于实际的放大电路中，而正反馈一般用在振荡电路中。

1. 负反馈的基本概念

图3－35所示为负反馈放大电路的方框图。图中，A代表不带反馈网络的基本放大电路，F代表反馈电路，基本放大电路和反馈电路构成闭合环路，通常称为闭环，它们均按箭头所指单方向传递信号。符号⊗表示比较环节，它将反馈信号 $\dot{X}_f$ 和输入信号 $\dot{X}_i$ 进行比较（叠加）后决定放大电路的净输入信号 $\dot{X}_d$ 。若 $\dot{X}_d$ 减小，则为负反馈；若 $\dot{X}_d$ 增大，则为正反馈。

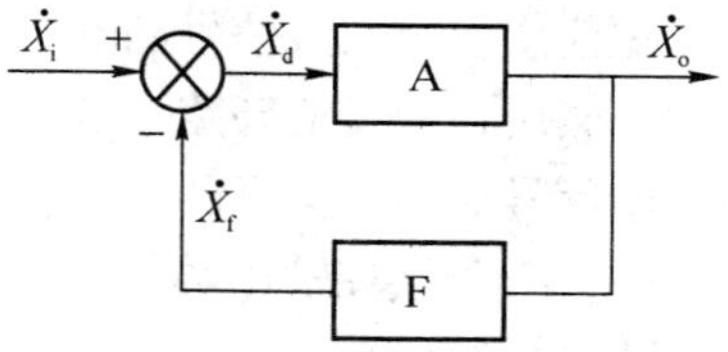

图3－35 负反馈放大电路的方框图

由图3－35中的极性可知，$\dot{X}_f$ 与 $\dot{X}_i$ 的极性相反，基本放大电路的净输入信号为

$$\dot{X}_d = \dot{X}_i - \dot{X}_f \tag{3-23}$$

基本放大电路的输出信号 $\dot{X}_o$ 与净输入信号 $\dot{X}_d$ 之比称为开环放大倍数或开环增益，用 A 表示，即

$$A = \frac{\dot{X}_o}{\dot{X}_d} \tag{3-24}$$

反馈电路的输出信号 $\dot{X}_f$ 与基本放大电路的输出信号 $\dot{X}_o$ 之比称为反馈系数，用 F 表示，即

$$F = \frac{\dot{X}_f}{\dot{X}_o} \tag{3-25}$$

放大电路的输出信号 $\dot{X}_o$ 与输入信号 $\dot{X}_i$ 之比称为放大电路的闭环放大倍数，用 A_f表示，即

$$A_f = \frac{\dot{X}_o}{\dot{X}_i} \tag{3-26}$$

将式（3－23）~式（3－25）代入式（3－26），可得

$$A_f = \frac{A}{1 + AF} \tag{3-27}$$

通常定义 $|1 + AF|$ 为反馈深度，用 S 表示，即

$$S = |1 + AF| \tag{3-28}$$

若 $S>1$，则 $|A_f|<|A|$，为负反馈。S 越大，表明负反馈越强烈，称为深度负反馈。若 $0 \leq S<1$，则 $|A_f|>|A|$，为正反馈。

2. 负反馈的类型及判别

在负反馈放大电路中，根据反馈信号对输出信号的采样方式，可将负反馈分为电压负反馈和电流负反馈；根据反馈信号与输入信号的连接方式，可将负反馈分为串联负反馈和并联负反馈。因此，负反馈有串联电压、串联电流、并联电压、并联电流四种类型。

放大电路中的反馈形式必须通过严格的判别才能确定。只有认清反馈的性质，才能知道它在电路中所起的作用。

（1）正反馈和负反馈的判别。在判别反馈的正或负时，通常采用瞬时极性法。其方法如下：先任意设定输入信号的瞬时极性为正（或负），在电路图上用“+”号（或“-”号）标记。然后，沿反馈环路逐步确定反馈信号的瞬时极性，在电路图上用⊕或⊖标记，最后根据反馈信号对输入信号的作用，即可确定它是正反馈还是负反馈。例如，在图 3-36 所示的电路中，R_F 跨接在输出端与反相输入端之间，将输出电压送回输入端而引入反馈。设输入信号的瞬时极性为正，则同相输入端为正。根据集成运放同相输入的概念，输出电压也为正，u_o 通过 R_F 和 R 分压后得到的反馈电压 u_f 的瞬时极性亦为正。由于 u_f 加在反相输入端，则集成运放的净输入电压 $u_d=u_+-u_-=u_i-u_f$。因为 u_f 与 u_i 同相位，反馈信号使净输入信号减小，所以它是负反馈。

（2）电压反馈和电流反馈的判别。如果反馈信号取自输出电压，与输出电压成比例，则为电压反馈；若反馈信号取自输出电流，与输出电流成比例，则为电流反馈。比较简单的判别方法是，将负载电阻短接，令输出电压 $u_o=0$，若反馈信号消失，则为电压反馈；否则，为电流反馈。当将图 3-36 中放大电路的输出端交流短路时，反馈信号消失，所以该电路是电压反馈。在图 3-37 所示的电路中，若将 R_L 短接，虽然输出电压 $u_o=0$，但放大电路的输出电流 i_o 经分流后在 R_1 上形成反馈信号，所以该电路是电流反馈。

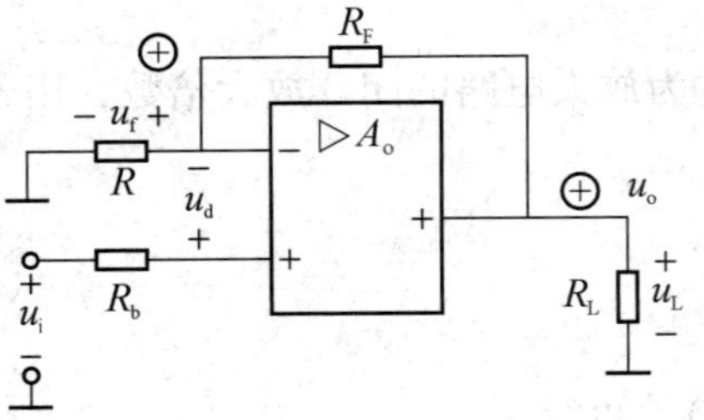

图 3-36　串联电压负反馈电路

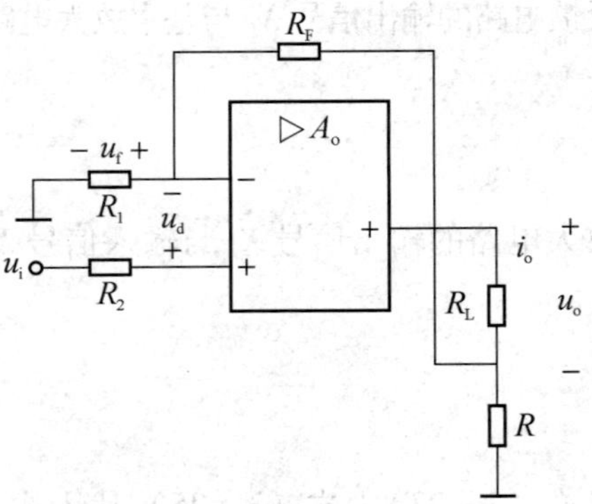

图 3-37　串联电流负反馈电路

（3）并联反馈和串联反馈的判别。若反馈信号与输入信号以并联的形式作用于净输入端，则为并联反馈；若反馈信号与输入信号以串联的形式作用于净输入端，则为串联反馈。简单的判别方法是，当反馈信号与输入信号接在放大电路的同一点（另一点往往接地）时，一般可判定它为并联反馈；而当反馈信号与输入信号接在放大电路的不同点时，一般判定它为串联反馈。

综上可知，图 3－36 所示电路中的 R_F 为串联电压负反馈，图 3－37 所示电路中的 R_F 为串联电流负反馈，图 3－38 所示电路中的 R_F 为并联电压负反馈，图 3－39 所示电路中的 R_F 为并联电流负反馈。

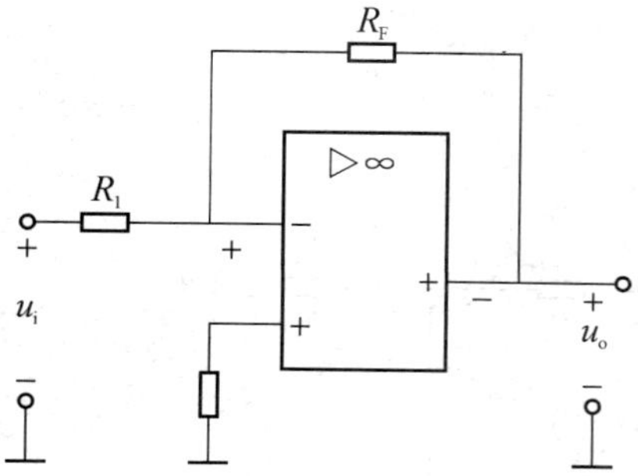

图 3－38 并联电压负反馈电路

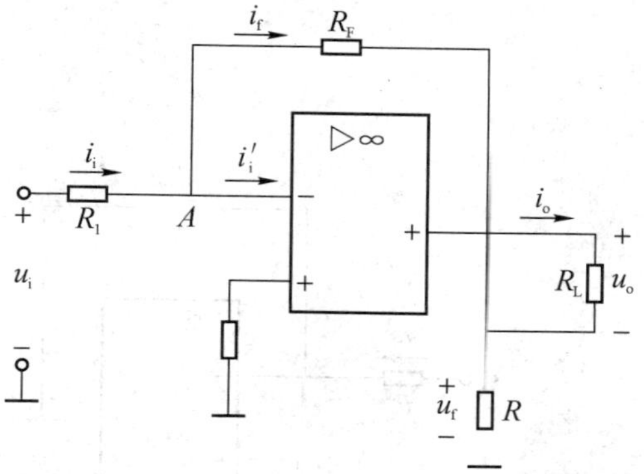

图 3－39 并联电流负反馈电路

3.3.3 基本运算电路

集成运放引入适当的反馈，可以使输出电压和输入电压之间具有某种特定的函数关系，即实现特定的模拟运算，如加法、减法、积分、微分等，从而构成模拟运算电路。运算电路在自动控制、检测技术等方面得到了广泛应用。

常见的基本运算电路有比例运算电路、加法运算电路、减法运算电路、微积分运算电路和乘法运算电路等。下面只介绍前三种。

1. 比例运算电路

所谓比例运算，就是输出电压 u_o 与输入电压 u_i 之间具有线性比例关系，即 $u_o = ku_i$。当比例系数 $k>1$ 时，该电路为放大电路。

（1）反相输入比例运算电路。图 3－40 所示为反相输入比例运算电路。图中，输入信号 u_i 经过外接电阻 R_1 接到集成运放的反相输入端，反馈电阻 R_F 接在输出端和反相输入端之间，构成并联电压负反馈电路，集成运放工作在线性区。同相输入端接平衡电阻 R_2，主要是使同相输入端与反相输入端的静态电阻相等，即 $R_2 = R_1 /\!/ R_F$，以保证集成运放处于平衡对称的工作状态，从而消除输入偏置电流的影响。

图 3－40（a）中的电路可等效为图 3－40（b）中的电路，根据 $i_+ = i_- = 0$，可得

$$i_1 = i_f$$

又因为

$$i_1 = \frac{u_i}{R_1},\quad i_f = \frac{0 - u_o}{R_F} = -\frac{u_o}{R_F}$$

所以

$$\frac{u_i}{R_1} = -\frac{u_o}{R_F}$$

即闭环电压放大倍数为

$$A_{uf} = \frac{u_o}{u_i} = -\frac{R_F}{R_1} \tag{3-29}$$

或

$$u_o = -\frac{R_F}{R_1}u_i$$

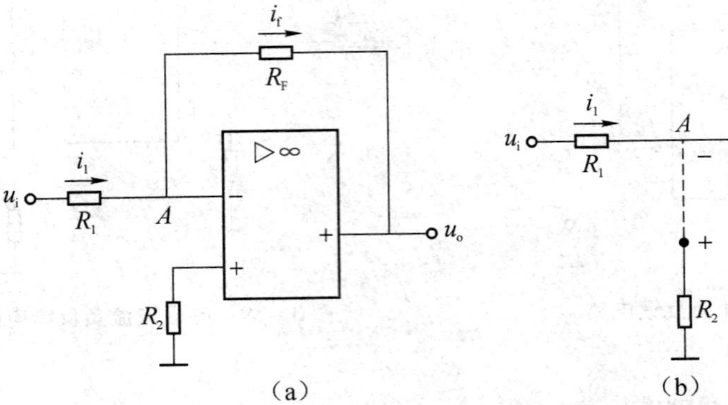

图 3-40　反相输入比例运算电路及其等效电路

(a) 电路；(b) 等效电路

可见，输出电压与输入电压成比例关系，且相位相反。此外，由于反相输入端和同相输入端的对地电压都接近零，所以集成运放输入端的共模输入电压极低。这就是反相输入比例运算电路的特点。

当 $R_1 = R_F = R$ 时，

$$u_o = -\frac{R_F}{R_1}u_i = -u_i，即 A_{uf} = -1 \tag{3-30}$$

输出电压与输入电压大小相等，且相位相反，该电路称为反相器。

反相输入比例运算电路由于是电压负反馈电路，因而工作电压稳定，输出电阻小，有较强的带负载能力。

(2) 同相输入比例运算电路。在图 3-41 (a) 中，输入信号 u_i 经过外接电阻 R_2 接到集成运放的同相输入端，反馈电阻接到反相输入端，构成串联电压负反馈电路。

根据 $u_+ \approx u_-$，$i_+ = i_- = 0$，于是同相输入比例运算电路可等效为图 3-41 (b) 中的电路。由图 3-41 可得

$$u_+ = u_i, \quad u_i \approx u_- = u_o \frac{R_1}{R_1 + R_F}$$

所以

$$A_{uf} = \frac{u_o}{u_i} = 1 + \frac{R_F}{R_1} \tag{3-31}$$

或

$$u_o = \left(1 + \frac{R_F}{R_1}\right)u_i \qquad (3-32)$$

即 u_o 与 u_i 为同相比例运算关系。同相输入比例运算电路的特点是集成运放的两个输入端电位等于输入电压，存在较高的共模输入电压。

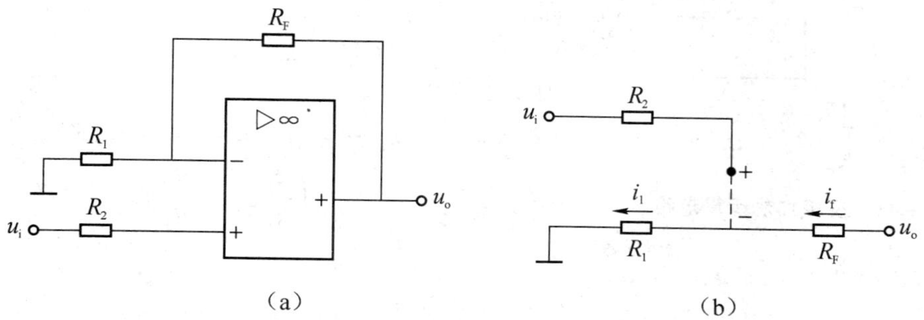

图3-41 同相输入比例运算电路及其等效电路

(a) 电路；(b) 等效电路

当 $R_F=0$ 或 $R_1\to\infty$ 时，$u_o=\left(1+\frac{R_F}{R_1}\right)u_i=u_i$，即输出电压与输入电压大小相等，且相位相同，该电路称为电压跟随器。

同相输入比例运算电路属于串联电压负反馈电路，具有工作电压稳定、输入电阻高、输出电阻低、带负载能力强等特点。基于这一点，电压跟随器得到了广泛应用。

【例3-5】 在图3-42所示的电路中，$R_1=50\ \text{k}\Omega$，$R_F=100\ \text{k}\Omega$，已知 $u_i=1$ V，求输出电压 u_o，并说明输入级的作用。

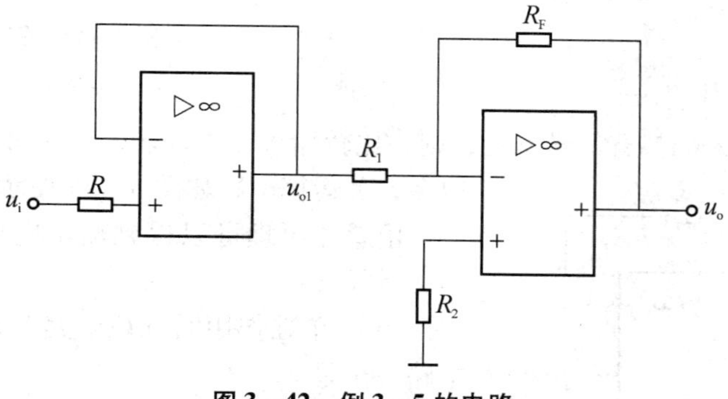

图3-42 例3-5的电路

解： 输入级为电压跟随器，由于它是串联电压负反馈电路，因而具有极高的输入电阻，起减轻信号源负担的作用，并且 $u_{o1}=u_i=1$ V，作为第二级的输入。第二级为反相输入比例运算电路。因此，

$$u_o = -\frac{R_F}{R_1}u_{o1} = -\frac{100}{50}\times 1 = -2(\text{V})$$

2. 加法运算电路

如果在反相输入端增加若干个输入电路，则构成反相加法运算电路，如图3-43所示。

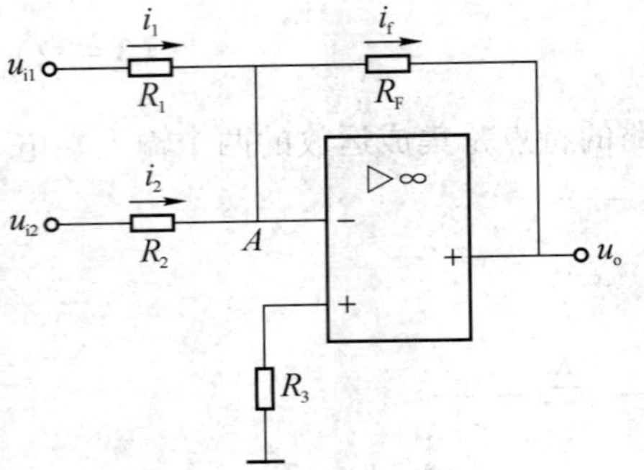

图 3-43　反相加法运算电路

在图 3-43 中，A 点为虚地（$V_A = u_- = u_+ = 0$），所以

$$i_1 = \frac{u_{i1}}{R_1},\quad i_2 = \frac{u_{i2}}{R_2}$$

即

$$i_f = i_1 + i_2$$

则

$$u_o = -i_f R_F = -(i_1 + i_2) R_F$$
$$= -\left(\frac{R_F}{R_1}u_{i1} + \frac{R_F}{R_2}u_{i2}\right) \tag{3-33}$$

当 $R_1 = R_2 = R_F$ 时，

$$u_o = -(u_{i1} + u_{i2}) \tag{3-34}$$

即输出电压为两个输入信号之和的负值。此运算可推广到多个信号。

【例 3-6】 在图 3-44 所示的电路中，$R_F = 100\ \text{k}\Omega$，$R_1 = 50\ \text{k}\Omega$，$R_2 = 25\ \text{k}\Omega$，$R_3 = 200\ \text{k}\Omega$，已知 $u_{i1} = 2$ V，$u_{i2} = 1$ V，$u_{i3} = -4$ V，求输出电压 u_o。

解： 根据式（3-33）可以写出

$$u_o = -\left(\frac{R_F}{R_1}u_{i1} + \frac{R_F}{R_2}u_{i2} + \frac{R_F}{R_3}u_{i3}\right)$$
$$= -\left[\frac{100}{50}\times 2 + \frac{100}{25}\times 1 + \frac{100}{200}\times(-4)\right]$$
$$= -6(\text{V})$$

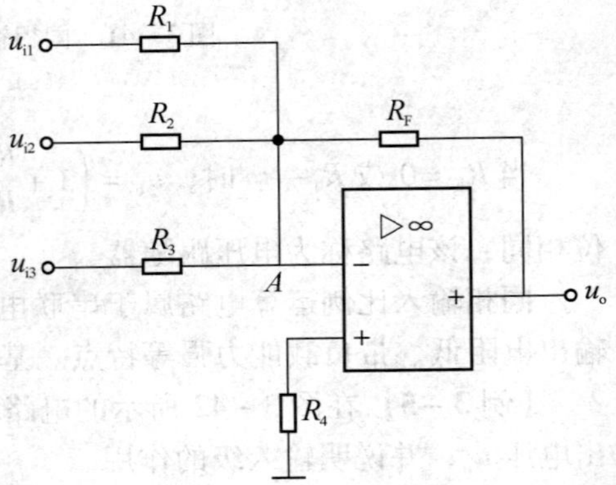

图 3-44　例 3-6 的电路

3. *减法运算电路*

如果在两个输入端都有信号输入，则为比较输入。比较输入在测量和控制系统中应用很多，其运算电路如图 3-45 所示。

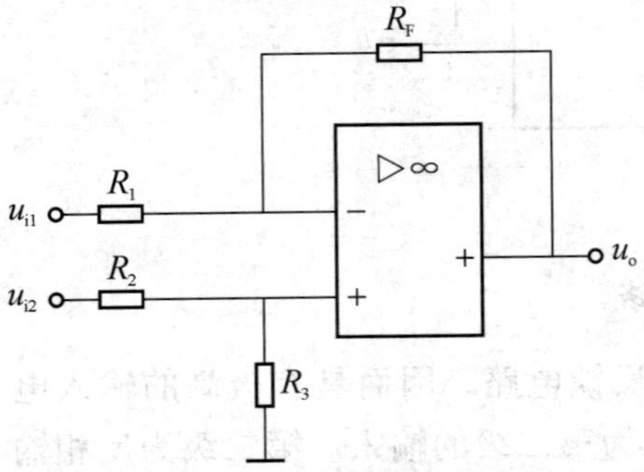

图 3-45　减法运算电路

由叠加原理可以得到输出电压与输入电压之间的关系如下：

当 u_{i1} 单独作用时，该电路为反相输入比例运算电路，于是

$$u_{o1} = -\frac{R_F}{R_1}u_{i1}$$

当 u_{i2} 单独作用时，该电路为同相输入比例运算电路，于是

$$u_{o2} = \left(1 + \frac{R_F}{R_1}\right)\cdot\frac{R_3}{R_2 + R_3}u_{i2}$$

当 u_{i1} 和 u_{i2} 共同作用时，

$$u_o = u_{o1} + u_{o2} = -\left(\frac{R_F}{R_1}u_{i1} - \frac{R_1 + R_F}{R_1} \cdot \frac{R_3}{R_2 + R_3}u_{i2}\right) \tag{3-35}$$

当 $R_3 = \infty$（断开）时，

$$u_o = -\frac{R_F}{R_1}u_{i1} + \left(1 + \frac{R_F}{R_1}\right)u_{i2} \tag{3-36}$$

当 $R_1 = R_2 = R_3 = R_F$时，

$$u_o = -(u_{i1} - u_{i2}) = u_{i2} - u_{i1} \tag{3-37}$$

即输出电压等于两个输入信号之差。

【**例3-7**】在图3-46所示的电路中，已知 $u_{i1} = 2$ V，$u_{i2} = 1$ V，求输出电压 u_o。

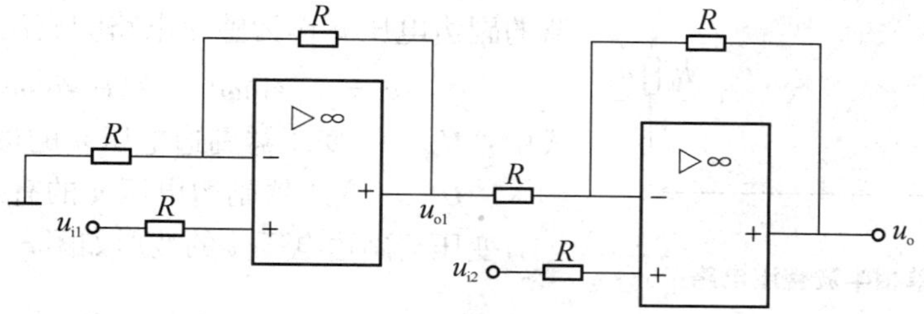

图3-46 例3-7的电路

解：根据式（3-32）和式（3-36）可以写出

$$u_{o1} = \left(1 + \frac{R}{R}\right)u_{i1} = 2u_{i1}$$

$$u_o = -\frac{R}{R}u_{i1} + \left(1 + \frac{R}{R}\right)u_{i2} = -2u_{i1} + 2u_{i2} = -2(u_{i1} - u_{i2}) = -2(\text{V})$$

3.4 直流稳压电源

在生产和科学实验中，除广泛使用交流电之外，在某些场合（如蓄电池的充电、直流电动机、电子仪器等）下需要使用稳定的直流电。常用的直流稳压电源一般由电源变压器、整流电路、滤波电路和稳压电路四部分组成，其结构如图3-47所示。

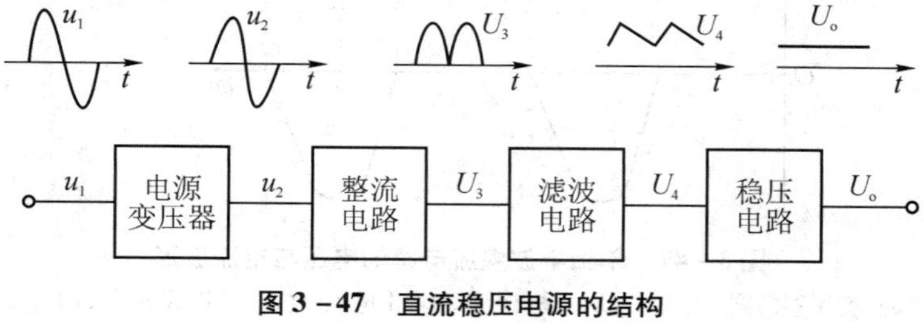

图3-47 直流稳压电源的结构

电源变压器把交流电压变为整流所需要的电压，再利用整流元件的单向导电性，将该电压变成单向脉动直流电压，最后经过滤波和稳压，把单向脉动直流电压变为平滑且稳定的直流电压。

3.4.1 整流电路

将交流电转换成单向脉动直流电的电路称为整流电路。根据所用交流电源的相数，可将整流电路分为单相整流电路和三相整流电路。从整流所得的电压波形来看，又可将整流电路分为半波整流电路和全波整流电路。桥式整流电路是全波整流电路的常见形式。

1. 单相半波整流电路

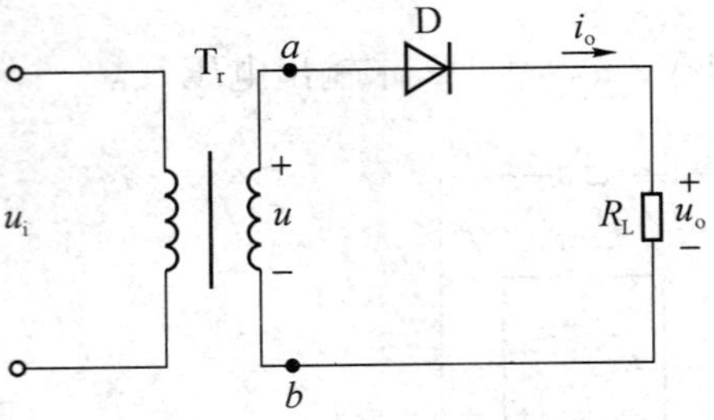

图 3－48 单相半波整流电路

单相半波整流电路由整流变压器 T_r、整流二极管 D、负载电阻 R_L组成，如图 3－48 所示。将变压器的副边电压 u 作为整流电路的交流输入电压，设

$$u = U_m \sin\omega t = \sqrt{2}U \sin\omega t \qquad (3-38)$$

式中：U_m——变压器副边电压 u 的最大值；

U——变压器副边电压 u 的有效值。

变压器副边电压 u 的波形如图 3－49（a）所示。

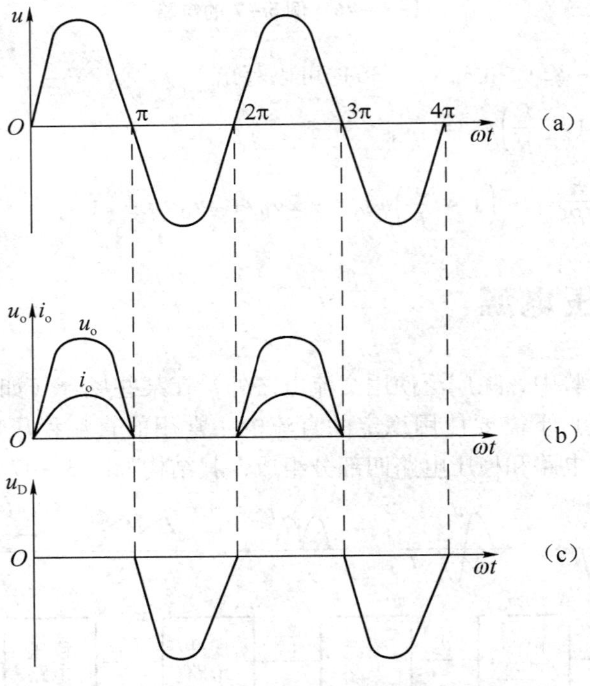

图 3－49 单相半波整流电路的电压与电流波形

（a）变压器的副边电压；（b）输出电压和输出电流；（c）二极管承受反向电压

当 u 为正半周，即 $0 \leqslant \omega t \leqslant \pi$ 时，在图 3－48 中，电源 a 端的电位高于电源 b 端，二极管 D 因承受正向电压而导通。电流 i_o 自电源 a 端经二极管 D、负载电阻 R_L 回到电源 b 端，从而在负载电阻 R_L 上形成电压降 u_o，如图 3－49（b）所示。

当u为负半周，即$\pi \leqslant \omega t \leqslant 2\pi$时，电源$b$端的电位高于电源$a$端，二极管D因承受反向电压而截止，电流$i_o=0$，负载电阻$R_L$两端的电压也为零，如图3-49（b）所示。这时，变压器的副边电压u全部加在二极管D上，二极管D承受反向电压u_D，其波形如图3-49（c）所示。

当电压u的第二个周期到来时，电路将重复上述过程，这样就把交流电压转换成负载上的单向脉动直流电压。由于输出电压仅为输入正弦交流电压的半个波形，故称为半波整流电路。半波整流电路的输出电压常用一个周期的平均值U_o表示，其值为

$$U_o = \frac{1}{2\pi}\int_0^{\pi} u \mathrm{d}(\omega t) = \frac{1}{2\pi}\int_0^{\pi}\sqrt{2}U\sin\omega t \mathrm{d}(\omega t) = \frac{\sqrt{2}}{\pi}U = 0.45U \qquad (3-39)$$

整流电流的平均值为

$$I_o = \frac{U_o}{R_L} = 0.45\frac{U}{R_L} \qquad (3-40)$$

通过二极管的正向平均电流等于通过负载电阻的电流，即

$$I_D = I_o \qquad (3-41)$$

二极管截止时所承受的最大反向电压U_{RM}就是变压器副边电压的最大值，即

$$U_{RM} = \sqrt{2}U = 3.14U_o \qquad (3-42)$$

在选择整流电路的整流二极管时，为了使其可靠工作，应使二极管的最大整流电流$I_{FM} \geqslant I_D$，二极管的最高反向工作电压$U_{DRM} \geqslant U_{RM}$。当采用单相半波整流电路时，所选用的二极管必须满足下面的条件：

$$I_{FM} \geqslant I_D = 0.45\frac{U}{R_L} \qquad (3-43)$$

$$U_{DRM} \geqslant U_{RM} = \sqrt{2}U \qquad (3-44)$$

考虑到交流电压的波动，对其最大反向电压和最大正向电流应留有一定的余量，以保证二极管的安全。

单相半波整流电路的结构简单，但设备利用率低，输出电压脉动大，故它一般仅适用于整流电流较小或对脉动要求不严格的直流设备。

【例3-8】试设计一台输出电压为24 V、输出电流为1 A的单相半波整流直流电源，并确定变压器副边绕组的电压有效值，选定相应的整流二极管。

解：变压器副边绕组的电压有效值为

$$U = \frac{U_o}{0.45} = \frac{24}{0.45} = 53.3(\mathrm{V})$$

整流二极管承受的最大反向电压为

$$U_{RM} = \sqrt{2}U = 1.41 \times 53.3 = 75.15(\mathrm{V})$$

通过整流二极管的平均电流为

$$I_D = I_o = 1(\mathrm{A})$$

因此，查电工手册，可选用2CZ12B整流二极管，其最大整流电流为3 A，最高反向工作电压为200 V。

2. 单相桥式整流电路

单相桥式整流电路由整流变压器T_r、二极管$D_1 \sim D_4$（接成桥式电路）、负载电阻R_L

组成，如图 3－50（a）所示。图 3－50（b）所示为单相桥式整流电路的简化画法。

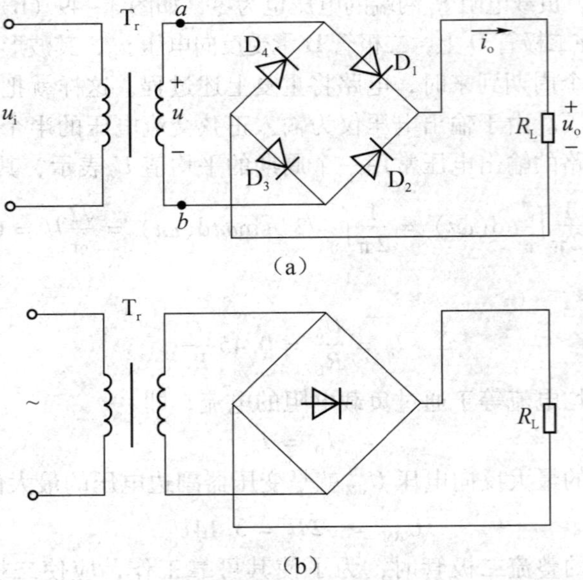

图 3－50　单相桥式整流电路及其简化画法

（a）整流电路；（b）简化画法

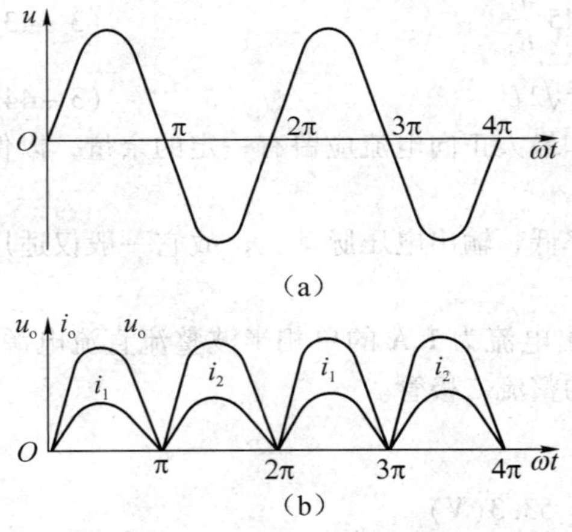

图 3－51　单相桥式整流电路电压与电流的波形

（a）变压器的副边电压；（b）输出电压和输出电流

设变压器的副边电压为 $u=\sqrt{2}U\sin\omega t$。

当 u 为正半周，即 $0\leqslant\omega t\leqslant\pi$ 时，在图 3－50（a）中，电源 a 端的电位高于电源 b 端，二极管 D_1、D_3 导通，D_2、D_4 截止，电流 i_1 的通路是 $a\rightarrow D_1\rightarrow R_L\rightarrow D_3\rightarrow b$。这时，在负载电阻 R_L 上得到一个半波电压，如图 3－51（b）中的 $0\sim\pi$ 段所示。

当 u 为负半周，即 $\pi\leqslant\omega t\leqslant 2\pi$ 时，电源 b 端的电位高于电源 a 端，二极管 D_1、D_3 截止，D_2、D_4 导通，电流 i_2 的通路是 $b\rightarrow D_2\rightarrow R_L\rightarrow D_4\rightarrow a$。同样，在负载电阻 R_L 上得到一个半波电压，如图 3－51（b）中的 $\pi\sim 2\pi$ 段所示。

显然，全波整流电路的整流电压的平均值 U_o 比半波整流时增加了一倍，即

$$U_o = 2\times 0.45U = 0.9U \qquad (3-45)$$

流经负载的直流电流也是半波整流时的两倍，即

$$I_o = \frac{U_o}{R_L} = 0.9\,\frac{U}{R_L} \qquad (3-46)$$

流经二极管的平均电流仅为负载电流的一半，即

$$I_D = \frac{1}{2}I_o = 0.45\frac{U}{R_L} \qquad (3-47)$$

每个二极管在截止时所承受的最大反向电压为

$$U_{RM} = \sqrt{2}U = \sqrt{2}\frac{U_o}{0.9} = 1.57U_o \qquad (3-48)$$

应用时，可根据式（3－47）和式（3－48）来选择整流元件。

【例3－9】 在例3－8中设计的电源如果采用单相桥式整流电路，试确定变压器副边绕组的电压有效值，并选定相应的整流二极管。

解： 变压器副边绕组的电压有效值为

$$U = \frac{U_o}{0.9} = \frac{24}{0.9} = 26.7(\mathrm{V})$$

整流二极管承受的最大反向电压为

$$U_{RM} = \sqrt{2}U = 1.41 \times 26.7 = 37.6(\mathrm{V})$$

流过整流二极管的平均电流为

$$I_D = \frac{1}{2}I_o = \frac{1}{2} \times 1 = 0.5(\mathrm{A})$$

因此，可选用2CZ12A整流二极管，其最大整流电流为1 A，最高反向工作电压为100 V。

3. 三相桥式整流电路

单相桥式整流电路一般用于小功率场合，而在大功率的整流设备中，为避免造成三相电网负载不平衡，影响供电质量，广泛采用三相桥式整流电路，如图3－52所示。

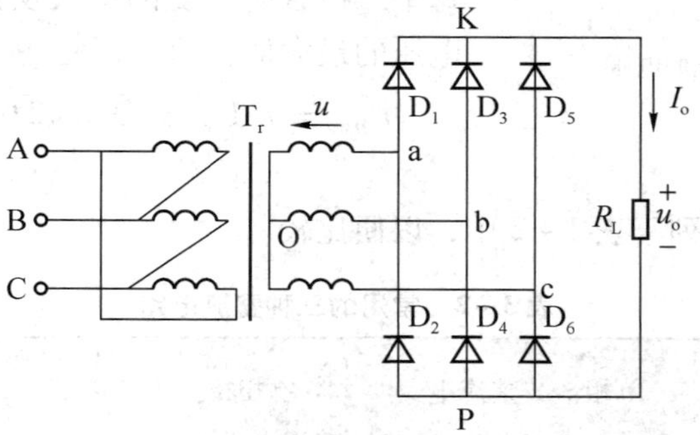

图3－52 三相桥式整流电路

三相桥式整流电路由三相整流变压器T_r、二极管$D_1 \sim D_6$（接成桥式电路）、负载电阻R_L组成。变压器作△/Y连接。其副边绕组的三相电压u_{ao}、u_{bo}、u_{co}的波形如图3－53（a）所示。二极管D_1、D_3、D_5接成共阴极组，工作时，其中阳极电位最高者导通；D_2、D_4、D_6接成共阳极组，工作时，其中阴极电位最低者导通。在同一时间，每组中各有一只二极管导通。

在图3－53（a）中的$0 \sim t_1$期间，c相的电压为正且最高，D_5导通，D_1、D_3被反向偏置而截止。同时，b相的电压为负且最低，D_4导通，D_2、D_6被反向偏置而截止。此时，电流通路为$c \to D_5 \to R_L \to D_4 \to b$。负载电压为线电压$u_{cb}$。

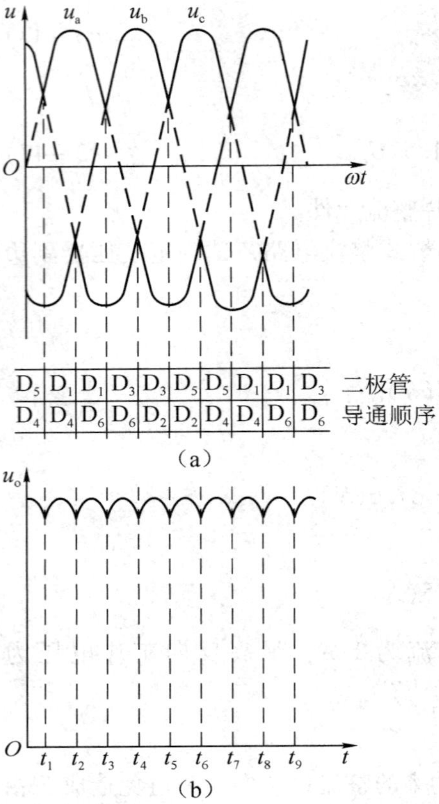

图 3－53　三相桥式整流电路的波形

（a）变压器副边绕组的三相电压；

（b）负载电阻 R_L 两端的电压

在 t_1 ~ t_2 期间，a 相的电压为正且最高，D_1 导通，D_3、D_5 被反向偏置而截止。同时，b 相的电压为负且最低，D_4 导通，D_2、D_6 被反向偏置而截止。此时，电流通路为 a→D_1→R_L→D_4→b。负载电压为线电压 u_{ab}。

同理，在 t_2 ~ t_3 期间，a 相的电压为正且最高，c 相的电压为负且最低，D_1、D_6 导通，电流通路为 a→D_1→R_L→D_6→c。负载电压为线电压 u_{ac}。

依此类推，就可以列出图 3－53 中二极管的导通顺序，各组二极管的导通情况是每隔 1/6 周期交换一次，每个二极管导通 1/3 周期。负载电阻 R_L 两端的电压波形如图 3－53（b）所示。输出电压的脉动较小，其平均值为

$$U_o = 2.34U \tag{3-49}$$

式中：U——变压器副边相电压的有效值。

负载电流 I_o 的平均值为

$$I_o = \frac{U_o}{R_L} = 2.34\frac{U}{R_L} \tag{3-50}$$

通过每个二极管的平均电流为

$$I_D = \frac{1}{3}I_o = 0.78\frac{U}{R_L} \tag{3-51}$$

每个二极管所承受的最大反向电压为变压器副边线电压的最大值，即

$$U_{RM} = \sqrt{3}U_m = \sqrt{3}\times\sqrt{2}U = 2.45U = 1.05U_o \tag{3-52}$$

现将三种整流电路列于表 3－2 中，以便比较。

表 3－2　常用的三种整流电路

项目 ＼ 类型	单相半波整流电路	单相桥式整流电路	三相桥式整流电路
电路	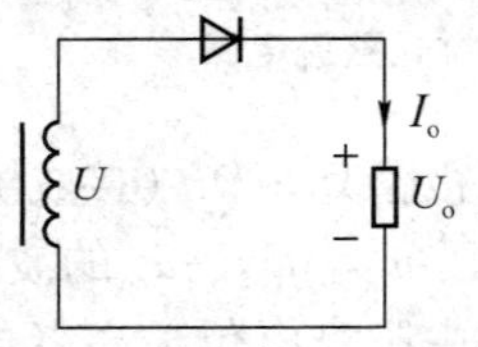	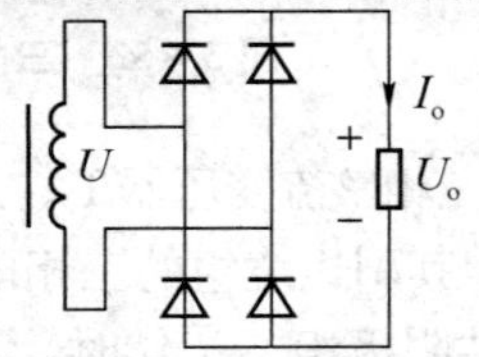	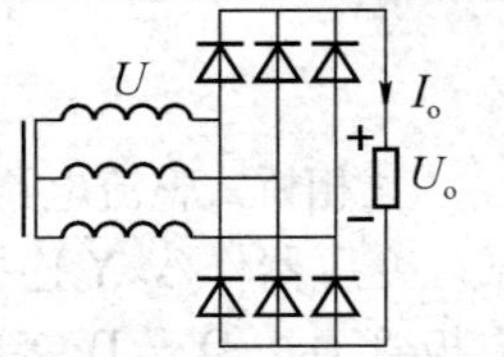
整流电压 u_o 的波形	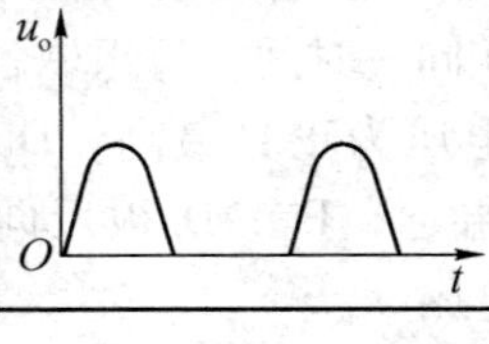	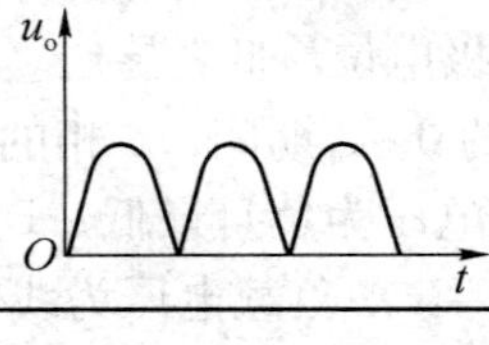	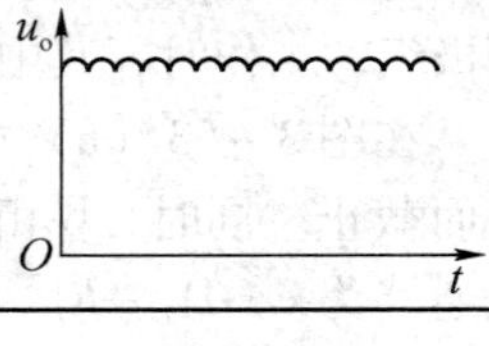

续表

项目 \ 类型	单相半波整流电路	单相桥式整流电路	三相桥式整流电路
整流电压的平均值 U_o	$0.45U$	$0.9U$	$2.34U$
通过每管的平均电流 I_D	I_o	$\frac{1}{2}I_o$	$\frac{1}{3}I_o$
每管承受的最大反向电压 U_{RM}	$\sqrt{2}U=1.41U$	$\sqrt{2}U=1.41U$	$\sqrt{3}\cdot\sqrt{2}U=2.45U$

现在，半导体器件厂已将整流二极管封装在一起，制造成单相整流桥和三相整流桥模块，这些模块只有输入交流引脚和输出直流引脚，减少了接线，提高了可靠性，使用起来非常方便。

3.4.2 滤波电路

利用整流电路，可以把交流电压转换成单向脉动直流电压，但这种电压除含有直流成分以外，还含有较大的交流成分。为了滤除单向脉动直流电压中的交流成分，保留直流成分，需要在整流电路中接滤波电路（也称为滤波器）。下面介绍几种常用的滤波电路。

1. 电容滤波电路

单相半波整流电容滤波电路如图3－54所示。在负载电阻 R_L 两端并联滤波电容 C，利用电容 C 的充放电作用，使输出电压趋于平滑。负载电阻 R_L 两端的电压等于电容 C 两端的电压，即 $u_o=u_C$。其输出电压的波形如图3－55所示。

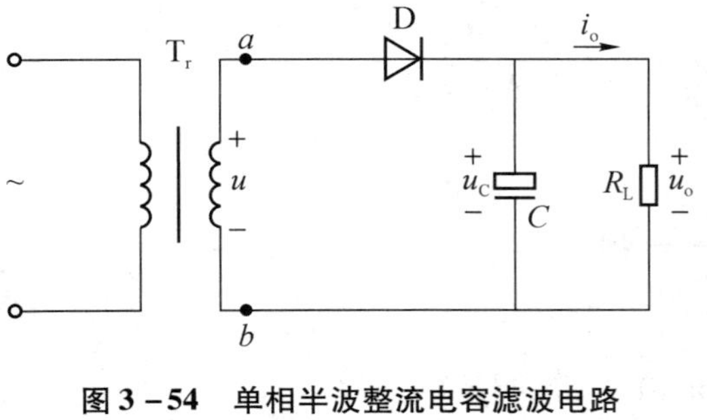

图3－54 单相半波整流电容滤波电路

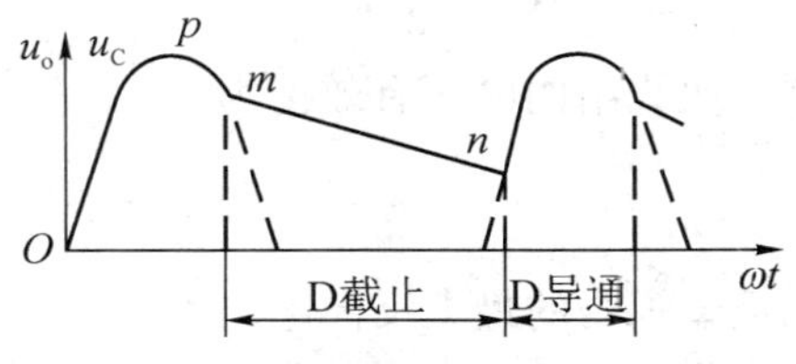

图3－55 单相半波整流电容滤波电路输出电压的波形

在分析电容滤波电路时，要特别注意电容 C 两端的电压 u_C 对整流元件导电的影响，整流元件只有在受到正向电压作用时才导通，否则便截止。

设起始时电容 C 两端的电压为零，当电源电压的正半周由零按正弦曲线上升时，二极管导通，电源在向负载电阻提供电流的同时，还对电容 C 充电，使 u_C 随 u 的上升而逐渐增大，直至达到 u 的最大值，如图3－55中 Op 段波形所示。

当 u 从最大值开始下降时，由于电容 C 两端的电压不会突变，所以将出现 $u < u_C$ 的情况。这时，二极管因反向偏置而截止，电容 C 通过负载电阻 R_L 放电，为负载电阻 R_L 提供电流，放电电流的方向与二极管导通时电流的方向相同。在负载电阻 R_L 和电容 C 足够大的情况下，放电过程持续的时间较长，即使在 u 处于负半周时，仍有放电电流流过负载电阻，输出电压仍为一定正值，如图 3-55 中 mn 段波形所示。

当交流电压 u 的下一个正半周出现，且 $u > u_C$ 时，二极管重新导通，电容 C 又被充电，重复上述过程。

由于二极管的正向导通电阻很小，所以电容 C 充电很快，u_C 紧随 u 升高。当负载电阻 R_L 较大时，电容 C 放电较慢，负载电阻两端的电压缓慢下降。因此，输出电压不仅脉动程度减小，而且其平均值可得到提高，其波形如图 3-55 所示。

滤波电容一般在几百微法以上，电容越大，滤波效果越好。为了获得比较平滑的直流电压，可按下式来选择滤波电容：

$$R_L C \geqslant (3 \sim 5)\frac{T}{2} \tag{3-53}$$

式中：T——交流电的周期。

电容滤波电路输出电压的大小与负载有关。空载时，电容 C 没有放电回路，其输出电压可达 $\sqrt{2}U$。接入负载后，其输出电压约等于 U。若负载电阻 R_L 减小，则电容 C 放电加快，输出电压降低。因此，电容滤波电路只适用于负载电流较小，并且负载基本不变的场合。

桥式整流电容滤波电路的工作原理与半波整流电容滤波电路相同。当满足式（3-53）时，其输出电压为

$$U_o = (1.1 \sim 1.2)U$$

【例 3-10】 已知负载电阻 $R_L = 100\ \Omega$，交流电源的频率为 50 Hz，试设计一个桥式整流电容滤波电路，要求输出电压 $U_o = 48$ V，并选择整流二极管和滤波电容。

解：通过整流二极管的平均电流为

$$I_D = \frac{1}{2}I_o = \frac{1}{2}\cdot\frac{U_o}{R_L} = \frac{1}{2}\times\frac{48}{100} = 0.24(\text{A}) = 240(\text{mA})$$

变压器二次绕组的电压有效值为

$$U = \frac{U_o}{1.2} = \frac{48}{1.2} = 40(\text{V})$$

整流二极管承受的最大反向电压为

$$U_{RM} = \sqrt{2}U = 1.41\times 40 = 56.4(\text{V})$$

因此，可选择 2CZ11B 作为整流二极管，其最大整流电流为 1 A，最高反向工作电压为 200 V。

根据式（3-53），取

$$R_L C = 5\times\frac{T}{2} = 5\times\frac{0.02}{2} = 0.05(\text{s})$$

则

$$C = \frac{0.05}{R_L} = \frac{0.05}{100} = 500\times 10^{-6}(\text{F}) = 500(\mu\text{F})$$

2. 电感滤波电路

电感滤波电路如图3－56所示，电感 L 与负载电阻 R_L 串联，利用通过电感的电流不能突变的特性来实现滤波。当电感电路中的电流增大时，电感产生的自感电动势会阻止电流增大，同时将部分电能转化为磁场的能量储存起来；而当电感电路中的电流减小时，电感产生的自感电动势会阻止电流减小，并释放储存的能量来补偿流过负载电阻的电流，从而使负载电流和负载电压的脉动大为减小。当忽略电感 L 的直流电阻时，负载电阻上输出的平均电压和纯电阻负载相同，即 $U_o=0.9U$。

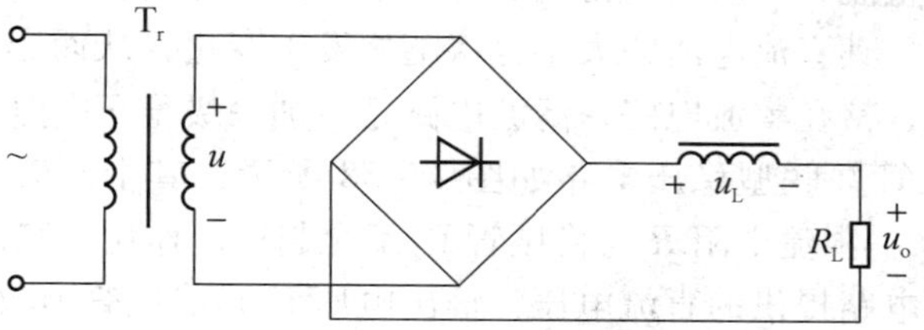

图3－56 电感滤波电路

电感滤波电路的特点是峰值电流小，输出电压比较平坦。其缺点是由于铁心的存在，笨重、体积大，易引起电磁干扰。因此，电感滤波电路一般只适用于低电压、大电流的场合。

3. 复合滤波电路

对于单独使用电容或电感组成的滤波电路，其滤波效果不够理想。为了提高滤波效果，常用由电容和电感组成的复合滤波电路。常见的复合滤波电路有 *LC* 滤波电路、*CLC*（Π型）滤波电路、*CRC*（Π型）滤波电路三种，如图3－57所示。

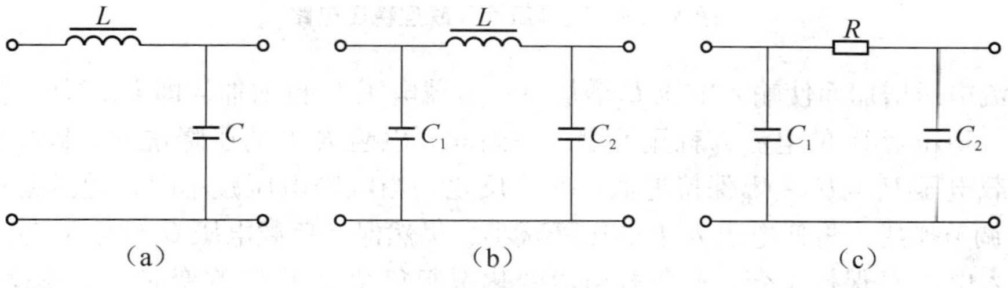

图3－57 复合滤波电路

（a）*LC* 滤波电路；（b）*CLC*（Π型）滤波电路；（c）*CRC*（Π型）滤波电路

LC 滤波电路如图3－57（a）所示，具有同时利用电感阻止交流分量和电容旁路交流分量的特性，所以其滤波效果较好。

CLC（Π型）滤波电路如图3－57（b）所示，由于在 *LC* 滤波电路的基础上再并联一个电容器，所以其滤波效果更好。因此，它在许多电子设备中得到广泛应用。考虑到冲击电流，C_1 的容量应比 C_2 小一些。

对于负载电流较小（在几十毫安以下）和负载电阻比较稳定的场合，为了简单、经济，可用适当的电阻 R 代替电感 L 组成 *CRC*（Π型）滤波电路，如图3－57（c）所示。

虽然电阻 R 本身并无滤波作用，但因为 R、C 元件对交流电和直流电呈现出不同的阻抗，若适当地选择 R、C 参数，使交流分量主要降在电阻 R 上，而直流分量主要降在电容 C 上，也可取得一定的滤波效果。RC_2 值越大，滤波效果越好，但当电阻 R 增大时，功率损耗也增加，所以这种滤波电路多用于负载电流较小的情况。

3.4.3 稳压管稳压电路

对交流电压进行整流、滤波后所得到的直流电压虽然脉动程度已经很小，但当电网电压波动或负载变化时，其直流电压的大小也将随之发生变化，从而影响电子设备和测量仪器的正常工作。因此，常在整流电路、滤波电路之后加一级稳压电路。

最简单的硅稳压管并联型稳压电路如图 3－58 所示，其中，R_L 为负载电阻，稳压管 D_Z 与负载电阻 R_L 并联，限流电阻 R 与稳压管 D_Z 配合起稳压作用。稳压电路的输入电压 U_i 是由整流电路、滤波电路提供的直流电压，输出电压 U_o 是稳压管 D_Z 的稳定电压 U_Z。

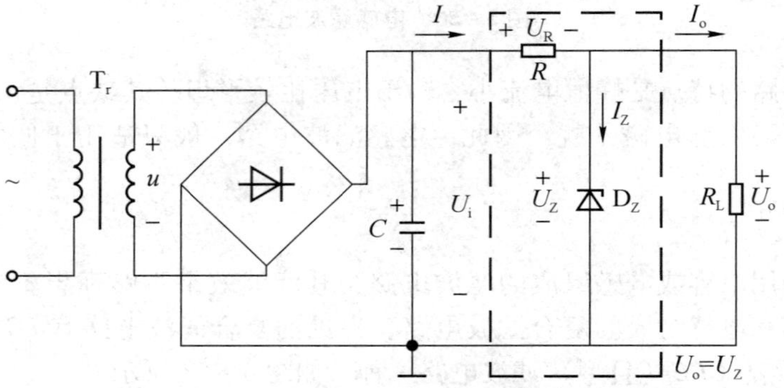

图 3－58　硅稳压管并联型稳压电路

当交流电压增加而使输入电压 U_i 增加时，负载电压 U_o 也增加，即 U_Z 增加。但当 U_Z 稍有增加时，稳压管 D_Z 的电流 I_Z 就显著增加。因此，电阻 R 上的压降增加，以抵偿 U_i 的增加，使负载电压 $U_o = U_i - U_R$ 保持近似不变。反之，当电网电压减小时，通过稳压管 D_Z 与电阻 R 的调节作用，将使电阻 R 上的压降减小，仍然保持负载电压 U_o 近似不变。

当输入电压 U_i 保持不变，而负载电流变化引起负载电压 U_o 改变时，上述稳压电路仍能起到稳压的作用。例如，当负载电流增大时，电阻 R 上的压降增大，负载电压 U_o 因而下降。只要 U_o 稍有下降，稳压管 D_Z 的电流就显著减小，使通过电阻 R 的电流和电阻上的压降保持近似不变。因此，负载电压 U_o 也近似不变。当负载电流减小时，稳压过程相反。

在选择稳压管时，一般取

$$\begin{aligned} U_Z &= U_o \\ I_{ZM} &= (1.5 \sim 3) I_{OM} \\ U_i &= (2 \sim 3) U_o \end{aligned} \tag{3-54}$$

【例 3－11】 稳压管的稳压电路如图 3－58 所示，交流电压经整流、滤波后得 $U_i = 25$ V，负载电阻 R_L 由开路变到 5 kΩ，若要求输出直流电压 $U_o = 15$ V，试选择稳压管 D_Z。

解：因为输出电压 $U_o = 15$ V，所以负载电流的最大值为

$$I_{OM} = \frac{U_o}{R_L} = \frac{15}{5 \times 10^3} = 3(\text{mA})$$

由于

$$U_Z = U_o = 15(\text{V}),\ I_{ZM} = 3I_{OM} = 3 \times 3 = 9(\text{mA})$$

查有关半导体器件参数表，选择稳压管 2CW20，其稳定电压 $U_Z =$ （13.5 ~ 17） V，稳定电流 $I_Z = 5$ mA，最大稳定电流 $I_{ZM} = 15$ mA，所以满足要求。

3.4.4　集成稳压电源

集成稳压电源具有体积小、可靠性高、使用灵活、价格低廉等优点，近年来发展很快，得到了广泛应用。

图 3－59 所示为 W78××和 W79××系列稳压器的外形、管脚排列。这种稳压器只有输入端、输出端和公共端三个引出端，所以也称为三端集成稳压器。使用时，只需在其输入端和输出端与公共端之间各并联一个电容即可。

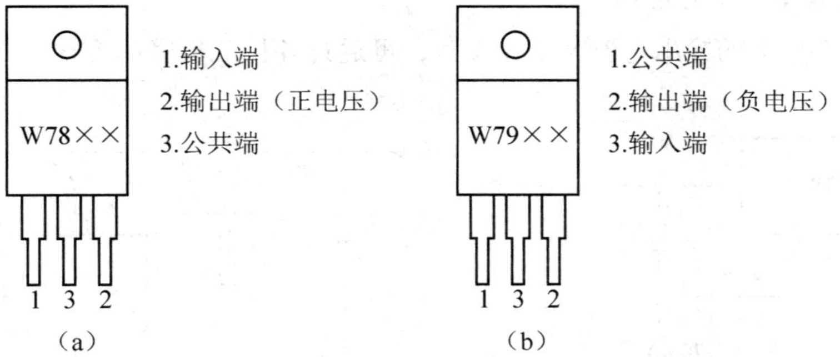

图 3－59　三端集成稳压器

（a）W78××系列；（b）W79××系列

W78××系列输出的正电压有 5 V、6 V、8 V、9 V、10 V、12 V、15 V、18 V 和 24 V 等多种。其后两位数字表示该稳压器的输出电压。例如，W7806 表示输出电压为 6 V 的集成稳压器。

W79××系列输出固定的负电压，如 W7912 表示输出电压为－12 V，其参数与 W78××系列基本相同。

这类三端集成稳压器在加装散热器的情况下，输出电流可达 1.5 ~ 2.2 A，最高输入电压为 35 V，最小输入、输出电压差为 2 ~ 3 V，输出电压变化率为 0.1% ~ 0.2%。

1. 基本电路

图 3－60 所示为 W78××系列和 W79××系列三端集成稳压器的基本接线图。电容 C_1 用以抵消输入端较长接线的电感效应，防止产生自激振荡，当接线不长时也可不用。并联电容 C_2 是为了在瞬时增减负载电流时不致引起输出电压有较大的波动。电容 C_1 一般为 0.1 ~ 1 μF，如取 0.33 μF；电容 C_2 可用 1 μF。

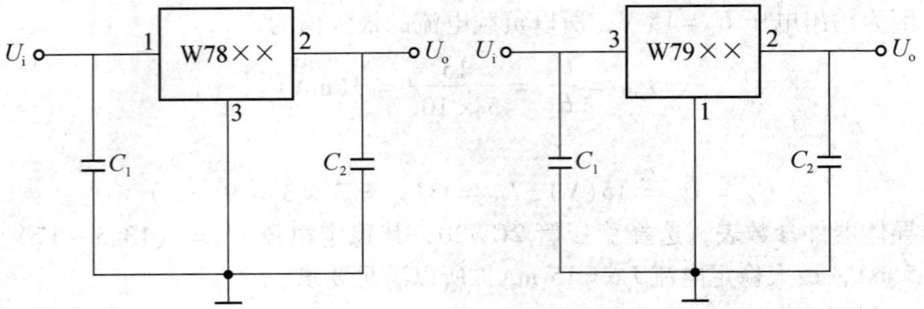

(a)　　　　(b)

图 3-60　三端集成稳压器的基本接线图

(a) W78××系列；(b) W79××系列

2. 可提高输出电压的电路

图 3-61 中电路的输出电压 U_o 高于 W78××的固定输出电压 U_{XX}，显然，

$$U_o = U_{XX} + U_Z$$

3. 可扩大输出电流的电路

当稳压电路所需的输出电流大于 2 A 时，可通过外接三极管的方法来扩大输出电流，如图 3-62 所示。

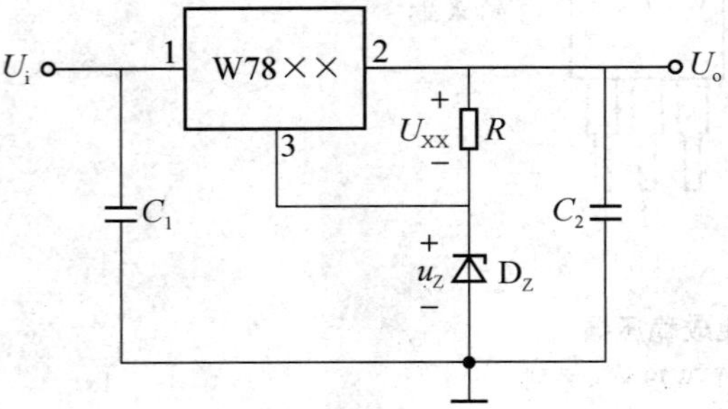

图 3-61　可提高输出电压的电路

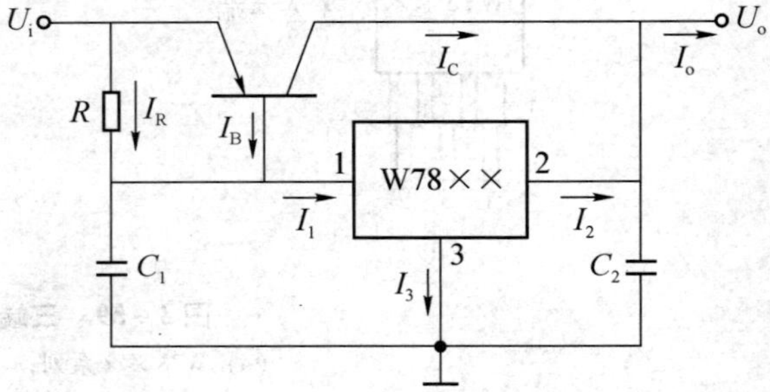

图 3-62　可扩大输出电流的电路

在图 3-62 中，I_3 为稳压器公共端的电流，其值很小，可以忽略不计，所以 $I_1 \approx I_2$。于是可得

$$I_o = I_C + I_2 = I_2 + \beta I_B = I_2 + \beta(I_1 - I_R)$$
$$= (1+\beta)I_2 + \beta\frac{U_{BE}}{R} \tag{3-55}$$

例如，功率管 $\beta=10$，$U_{BE} = -0.3$ V，电阻 $R=0.5\ \Omega$，$I_2=1$ A，则可计算出 $I_o=5$ A。可见，I_o 比 I_2 扩大了。

电阻 R 的作用是使功率管在输出电流较大时才能导通。

4. 可输出正、负电压的电路

将 W78××系列、W79××系列稳压器组成图 3-63 中的电路，可输出正、负电压。

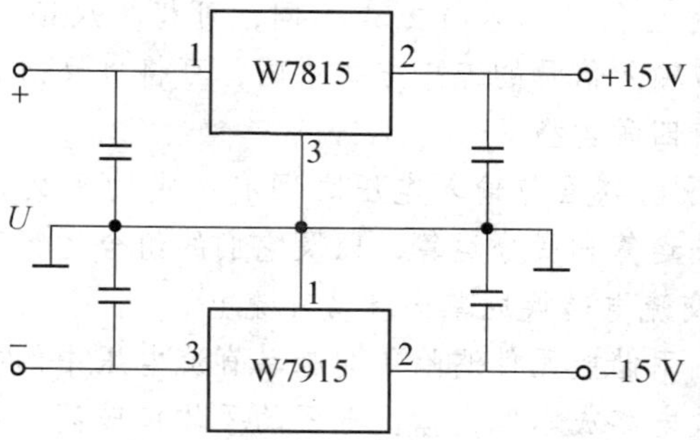

图 3-63 可输出正、负电压的电路

本章小结

1. PN 结具有单向导电性。在 PN 结承受正向电压时，其电阻很小，处于导通状态；在 PN 结承受反向电压时，其电阻很大，处于截止状态。

2. 二极管和稳压二极管都是由一个 PN 结构成的半导体器件，它们的正向特性很相似，主要区别是：二极管不允许反向击穿，一旦击穿，就会造成永久性损坏；而稳压二极管可以工作在反向击穿状态下，且反向击穿时动态电阻很小，即当电流在允许范围内变化时，稳定电压 U_Z 基本不变。

3. 三极管是由两个 PN 结构成的双极型半导体器件，有 NPN 型和 PNP 型两种管型。其主要功能是可以用较小的基极电流控制较大的集电极电流，控制能力用电流放大系数 β 表示。

（1）三极管的电流关系：

$$I_E = I_C + I_B = (1+\beta)I_B$$

（2）三极管的输入特性：

$$I_B = f(U_{BE})\big|_{U_{CE}=\text{常数}}$$

三极管的输入特性与二极管的正向特性相似。

（3）三极管的输出特性：

$$I_C = f(U_{CE})\big|_{I_B=\text{常数}}$$

可将其输出特性曲线划分为三个区域，即截止区、放大区和饱和区，分别对应三极管的三种工作状态。

4. 用双极型三极管可以构成放大器，放大的实质是用小信号和小能量控制大信号和大能量。

5. 放大电路的分析包括静态分析和动态分析两方面。静态分析通常采用估算法和图解法，用来确定放大电路的静态工作点。动态分析主要采用小信号模型法。小信号模型法是在小信号条件下，把非线性器件三极管用线性网络等效代换，从而把非线性的放大电路线性化，借助于线性电路的分析方法来分析，如计算放大电路的电压放大倍数、输入电阻和输出电阻等技术指标。

6. 根据反馈信号对输出信号的采样方式不同，可将负反馈分为电压负反馈和电流负反馈。根据反馈信号与输入信号的连接方式不同，可将负反馈分为串联负反馈和并联负反馈。因此，负反馈有四种类型。

7. 模拟运算电路的输出电压与输入电压之间有一定的函数关系，如比例运算、加法运算、减法运算、积分运算和微分运算，以及它们的组合运算等。

8. 整流电路用来将交流电转换成单向脉动直流电。

滤波电路的作用是利用储能元件滤除单向脉动直流电压中的交流成分，使输出电压趋于平稳。采用电容滤波电路成本低，输出电压的平均值较高，但其带负载能力差，适用于负载电流较小且负载电阻基本不变的场合。采用电感滤波电路成本高，但其带负载能力强，适用于负载电流较大的场合。在要求较高的场合，可采用 *LC* 滤波电路、*CLC*（Π型）滤波电路、*CRC*（Π型）滤波电路等复合滤波电路。

稳压电路的作用是当输入电压或负载在一定范围内变化时，保证输出电压稳定。对于要求不高的小功率稳压电路，可采用硅稳压管并联型稳压电路。

三端集成稳压器有 W78××系列和 W79××系列，前者输出正电压，后者输出负电压。

自测题

一、选择题

1. 在图 3－64 中，$U_{CC}=12\ \text{V}$，$R_C=3\ \text{k}\Omega$，$\beta=50$，U_{BE}可忽略，若使 $U_{CE}=6\ \text{V}$，则 $R_B=$（　　）。

A. 36 kΩ　　　　B. 300 kΩ

C. 600 kΩ　　　　D. 360 kΩ

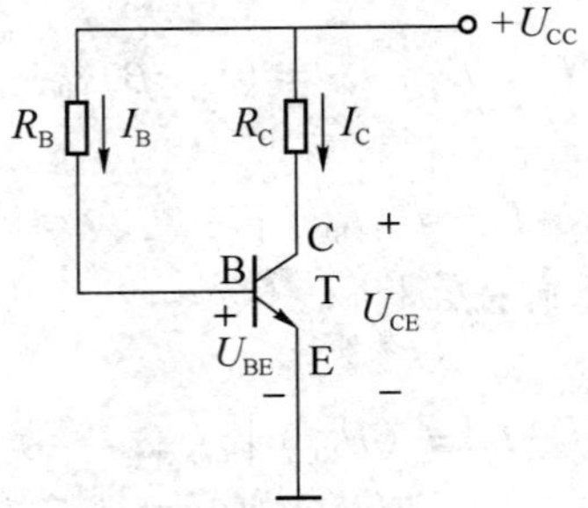

图 3－64　选择题 1 的电路

2. 某放大电路在负载开路时的输出电压为 4 V，接入 3 kΩ 的负载电阻后，输出电压降为 3 V。这说明放大电路的输出电阻为（　　）。

A. 10 kΩ　　　　B. 2 kΩ

C. 1 kΩ　　　　D. 0.5 kΩ

3. 如图3－65所示，在由理想运算放大器组成的运算电路中，若理想运算放大器所接电源为±12 V，且 $R_1=10\ \text{k}\Omega$，$R_F=100\ \text{k}\Omega$，则当输入电压 $u_i=2$ V 时，输出电压 u_o 最接近（　　）。

A. 12 V　　B. －12 V

C. 20 V　　D. －20 V

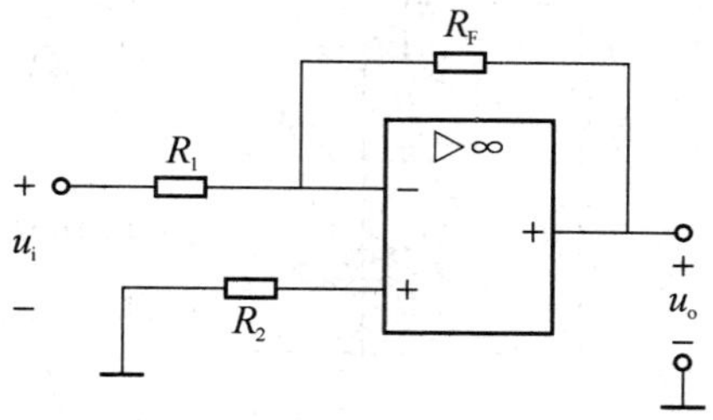

图3－65　选择题3的电路

4. 电路如图3－66所示，若 u_i 一定，当可变电阻 R_P 适当减小时，输出电压的变化情况为（　　）。

A. 由小变大　　B. 由大变小

C. 基本不变　　D. 无法确定

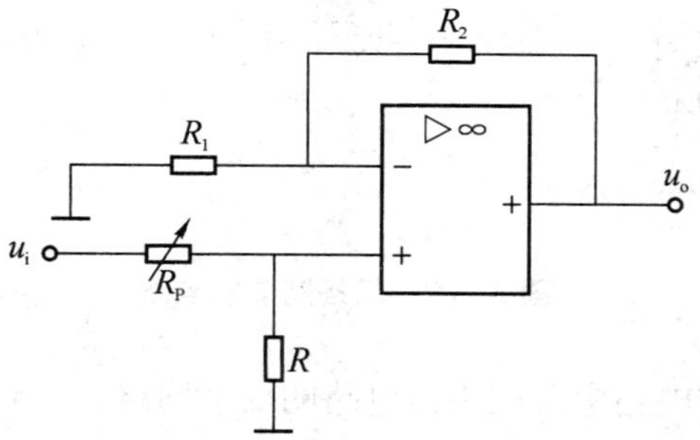

图3－66　选择题4的电路

5. 在图3－67所示的稳压电路中，已知 $U_Z=6$ V，则 $U_o=$（　　）。

A. 6 V　　B. 15 V

C. 21 V　　D. 150 V

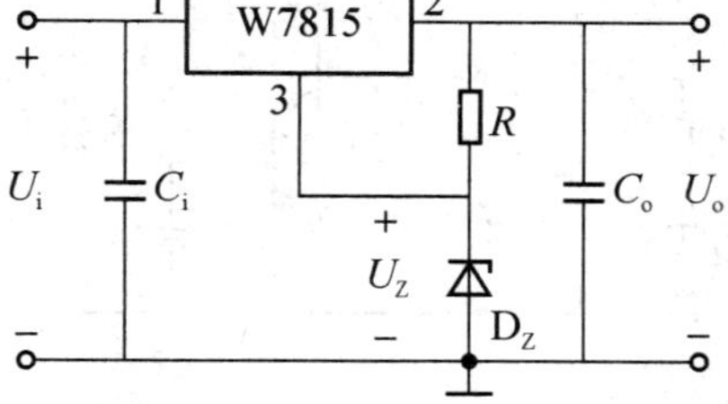

图3－67　选择题5的电路

二、简答题

1. 图 3－68 中的三极管为硅管，$\beta=100$，试求电路中的 I_B、I_C、U_{CE}，并判断三极管工作在什么状态。

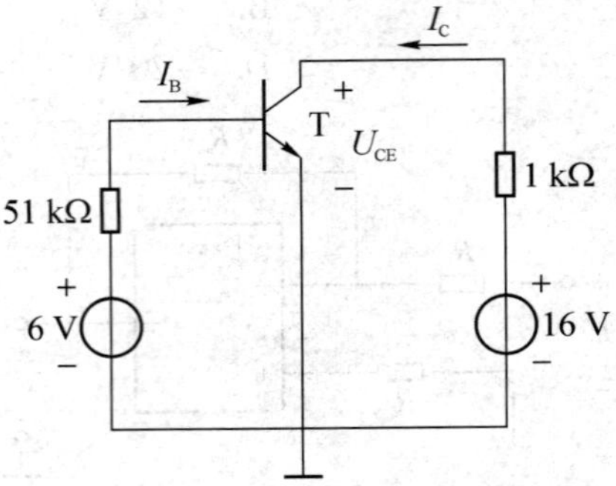

图 3－68　简答题 1 的电路

2. 在图 3－69 所示的各个电路中，试问三极管工作在何种状态？

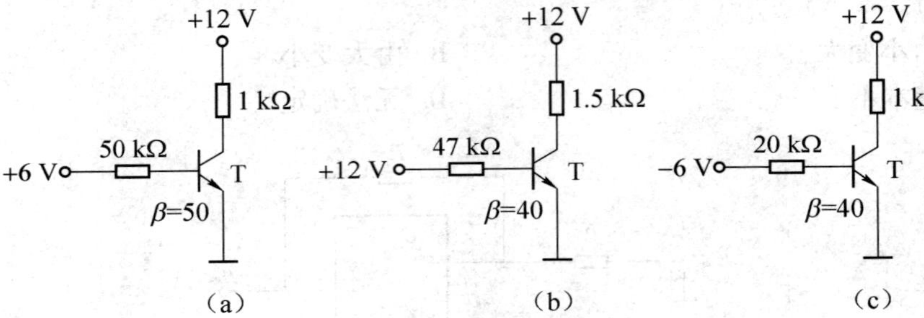

图 3－69　简答题 2 的电路

3. 在图 3－66 所示的电路中，试指出电路的反馈网络，并判断其反馈类型。

三、计算题

1. 在图 3－70 所示的分压式偏置放大电路中，已知 $U_{CC}=24\ V$，$R_C=3.3\ k\Omega$，$R_E=1.5\ k\Omega$，$R_{B1}=33\ k\Omega$，$R_{B2}=10\ k\Omega$，$R_L=5.1\ k\Omega$，三极管的 $\beta=66$，并设 $R_S\approx0$。

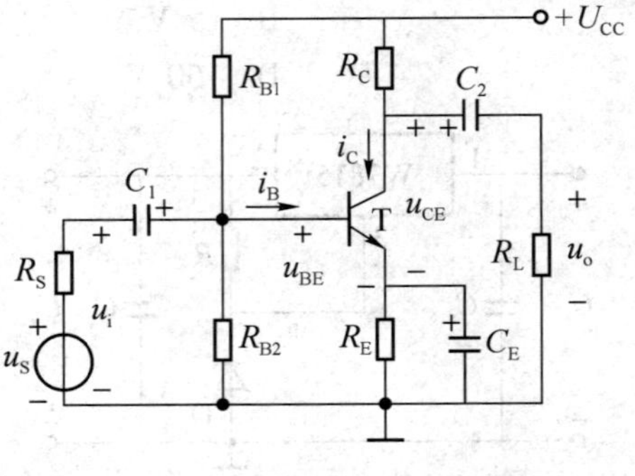

图 3－70　计算题 1 的电路

（1）求静态值 I_B、I_C、U_{CE}；

（2）画出微变等效电路；

（3）计算三极管的输入电阻 r_{be}；

（4）计算电压放大倍数 A_u；

（5）计算放大电路输出端开路时的电压放大倍数，并说明负载电阻 R_L 对电压放大倍数的影响；

（6）估算放大电路的输入电阻和输出电阻。

2. 电路如图3－71所示，三极管的 $\beta=80$，$r_{be}=1.5\ k\Omega$，$U_{BE}=0.6\ V$，正弦交流信号源的有效值 $U_S=200\ mV$，$R_S=5\ k\Omega$。

（1）画出直流通路，并估算静态工作点（I_B、I_C、U_{CE}）；

（2）画出微变等效电路；

（3）求输入电阻 r_i 及输出电阻 r_o；

（4）求电压放大倍数 A_u。

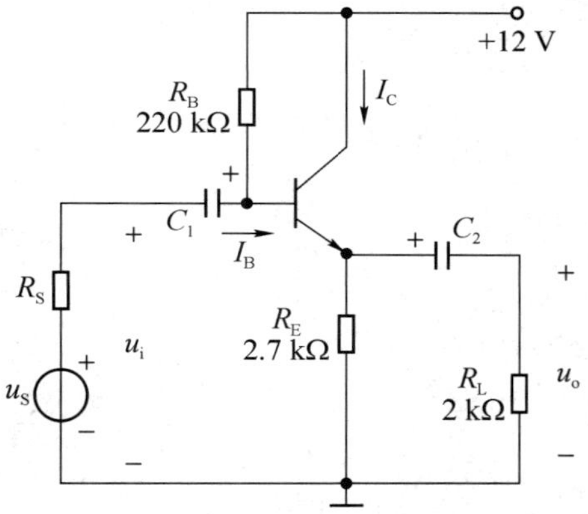

图3－71　计算题2的电路

3. 在图3－72所示的单相半波整流电路中，已知变压器二次侧电压的有效值 $U=30\ V$，负载电阻 $R_L=100\ \Omega$。试求：

（1）输出电压的平均值 U_o 和输出电流的平均值 I_o 各为多少？

（2）若电源电压波动±10%，二极管承受的最大反向电压为多少？

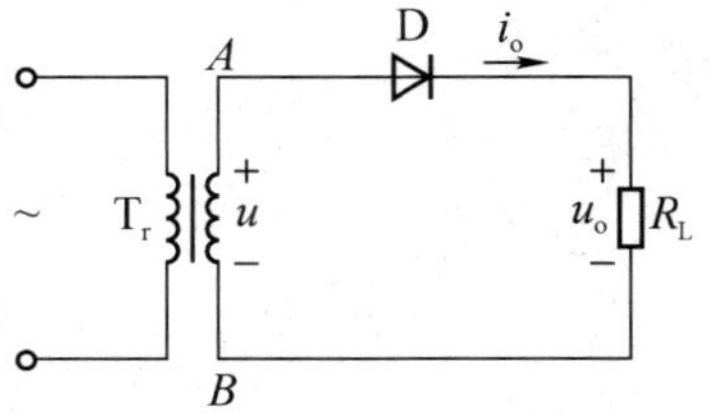

图3－72　计算题3的电路

4. 单相桥式整流电容滤波电路如图 3 - 73 所示。已知 $R_L = 100\ \Omega$，$U_2 = 12\ \text{V}$，试估算 U_o，并选取 C 值。

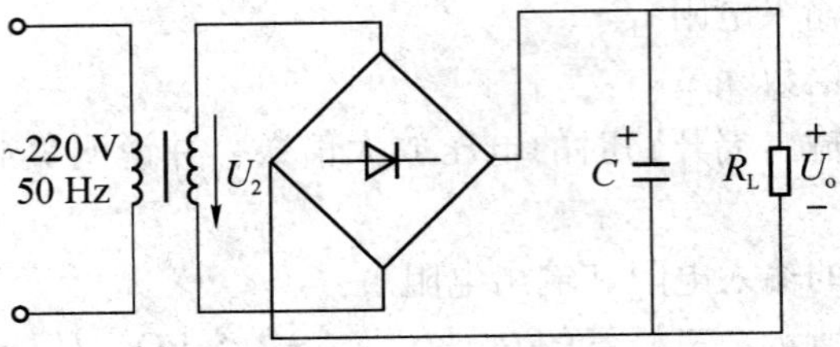

图 3 - 73　计算题 4 的电路

第4章　数字电路基础

导　言

本章主要介绍逻辑代数的基本运算规则和定律、逻辑函数的表示方法、逻辑函数的化简方法、组合逻辑电路与时序逻辑电路的分析和设计方法、集成定时器的工作原理、数/模转换器和模/数转换器的工作原理等。通过本章学习内容，学生能够掌握数字电路的基础知识，为学习后续相关章节和专业知识奠定坚实的基础。

学习目标

1. 认知目标

（1）掌握逻辑代数的基本运算规则和定律、逻辑函数的表示方法及化简方法。

（2）掌握与门、或门、非门、与非门、或非门的工作原理，并能对输出的高低电平做定量计算。

（3）理解TTL门电路的逻辑功能和特点。

（4）理解T形电阻网络数/模转换器的工作原理、主要参数和集成电路芯片的使用方法。

（5）理解逐次逼近型模/数转换器的工作原理、主要参数和集成电路芯片的使用方法。

2. 技能目标

（1）能够在涉及数字电路的汽车电路图中分析电路的工作原理。

（2）能够掌握组合逻辑电路和时序逻辑电路的分析方法。

3. 情感目标

（1）培养学习电工知识的兴趣，重视本课程的学习，提高自主学习和收集资料的能力。

（2）尊重他人的感情和劳动成果，认可与他人协作作业的方法，养成善于倾听他人意见，特别是不同意见的习惯。

（3）树立从全局出发考虑问题的观念，增强在学习与实践过程中自我教育、自我发展的意识，满足在汽车运用与维修技术岗位任职和个人成长的需要。

4.1 脉冲信号

对于前面分析的信号（电压或电流），从时间或信号的大小来看，它们都是连续变化的，称为模拟信号。用以传递、处理模拟信号的电路称为模拟电路。

除模拟信号以外，还存在另一类信号。从时间或信号的大小上看，它是不连续的，这类信号称为数字信号。用以传递、处理数字信号的电路称为数字电路。

在数字电路中，一般都采用二进制，凡具有两个稳定状态的元件都可用来表示二进制的两个数码，故其基本单元电路简单。由于数字电路传递和处理的是二值信息，不易受外界干扰，因而其抗干扰能力强。

与模拟电路相比，数字电路具有如下特点：抗干扰能力强、可靠性高、精确性和稳定性好、通用性广、便于集成、便于进行故障诊断和系统维护等。以抗干扰能力和可靠性为例，数字电路不仅可以通过整形去除叠加于传输信号上的噪声和干扰，还可以进一步利用差错控制技术对传输信号进行检错和纠错。另外，数字电路还具有信号便于长期储存、保密性好等特点。

随着半导体集成电路的迅速发展，数字电路的集成度高、成本低、使用方便。因此，数字电路在计算机技术、测量技术、自动控制、数字通信、家用电器、互联网等技术领域中都得到了广泛应用。

数字电路所处理的信号多是矩形脉冲信号或尖脉冲信号。对于不同的脉冲信号，表示其特征的参数不同。图 4－1 所示为应用最广泛的矩形电压脉冲波形。

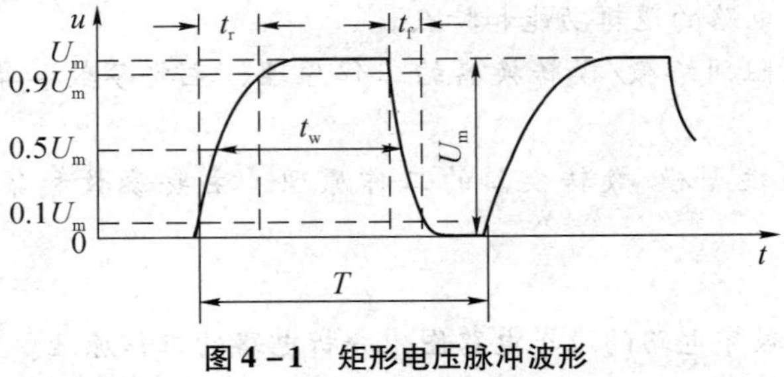

图 4－1　矩形电压脉冲波形

矩形电压脉冲的主要参数如下：

（1）脉冲幅度 U_m。脉冲幅度是指脉冲电压信号变化的最大值。

（2）脉冲前沿 t_r。脉冲前沿是指波形从 $0.1U_m$ 上升到 $0.9U_m$ 所需要的时间。

（3）脉冲后沿 t_f。脉冲后沿是指波形从 $0.9U_m$ 下降到 $0.1U_m$ 所需要的时间。

（4）脉冲宽度 t_w。脉冲宽度是指从波形上升沿的 $0.5U_m$ 到下降沿的 $0.5U_m$ 所需要的时间，又称为脉冲持续时间。

（5）脉冲周期 T。脉冲周期是指在周期性的脉冲信号中，任意两个相邻脉冲上升沿（或下降沿）之间的时间间隔。

（6）脉冲频率 f。脉冲频率是指在周期性的脉冲信号中，每秒出现脉冲波形的个数，$f=\frac{1}{T}$。

脉冲信号有正、负之分。如果脉冲跃变后的值比初始值高，则它为正脉冲；反之，则为负脉冲。正、负脉冲如图4－2所示。

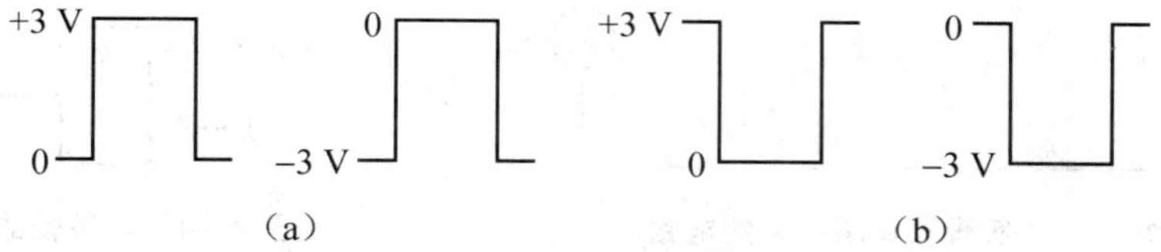

图4－2　正、负脉冲

（a）正脉冲；（b）负脉冲

4.2　逻辑代数

逻辑代数又称为布尔代数，是研究数字电路的基本数学工具。在数字电路中，输入信号是“条件”，输出信号是“结果”，输出信号与输入信号之间的因果关系可用逻辑函数来描述。逻辑代数研究的内容就是逻辑函数与逻辑变量之间的关系。

逻辑代数中的逻辑变量和普通代数中的变量一样，可用字母 A，B，C，…，X，Y，Z 来表示，但逻辑变量的取值只有逻辑0和逻辑1两个值。这里的0和1不表示具体数值大小，只表示相互对立的逻辑状态，如电平的高与低、开关的合与断、信号的有和无等。

4.2.1　逻辑代数的基本运算

基本的逻辑关系只有“与”“或”“非”三种。实现这三种逻辑关系的电路分别叫作“与”门、“或”门、“非”门。因此，在逻辑代数中，有三种基本的逻辑运算相对应，即“与”运算、“或”运算、“非”运算。

1. 与逻辑和与运算

如果在决定某种结果的所有条件都具备时，结果才会发生，则这种因果关系称为与逻辑。在图4－3所示的电路中，开关 A 和 B 串联，只有当开关 A 与 B 同时闭合时，灯泡才亮。只要有一个开关断开，灯泡就会灭。灯泡亮与开关 A、B 的闭合之间是与逻辑关系。与逻辑可用逻辑代数中的与运算表示，即

$$F = A \cdot B \tag{4-1}$$

式中：·——与运算符号，在逻辑式中也可省略。

如果把结果发生或条件具备用逻辑1表示，结果不发生或条件不具备用逻辑0表示，则与运算规则为

$$0 \cdot 0 = 0,\quad 0 \cdot 1 = 0,\quad 1 \cdot 0 = 0,\quad 1 \cdot 1 = 1$$

由于与运算的运算规则与普通代数中的乘法相似，故与运算又称为逻辑乘。

图4－4所示为与逻辑的符号，它也是与门的逻辑符号。

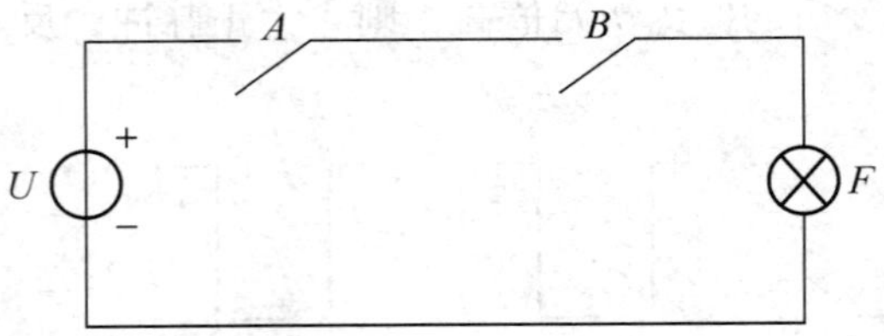

图 4-3　实现与逻辑关系的电路

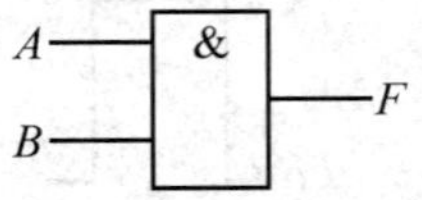

图 4-4　与逻辑的符号

2. 或逻辑和或运算

如果在决定某一结果的各个条件中，只要具备一个条件，结果就会发生，则这种逻辑关系称为或逻辑。在图 4-5 所示的电路中，开关 A 和 B 并联，只要开关 A 或 B 有一个闭合，灯泡就会亮。灯泡亮与开关 A、B 闭合之间是或逻辑关系。或逻辑可用逻辑代数中的或运算表示，即

$$F = A + B \tag{4-2}$$

式中：+——或运算符号。

同样，用 1 和 0 分别表示或逻辑中的结果和条件，则或运算规则为

$$0+0=0,\quad 0+1=1,\quad 1+0=1,\quad 1+1=1$$

由于或运算的运算规则与普通代数中的加法相似，故或运算又称为逻辑加。

图 4-6 所示为或逻辑的符号，它也是或门的逻辑符号。

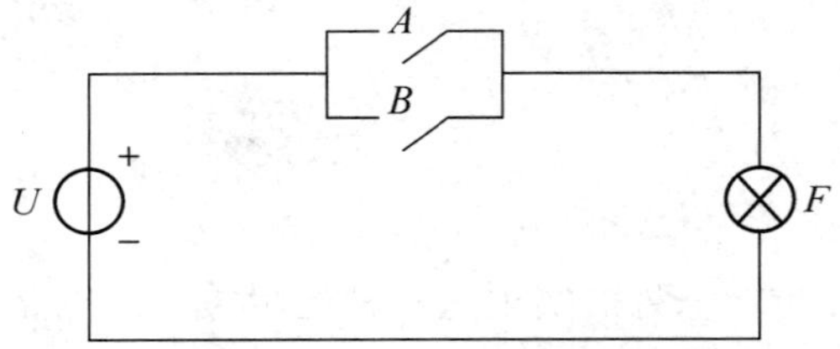

图 4-5　实现或逻辑关系的电路

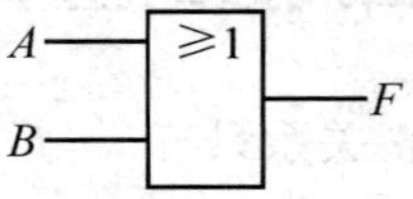

图 4-6　或逻辑的符号

3. 非逻辑和非运算

结果和条件处于相反状态的因果关系称为非逻辑。实现非逻辑的电路称为非门电路。在图 4-7 所示的电路中，灯泡亮与开关闭合之间是非逻辑关系。非逻辑可用逻辑代数中的非运算表示，即

$$F = \overline{A} \tag{4-3}$$

式中：$\overline{\cdot}$——非运算符号，读作“·非”。非运算规则为

$$\overline{0}=1,\quad \overline{1}=0$$

图 4-8 所示为非逻辑的符号，它也是非门的逻辑符号。

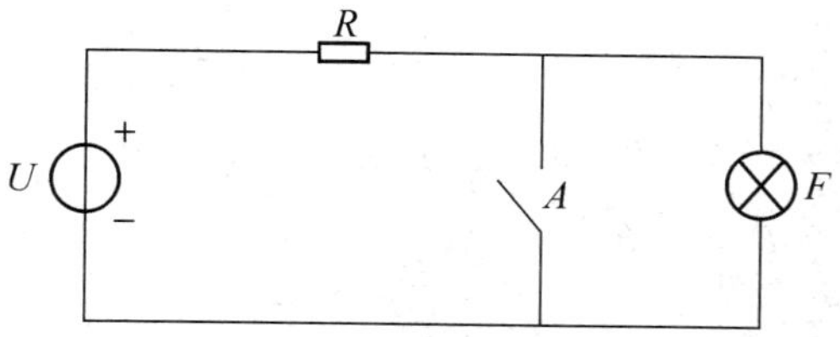

图 4-7　实现非逻辑关系的电路

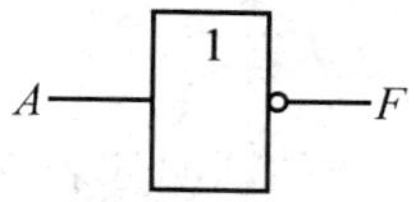

图 4-8　非逻辑的符号

4.2.2　逻辑代数的运算规则

1. 基本运算规则

（1）逻辑乘（与运算）。

$$A \cdot 0 = 0,\quad A \cdot 1 = A,\quad A \cdot A = A,\quad A \cdot \overline{A} = 0$$

（2）逻辑加（或运算）。

$$0 + A = A,\quad 1 + A = 1,\quad A + A = A,\quad A + \overline{A} = 1$$

（3）逻辑非（非运算）。

$$\overline{0} = 1,\quad \overline{1} = 0,\quad \overline{\overline{A}} = A$$

2. 交换律

$$AB = BA \tag{4-4}$$

$$A + B = B + A \tag{4-5}$$

3. 结合律

$$ABC = (AB)C = A(BC) \tag{4-6}$$

$$A + B + C = A + (B + C) = (A + B) + C \tag{4-7}$$

4. 分配律

$$A(B + C) = AB + AC \tag{4-8}$$

$$A + BC = (A + B)(A + C) \tag{4-9}$$

证明： $(A + B)(A + C) = AA + AB + AC + BC$

$= A(1 + B + C) + BC = A + BC$

5. 吸收律

$$A(A + B) = A \tag{4-10}$$

$$A(\overline{A} + B) = AB \tag{4-11}$$

$$A + AB = A \tag{4-12}$$

$$A + \overline{A}B = A + B \tag{4-13}$$

证明： $A + \overline{A}B = A + AB + \overline{A}B = A + (A + \overline{A})B = A + B$

$$(A + B)(A + \overline{B}) = A \tag{4-14}$$

证明： $(A + B)(A + \overline{B}) = AA + A\overline{B} + AB + B\overline{B} = A + A(B + \overline{B}) = A + A = A$

6. 反演律（德摩根定律）

$$\overline{AB}=\overline{A}+\overline{B} \tag{4-15}$$

$$\overline{A+B}=\overline{A}\,\overline{B} \tag{4-16}$$

证明： 反演律的证明如表4－1所示。

表4－1　反演律的证明

A	B	$\overline{A}$	$\overline{B}$	$\overline{AB}$	$\overline{A}+\overline{B}$	$\overline{A+B}$	$\overline{A}\,\overline{B}$
0	0	1	1	1	1	1	1
0	1	1	0	1	1	0	0
1	0	0	1	1	1	0	0
1	1	0	0	0	0	0	0

4.2.3　逻辑函数的表示方法

逻辑函数可以用逻辑状态表、逻辑表达式、逻辑图、卡诺图等方法来表示。

1. 逻辑状态表

将 n 个输入变量的 2^n 个状态及其对应的输出函数值列成的表格叫作逻辑状态表，或称为真值表。

设有一个三输入变量的奇数判别电路，输入变量用 A、B、C 表示，输出变量用 F 表示。当输入变量中有奇数个1时，$F=1$；当输入变量中有偶数个1时，$F=0$。因为三个输入变量共有 $2^3=8$ 个组合状态，将8个状态及其对应的输出状态列成表格，即可得到逻辑状态表，如表4－2所示。

表4－2　奇数判别电路的逻辑状态表

A	B	C	F
0	0	0	0
0	0	1	1
0	1	0	1
0	1	1	0
1	0	0	1
1	0	1	0
1	1	0	0
1	1	1	1

2. 逻辑表达式

逻辑表达式是指用各变量的与、或、非逻辑运算的组合表达式来表示逻辑函数。通常采用与或表达式，可根据逻辑状态表写出，即将逻辑状态表中输出等于 1 的各状态表示成全部输入变量（原变量或反变量）的与项；将总的输出表示成所有与项的或函数。表 4－2 中有 4 项 $F=1$，故其逻辑表达式为

$$F=\bar{A}\bar{B}C+\bar{A}B\bar{C}+A\bar{B}\bar{C}+ABC \tag{4-17}$$

3. 逻辑图

用规定的逻辑符号连接构成的图称为逻辑图，也称为逻辑电路图。逻辑图通常是根据逻辑表达式画出的。例如，式（4－17）所对应的逻辑图如图 4－9 所示。

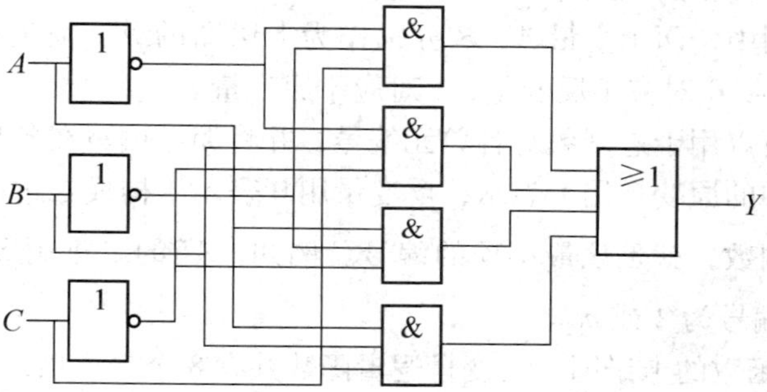

图 4－9　奇数判别电路的逻辑图

4. 卡诺图

卡诺图也是表示逻辑函数的一种方法，利用卡诺图还能化简逻辑函数。

卡诺图是由许多方格组成的阵列图。方格又称为单元，每个单元代表了逻辑函数的一个最小项。卡诺图的结构特点是，位置相邻单元中的两个最小项必须是相邻项。因此，在卡诺图中，不仅上下、左右之间的最小项都是相邻项，而且同一行里最左端和最右端单元、同一列里最上端和最下端单元中的最小项符合相邻性原则。

（1）逻辑函数的最小项。

① 最小项的定义。在 n 变量逻辑函数中，若每个乘积项都包含 n 个变量因子，而且每个变量都以原变量或反变量的形式在乘积项中只出现一次，则这样的乘积项称为最小项。n 变量逻辑函数有 2^n 个最小项。例如，三变量逻辑函数 $F(A,B,C)$ 共有 8 个最小项，分别是 $\bar{A}\bar{B}\bar{C}$、$\bar{A}\bar{B}C$、$\bar{A}B\bar{C}$、$\bar{A}BC$、$A\bar{B}\bar{C}$、$A\bar{B}C$、$AB\bar{C}$、ABC，而 AB、$B\bar{C}$、C 等都不是最小项。

② 最小项的性质。

a. 对于任意一个最小项，只有一组变量取值使它为 1。在变量取其他值时，这个最小项都为 0。例如，在三变量逻辑函数 $F(A,B,C)$ 中，对于最小项 $AB\bar{C}$，只有当变量 ABC 为 110 时，该最小项为 1，对于其他取值，该最小项都是 0。

b. 若两个最小项中只有一个变量互为反变量，其余各变量均相同，则称这两个最小项为相邻项。两个相邻项合并，可消去互为反变量的变量。例如，$AB\overline{C}$和 ABC 为相邻项，将这两个最小项相加，即 $AB\overline{C}+ABC=AB\ (\overline{C}+C)\ =AB$，消去了变量 C。

c. 对于变量的任何一组取值，全体最小项之和为 1。

d. 任意两个最小项的乘积均为 0。

e. n 变量逻辑函数的每个最小项都有 n 个相邻项。

（2）逻辑函数的卡诺图。任何一个逻辑函数都可以表达成若干个最小项之和的形式，这样的逻辑表达式称为最小项表达式。根据逻辑函数的最小项表达式，就可以得到相应的卡诺图。其方法是，将最小项表达式中的各项在卡诺图相应的单元中填入 1，其余单元填入 0。

① 二变量逻辑函数的卡诺图。二变量逻辑函数 $F(A,B)$ 共有 4 个最小项，其卡诺图如图 4－10 所示。图中，两个变量 A、B 分别作为卡诺图的纵、横坐标，0 和 1 为变量的两种可能取值，其中，0 对应于反变量，1 对应于原变量。

为方便起见，可以用十进制数对各单元编号，并将编号填写在各自的方格中。编号的方法如下：最小项中的原变量用 1 表示，反变量用 0 表示，构成二进制数；将此二进制数转换成相应的十进制数，就是该最小项的编号。例如，$A\overline{B}$的二进制数为 10，对应的十进制数为 2，即 $A\overline{B}$的编号为 2 或 m_2。

② 三变量逻辑函数的卡诺图。三变量逻辑函数共有 8 个最小项，其卡诺图如图 4－11 所示。

③ 四变量逻辑函数的卡诺图。四变量逻辑函数共有 16 个最小项，其卡诺图如图 4－12 所示。

A \ B	0	1
0	0	1
1	2	3

图 4－10　二变量逻辑函数的卡诺图

A \ BC	00	01	11	10
0	0	1	3	2
1	4	5	7	6

图 4－11　三变量逻辑函数的卡诺图

AB \ CD	00	01	11	10
00	0	1	3	2
01	4	5	7	6
11	12	13	15	14
10	8	9	11	10

图 4－12　四变量逻辑函数的卡诺图

【例 4－1】 试用卡诺图表示逻辑函数 $F(A,B,C)=AB+B\overline{C}$。

解： 首先将逻辑函数写成最小项表达式：

$$\begin{aligned} F(A,B,C) &= AB(C+\overline{C})+(A+\overline{A})B\overline{C} \\ &= ABC+AB\overline{C}+AB\overline{C}+\overline{A}B\overline{C} \\ &= ABC+AB\overline{C}+\overline{A}B\overline{C} \end{aligned}$$

根据最小项表达式画出卡诺图，如图4－13所示。

A \ BC	00	01	11	10
0	0	0	0	1
1	0	0	1	1

图4－13 例4－1的卡诺图

【例4－2】 试用卡诺图表示逻辑函数 $F=A\bar{B}+C\bar{D}+\bar{B}CD+\bar{A}\bar{C}D+ABCD$。

解： 这是一个四变量逻辑函数，按例4－1中的方法，应先将函数写成最小项表达式，然后才能表示在卡诺图上，这种做法比较麻烦。实际上，对于以与或表达式给出的逻辑函数，可以直接将其填入卡诺图中。

以式中第一项 $A\bar{B}$ 为例，该项应是四个相邻最小项合并的结果，因此，它包含了所有含有 $A\bar{B}$ 因子的最小项，而无论另外两个因子 C、D 取何值。由此，可直接在卡诺图上对应于所有 $A=1$ 且 $B=0$ 的单元里填入1，即在第8、9、11、10号单元中填入1。

同理，对于 $C\bar{D}$ 项，在 $C=1$ 且 $D=0$ 所对应的第2、6、14、10号单元中填入1；对于 $\bar{B}CD$ 项，应在 $B=0$ 且 $C=D=1$ 所对应的第3、11号单元中填入1；对于 $\bar{A}\bar{C}D$ 项，应在 $A=C=0$ 且 $D=1$ 所对应的第1、5号单元中填入1；对于 $ABCD$ 项，应在第15号单元中填入1。在其余单元中均填入0。于是该函数的卡诺图如图4－14所示。

AB \ CD	00	01	11	10
00	0	1	1	1
01	0	1	0	1
11	0	0	1	1
10	1	1	1	1

图4－14 例4－2的卡诺图

4.2.4 逻辑函数的化简方法

一个逻辑函数可以有多种表达式。例如，

$$
\begin{aligned}
F &= AC+\bar{A}B \\
&= \overline{\overline{AC}\cdot\overline{\bar{A}B}} \\
&= \overline{(\bar{A}+\bar{C})\cdot(A+\bar{B})} \\
&= \cdots
\end{aligned}
$$

只有将函数化简到最简形式，才能方便、直观地分析其逻辑关系，而且在设计具体电路时，所用的元件数最少，电路最简单。与或表达式是逻辑函数中最常用的表达式，在化简逻辑函数时，要使逻辑函数的与或表达式中所含的或项数最少，每个与项的变量数也最少。

化简逻辑函数的方法有代数法（公式法）和卡诺图法。

1. *代数法*

代数法是利用逻辑代数的运算规则和定律来化简逻辑函数。

（1）并项法。利用 $A+\bar{A}=1$，可消去一个变量，化简逻辑函数。例如，

$$F_1 = AB\bar{C}+\bar{A}B\bar{C} = B\bar{C}(A+\bar{A}) = B\bar{C}$$

$$F_2 = ABC+A\bar{B}+A\bar{C} = A(BC+\bar{B}+\bar{C}) = A(BC+\overline{BC}) = A$$

(2) 吸收法。利用 $A+AB=A$，可消去多余的乘积项。例如，

$$F_1 = A\overline{B} + A\overline{B}CD(E+F) = A\overline{B} + A\overline{B}CDE + A\overline{B}CDF$$
$$= A\overline{B}(1 + CDE + CDF) = A\overline{B}$$
$$F_2 = ABC + \overline{\overline{A} + \overline{B} + \overline{C} + \overline{D}} = ABC + ABCD = ABC(1+D) = ABC$$

(3) 消去法。利用 $A+\overline{A}B=A+B$，可消去某与项中的多余因子。例如，

$$F = BC + A\overline{B}C + \overline{C} = C(B + A\overline{B}) + \overline{C} = C(B+A) + \overline{C} = A + B + \overline{C}$$

(4) 配项法。利用 $A+A=A$、$A+\overline{A}=1$、$A \cdot A=A$ 等，给逻辑函数表达式增加适当的项，然后用有关公式化简逻辑函数。例如，

$$F = AB + \overline{B}C + \overline{A}C$$
$$= AB(C+\overline{C}) + (A+\overline{A})\overline{B}C + \overline{A}(B+\overline{B})C$$
$$= ABC + AB\overline{C} + A\overline{B}C + \overline{A}\,\overline{B}C + \overline{A}BC$$
$$= (ABC + \overline{A}BC) + (A\overline{B}C + \overline{A}\,\overline{B}C) + AB\overline{C}$$
$$= BC + \overline{B}C + AB\overline{C}$$
$$= C + AB\overline{C} = AB + C$$

由于逻辑函数有简有繁，化简的方法也并非单一，因此，必须熟练掌握、运用逻辑代数的运算规则和定律，综合运用上述化简法，才能达到化简逻辑函数的目的。

【例 4-3】 化简逻辑函数 $F = A\overline{C}\,\overline{D} + BC + \overline{B}C + A\overline{B} + \overline{A}C + \overline{B}\,\overline{C}$。

解：

$$F = A\overline{C}\,\overline{D} + BC + \overline{B}C + A\overline{B} + \overline{A}C + \overline{B}\,\overline{C} + \overline{B}C\text{(配项)}$$
$$= A\overline{C}\,\overline{D} + C(B+\overline{B}) + A\overline{B} + \overline{A}C + \overline{B}(C+\overline{C})\text{(并项)}$$
$$= A\overline{C}\,\overline{D} + C + A\overline{B} + \overline{A}C + \overline{B}$$
$$= A\overline{C}\,\overline{D} + C(1+\overline{A}) + \overline{B}(1+A)\text{(吸收)}$$
$$= A\overline{C}\,\overline{D} + C + \overline{B}$$
$$= A\overline{D} + C + \overline{B}\text{(消去)}$$

2. 卡诺图法

在用代数法化简较复杂的逻辑函数时，往往难以确认化简结果是否为最简形式。利用卡诺图法化简逻辑函数，不仅方法简单，而且很容易确认逻辑函数化简后的结果是否为最简表达式。

利用卡诺图法化简逻辑函数的过程如下：利用 $A+\overline{A}=1$ 将相邻的最小项合并，消去互为反变量的因子。若卡诺图中的 2 个相邻单元均为 1，则这 2 个相邻最小项的和将消去 1 个变量；若 4 个相邻单元均为 1，则这 4 个相邻最小项的和将消去 2 个变量；……若 2^n 个相邻单元均为 1，则这 2^n 个相邻最小项的和将消去 n 个变量。因此，在化简逻辑函数时，可把卡诺图中有关相邻的最小项画成若干个包围圈，逐一进行合并。其具体步骤如下：

（1）将卡诺图中 2^n（$n=1$，2，3，…）个相邻为 1 的单元圈成一组，形成一个包围圈，对应于每个包围圈写成一个新的乘积项。

（2）包围圈内的单元数要尽可能多，单元数越多，消去的变量数就越多。

（3）包围圈数应尽可能少，必要时，可重复使用某些单元，但新增包围圈中一定要有新的单元。包围圈数越少，化简后的函数项越少。

（4）孤立的单元单独画包围圈。

（5）写出化简结果，其结果为各乘积项之和。

【例 4－4】 用卡诺图法化简逻辑函数 $F=\overline{A}\,\overline{B}\,\overline{C}+\overline{A}\,\overline{B}C+\overline{A}B\overline{C}+\overline{A}BC+A\overline{B}C$。

解： 作三变量逻辑函数的卡诺图，把逻辑函数 F 直接填入卡诺图中，如图 4－15 所示。按合并最小项的规律，可画出两个包围圈，故化简后的结果为

$$F=\overline{A}+\overline{B}C$$

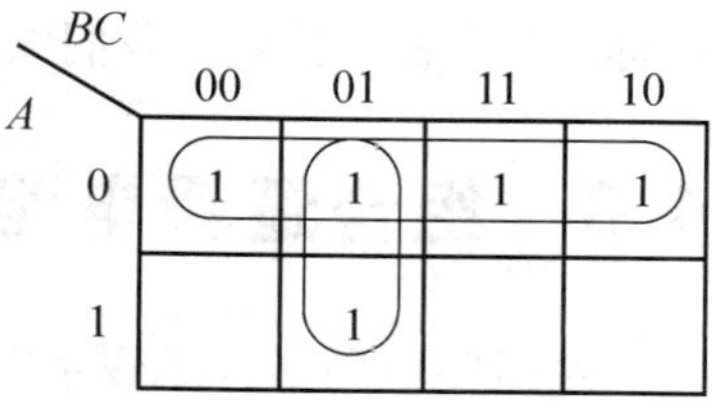

图 4－15　例 4－4 的卡诺图

【例 4－5】 用卡诺图法化简逻辑函数 $F=\overline{A}\,\overline{B}\,\overline{D}+B\overline{C}D+BC+C\overline{D}+\overline{B}\,\overline{C}\,\overline{D}$。

解： 作四变量逻辑函数的卡诺图，将逻辑函数 F 填入卡诺图中，如图 4－16 所示。根据画包围圈的原则画出包围圈，分别如图 4－16（a）和图 4－16（b）所示。

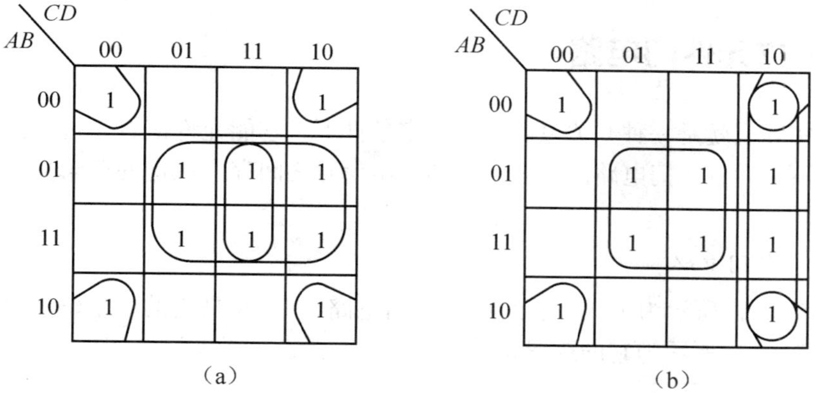

图 4－16　例 4－5 的卡诺图

按图 4－16（a），可得出化简结果为

$$F=BD+BC+\overline{B}\,\overline{D}$$

按图 4－16（b），可得出化简结果为

$$F=BD+C\overline{D}+\overline{B}\,\overline{D}$$

例 4－5 说明，逻辑函数的卡诺图是唯一的，但其最简表达式不是唯一的。或者说，任意一个逻辑函数经化简后，其结果不一定是唯一的，但若用卡诺图法化简逻辑函数，得到的结果一定是最简表达式。

通过以上分析，化简逻辑函数时通常遵循以下几条原则：

（1）逻辑电路所用的门数要最少。

（2）各逻辑门的输入端数要最少。

（3）逻辑电路所用的级数要少。

（4）逻辑电路能够可靠地工作。

第（1）条和第（2）条主要从成本方面来考虑，第（3）条是从速度方面来考虑的，第（4）条是从可靠性方面来考虑的。由于它们之间经常是矛盾的，因此，在实际中要兼顾各项指标。为了便于比较，我们以第（1）条和第（2）条作为化简逻辑函数的主要标准。

4.3 组合逻辑电路

逻辑门电路是构成数字电路的基本单元。最基本的门电路有与门、或门、非门。利用与门、或门、非门还可以构成各种常用的逻辑门。

在数字电路中，输入量和输出量一般用高、低电平来表示，而电平的高、低用数字1或数字0来代表。如果用数字1代表高电平，用数字0代表低电平，则称为正逻辑；反之，如果用数字0代表高电平，用数字1代表低电平，则称为负逻辑。

若无特殊说明，本书一律采用正逻辑。

4.3.1 分立元件门电路

门电路实际上就是一种开关电路。在一定条件下，它能允许信号通过。当条件不满足时，信号就不能通过。门电路的输入信号和输出信号之间存在一定的逻辑关系，故称为逻辑门电路。

1. 二极管与门电路

图4－17（a）所示为由二极管组成的与门电路，A、B 是它的两个输入端，F 是输出端。图4－17（b）所示为它的逻辑符号。

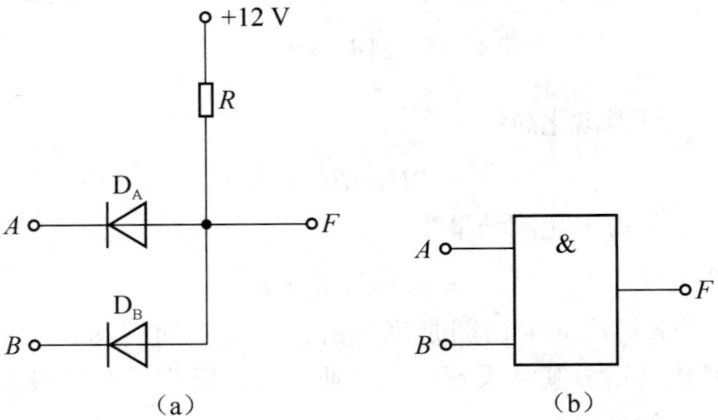

图4－17 二极管与门电路及其逻辑符号

（a）二极管与门电路；（b）逻辑符号

设输入信号的电压为3 V（高电平1）或0 V（低电平0），二极管为理想元件，则二极管与门电路的工作原理如下：

当输入端A、B都为高电平1时，二极管D_A、D_B均处于正向导通状态，输出端F为高电平（3 V）。

当输入端A、B都为低电平0时，二极管D_A、D_B亦处于正向导通状态，输出端F为低电平（0 V）。

当输入端一端为高电平，另一端为低电平时，如A端为3 V，B端为0 V，则二极管D_B优先导通，输出端F被钳制在0 V，输出为低电平。在二极管D_B的钳位作用下，二极管D_A处于截止状态。

由上述可知，二极管与门电路的两个输入端中只要有一个为低电平，输出端就是低电平。只有当两个输入端全为高电平时，输出端才是高电平。其逻辑状态表如表4－3所示。

表4－3　与门电路的逻辑状态表

输　入		输　出
A	B	F
0	0	0
0	1	0
1	0	0
1	1	1

由表4－3可得与门电路的逻辑表达式为

$$F = AB \tag{4-18}$$

其波形如图4－18所示。

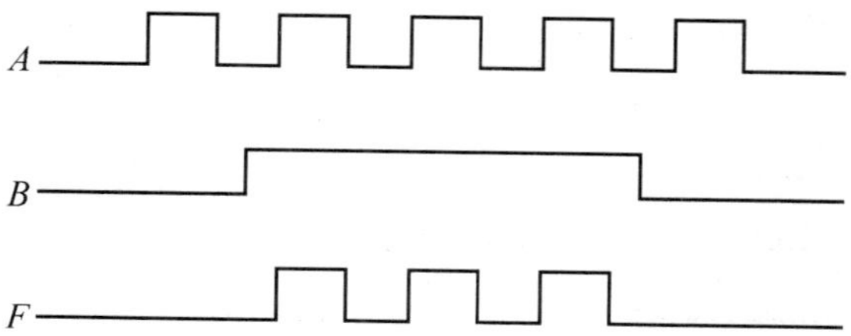

图4－18　与门电路的波形

2. 二极管或门电路

图4－19（a）所示为由二极管组成的或门电路，A、B为输入端，F是输出端。图4－19（b）所示为它的逻辑符号。

二极管或门电路的工作原理如下：

当输入端A、B都处于高电平1（3 V）时，二极管D_A、D_B都处于正向导通状态，输出端F为高电平1（3 V）。

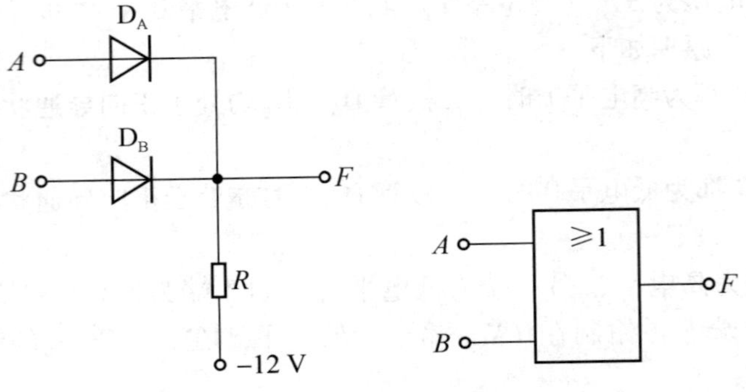

（a）　　　　（b）

图 4 – 19　二极管或门电路及其逻辑符号

（a）二极管或门电路；（b）逻辑符号

当输入端 *A*、*B* 都处于低电平 0（0 V）时，二极管 D_A、D_B亦都处于正向导通状态，输出端 *F* 为低电平 0（0 V）。

当输入端一端为高电平，另一端为低电平时，如 *A* 端为 3 V，*B* 端为 0 V，则二极管 D_A优先导通，输出端 *F* 被钳制在 3 V，使输出端 *F* 为高电平。同时，二极管 D_B受到反向偏置而截止。

由上述可知，在二极管或门电路的两个输入端中，只要有一端为高电平，输出端 *F* 就是高电平。只有当两个输入端全为低电平时，输出端 *F* 才为低电平，即具有或逻辑关系。其逻辑状态表如表 4 – 4 所示。

表 4 – 4　或门电路的逻辑状态表

输　入		输　出
A	*B*	*F*
0	0	0
0	1	1
1	0	1
1	1	1

由表 4 – 4 可得或门电路的逻辑表达式为

$$F = A + B \tag{4-19}$$

其波形如图 4 – 20 所示。

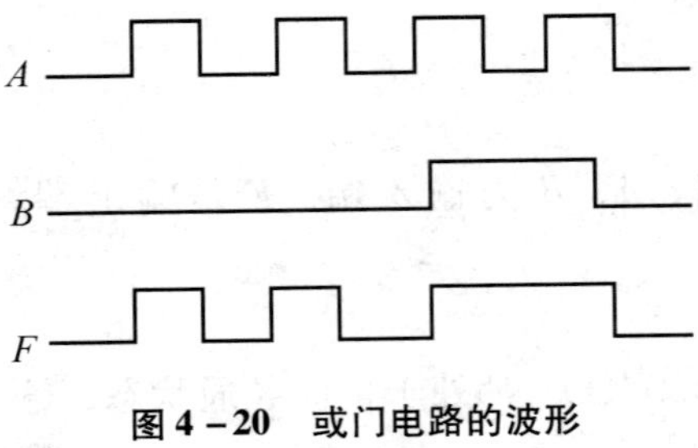

图 4 – 20　或门电路的波形

3. 三极管非门电路

图 4 – 21（a）所示为由三极管组成的非门电路，*A* 为输入端，*F* 为输出端。图 4 – 21（b）所示为它的逻辑符号。

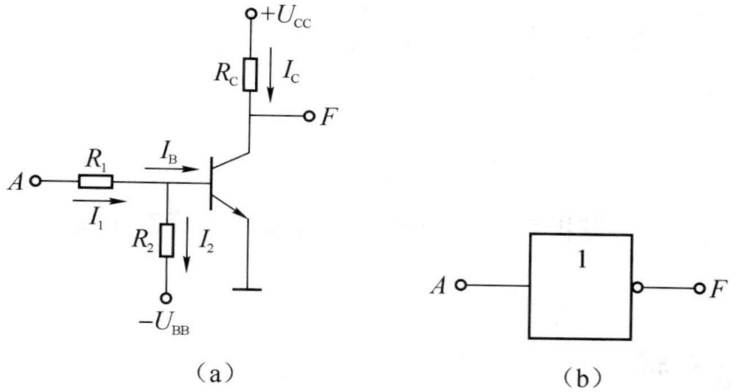

图4-21　三极管非门电路及其逻辑符号

(a) 三极管非门电路；(b) 逻辑符号

当 A 端为高电平时，三极管工作在饱和状态下，输出端 F 为低电平。当 A 端为低电平时，三极管工作在截止状态下，输出端 F 为高电平。因此，三极管输出与输入之间的关系满足非逻辑关系。非门电路也称为反相器，其逻辑状态表如表4-5所示。

表4-5　非门电路的逻辑状态表

输　入	输　出
A	F
0	1
1	0

非门电路的逻辑表达式为

$$F = \overline{A} \tag{4-20}$$

【例4-6】 在图4-21（a）所示的三极管非门电路中，若 $U_{CC}=10$ V，$U_{BB}=10$ V，$R_1=1$ kΩ，$R_2=10$ kΩ，$R_C=1$ kΩ，$\beta=50$。试求：

（1）当 A 端的输入电压为0 V时输出端的电压；

（2）当 A 端的输入电压为5 V时输出端的电压。

解：（1）当 A 端的输入电压为0 V时，在电压 $-U_{BB}$ 作用下，三极管的基极为负偏置电压，三极管处于截止状态，输出端的电压为

$$U_F \approx U_{CC} = 10(\text{V})$$

（2）当 A 端的输入电压为5 V时，设三极管已导通，$U_{BE}=0.7$ V，则

$$I_1 = \frac{U_A - U_B}{R_1} = \frac{U_A - U_{BE}}{R_1} = \frac{5-0.7}{1\times 10^3} = 4.3(\text{mA})$$

$$I_2 = \frac{U_{BE}-(-U_{BB})}{R_2} = \frac{0.7-(-10)}{10\times 10^3} = 1.07(\text{mA})$$

$$I_B = I_1 - I_2 = 4.3 - 1.07 = 3.23(\text{mA})$$

若忽略三极管的饱和压降，则三极管的集电极饱和电流为

$$I_{CS}=\frac{U_{CC}}{R_C}=\frac{10}{1\times10^3}=10(\mathrm{mA})$$

基极临界饱和电流为

$$I_{BS}=\frac{I_{CS}}{\beta}=\frac{10}{50}=0.2(\mathrm{mA})$$

由于三极管的基极电流大于基极临界饱和电流，所以三极管工作在饱和状态下，输出端电压 $U_F\approx0$（V）。

4.3.2 集成门电路

TTL（transistor-transistor-logic）电路是三极管－三极管集成逻辑门电路的简称，它是以双极型三极管和电阻为基本元件，集成在一块硅片上，并能完成一定逻辑功能的电路。

常用的 2 输入四与非门 74LS00 的引脚排列如图 4－22 所示，其内部各与非门相互独立，可以单独使用。

集成 2 输入四异或门 74LS136 的引脚排列如图 4－23 所示。集成 2 输入四异或（同或）门 74LS135 的引脚排列如图 4－24 所示，当 C 为低电平 0 时，Y 与 A、B 之间为异或逻辑关系；当 C 为高电平 1 时，Y 与 A、B 之间为同或逻辑关系。

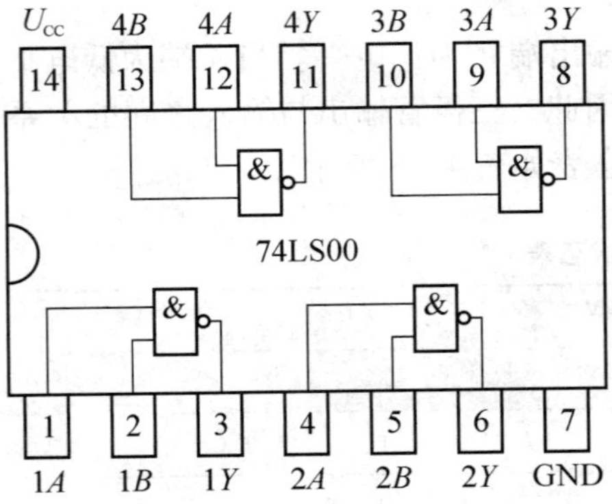

图 4－22　74LS00 的引脚排列

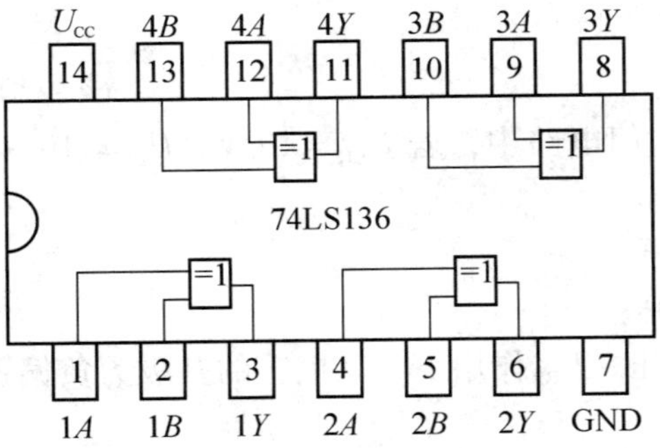

图 4－23　74LS136 的引脚排列

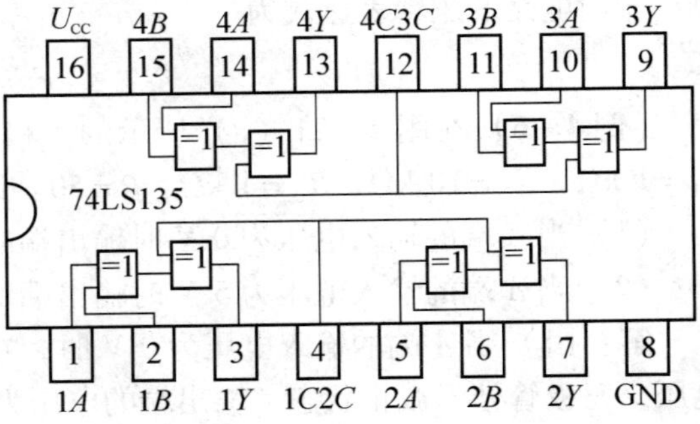

图 4－24　74LS135 的引脚排列

4.3.3 加法器

算术运算电路是计算机中不可缺少的单元电路，其中最常用的是加法器。加法器按功能，可分为半加器和全加器。

1. 半加器

不考虑来自低位进位的两个一位二进制数的相加为半加，实现半加运算的电路称为半加器。

根据二进制数相加的运算规律，可得半加器的逻辑状态表如表 4 -6 所示。其中，A、B 分别为被加数和加数，S 为本位和（也称为半加和），C 表示进位数。

表 4 -6　半加器的逻辑状态表

输　入		输　出	
A	B	S	C
0	0	0	0
0	1	1	0
1	0	1	0
1	1	0	1

由表 4 -6 可得本位和 S 与进位数 C 的逻辑表达式分别为

$$S = A\overline{B} + \overline{A}B = A \oplus B \tag{4-21}$$

$$C = AB \tag{4-22}$$

由式（4 -21）和式（4 -22）可知，半加器可由一个异或门和一个与门来实现，其逻辑电路和逻辑符号如图 4 -25 所示。

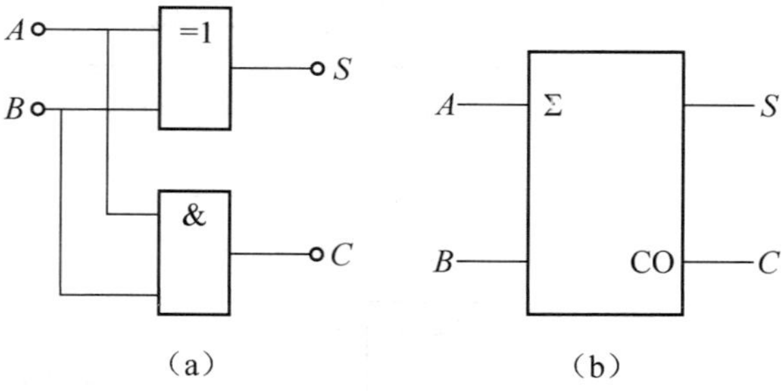

图 4 -25　半加器的逻辑电路和逻辑符号

（a）逻辑电路；（b）逻辑符号

2. 全加器

所谓全加，是指两个多位二进制数作加法运算时，第 n 位的被加数 A_n、加数 B_n 以及来自相邻低位的进位数 C_{n-1} 三者相加，其结果得到本位和 S_n 与向相邻高位进位的进位数 C_n 的运算。实现全加运算的逻辑电路称为全加器。全加器的逻辑状态表如表 4 -7 所示。

表 4 -7　全加器的逻辑状态表

输　入			输　出	
A_n	B_n	C_{n-1}	S_n	C_n
0	0	0	0	0
0	0	1	1	0
0	1	0	1	0
0	1	1	0	1
1	0	0	1	0
1	0	1	0	1

续表

输入			输出	
A_n	B_n	C_{n-1}	S_n	C_n
1	1	0	0	1
1	1	1	1	1

根据表 4－7 可写出本位和 S_n、进位数 C_n 的逻辑表达式分别为

$$\begin{aligned} S_n &= \overline{A}_n\overline{B}_nC_{n-1}+\overline{A}_nB_n\overline{C}_{n-1}+A_n\overline{B}_n\overline{C}_{n-1}+A_nB_nC_{n-1} \\ &= (\overline{A}_nB_n+A_n\overline{B}_n)\overline{C}_{n-1}+(\overline{A}_n\overline{B}_n+A_nB_n)C_{n-1} \\ &= (A_n\oplus B_n)\overline{C}_{n-1}+(\overline{A_n\oplus B_n})C_{n-1} \\ &= A_n\oplus B_n\oplus C_{n-1} \end{aligned} \tag{4-23}$$

$$\begin{aligned} C_n &= \overline{A}_nB_nC_{n-1}+A_n\overline{B}_nC_{n-1}+A_nB_n\overline{C}_{n-1}+A_nB_nC_{n-1} \\ &= (\overline{A}_nB_n+A_n\overline{B}_n)C_{n-1}+A_nB_n(\overline{C}_{n-1}+C_{n-1}) \\ &= (A_n\oplus B_n)C_{n-1}+A_nB_n \end{aligned} \tag{4-24}$$

由式（4－23）和式（4－24）可知，全加器可由两个半加器和一个或门电路组成，其逻辑电路和逻辑符号如图 4－26 所示。

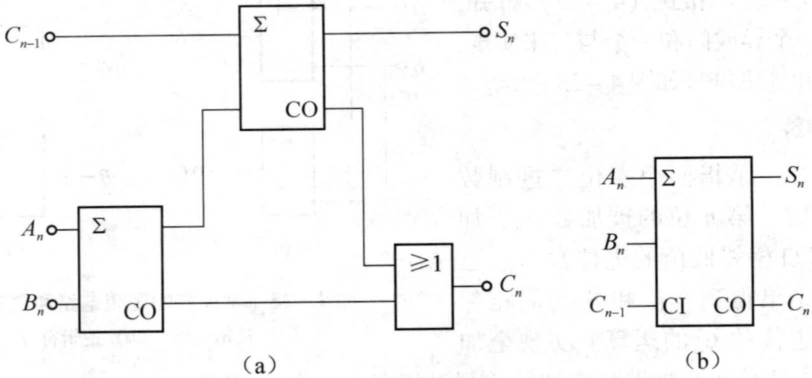

图 4－26　全加器的逻辑电路和逻辑符号

（a）逻辑电路；（b）逻辑符号

4.3.4　编码器

把具有特定含义的输入信号（如文字、数字和符号）转换成二进制代码的过程叫作编码，能够实现编码的电路称为编码器。常用的编码器有二进制编码器、二－十进制编码器等。

1. 二进制编码器

将某种输入信号转换成二进制代码的电路称为二进制编码器。例如，将 $I_0 \sim I_7$ 共 8 个输入信号进行编码，其步骤如下：

（1）确定二进制代码的位数。现有8个输入信号，应有8种状态来表示。根据 $2^n=8$ 可知 $n=3$，所以输出应为3位二进制代码，即输出端有3个。

（2）列出编码表。编码表是将待编码的8个输入信号和对应的二进制代码列成表格，如表4－8所示。

表4－8　3位二进制编码表

输入								输出		
I_0	I_1	I_2	I_3	I_4	I_5	I_6	I_7	Y_2	Y_1	Y_0
0	0	0	0	0	0	0	1	1	1	1
0	0	0	0	0	0	1	0	1	1	0
0	0	0	0	0	1	0	0	1	0	1
0	0	0	0	1	0	0	0	1	0	0
0	0	0	1	0	0	0	0	0	1	1
0	0	1	0	0	0	0	0	0	1	0
0	1	0	0	0	0	0	0	0	0	1
1	0	0	0	0	0	0	0	0	0	0

由表4－8可知，对应于每一组二进制代码，要求8个输入信号中只能有一个为1，其他都为0。例如，当 I_7 为1，其他输入信号都为0时，对应的代码为 $Y_2Y_1Y_0=111$。

（3）根据编码表写出逻辑表达式。

$$Y_2=I_4+I_5+I_6+I_7=\overline{\overline{I_4+I_5+I_6+I_7}}=\overline{\bar{I}_4\cdot\bar{I}_5\cdot\bar{I}_6\cdot\bar{I}_7}$$

$$Y_1=I_2+I_3+I_6+I_7=\overline{\overline{I_2+I_3+I_6+I_7}}=\overline{\bar{I}_2\cdot\bar{I}_3\cdot\bar{I}_6\cdot\bar{I}_7}$$

$$Y_0=I_1+I_3+I_5+I_7=\overline{\overline{I_1+I_3+I_5+I_7}}=\overline{\bar{I}_1\cdot\bar{I}_3\cdot\bar{I}_5\cdot\bar{I}_7}$$

（4）由逻辑表达式画出逻辑电路图。用与非门构成的3位二进制编码器如图4－27所示。由于该电路有8个输入端、3个输出端，所以又称为8线－3线编码器。

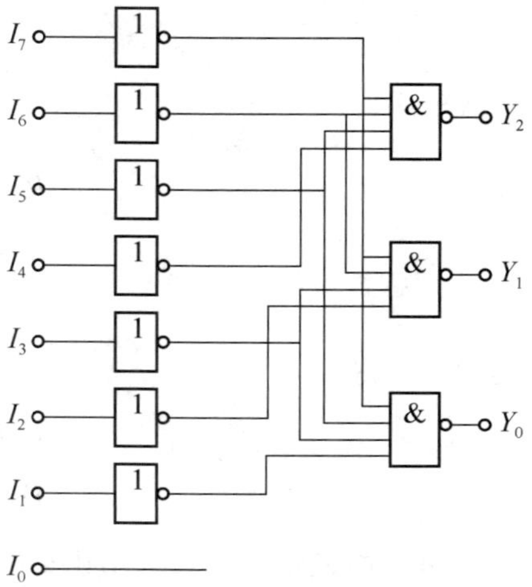

图4－27　3位二进制编码器

2. 二－十进制编码器

用二进制代码表示十进制数码，称为二－十进制编码（binary coded decimal），简称BCD码。二－十进制编码器是指将十进制的10个数码0～9编成二进制代码的电路。输入是0～9的10个数码，输出是对应的二进制代码。其步骤如下：

（1）确定二进制代码的位数。由于输入有10个数码，要求有10种状态，而3位二进制代码只有8种状态，所以输出应为4位二进制代码。

（2）列出编码表。4 位二进制代码共有 16 种状态，其中，任何 10 种状态都可用来表示 0 ~ 9 这 10 个数码。最常用的是 8421 编码方式，即在 4 位二进制代码的 16 种状态中取出前 10 种状态，即 0000 ~ 1001，将后 6 种状态去掉。二进制代码各位的 1 所代表的十进制数码从高位到低位依次为 8、4、2、1，称为“权”，“8421 码”由此得名。二进制代码的各位乘以该位的“权”再相加，即可得出该二进制代码所表示的一位十进制数码。例如，0101 表示十进制数码 5，因为

$$0\times 8+1\times 4+0\times 2+1\times 1=5$$

8421 码的编码表如表 4 – 9 所示。

表 4 – 9　8421 码的编码表

十进制数码	输入										输出			
	S_0	S_1	S_2	S_3	S_4	S_5	S_6	S_7	S_8	S_9	D	C	B	A
0	0	1	1	1	1	1	1	1	1	1	0	0	0	0
1	1	0	1	1	1	1	1	1	1	1	0	0	0	1
2	1	1	0	1	1	1	1	1	1	1	0	0	1	0
3	1	1	1	0	1	1	1	1	1	1	0	0	1	1
4	1	1	1	1	0	1	1	1	1	1	0	1	0	0
5	1	1	1	1	1	0	1	1	1	1	0	1	0	1
6	1	1	1	1	1	1	0	1	1	1	0	1	1	0
7	1	1	1	1	1	1	1	0	1	1	0	1	1	1
8	1	1	1	1	1	1	1	1	0	1	1	0	0	0
9	1	1	1	1	1	1	1	1	1	0	1	0	0	1

（3）由编码表写出逻辑表达式。

$$\begin{aligned}A&=\overline{S_1}+\overline{S_3}+\overline{S_5}+\overline{S_7}+\overline{S_9}\\&=\overline{\overline{\overline{S_1}+\overline{S_3}+\overline{S_5}+\overline{S_7}+\overline{S_9}}}\\&=\overline{S_1\cdot S_3\cdot S_5\cdot S_7\cdot S_9}\\B&=\overline{S_2}+\overline{S_3}+\overline{S_6}+\overline{S_7}\\&=\overline{\overline{\overline{S_2}+\overline{S_3}+\overline{S_6}+\overline{S_7}}}\\&=\overline{S_2\cdot S_3\cdot S_6\cdot S_7}\end{aligned}$$

同理，可得

$$\begin{aligned}C&=\overline{S_4\cdot S_5\cdot S_6\cdot S_7}\\D&=\overline{S_8\cdot S_9}\end{aligned}$$

（4）由逻辑表达式画出逻辑电路图。如图 4 – 28 所示，当按下某一键号时，输出便产生与该键号对应的 8421 码。例如，按下 S_6，相应输入“6”为低电平 0，其余输入均为高

电平 1，则输出端 $D=0$，$C=1$，$B=1$，$A=0$，即将十进制数码 6 编成了二 - 十进制代码 0110。该电路设置了控制标志 S，当 $S=0$ 时，电路尚未处于编码状态，输出端 $DCBA=0000$；当 $S=1$ 时，S_0键按下，输出端 $DCBA=0000$ 是十进制数码 0 的二进制代码。

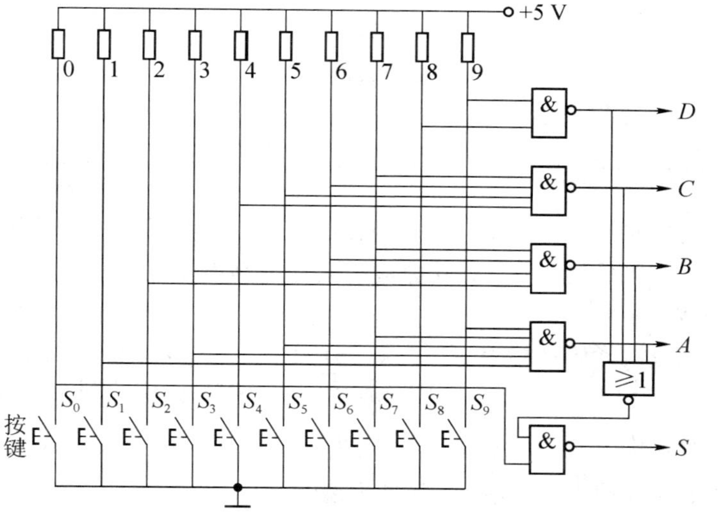

图 4 - 28　键控 8421 码编码器

4.3.5　译码器

译码是编码的逆过程，即将每一组二进制代码“翻译”成一个相应的输出信号。实现译码功能的逻辑电路称为译码器。译码器按用途大致分为三类：一是二进制译码器，又称为变量译码器，是用来表示输入变量状态的译码器；二是码制变换译码器，常见的是把 BCD 码转换成十进制数码的译码器，简称二 - 十进制译码器；三是显示译码器，是用来驱动数码管等显示器件的译码器。

1. 二进制译码器

图 4 - 29 所示的电路是一个 2 位二进制译码器，其中，A、B 为输入端，输入 2 位二进制代码，$\overline{Y}_0 \sim \overline{Y}_3$ 为 4 个输出信号，所以又称为 2 线 - 4 线译码器。其逻辑表达式为

$$\overline{Y}_0=\overline{\overline{B}\,\overline{A}},\quad \overline{Y}_1=\overline{\overline{B}A},\quad \overline{Y}_2=\overline{B\overline{A}},\quad \overline{Y}_3=\overline{BA}$$

当输入端 A、B 的状态改变时，输出端有相应的信号输出，其逻辑状态表如表 4 - 10 所示。

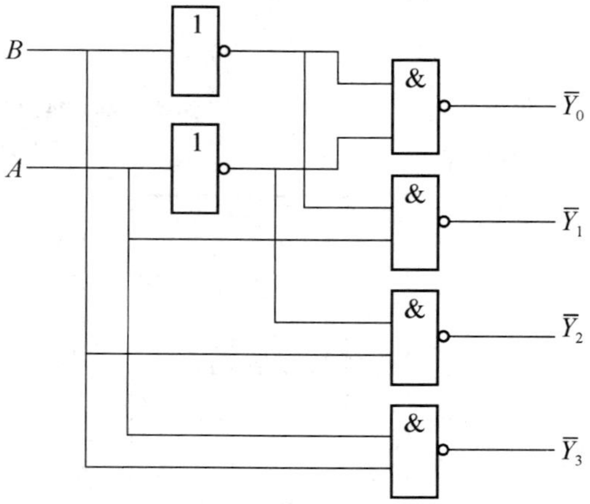

图 4 - 29　2 线 - 4 线译码器

表 4-10　2 线-4 线译码器的逻辑状态表

输入		输出			
B	A	$\overline{Y}_3$	$\overline{Y}_2$	$\overline{Y}_1$	$\overline{Y}_0$
0	0	1	1	1	0
0	1	1	1	0	1
1	0	1	0	1	1
1	1	0	1	1	1

由表 4-10 可以看出，对应于任何一组代码的输入，都只能有一条相应的输出线有信号输出，在该电路中为低电平 0，而其他输出端均为高电平 1，从而实现了把输入代码译成特定信号的功能。

常用的集成二进制译码器种类很多，如 74LS139、74LS138 等。其中，74LS139 为双 2 线-4 线译码器，74LS138 为 3 线-8 线译码器。74LS138 的引脚排列如图 4-30（a）所示，它具有三个控制端 G_1、$\overline{G}_{2A}$ 和 $\overline{G}_{2B}$。当 $G_1=0$ 或 $\overline{G}_{2A}+\overline{G}_{2B}=1$ 时，无论其他输入端为何种状态，输出端 $\overline{Y}_0 \sim \overline{Y}_7$ 均为高电平 1，即禁止编码。只有当 $G_1=1$ 且 $\overline{G}_{2A}=\overline{G}_{2B}=0$ 时，才允许编码，译码器输出低电平有效。例如，当 $A_2A_1A_0=101$ 时，$\overline{Y}_5=0$，其他输出端均为高电平 1。其逻辑符号如图 4-30（b）所示。

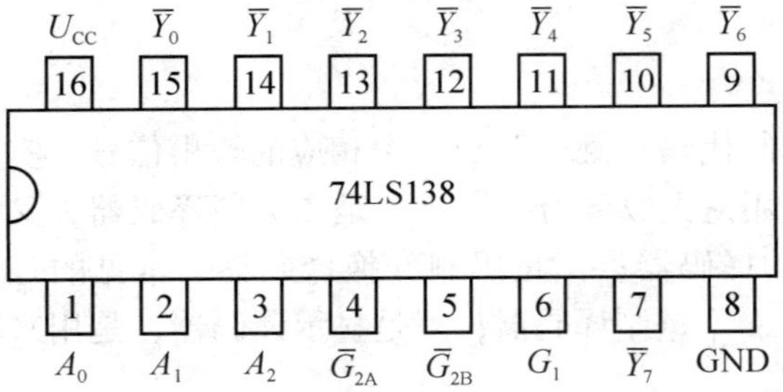

（a）

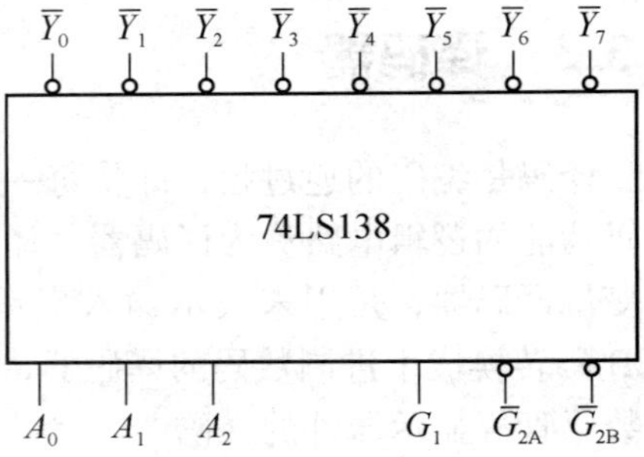

（b）

图 4-30　74LS138 的引脚排列和逻辑符号

（a）引脚排列；（b）逻辑符号

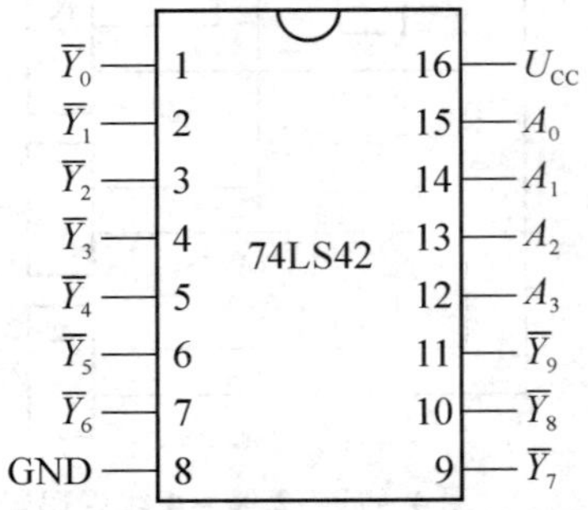

图 4-31　74LS42 的引脚排列

2. 二-十进制译码器

集成电路二-十进制译码器 74LS42 的引脚排列如图 4-31 所示。该电路有 4 个输入端 $A_0 \sim A_3$，有 10 个输出端 $\overline{Y}_0 \sim \overline{Y}_9$，所以又称为 4 线-10 线译码器。其逻辑功能表如表 4-11 所示。

表 4－11　74LS42 的逻辑功能表

输入				输出									
A_3	A_2	A_1	A_0	$\overline{Y}_9$	$\overline{Y}_8$	$\overline{Y}_7$	$\overline{Y}_6$	$\overline{Y}_5$	$\overline{Y}_4$	$\overline{Y}_3$	$\overline{Y}_2$	$\overline{Y}_1$	$\overline{Y}_0$
0	0	0	0	1	1	1	1	1	1	1	1	1	0
0	0	0	1	1	1	1	1	1	1	1	1	0	1
0	0	1	0	1	1	1	1	1	1	1	0	1	1
0	0	1	1	1	1	1	1	1	1	0	1	1	1
0	1	0	0	1	1	1	1	1	0	1	1	1	1
0	1	0	1	1	1	1	1	0	1	1	1	1	1
0	1	1	0	1	1	1	0	1	1	1	1	1	1
0	1	1	1	1	1	0	1	1	1	1	1	1	1
1	0	0	0	1	0	1	1	1	1	1	1	1	1
1	0	0	1	0	1	1	1	1	1	1	1	1	1

由表 4－11 可知，当 $A_3A_2A_1A_0=0000$ 时，$\overline{Y}_D=\overline{A}_3\overline{A}_2\overline{A}_1\overline{A}_0$，即 $\overline{Y}_0=\overline{\overline{A}_3\overline{A}_2\overline{A}_1\overline{A}_0}=0$，它对应的十进制数码为 0。其余输出依此类推。

3. 显示译码器

常见的显示译码器是数字显示电路，由显示器件、译码器和驱动电路等部分组成。

（1）显示器件。常用的显示器件有半导体数码管、液晶数码管和荧光数码管等。这里仅介绍半导体数码管。

半导体数码管也称为 LED（light emitting diode，发光二极管）数码管，其基本结构是 PN 结。制造 PN 结的半导体材料有磷砷化镓、磷化镓等。当 PN 结外加正向电压时，它就能发出清晰的光线。单个 PN 结可以被封装成发光二极管，多个 PN 结可按分段被封装成半导体数码管。半导体显示器如图 4－32 所示。发光二极管的工作电压为 1.5～3 V，工作电流为几毫安到十几毫安。半导体数码管将十进制数码分成 7 段，又称为 7 段数码管，选择不同的字段发光，可显示 0～9 不同的字形。

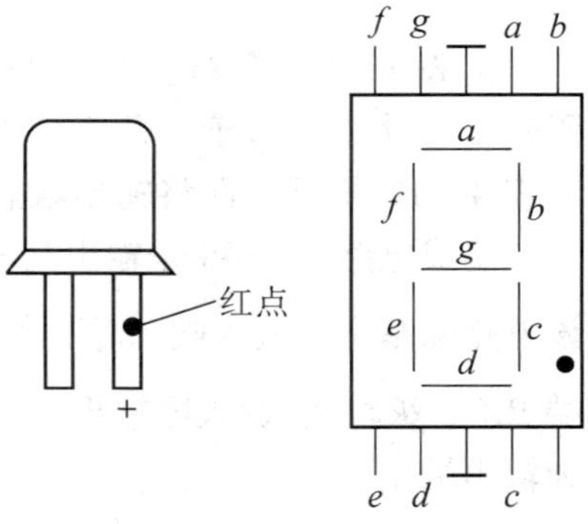

（a）　　（b）

图 4－32　半导体显示器

（a）发光二极管；（b）半导体数码管

在半导体数码管中，7 个发光二极管有共阴极和共阳极两种接法，如图 4－33 所示。对于共阴极接法，接高电平的字段发光；对于共阳极接法，接低电平的字段发光。使用时，每个发光二极管都要串接约 100 Ω 的限流电阻。

（2）7 段显示译码器。显示译码器的种类很多。7 段显示译码器把 BCD 码译成驱动 7 段数码管的信号，从而显示出相应的十进制数码。其逻辑功能表如表 4－12 所示。

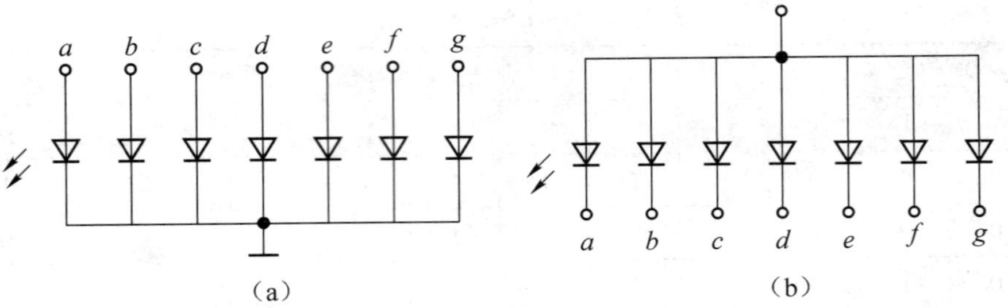

图 4－33　7 段数码管的接法

(a) 共阴极的接法；(b) 共阳极的接法

表 4－12　7 段显示译码器的逻辑功能表

输入				输出							显示数字
A_3	A_2	A_1	A_0	a	b	c	d	e	f	g	
0	0	0	0	1	1	1	1	1	1	0	0
0	0	0	1	0	1	1	0	0	0	0	1
0	0	1	0	1	1	0	1	1	0	1	2
0	0	1	1	1	1	1	1	0	0	1	3
0	1	0	0	0	1	1	0	0	1	1	4
0	1	0	1	1	0	1	1	0	1	1	5
0	1	1	0	1	0	1	1	1	1	1	6
0	1	1	1	1	1	1	0	0	0	0	7
1	0	0	0	1	1	1	1	1	1	1	8
1	0	0	1	1	1	1	1	0	1	1	9

由表 4－12 可以看出，7 段显示译码器的输出为高电平有效，应与共阴极半导体数码管配合使用。对于与共阳极半导体数码管配合使用的 7 段显示译码器，其逻辑功能表与表 4－12 相反，即将输出状态中的 1 和 0 对换。

集成电路 74LS48 是输出高电平有效的 7 段显示译码器，其引脚排列如图 4－34 所示。该电路除基本的输入端和输出端以外，还有三个辅助控制端：试灯输入端 $\overline{\mathrm{LT}}$、灭零输入端 $\overline{\mathrm{RBI}}$、灭灯输入/灭零输出端 $\overline{\mathrm{BI}}/\overline{\mathrm{RBO}}$。其中，$\overline{\mathrm{BI}}/\overline{\mathrm{RBO}}$ 既可以作为输入端用，也可以作为输出端用。

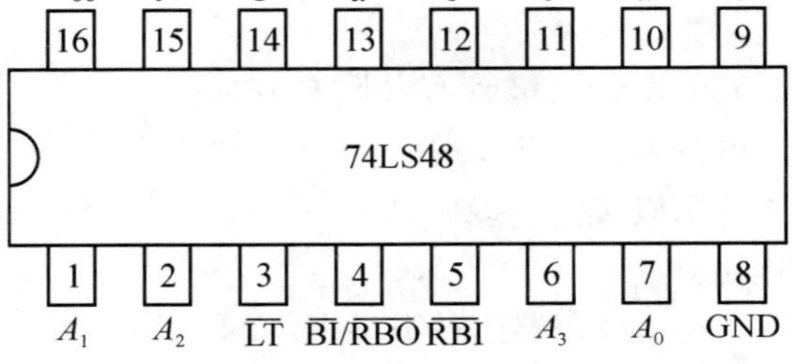

图 4－34　74LS48 的引脚排列

① 试灯功能。当 $\overline{LT}=0$ 时，$\overline{BI}/\overline{RBO}$ 作为输出端，且 $\overline{RBO}=1$。无论其他输入端为何种状态，$a \sim g$ 均为高电平 1，所有段全亮，显示十进制数码 8。该输入端常用于检查 74LS48 显示译码器及数码管的好坏。当 $\overline{LT}=1$ 时，方可进行译码显示。

② 灭灯功能。$\overline{BI}/\overline{RBO}$ 作为输入端，且 $\overline{BI}=0$，无论其他输入端为何种状态，$a \sim g$ 均为低电平 0，数码管的各段均熄灭。

③ 灭零功能。$\overline{BI}/\overline{RBO}$ 作为输出端，且 $\overline{LT}=1$，$\overline{RBI}=0$，当 $A_3A_2A_1A_0=0000$ 时，$a \sim g$ 均为低电平 0，实现灭零功能。与此同时，$\overline{BI}/\overline{RBO}$ 输出低电平 0，表示 74LS48 处于灭零状态。而对于非 0000 状态的数码输入照常显示，$\overline{BI}/\overline{RBO}$ 输出高电平。

$\overline{RBO}$ 和 $\overline{RBI}$ 配合使用，可实现无意义位的“消隐”。例如，5 位数显示译码器显示“03. 150”，将无意义位的 0 消隐后，则显示“3. 15”。

74LS48 与共阴极半导体数码管的连接示意图如图 4 – 35 所示。

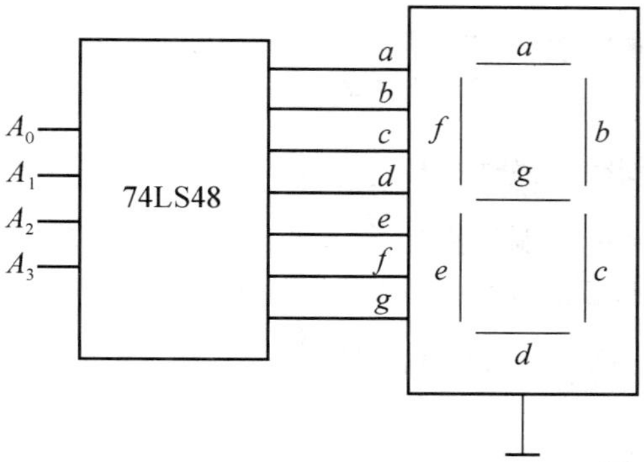

图 4 – 35　74LS48 与共阴极半导体数码管的连接示意图

4.4　时序逻辑电路

时序逻辑电路与组合逻辑电路不同，它在任何时刻的输出状态不仅与该时刻输入信号的状态有关，而且与输入信号作用前的输出状态有关。时序逻辑电路由门电路和具有记忆功能的触发器组成。常用的时序逻辑电路有寄存器、计数器、定时器等。

4.4.1　触发器

触发器是由门电路构成的单元电路，它可以接收、存储并输出二进制信息 0 和 1。触发器按其输出端的工作状态不同，可分为双稳态触发器、单稳态触发器和无稳态触发器（又称为多谐振荡器）。其中，双稳态触发器具有两个稳定状态，在触发信号作用下，这两个稳定状态可以相互转换，亦称为翻转。当触发信号消失后，电路将建立的稳定状态保存下来。根据触发器中电路结构的不同，可将其分为基本 RS 触发器、可控 RS 触发器、JK 触发器、D 触发器等。

1. 基本 RS 触发器

由两个与非门交叉连接组成的基本 RS 触发器的逻辑电路及逻辑符号如图 4－36 所示，$\overline{S}_D$、$\overline{R}_D$ 是两个信号输入端，Q、$\overline{Q}$为两个互补的信号输出端。通常规定：以 Q 端的状态表示触发器的状态。

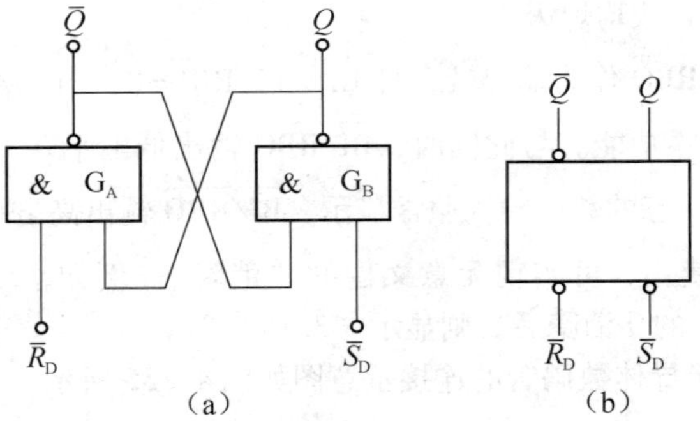

图 4－36　基本 RS 触发器的逻辑电路及逻辑符号

（a）逻辑电路；（b）逻辑符号

输出与输入之间的逻辑关系分析如下：

（1）$\overline{S}_D=0$，$\overline{R}_D=1$。当$\overline{S}_D$ 端接低电平或输入负脉冲，即$\overline{S}_D=0$ 时，对于与非门 G_B，无论输出端 Q 原来为何种状态，此时，Q 必然为 1。由于与非门 G_A的两个输入端都为 1，所以其输出端$\overline{Q}$必然为 0。这时，即使$\overline{S}_D$ 端恢复到高电平，Q 也仍为 1。因此，把$\overline{S}_D$ 端称为置位端或置 1 端。

（2）$\overline{S}_D=1$，$\overline{R}_D=0$。当$\overline{R}_D$ 端接低电平或输入负脉冲，即$\overline{R}_D=0$ 时，对于与非门 G_A，无论输出端 $\overline{Q}$ 原来为何种状态，此时，$\overline{Q}$ 必然为 1。由于与非门 G_B的两个输入端都为 1，所以其输出端 Q 必然为 0。这时，即使$\overline{R}_D$ 端恢复到高电平，Q 也仍为 0。因此，把$\overline{R}_D$ 端称为复位端或复 0 端。

（3）$\overline{S}_D=1$，$\overline{R}_D=1$。由与非门的逻辑功能可知，当$\overline{S}_D=\overline{R}_D=1$ 时，触发器保持原状态不变。

（4）$\overline{S}_D=0$，$\overline{R}_D=0$。当$\overline{S}_D$ 端和$\overline{R}_D$ 端同时加负脉冲时，与非门 G_A、G_B的输出端都为高电平 1，破坏了 Q 与 $\overline{Q}$ 端互为反变量的逻辑要求。当输入端的负脉冲同时消失时，由于无法预知与非门动态传输特性的差异，故对于触发器将转换为何种状态不能确定。因此，对于这种随机性的不定输出，在使用中是不允许出现的。

基本 RS 触发器的输出与输入之间的逻辑关系可用逻辑状态表来表示。为了表达清楚，规定：触发器在接收触发信号之前的原稳定状态称为初态或现态，用 Q_n表示；触发器在接收触发信号之后建立的新稳定状态称为次态，用 Q_{n+1}表示。由上述可知，基本 RS 触发器的状态是由触发信号和初态 Q_n的取值情况所决定的，其逻辑状态表如表 4－13 所示。

表 4-13　基本 RS 触发器的逻辑状态表

$\overline{S}_D$	$\overline{R}_D$	Q_n	Q_{n+1}	功能
0	0	0	不确定	不允许
0	0	1		
0	1	0	1	置 1
0	1	1	1	
1	0	0	0	复 0
1	0	1	0	
1	1	0	0	状态不变
1	1	1	1	

由表 4-13 可得出基本 RS 触发器的特性方程为

$$\begin{cases} Q_{n+1} = \overline{S}_D + \overline{R}_D Q_n \\ \overline{S}_D + \overline{R}_D = 1（约束条件） \end{cases} \tag{4-25}$$

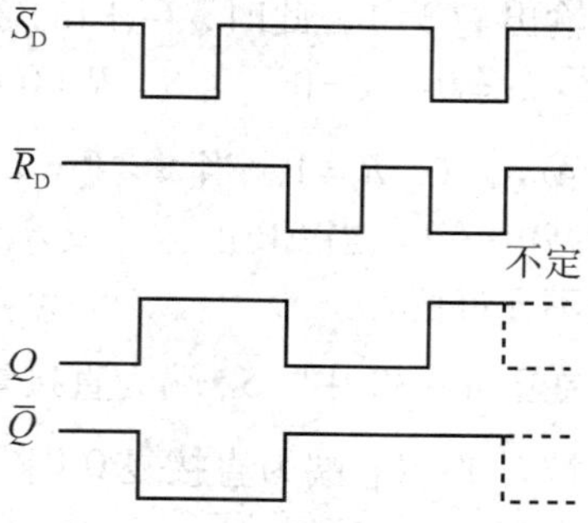

图 4-37　基本 RS 触发器的工作波形

基本 RS 触发器的工作波形如图 4-37 所示。

2. 可控 RS 触发器

基本 RS 触发器是由 $\overline{S}_D$、$\overline{R}_D$ 的输入状态直接控制触发器的翻转，这在使用上有许多不便。在实际应用中，往往要求各触发器的翻转在时间上同步，这就需要增加一个同步控制端，只有在同步控制信号到达时，触发器才能按输入信号改变状态。通常，称同步控制信号为时钟信号，简称时钟，用 CP 表示。因此，可控 RS 触发器又称为同步触发器。

可控 RS 触发器的逻辑电路及逻辑符号如图 4-38 所示。图中，与非门 G_A、G_B 组成基本 RS 触发器，G_C、G_D 组成输入控制门电路，S、R 为信号输入端，CP 是时钟脉冲的输入端。

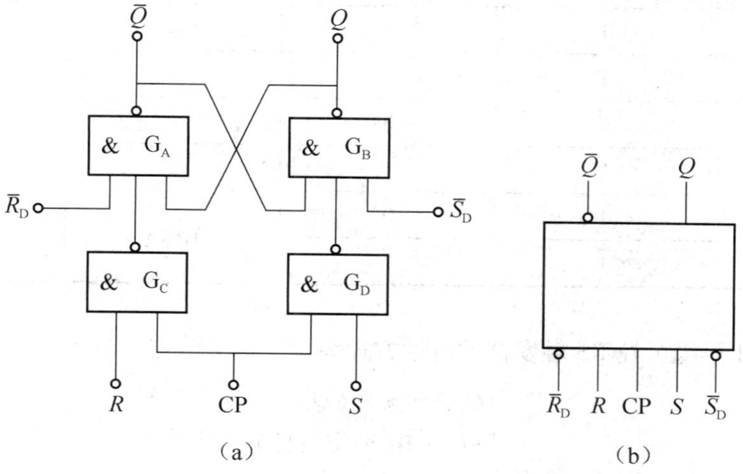

图 4-38　可控 RS 触发器的逻辑电路及逻辑符号

（a）逻辑电路；（b）逻辑符号

逻辑功能分析如下：

（1）当 CP = 0 时，与非门 G_C、G_D 被封锁，无论 S、R 输入端为何种电平，输出均为高电平 1。由基本 RS 触发器的逻辑状态表可知，触发器的状态保持不变。

（2）当 CP = 1 时，与非门 G_C、G_D 开启，触发器的输出状态由输入端 S、R 的状态决定。

① $S=0$，$R=1$。当 $S=0$ 时，G_D 门的输出为 1；当 $R=1$ 时，G_C 门的两个输入端均为 1，输出为 0，使 G_A 门的输出端 $\overline{Q}$ 为 1，此时，G_B 门的三个输入端全为 1，其输出端 Q 为 0。因此，触发器被复 0。

② $S=1$，$R=0$。当 $R=0$ 时，G_C 门的输出为 1；当 $S=1$ 时，G_D 门的输出为 0，使 G_B 门的输出 Q 为 1，此时，G_A 门的输出 $\overline{Q}$ 为 0。因此，触发器被置 1。

③ $S=0$，$R=0$。当 $S=R=0$ 时，G_C、G_D 门的输出均为 1，所以触发器保持状态不变。

④ $S=1$，$R=1$。当 $S=R=1$ 时，G_C、G_D 门的输出均为 0，迫使触发器的 Q、$\overline{Q}$ 端暂时为高电平 1。当 CP 正脉冲或 S、R 信号消失后，触发器的状态不能确定，这在实际工作中是不允许的。

在图 4－38 中，$\overline{S}_D$ 端为直接置 1 端，当 $\overline{S}_D=0$ 时，无论 CP 和 S、R 为何种状态，触发器均被置 1；$\overline{R}_D$ 端为直接复 0 端，当 $\overline{R}_D=0$ 时，触发器被直接复 0。在电路工作前，可通过 $\overline{S}_D$ 或 $\overline{R}_D$ 使触发器置 1 或复 0。在初始状态预置后，$\overline{S}_D$、$\overline{R}_D$ 均应处于高电平。

可控 RS 触发器的逻辑状态表如表 4－14 所示。

表 4－14　可控 RS 触发器的逻辑状态表

S	R	Q_n	Q_{n+1}	功能
0	0	0	0	状态不变
0	0	1	1	
0	1	0	0	复 0
0	1	1	0	
1	0	0	1	置 1
1	0	1	1	
1	1	0	不确定	不允许
1	1	1		

由表 4－14 可得可控 RS 触发器的特性方程为

$$\begin{cases} Q_{n+1} = S + \overline{R}Q_n \\ SR = 0（约束条件） \end{cases} \tag{4-26}$$

可控 RS 触发器的工作波形如图 4－39 所示。

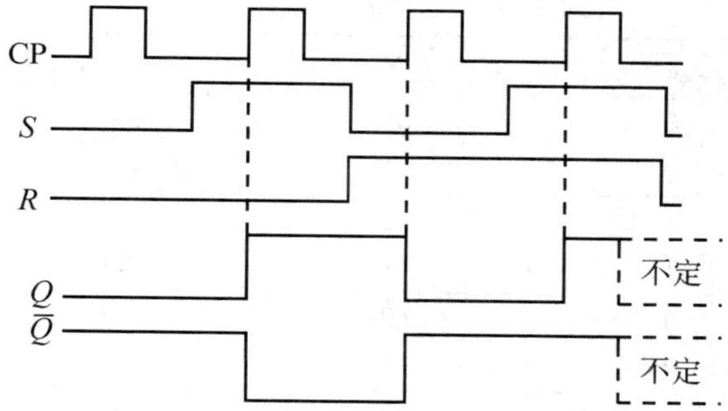

图 4－39 可控 RS 触发器的工作波形

将可控 RS 触发器的 $\overline{Q}$ 端连到 S 端，将 Q 端连到 R 端，如图 4－40 所示。该电路不仅避免了输出状态不确定的情况，而且具有计数功能。

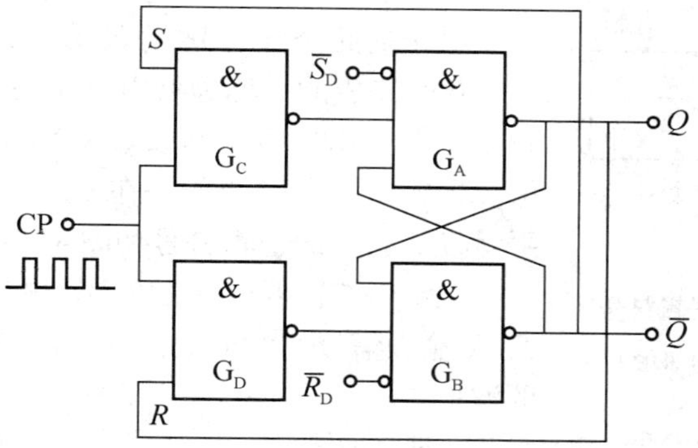

图 4－40 计数式 RS 触发器

由 CP 端输入的计数脉冲每来一个，触发器的状态就翻转一次，翻转的次数等于计数脉冲的个数。

对于可控 RS 触发器，一般要求在 CP＝1 时只能翻转一次，即在 CP＝1 期间，R、S 的状态不能再有变化，否则 R、S 的变化将会引起触发器状态的相应变化，即触发器在 CP＝1 期间可能有多次翻转，出现所谓的"空翻"现象，从而失去同步的意义。

3. JK 触发器

JK 触发器的逻辑电路如图 4－41 所示，它是由两个可控 RS 触发器组成的。

根据分析，可列出 JK 触发器的逻辑状态表，如表 4－15 所示。

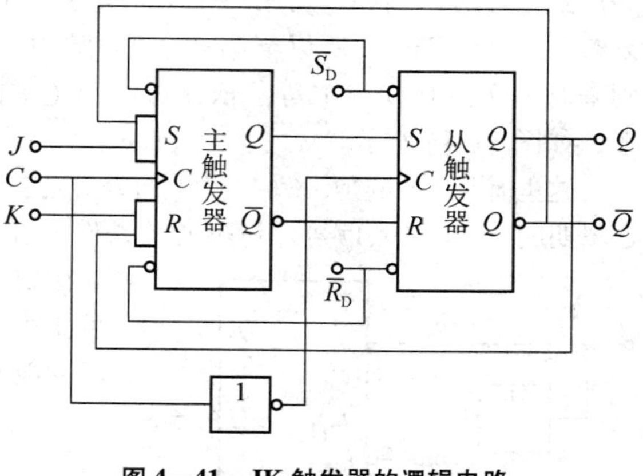

图 4－41 JK 触发器的逻辑电路

表 4－15　JK 触发器的逻辑状态表

<table>
<tr><th>J</th><th>K</th><th>Q_n</th><th colspan="2">Q_{n+1}</th><th>功能</th></tr>
<tr><td>0</td><td>0</td><td>0</td><td>0</td><td rowspan="2">} Q_n</td><td rowspan="2">记忆</td></tr>
<tr><td>0</td><td>0</td><td>1</td><td>1</td></tr>
<tr><td>0</td><td>1</td><td>0</td><td>0</td><td rowspan="2">} 0</td><td rowspan="2">复 0</td></tr>
<tr><td>0</td><td>1</td><td>1</td><td>0</td></tr>
<tr><td>1</td><td>0</td><td>0</td><td>1</td><td rowspan="2">} 1</td><td rowspan="2">置 1</td></tr>
<tr><td>1</td><td>0</td><td>1</td><td>1</td></tr>
<tr><td>1</td><td>1</td><td>0</td><td>1</td><td rowspan="2">} $\overline{Q}_n$</td><td rowspan="2">计数</td></tr>
<tr><td>1</td><td>1</td><td>1</td><td>0</td></tr>
</table>

由表 4－15 可写出 JK 触发器的特性方程为

$$Q_{n+1} = J\overline{Q}_n + \overline{K}Q_n \qquad (4-27)$$

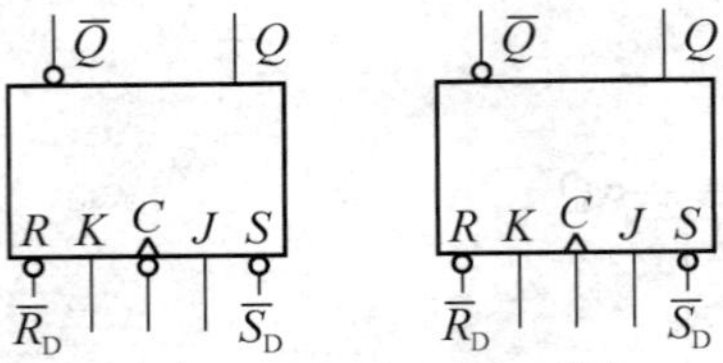

（a）　　（b）

图 4－42　JK 触发器的逻辑符号

（a）低电平触发；（b）高电平触发

对于前面分析的 JK 触发器，其输出状态的变化是在 CP＝0 时完成的，称为低电平触发。如果改变电路结构，将主触发器用低电平触发、从触发器用高电平触发，则触发器输出状态的变化是在 CP＝1 时完成的，称为高电平触发。它们的逻辑符号如图 4－42 所示。

【例 4－7】 低电平触发 JK 触发器的时钟脉冲 CP 及 J、K 输入信号的波形如图 4－43 所示，试画出输出端 Q 的波形。

解： 在分析这类触发器的输出波形时，应熟记 JK 触发器的逻辑状态表，并注意到，触发器输出什么状态是由 CP 脉冲上升沿所对应的 J、K 决定的；而触发器输出相应状态的时间是在 CP 脉冲下降沿到来之时。例如，当第一个 CP 脉冲上升沿到来时，$J=1$，$K=0$，所以当第一个 CP 脉冲下降沿到来时，Q 由 0 变为 1 等。依此可画出 Q 端的波形，如图 4－43 所示。

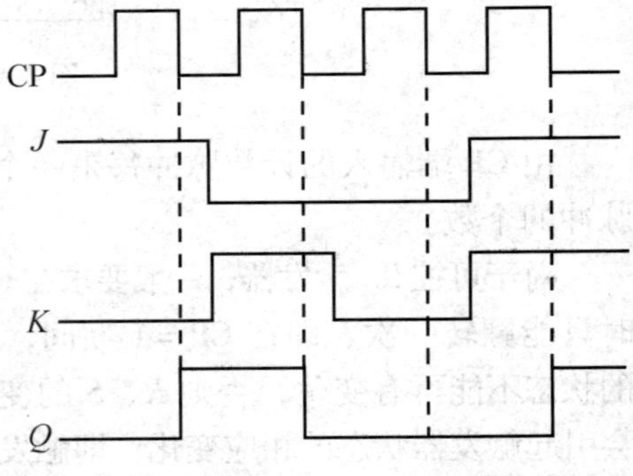

图 4－43　例 4－7 的波形

这里需要说明的是，例 4－7 中的分析是在CP＝1 逻辑期间 J、K 输入信号保持不变的条件下进行的。若在 CP＝1 期间，J、K 的状态发生变化，则 JK 触发器可能发生一次翻转。一次翻转会破坏 JK 触发器的逻辑功能，其结果与逻辑状态表不符，使用时应注意。

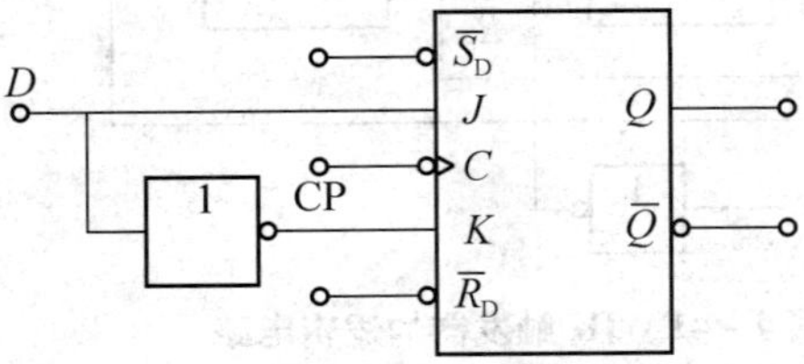

图 4－44　D 触发器的逻辑电路

4．D 触发器

将 JK 触发器的 J 端通过一个非门与 K 端相连，输入端用 D 表示，就构成了 D 触发器，其逻辑电路如图 4－44 所示。

当输入端 $D=1$ 时，$J=1$，$K=0$，在 CP 脉冲下降沿，Q 端置 1；当 $D=0$ 时，$J=0$，$K=1$，在 CP 脉冲下降沿，Q 端复 0。其逻辑状态表如表 4－16 所示。

表 4－16　D 触发器的逻辑状态表

D	Q_n	Q_{n+1}
0	0	0
0	1	0
1	0	1
1	1	1

由表 4－16 可写出 D 触发器的特性方程为

$$Q_{n+1} = D \qquad (4-28)$$

与 JK 触发器一样，D 触发器也有下降沿翻转和上升沿翻转两类，即低电平触发和高电平触发，其逻辑符号如图 4－45 所示。

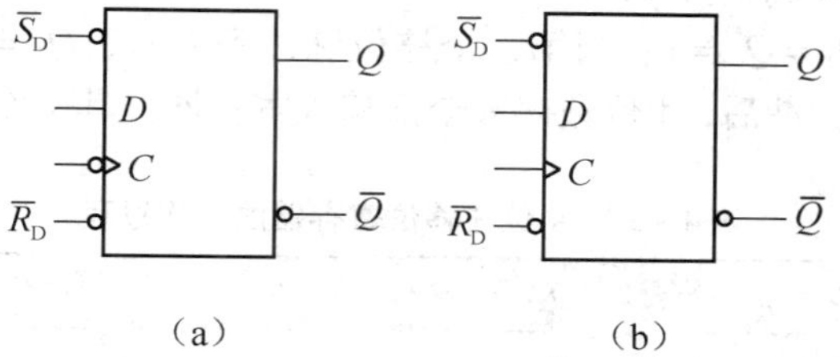

图 4－45　D 触发器的逻辑符号

（a）低电平触发；（b）高电平触发

4.4.2　寄存器

寄存器是数字系统中用来存放数码或指令的时序逻辑电路，由触发器和一些逻辑门电路组成。其中，触发器用来存放数码，一个触发器有 0、1 两种状态，只能存放一位二进制数码。当需要存放 n 位二进制数码时，需用 n 个触发器。

寄存器存取数码的方式有串行和并行两种。串行方式是指在一个 CP 脉冲作用下，只存入或取出一位数码，n 位数码需经 n 个 CP 脉冲作用才能被全部存入或取出，称为串行输入或串行输出。具有串行输入或串行输出功能的寄存器称为移位寄存器，它不仅能存放数码，而且具有运算功能。并行方式是指在一个 CP 脉冲作用下，n 位数码可被同时全部存入或取出，称为并行输入或并行输出。具有并行输入或并行输出功能的寄存器称为数码寄存器，它只有存放数码的功能。

按电路结构的不同，可将寄存器分为分立元件寄存器和集成电路寄存器。

下面主要介绍移位寄存器、数码寄存器和集成电路寄存器。

1. 移位寄存器

移位寄存器按照移位方向，可分为左移位寄存器、右移位寄存器和双向移位寄存器。图 4－46 所示为由 D 触发器构成的 4 位左移位寄存器。待存数码由触发器 F_0 的输入端 D_0

输入，在移位脉冲作用下，可将数码从高位到低位向左逐步移入寄存器中。

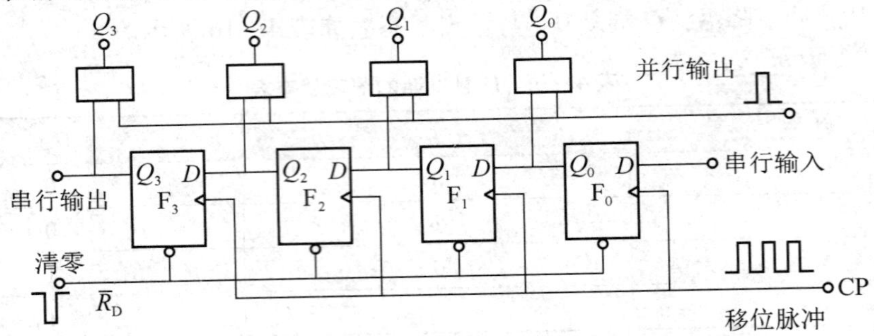

图 4-46　4 位左移位寄存器

其工作过程如下：输入数据前需进行清零，使各个触发器均为 0 态。设待存数码为 1010，先将数码的最高位 1 送入触发器 F_0的输入端，即 $D_0=1$，当第一个移位脉冲 CP 上升沿到来时，触发器 F_0的输出端 $Q_0=1$，寄存器呈 0001 状态。随后将数码的次高位 0 送入触发器 F_0的输入端，则 $D_0=0$，$D_1=Q_0=1$。当第二个移位脉冲到来时，$Q_1=1$，$Q_0=0$，寄存器变为 0010 状态。经 4 个移位脉冲后，4 位数码被全部移入寄存器。其工作过程如表 4-17 所示。

表 4-17　4 位左移位寄存器的工作过程

移位脉冲	Q_3	Q_2	Q_1	Q_0	功能
0	0	0	0	0	清零
1	0	0	0	1	左移 1 位
2	0	0	1	0	左移 2 位
3	0	1	0	1	左移 3 位
4	1	0	1	0	左移 4 位

该移位寄存器有两种输出方式，存入数码后，在并行输出端送入取数脉冲，4 位数码便同时出现在 4 个与门的输出端。当需要串行输出时，存入数据后可将 D_0接地，即 $D_0=0$，再经 4 个移位脉冲作用后，数码便由触发器 F_3的输出端依次送出。图 4-47 所示为

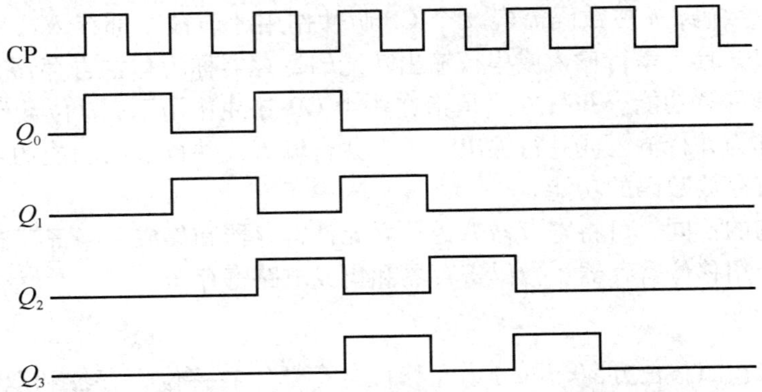

图 4-47　4 位左移位寄存器串行输入、串行输出的工作波形

4位左移位寄存器串行输入、串行输出的工作波形。可见，在4个移位脉冲后，寄存器的状态为1010；在第8个移位脉冲时，寄存器的状态为0000。

2. 数码寄存器

由4个D触发器组成的4位数码寄存器如图4-48所示。4位待存数码 $D_3D_2D_1D_0$ 与4个D触发器的输入端相连接。存放数码前，在清零端 $\overline{R}_D$ 加一个负脉冲，使各个触发器均处于0态，清除寄存器中原有的数码，准备接收新的数码。设待存数码 $D_3D_2D_1D_0=1011$，当寄存脉冲到来时，4个触发器的输出端分别为 $Q_3=1$，$Q_2=0$，$Q_1=1$，$Q_0=1$，数码已被存入。在寄存脉冲过后，各个触发器保持原态，数码被寄存。当需要取出数码时，可发出取数脉冲，将4个与门打开，4位数码分别从4个与门输出。只要不存入新的数码，原来的数码就可重复取用，并一直保持下去。上述工作方式为并行输入、并行输出方式。

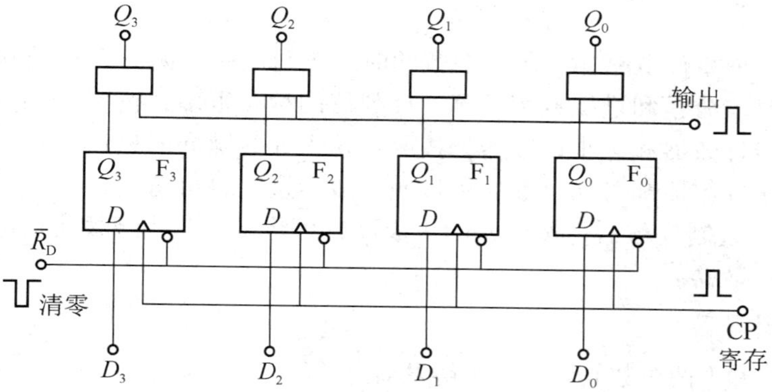

图4-48 4位数码寄存器

3. 集成电路寄存器

目前各种功能的寄存器大多数已集成化，中规模集成电路74LS194就是一种功能比较齐全的4位双向移位寄存器，其引脚排列如图4-49所示。图中，A、B、C、D 为并行输入端，Q_A、Q_B、Q_C、Q_D 为并行输出端，D_{SR} 为数据右移输入端，D_{SL} 为数据左移输入端，$\overline{CR}$ 为清零端，M_1、M_0 为工作模式控制端。其逻辑功能表如表4-18所示。

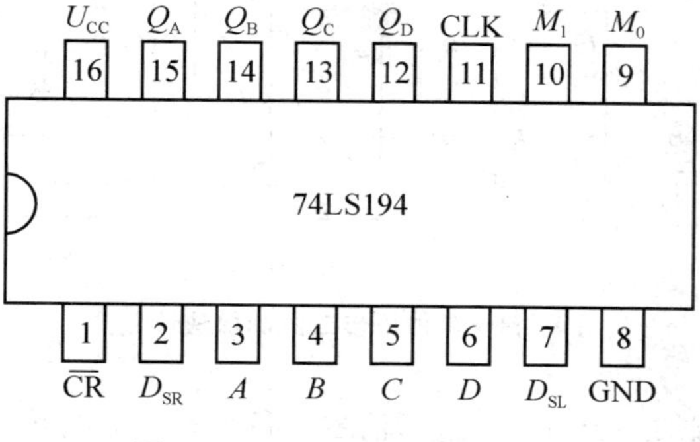

图4-49 74LS194的引脚排列

表 4-18　74LS194 的逻辑功能表

$\overline{CR}$	CLK	M_1	M_0	功　能
0	×	×	×	清零
1	↑	0	0	保持
1	↑	0	1	右移：$D_{SR} \to Q_A \to Q_B \to Q_C \to Q_D$
1	↑	1	0	左移 $D_{SL} \to Q_D \to Q_C \to Q_B \to Q_A$
1	↑	1	1	并入：$Q_A Q_B Q_C Q_D = ABCD$

4.4.3　计数器

计数器是一种累计电路输入脉冲个数的时序逻辑电路。除具有计数功能以外，计数器也可用来定时、分频和进行数字运算。计数器的种类很多，按照 CP 脉冲的输入方式，可将其分为同步计数器和异步计数器；按照对输入计数脉冲的累计方式，可将其分为加法计数器、减法计数器和可逆计数器；按照计数的进制，可将其分为二进制计数器、十进制计数器和 N 进制计数器；按电路的集成度，可将其分为小规模集成电路计数器和中规模集成电路计数器。

1. 二进制计数器

二进制有 0 和 1 两个数码，双稳态触发器有 0 和 1 两个状态，所以一个触发器可以表示一位二进制数。如果表示 n 位二进制数，则需用 n 个触发器，它可以累计 2^n 个脉冲。

（1）异步二进制计数器。由 4 个 JK 触发器组成的 4 位异步二进制加法计数器如图 4-50 所示。图中，4 个触发器的 J、K 端均悬空，相当于接高电平 1，处于计数状态。计数脉冲从最低位触发器的 CP 端输入，并用该脉冲触发翻转，而其他触发器均用低一位触发器的输出 Q 进行触发，4 个触发器的状态只能依次翻转，故称为异步二进制加法计数器。

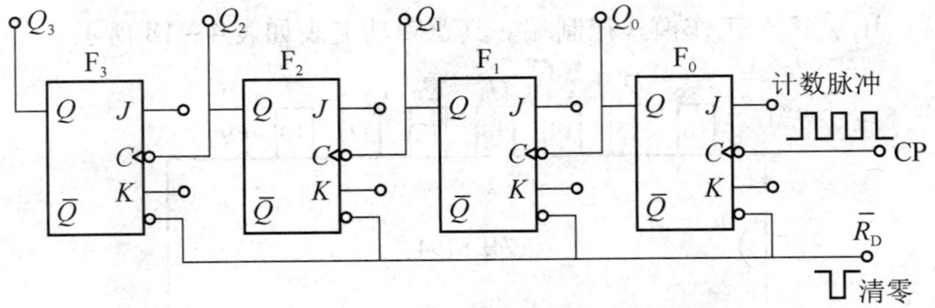

图 4-50　4 位异步二进制加法计数器

计数前，先在 $\overline{R}_D$ 端加一个负脉冲进行清零，各个触发器的状态 $Q_3Q_2Q_1Q_0 = 0000$。当第 1 个计数脉冲 CP 下降沿到来时，触发器 F_0 翻转，Q_0 端由 0 变为 1，此时，Q_0 端的正跳

变不能使触发器 F_1 翻转，计数器的输出状态为 $Q_3Q_2Q_1Q_0=0001$。当第 2 个计数脉冲输入后，其下降沿又使触发器 F_0 翻转，Q_0 端由 1 变为 0，同时，Q_0 端的负跳变使触发器 F_1 翻转，Q_1 端由 0 变为 1，计数器的输出状态为 0010。……当第 15 个计数脉冲输入后，计数器的输出状态为 1111。当第 16 个计数脉冲输入后，计数器的 4 个触发器全部复 0，并从 Q_3 端输出一个进位信号。4 位二进制加法计数器的编码表如表 4－19 所示。

表 4－19　4 位二进制加法计数器的编码表

计数脉冲	二进制数				十进制数
	Q_3	Q_2	Q_1	Q_0	
0	0	0	0	0	0
1	0	0	0	1	1
2	0	0	1	0	2
3	0	0	1	1	3
4	0	1	0	0	4
5	0	1	0	1	5
6	0	1	1	0	6
7	0	1	1	1	7
8	1	0	0	0	8
9	1	0	0	1	9
10	1	0	1	0	10
11	1	0	1	1	11
12	1	1	0	0	12
13	1	1	0	1	13
14	1	1	1	0	14
15	1	1	1	1	15
16	0	0	0	0	0

4 位二进制加法计数器的工作波形如图 4－51 所示。可以看出，Q_0 波形的周期比计数脉冲 CP 的周期大一倍，即频率是计数脉冲 CP 的一半，称 Q_0 对计数脉冲 CP 二分频。同理，Q_1 为四分频，Q_2 为八分频，Q_3 为十六分频。

将图 4－50 中的电路稍做变动，即将触发器 F_3、F_2、F_1 的时钟信号分别与前级触发器的 $\overline{Q}$ 端相连，就构成了 4 位异步二进制减法计数器，如图 4－52 所示，其编码表如表 4－20 所示，工作波形如图 4－53 所示。

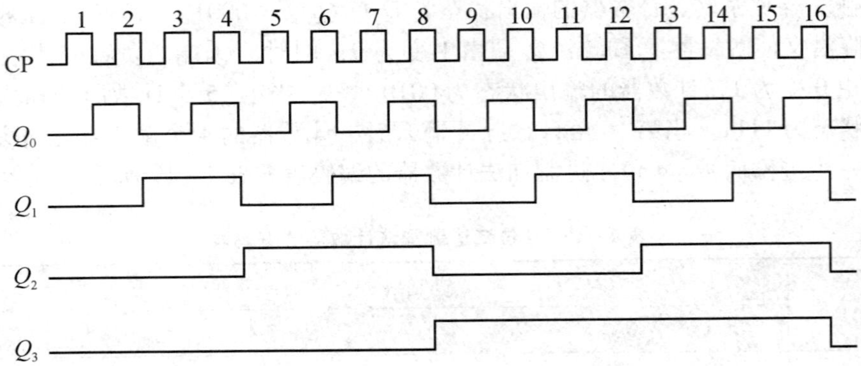

图 4－51　4 位二进制加法计数器的工作波形

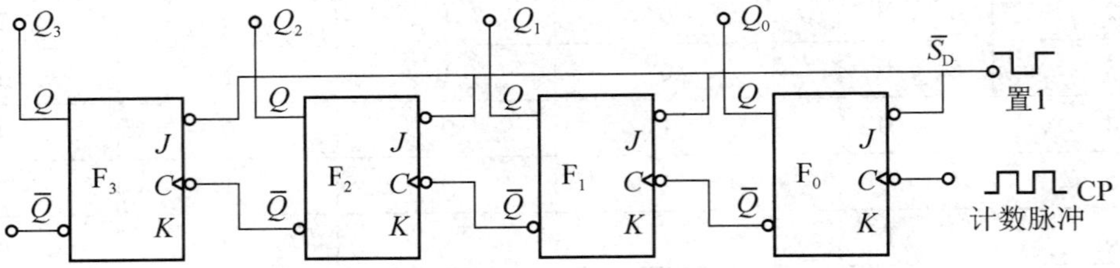

图 4－52　4 位异步二进制减法计数器

表 4－20　4 位二进制减法计数器的编码表

计数脉冲	二进制数				十进制数
	Q_3	Q_2	Q_1	Q_0	
0	1	1	1	1	15
1	1	1	1	0	14
2	1	1	0	1	13
3	1	1	0	0	12
4	1	0	1	1	11
5	1	0	1	0	10
6	1	0	0	1	9
7	1	0	0	0	8
8	0	1	1	1	7
9	0	1	1	0	6
10	0	1	0	1	5
11	0	1	0	0	4
12	0	0	1	1	3
13	0	0	1	0	2
14	0	0	0	1	1
15	0	0	0	0	0
16	1	1	1	1	15

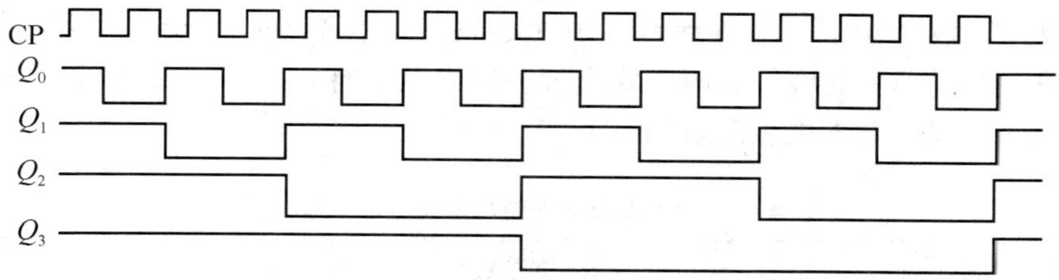

图 4-53　4 位二进制减法计数器的工作波形

（2）同步二进制计数器。同步计数器是指输入的计数脉冲同时送到各个触发器的时钟输入端。在计数脉冲的触发下，所有应该翻转的触发器都可以同时动作。显然，同步计数器的计数速度比异步计数器的计数速度快得多。

如果二进制加法计数器仍由 4 个 JK 触发器组成，则根据表 4-19，可得出各个触发器 J、K 端的逻辑表达式，即各个触发器的驱动方程。

对于触发器 F_0，每输入一个计数脉冲，其输出端 Q_0就变化一次，故其驱动方程为

$$J_0 = K_0 = 1$$

对于触发器 F_1，在 $Q_0 = 1$ 的情况下，当再来一个计数脉冲时，Q_1才翻转，故其驱动方程为

$$J_1 = K_1 = Q_0$$

同理，触发器 F_2的驱动方程为

$$J_2 = K_2 = Q_1Q_0$$

触发器 F_3的驱动方程为

$$J_3 = K_3 = Q_2Q_1Q_0$$

根据上述驱动方程，可画出 4 位同步二进制加法计数器的电路，如图 4-54 所示。其工作波形与图 4-51 完全相同。

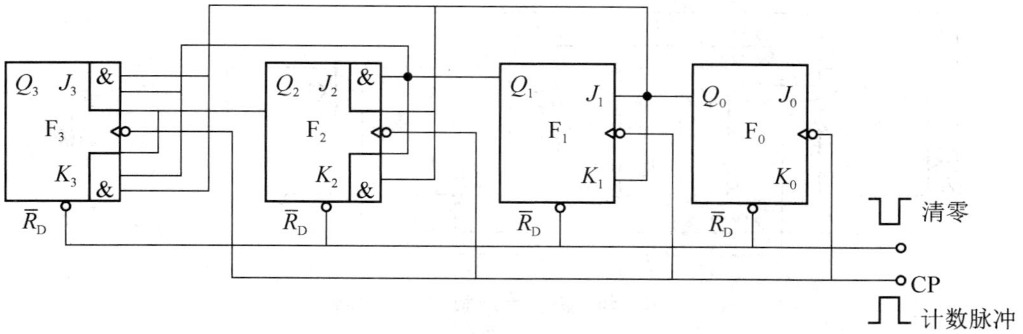

图 4-54　4 位同步二进制加法计数器

2. 十进制计数器

二进制计数器虽然具有结构简单、运算方便的特点，但人们对二进制的读数并不习惯。因此，在数字系统中经常用到十进制计数器。

一位十进制数有 0～9 共 10 个数码，故一位十进制计数器必须有 10 个不同的状态与 10 个数码相对应。常用的方法是用 4 个触发器组成一位十进制计数器。4 个触发器共有 16

种不同的状态，取其10种状态分别表示10个数码，去掉多余的6种状态。被保留的10种状态与十进制数码一一对应的编码方式有多种，常见的有8421码、2421码、5421码等。8421码十进制加法计数器的编码表如表4-21所示。

表4-21 8421码十进制加法计数器的编码表

计数脉冲	二进制数				十进制数
	Q_3	Q_2	Q_1	Q_0	
0	0	0	0	0	0
1	0	0	0	1	1
2	0	0	1	0	2
3	0	0	1	1	3
4	0	1	0	0	4
5	0	1	0	1	5
6	0	1	1	0	6
7	0	1	1	1	7
8	1	0	0	0	8
9	1	0	0	1	9
10	0	0	0	0	0

（1）异步十进制加法计数器。由JK触发器构成的异步十进制加法计数器如图4-55所示。

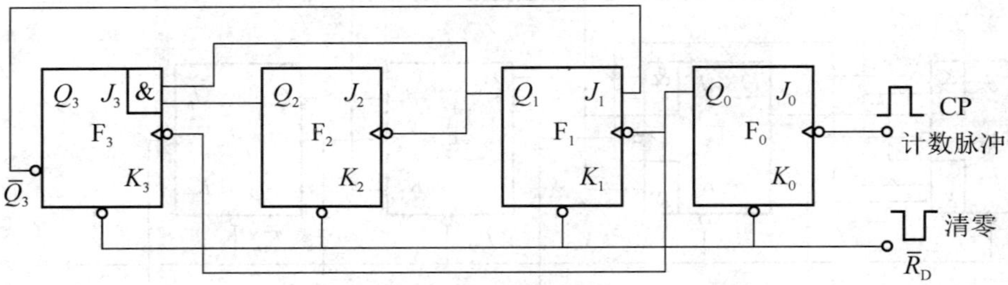

图4-55 异步十进制加法计数器

其计数原理分析如下：在触发器 $F_0 \sim F_2$ 中，除触发器 F_1 的 J_1 端与 $\overline{Q}_3$ 相连接以外，其他输入端均悬空，相当于接高电平。在触发器 F_3 由0变为1之前，即在从0000到0111期间，$\overline{Q}_3=1$，触发器 $F_0 \sim F_2$ 均处于计数状态，其翻转情况与异步二进制加法计数器完全相同。

经过7个计数脉冲后，触发器 $F_3 \sim F_0$ 的状态为0111，$Q_2=Q_1=1$，使触发器 F_3 的 $J_3=Q_1Q_2=1$，为触发器 F_3 由0变为1准备了条件。

当第8个计数脉冲到来时，触发器 $F_0 \sim F_2$ 均由1变为0，触发器 F_3 由0变为1，计数器的状态为1000。此时，$\overline{Q_3}=0$，使 $J_1=0$，当下一次触发器 F_0 出现负跳变时，触发器 F_1 不能翻转。

当第9个计数脉冲到来时，计数器的状态为1001。

当第10个计数脉冲到来时，Q_0 产生负跳变。由于 $J_1=\overline{Q_3}=0$，故触发器 F_1 不翻转，但 Q_0 的负跳变触发触发器 F_3，使 Q_3 由1变为0，从而使计数器复位到初始状态0000，实现了异步十进制加法计数器的计数功能。

十进制加法计数器的工作波形如图4-56所示。

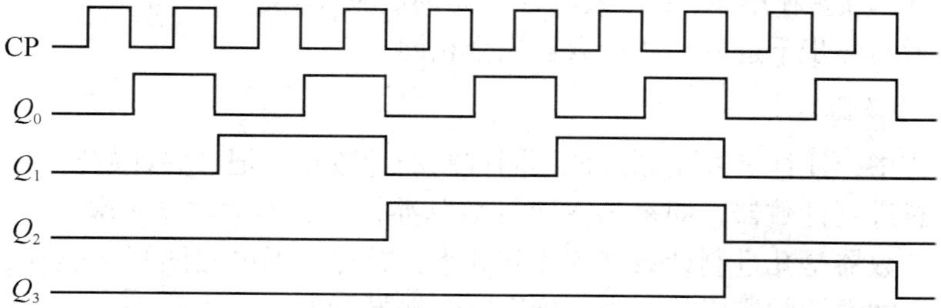

图4-56 十进制加法计数器的工作波形

由上述分析可以看出，对异步十进制加法计数器的分析必须注意以下两点：一是各个触发器输入端的状态；二是是否具有触发脉冲。只有当这两个条件都具备时，触发器才能翻转。

（2）同步十进制加法计数器。如果同步十进制加法计数器由4个JK触发器组成，则根据表4-21可画出其电路，如图4-57所示。

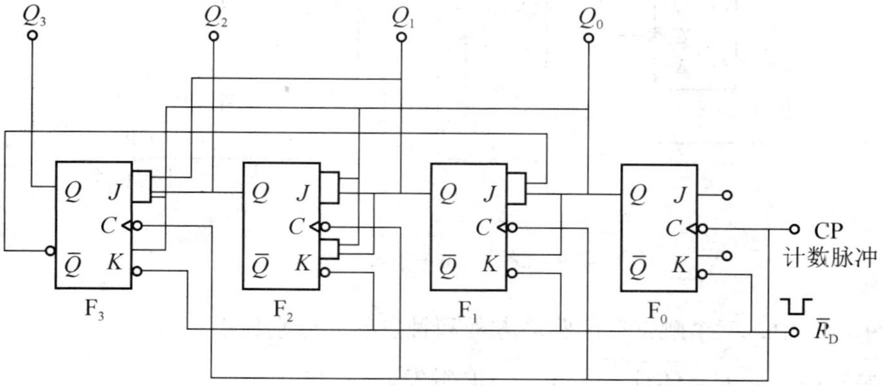

图4-57 同步十进制加法计数器

其工作原理分析如下：

对于触发器 F_0，其驱动方程为 $J_0=K_0=1$，每来一个计数脉冲就翻转一次。

对于触发器 F_1，其驱动方程为 $J_1=Q_0\overline{Q_3}$，$K_1=Q_0$。在0~7个计数脉冲期间，$\overline{Q_3}=1$，故 $J_1=K_1=Q_0$，所以在 $Q_0=1$ 的情况下，再来一个计数脉冲，触发器 F_1 翻转。在第8个

和第9个计数脉冲作用后，$\overline{Q}_3=0$，使 $J_1=0$，$K_1=Q_0$，无论 Q_0 为何种状态，在计数脉冲到来时，$Q_1=0$。因此，当第10个计数脉冲出现时，Q_1 复0，而不像二进制加法计数器中被置1。

对于触发器 F_2，其驱动方程为 $J_2=K_2=Q_1Q_0$。在 $Q_1Q_0=1$ 的情况下，当再来一个计数脉冲时，触发器 F_2 翻转。

对于触发器 F_3，其驱动方程为 $J_3=Q_2Q_1Q_0$，$K_3=Q_0$。不难看出，在0~7个计数脉冲期间，$Q_3=0$。在第7个计数脉冲后，$J_3=Q_2Q_1Q_0=1$，$K_3=1$。因此，在第8个计数脉冲到来时，Q_3 翻转为1，此时，$J_3=0$，$K_3=0$。在第9个计数脉冲到来时，Q_3 保持1状态，此时，$J_3=0$，$K_3=1$。在第10个计数脉冲到来时，使 Q_3 复0。4个触发器恢复到初始状态。其工作波形与异步十进制加法计数器完全相同。

3. N 进制计数器

在实际工作中，往往需要用到其他不同进制的计数器，把这些计数器称为 N 进制计数器，也称为任意进制计数器，即每来 N 个计数脉冲，计数器就重复一次。

分析某个计数器是几进制计数器的步骤如下：首先根据电路图写出驱动方程和触发脉冲，并根据各个触发器的逻辑状态表，确定各个触发器的下一个状态，列出计数器的工作状态表，然后根据工作状态表判断是几进制计数器。图4-58所示为一个异步七进制计数器。

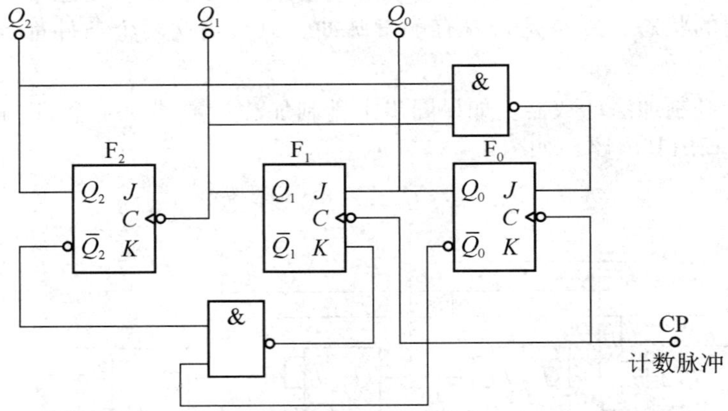

图4-58　异步七进制计数器

在图4-58中，三个触发器的驱动方程和触发脉冲分别如下：

对于触发器 F_0，$J_0=\overline{Q_2Q_1}$，$K_0=1$；CP触发。

对于触发器 F_1，$J_1=Q_0$，$K_1=\overline{\overline{Q}_2\overline{Q}_0}$；CP触发。

对于触发器 F_2，$J_2=1$，$K_2=1$；Q_1 触发。

列工作状态表的过程如下：首先确定该计数器的初值，如 $Q_2Q_1Q_0=000$，根据驱动方程，确定各个触发器 J、K 的初值，然后根据 J、K 值确定在计数脉冲CP触发下各个触发器的工作状态，如表4-22所示。

表4－22　图4－58中计数器的工作状态表

CP	Q_2	Q_1	Q_0	J_0	K_0	J_1	K_1	J_2	K_2
0	0	0	0	1	1	0	0	1	1
1	0	0	1	1	1	1	1	1	1
2	0	1	0	1	1	0	0	1	1
3	0	1	1	1	1	1	1	1	1
4	1	0	0	1	1	0	1	1	1
5	1	0	1	1	1	1	1	1	1
6	1	1	0	0	1	0	1	1	1
7	0	0	0	1	1	0	0	1	1

由于触发器F_1、F_0直接由计数脉冲触发，故当计数脉冲到来时，可根据触发器F_1、F_0的J、K状态确定触发器的状态。触发器F_2由Q_1触发，只有当Q_1由1变为0时才能触发触发器F_2翻转，所以触发器F_2只有在第3个和第6个计数脉冲到来时才能翻转。由表4－22可知，该计数器为七进制计数器。

用异步清零法也可以实现任意进制计数器。其计数的原理是，在二进制计数器的基础上，当用直接复0信号$\overline{R}_D$强迫某状态出现时，全部触发器复0。对于图4－59中的电路，当$Q_2Q_1Q_0=110$时，与非门的输出为0，通过$\overline{R}_D$使所有触发器复0，即$Q_2Q_1Q_0=000$。其工作波形如图4－60所示。

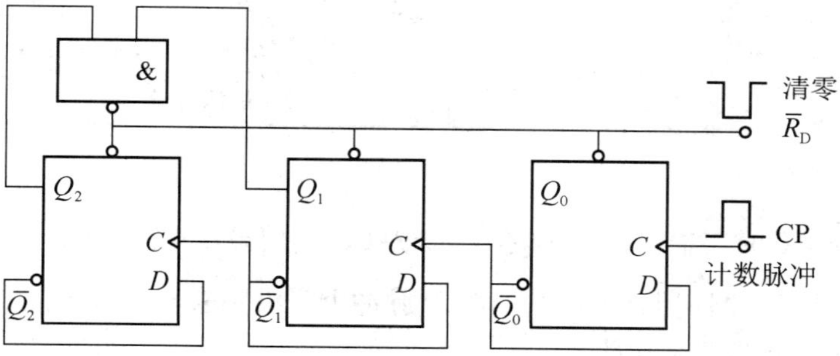

图4－59　六进制计数器

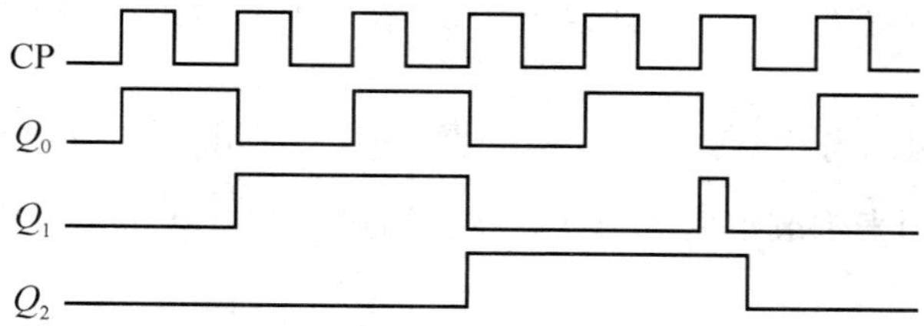

图4－60　六进制计数器的工作波形

由图 4-60 可以看出，当 $Q_2=Q_1=1$ 时，计数器会立即被复 0，即 $Q_2Q_1Q_0=110$ 的状态是非常短暂的，不是计数器的独立工作状态，所以该计数器是六进制计数器。

4. 集成电路计数器

（1）4 位同步二进制计数器 74LS161。74LS161 的引脚排列如图 4-61 所示，其逻辑功能表如表 4-23 所示。

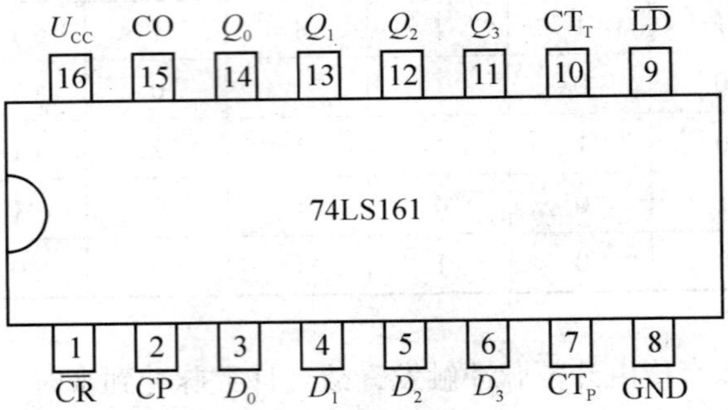

图 4-61 74LS161 的引脚排列

表 4-23 74LS161 的逻辑功能表

$\overline{CR}$	$\overline{LD}$	CT_P	CT_T	CP	Q_3	Q_2	Q_1	Q_0	说明
0	×	×	×	×	0	0	0	0	清零
1	0	×	×	↑	D_3	D_2	D_1	D_0	置数
1	1	0	×	×	Q_3	Q_2	Q_1	Q_0	保持
1	1	×	0	×	Q_3	Q_2	Q_1	Q_0	保持
1	1	1	1	↑	加法计数				

注：“×”号表示任意态。

当复位端 $\overline{CR}=0$ 时，输出端 $Q_3Q_2Q_1Q_0$ 全为 0，实现异步清零功能。

当 $\overline{CR}=1$，预置控制端 $\overline{LD}=0$ 时，在 CP 脉冲上升沿到来时，将 4 位二进制数 $D_3\sim D_0$ 置入 $Q_3\sim Q_0$，实现同步置数功能。

当 $\overline{CR}=\overline{LD}=1$，$CT_P\cdot CT_T=0$ 时，输出 $Q_3\sim Q_0$ 保持不变。

当 $\overline{CR}=\overline{LD}=CT_T=CT_P=1$ 时，计数器在 CP 脉冲上升沿进行同步加法计数，实现计数功能。

CO 为进位输出端，当计数溢出时，CO 端输出一个高电平进位脉冲。

74LS161 可直接用来构成十六进制计数器，通过 $\overline{CR}$、$\overline{LD}$ 也可以方便地组成小于十六的任意进制计数器。

【例 4-8】 试用 74LS161 和必要的门电路实现十进制计数器，要求利用 $\overline{CR}$ 端实现。

解： 计数器采用 8421 码。十进制计数器的工作状态表如表 4-24 所示。

表 4－24 十进制计数器的工作状态表

CP	Q_3	Q_2	Q_1	Q_0	说明
0	0	0	0	0	
1	0	0	0	1	
2	0	0	1	0	
3	0	0	1	1	
4	0	1	0	0	
5	0	1	0	1	
6	0	1	1	0	
7	0	1	1	1	
8	1	0	0	0	
9	1	0	0	1	
10	1	0	1	0	过渡状态

由于要求利用复位端 $\overline{CR}$ 实现，所以在逻辑状态表中写出了 1010 状态。在电路中，应将此状态反馈到 $\overline{CR}$ 端，实现异步清零功能，如图 4－62 所示。当第 10 个 CP 脉冲上升沿到来时，计数器的状态为 $Q_3Q_2Q_1Q_0=1010$，与非门输出低电平送到 $\overline{CR}$ 端，计数器复位为 0000。由于 1010 状态转瞬即逝，故称为过渡状态。显然，过渡状态不是计数器的独立工作状态。十进制计数器如图 4－62 所示。

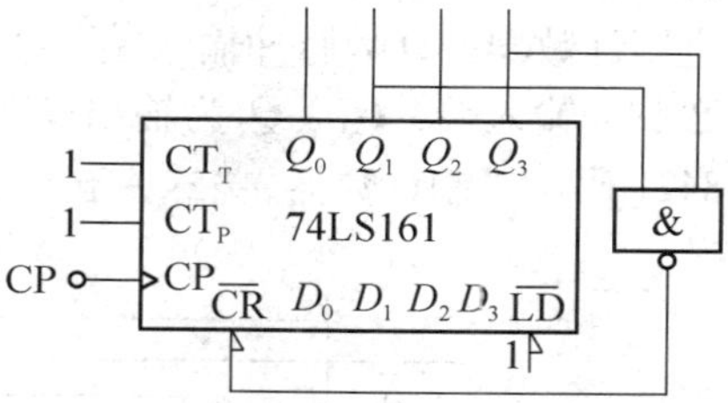

图 4－62 例 4－8 的图

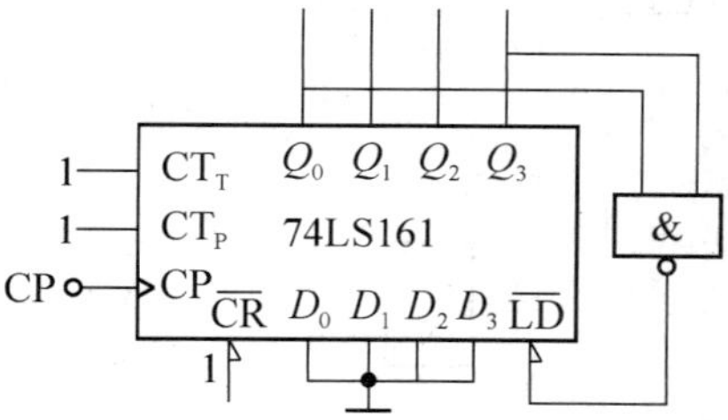

图 4－63 例 4－9 的图

【例 4－9】 试用 74LS161 及必要的门电路实现十进制计数器，要求利用预置控制端 $\overline{LD}$ 实现，设计数器的初始状态为 0000。

解： 由于要求利用预置控制端 $\overline{LD}$ 实现，所以应采用置数法，即当计数器计数到某一数值时，利用 $\overline{LD}$ 端给计数器预置初始状态值，保证计数器循环工作。电路如图 4－63 所示。图中，与非门的输入信号取自 Q_3、Q_0，当第 9 个 CP 脉冲上升沿到来时，计数器的状态为 1001，与非门输出低电平。当第 10 个 CP 脉冲上升沿到来时，完成预置操作，计数器的状态为 $Q_3Q_2Q_1Q_0=D_3D_2D_1D_0=0000$，计数器复 0。由于同步预置使最后一个有效状态 1001 保持一个 CP 周期，所以 1001 是计数器的工作状态。与例 4－8 不同的是，本例利用预置控制端 $\overline{LD}$ 实现计数，不需要过渡状态。

如果需要大于十六进制的计数器，可将 74LS161 串联使用。由两片 74LS161 构成的二十四进制计数器如图 4－64 所示。

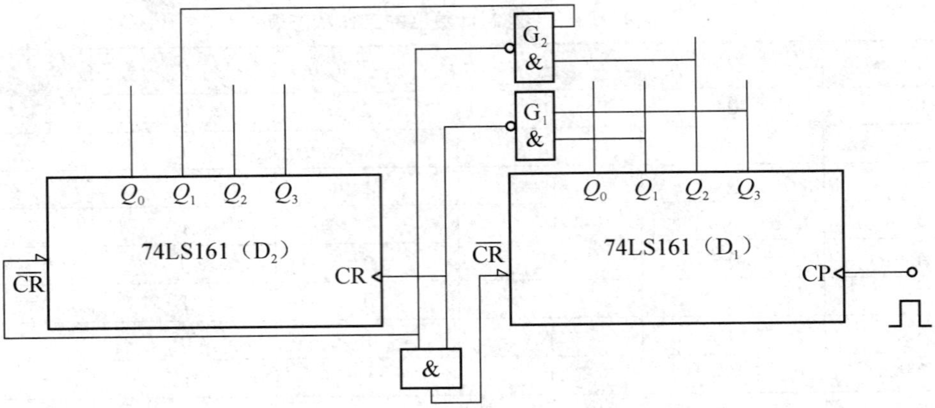

图 4-64　二十四进制计数器

（2）二-五-十进制异步计数器 74LS290。74LS290 的逻辑电路如图 4-65 所示，在结构上，可将其分为二进制计数器和五进制计数器。二进制计数器由触发器 F_0 组成，CP_0 为二进制计数器的计数脉冲输入端，Q_0 为输出端。五进制计数器由触发器 $F_3 \sim F_1$ 组成，CP_1 为计数脉冲输入端，$Q_3 \sim Q_1$ 为输出端。若将 Q_0 与 CP_1 相连，以 CP_0 为计数脉冲输入端，则构成 8421 码十进制计数器，“二-五-十进制异步计数器”由此得名。

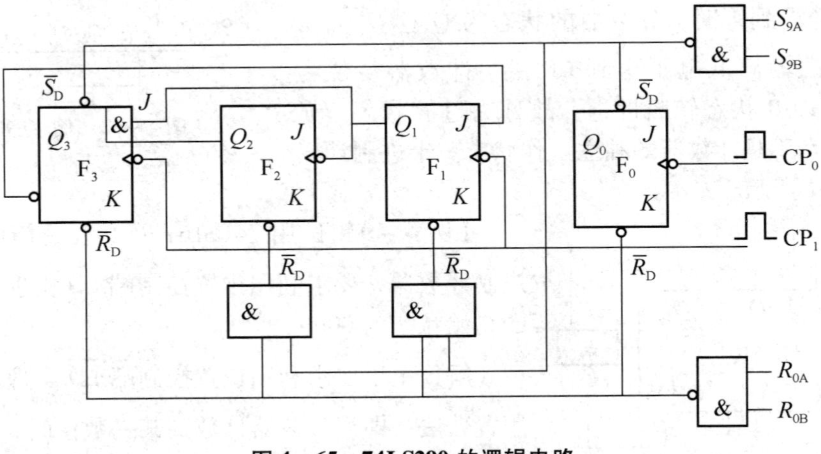

图 4-65　74LS290 的逻辑电路

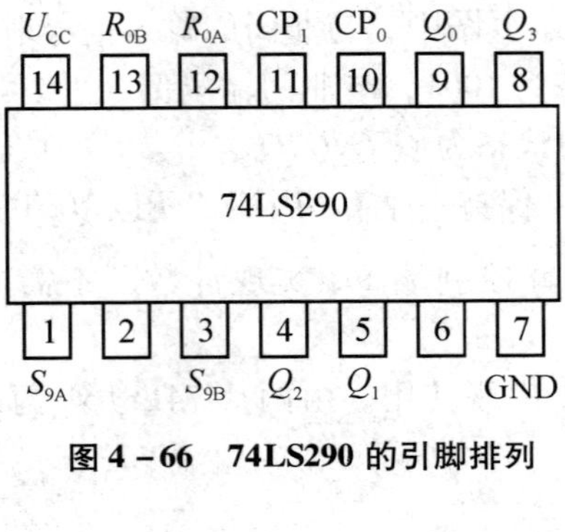

图 4-66　74LS290 的引脚排列

74LS290 的引脚排列如图 4-66 所示。其中，S_{9A}、S_{9B} 称为置 9 端，R_{0A}、R_{0B} 称为置 0 端。74LS290 的逻辑功能表如表 4-25 所示。

表4-25　74LS290的逻辑功能表

输入					输出			
R_{0A}	R_{0B}	S_{9A}	S_{9B}	CP	Q_3	Q_2	Q_1	Q_0
1	1	0	×	×	0	0	0	0
1	1	×	0	×	0	0	0	0
0	×	1	1	×	1	0	0	1
×	0	1	1	×	1	0	0	1
×	0	×	0	↓	计　数			
×	0	0	×	↓	计　数			
0	×	×	0	↓	计　数			
0	×	0	×	↓	计　数			

注："×"号表示任意态。

当$S_{9A}=S_{9B}=1$时，无论其他输入端的状态如何，计数器都输出$Q_3Q_2Q_1Q_0=1001$，实现置9功能。

当S_{9A}和S_{9B}不全为1，且$R_{0A}=R_{0B}=1$时，无论其他输入端的状态如何，计数器都输出$Q_3Q_2Q_1Q_0=0000$，实现异步清零功能。

当S_{9A}和S_{9B}不全为1，且R_{0A}和R_{0B}不全为1，输入计数脉冲CP时，实现计数功能。

由一片74LS290可以构成十进制以内的任意进制计数器。五进制计数器如图4-67（a）所示，六进制计数器如图4-67（b）所示，七进制计数器如图4-67（c）所示，八进制计数器如图4-67（d）所示。

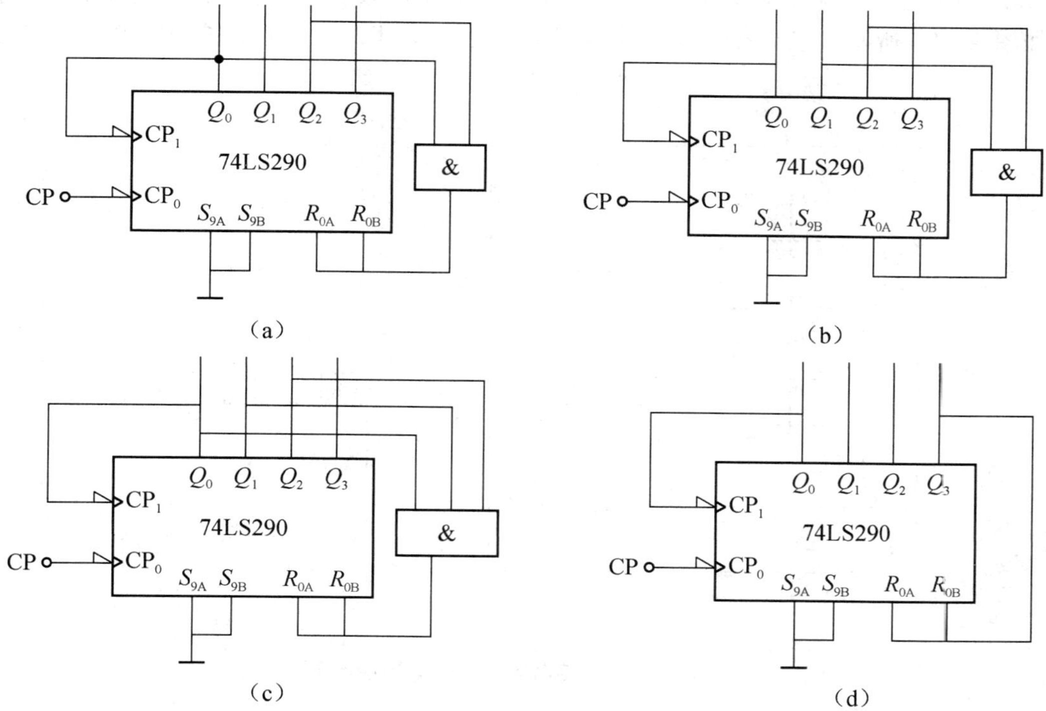

图4-67　由74LS290构成五、六、七、八进制计数器

（a）五进制计数器；（b）六进制计数器；（c）七进制计数器；（d）八进制计数器

4.4.4 集成定时器

在数字系统中，常常需要各种脉冲信号，如时钟信号等。获取脉冲信号的方法通常有两种：一种是利用脉冲振荡器直接产生；另一种是对已有的信号进行整形处理，使之符合电路的要求。这里主要介绍用于脉冲产生、整形的集成555定时器及其应用。

555定时器是一种多用途的单片集成电路。若在其外部配上少数阻容元件，便能构成单稳态触发器、多谐振荡器等各种用途不同的脉冲电路。由于它性能优良，使用灵活、方便，所以555定时器在工业自动控制、家用电器、电子玩具等许多领域中都得到了广泛应用。

555定时器按内部元件，分为双极型（TTL型）和单极型［CMOS（complementary metal-oxide-semiconductor，互补型金属氧化物半导体）型］两种。几乎所有双极型产品型号的最后三位数码都为555，如NE555；所有单极型产品型号的最后四位数码都是7555，如CC7555。双极型555定时器的电源电压为4.5～16 V，输出电流大，能直接驱动继电器等负载，并能提供与TTL、CMOS电路相容的逻辑电平；单极型555定时器的输出电流较小，功耗低，适用电源电压的范围大（通常为3～18 V），定时元件的选择范围大。尽管555定时器产品型号繁多，但它们的逻辑功能和外部引脚排列完全相同。

1. 555定时器的组成及工作原理

555定时器是一种模拟电路和数字电路相结合的中规模集成电路，其电路和引脚排列如图4－68所示。它由分压器、电压比较器、基本RS触发器和放电三极管等部分组成。

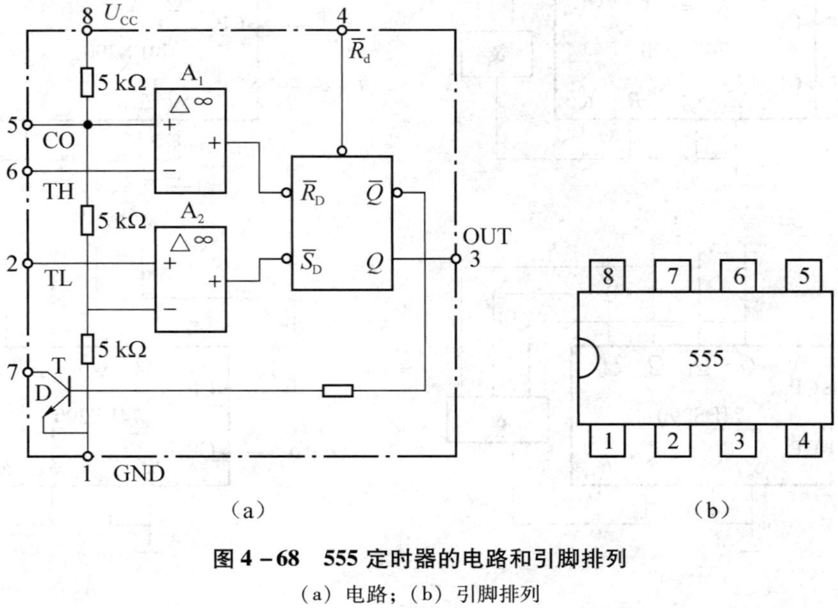

图4－68 555定时器的电路和引脚排列

（a）电路；（b）引脚排列

单极型555定时器一般接有输出缓冲级，以提高其驱动负载的能力。分压器由三个5 kΩ的等值电阻串联而成，“555”由此得名。分压器为比较器 A_1、A_2 提供参考电压，比较器 A_1 的参考电压为 $\frac{2}{3}U_{CC}$，加在同相输入端；比较器 A_2 的参考电压为 $\frac{1}{3}U_{CC}$，加在反相输入端。高电平触发信号加在比较器 A_1 的反相输入端，与同相输入端的参考电压比较后，其结果作为基本RS触发器 $\overline{R}_D$ 端的输入信号；低电平触发信号加在比较器 A_2 的同相输入端，与反相输入端的参考电压比较后，其结果作为基本RS触发器 $\overline{S}_D$ 端的输入信号。基本RS触发器的输出状态受到比较器 A_1、A_2 的输出端控制。

555定时器各引脚的功能说明如下：

1脚为接地端GND。

2脚为低触发端TL。当输入的触发电压高于 $\frac{1}{3}U_{CC}$ 时，比较器 A_2 的输出为高电平1；当输入的触发电压低于 $\frac{1}{3}U_{CC}$ 时，比较器 A_2 输出低电平0，使基本RS触发器置1。

3脚为输出端OUT。当输出电流达200 mA时，可直接驱动继电器、发光二极管、扬声器、指示灯等。

4脚为复位端 $\overline{R}_d$。低电平有效，当输入负脉冲时，触发器直接复0。平时 $\overline{R}_d$ 保持高电平。

5脚为电压控制端CO。若在该端外加一个电压，就可改变比较器的参考电压值。当此端不用时，一般用0.01 μF的电容接地，以防止干扰电压的影响。

6脚为高触发端TH。当输入的触发电压低于 $\frac{2}{3}U_{CC}$ 时，比较器 A_1 的输出为高电平1；当输入的触发电压高于 $\frac{2}{3}U_{CC}$ 时，比较器 A_1 输出低电平0，使基本RS触发器复0。

7脚为放电端D。当基本RS触发器的 $\overline{Q}$ 端为高电平1时，放电三极管T导通，外接电容器通过三极管T放电。三极管T起放电开关的作用。

8脚为电源电压 U_{CC}。当外接电源在允许范围内变化时，电路均能正常工作。

由上述可得555定时器的逻辑功能表如表4－26所示。

表4－26　555定时器的逻辑功能表

$\overline{R}_d$	TH	TL	$\overline{R}_D$	$\overline{S}_D$	Q	$\overline{Q}$	OUT
0	×	×	×	×	0	1	0
1	$>\frac{2}{3}U_{CC}$	$>\frac{1}{3}U_{CC}$	0	1	0	1	0
1	$<\frac{2}{3}U_{CC}$	$<\frac{1}{3}U_{CC}$	1	0	1	0	1
1	$<\frac{2}{3}U_{CC}$	$>\frac{1}{3}U_{CC}$	1	1	保持原状态		

注：“×”号表示取值为“0”“1”均可。

2. 由555定时器组成的单稳态触发器

由555定时器组成的单稳态触发器的电路如图4-69（a）所示，其中，R、C为外接元件，触发信号u_i由2端输入。其工作波形如图4-69（b）所示。

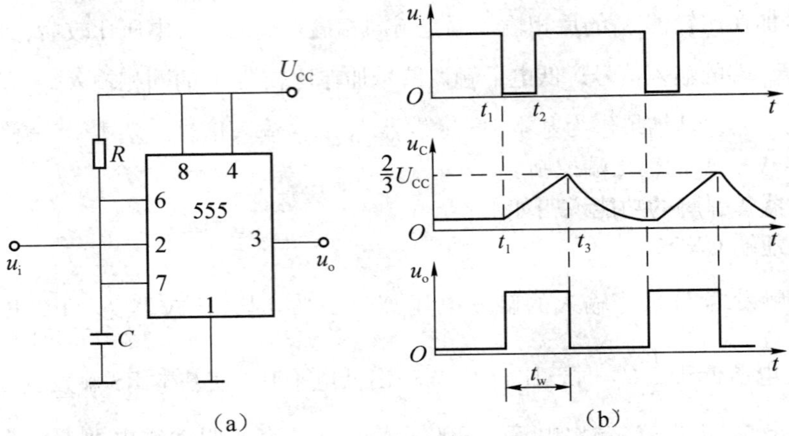

图4-69　由555定时器组成的单稳态触发器的电路和工作波形

（a）电路；（b）工作波形

工作原理分析如下：

（1）电路的稳态（$0\sim t_1$）。在$0\sim t_1$期间，u_i为高电平1，其值大于$\frac{1}{3}U_{CC}$，故比较器A_2的输出为1，即$\overline{S}_D=1$。

此间，若基本RS触发器的初始状态$Q=1$，$\overline{Q}=0$，则三极管T截止，电容C充电。当$u_C\geqslant\frac{2}{3}U_{CC}$时，比较器$A_1$的输出为0，即$\overline{R}_D=0$，使基本RS触发器复0。若基本RS触发器的初始状态$Q=0$，$\overline{Q}=1$，则三极管T导通，电容C经三极管放电。当$u_C<\frac{2}{3}U_{CC}$时，比较器A_1的输出为1，即$\overline{R}_D=1$。由于$\overline{S}_D=1$，则基本RS触发器的状态不变。因此，在触发负脉冲未加入时，$Q=0$，输出u_o为0是电路的稳定状态。

（2）电路的暂稳状态（$t_1\sim t_3$）。在t_1时刻，输入触发负脉冲，其幅值小于$\frac{1}{3}U_{CC}$，比较器A_2的输出为0，基本RS触发器置1，即$Q=1$，$\overline{Q}=0$。此时，输出$u_o=1$，电路进入暂稳状态。在暂稳状态期间，三极管T截止，电源经R对电容C充电。在$t=t_3$时刻，$u_C=\frac{2}{3}U_{CC}$，比较器A_1的输出为0，即$\overline{R}_D=0$。由于在t_2时刻，u_i已恢复到高电平，比较器A_2的输出为1，即$\overline{S}_D=1$，基本RS触发器复0，使输出u_o恢复为低电平0。此后，电容C迅速放电，为下次触发做好准备。

如果u_i是一串负脉冲，则在电路的输出端可以得到一串矩形脉冲，其电压波形如图4-69（b）所示。

输出脉冲的宽度 t_w 与充电时间常数 RC 有关，即

$$t_w = RC\ln 3 = 1.1RC \tag{4-29}$$

当一个触发脉冲使单稳态触发器进入暂稳状态后，在 t_w 时间内的其他触发脉冲对电路不起作用，因此，触发脉冲 u_i 的周期必须大于 t_w，这样才能保证 u_i 的每一个负脉冲都能有效地触发。

单稳态触发器可以构成定时电路，与继电器、晶闸管或驱动放大电路配合，可实现自动控制、定时开关的功能。图 4－70 所示为一个常用的楼梯照明灯的控制电路。平时灯泡不亮，按下开关 SB，灯泡被点亮，经一定时间后，灯泡自动熄灭。

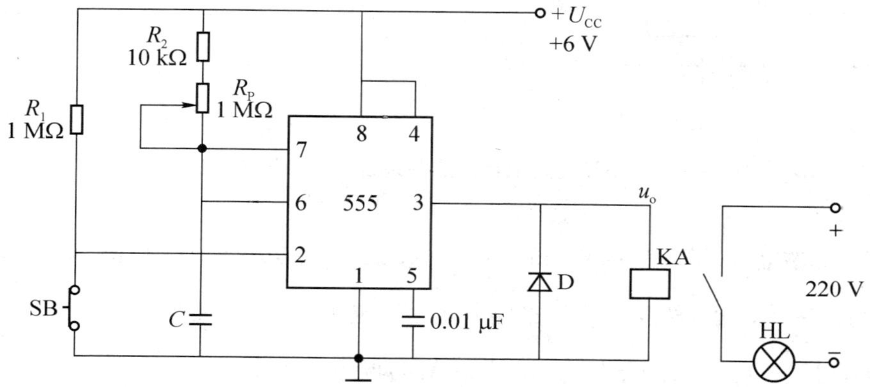

图 4－70 楼梯照明灯的控制电路

其工作原理如下：

由 555 定时器构成的单稳态触发器接通 +6 V 电源后，由于开关 SB 处于常开位置，所以 2 端为高电平。在电路进入稳态后，触发器输出端 OUT 为低电平，继电器 KA 无电流通过，串接在照明电路中的常开触点不能闭合，灯泡不亮。

按下开关 SB 后，2 端被接地，相当于在低触发端输入了一个负脉冲，使电路由稳态转入暂稳状态，输出端 OUT 为高电平，继电器 KA 中有电流流过，其常开触点闭合，照明电路被接通，灯泡被点亮；经过时间 t_w 后，电路自行恢复到稳态，输出端 OUT 为低电平，灯泡熄灭。暂稳状态的持续时间 t_w 即灯泡亮的时间，通过改变电路中电阻 R_P 或电容 C，均可改变 t_w。

3. 由 555 定时器组成的多谐振荡器

由 555 定时器组成的多谐振荡器的电路如图 4－71（a）所示，其中，R_1、R_2 和电容 C 为外接元件。其工作波形如图 4－71（b）所示。

（1）工作原理。设电容的初始电压 $u_C=0$。在 $t=0$ 时接通电源，由于电容的电压不能突变，所以高、低触发端 $\mathrm{TH}=\mathrm{TL}=0<\frac{1}{3}U_{CC}$，比较器 A_1 的输出为高电平，比较器 A_2 的输出为低电平，即 $\overline{R}_D=1$，$\overline{S}_D=0$，基本 RS 触发器置 1，定时器输出 $u_o=1$。此时，$\overline{Q}=0$，定时器内部放电三极管 T 截止，电源 U_{CC} 经 R_1、R_2 向电容 C 充电，u_C 逐渐升高。当 u_C 上升

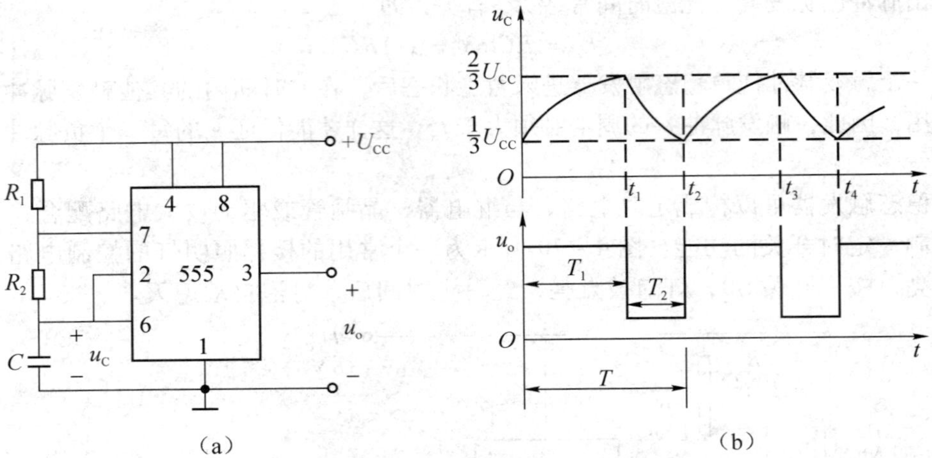

图 4－71　由 555 定时器组成的多谐振荡器的电路和工作波形

(a) 电路；(b) 工作波形

到$\frac{1}{3}U_{CC}$时，比较器 A_2的输出由 0 翻转为 1，这时，$\overline{R}_D=\overline{S}_D=1$，基本 RS 触发器保持状态不变。因此，在$0<t<t_1$期间，定时器输出 u_o为高电平 1。

在 $t=t_1$时刻，u_C上升到$\frac{2}{3}U_{CC}$，比较器 A_1的输出由 1 变为 0，这时，$\overline{R}_D=0$，$\overline{S}_D=1$，基本 RS 触发器复 0，定时器输出 $u_o=0$。

在 $t_1<t<t_2$期间，$\overline{Q}=1$，放电三极管 T 导通，电容 C 通过 R_2放电。u_C按指数规律下降，当 $u_C<\frac{2}{3}U_{CC}$时，比较器 A_1的输出由 0 变为1，基本 RS 触发器的 $\overline{R}_D=\overline{S}_D=1$，$Q$ 的状态不变，u_o的状态仍为低电平。

在 $t=t_2$时刻，u_C下降到$\frac{1}{3}U_{CC}$，比较器 A_2的输出由 1 变为 0，基本 RS 触发器的 $\overline{R}_D=1$，$\overline{S}_D=0$，触发器置 1，定时器输出 $u_o=1$。此时，电源再次向电容 C 充电，重复上述过程。

通过上述分析可知，当电容充电时，定时器输出 $u_o=1$；当电容放电时，定时器输出 $u_o=0$。电容不断地进行充、放电，输出端便获得矩形波。多谐振荡器中虽然无外部信号输入，却能输出矩形波，其实质是将直流形式的电能转化为矩形波形式的电能。

(2) 振荡周期。由图 4－71 (b) 可知，振荡周期为

$$T = T_1 + T_2$$

式中：T_1——电容充电时间，

$$T_1 = (R_1 + R_2)C\ln 2 = 0.7(R_1 + R_2)C$$

T_2——电容放电时间，

$$T_2 = R_2C\ln 2 = 0.7R_2C$$

于是矩形波的振荡周期为

$$T = T_1 + T_2 = 0.7(R_1 + 2R_2)C \tag{4-30}$$

改变 R_1、R_2和电容 C 的数值，便可改变矩形波的周期和频率。由 555 定时器组成的多谐振荡器的最高工作频率可达 500 kHz。

对于矩形波，除了用幅度、周期来衡量外，还有一个参数——占空比 q，即 $q=\frac{t_w}{T}$，其中，t_w为输出一个周期内高电平所占的时间，即脉宽；T 为周期。图 4 - 71（a）中的电路输出矩形波的占空比为

$$q=\frac{T_1}{T}=\frac{T_1}{T_1+T_2}=\frac{R_1+R_2}{R_1+2R_2}$$

所以图 4 - 71（a）中的电路只能产生占空比大于 0.5 的矩形脉冲。

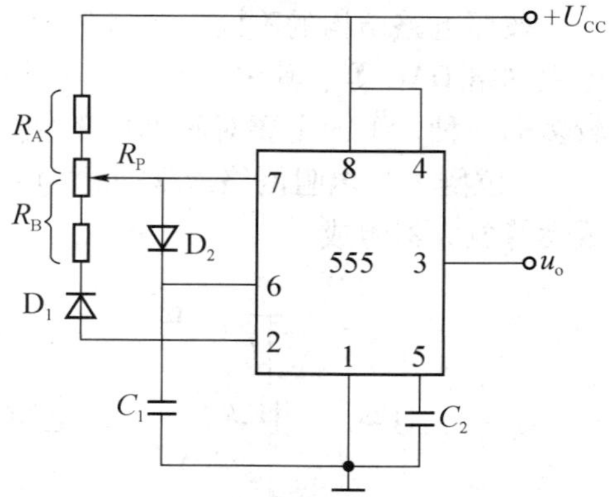

图 4 - 72　可调占空比的多谐振荡器

图 4 - 72 中的电路产生矩形波的占空比可以根据需要进行调整，这是因为它的充、放电路径不同。当输出 u_o为高电平时，电源经 R_A、D_2对电容 C_1充电；当输出 u_o为低电平时，电容 C_1经 D_1、R_B放电。通过调节电阻 R_P即可改变充、放电时间，也就改变了矩形脉冲的占空比，即

$$q=\frac{R_A}{R_A+R_B} \tag{4-31}$$

4.5　数/模转换器和模/数转换器

随着数字技术的飞速发展，在现代控制、自动检测、科学实验、军事指挥等领域中，无不广泛地采用数字电子计算机技术。这就需要首先将被处理的模拟信号转换为数字量，送入计算机进行运算、处理，然后将处理的结果转换为模拟量，并为执行机构所接收。

将数字量转换为模拟量的电路称为数/模转换器，简称 D/A 转换器或 DAC（digital to analog converter）；将模拟量转换为数字量的电路称为模/数转换器，简称 A/D 转换器或 ADC（analog to digital converter）。DAC 和 ADC 是计算机系统中不可缺少的接口电路。

这里主要介绍 DAC 和 ADC 的电路结构、工作原理及常用集成电路转换器的使用方法。

4.5.1 数/模转换器

1. DAC 的类型

按照电路结构的不同，常用的 DAC 有权电阻网络 DAC、T 形电阻网络 DAC、倒 T 形电阻网络 DAC 等。其中，倒 T 形电阻网络 DAC 结构简单、速度快、精度高，是目前使用较多的一种，下面主要对其进行介绍。

4 位倒 T 形电阻网络 DAC 如图 4－73 所示。它由倒 T 形电阻网络、模拟电子开关和集成运算放大器组成。

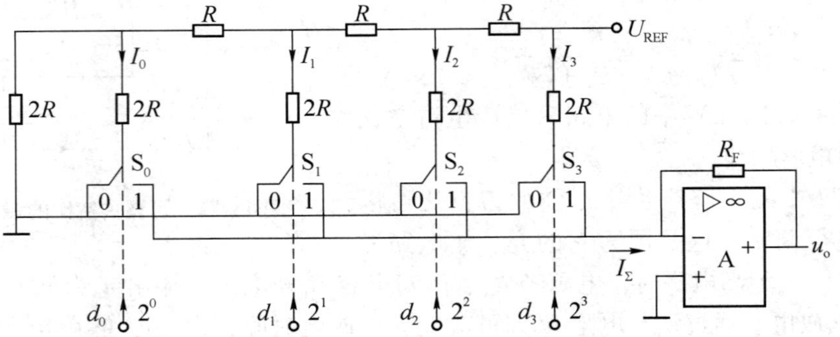

图 4－73　4 位倒 T 形电阻网络 DAC

模拟电子开关 $S_3 \sim S_0$受到二进制代码的控制。当某位代码为 1 时，其相应的模拟电子开关接至运算放大器的反相输入端（虚地）；当该位代码为 0 时，其相应的模拟电子开关把电阻接地。因此，无论代码是 1 还是 0，流过倒 T 形电阻网络各支路的电流都始终不变，从参考电压 U_{REF} 输入的总电流也是固定不变的。因此，4 位倒 T 形电阻网络 DAC 的等效电路如图 4－74 所示。从 d、c、b、a 各点分别向左看进去的对地电阻均为 R，所以由 $a \sim d$ 各点对地的电压依次衰减$\frac{1}{2}$，各 2R 电阻支路的电流分别为

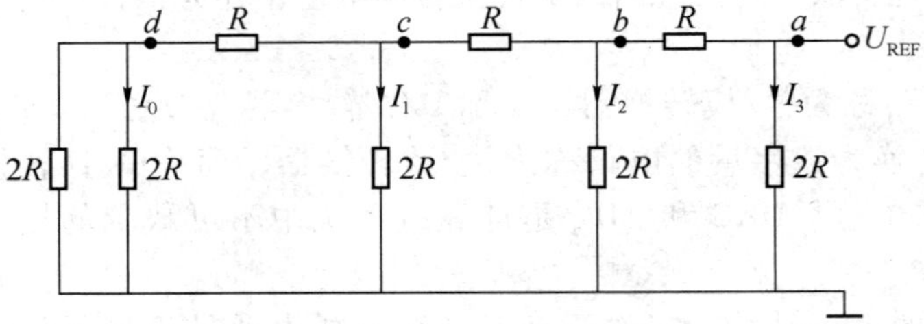

图 4－74　4 位倒 T 形电阻网络 DAC 的等效电路

$$I_3 = \frac{U_{REF}}{2R}$$

$$I_2 = \frac{U_{REF}}{2} \cdot \frac{1}{2R} = \frac{U_{REF}}{4R}$$

$$I_1 = \frac{U_{REF}}{4} \cdot \frac{1}{2R} = \frac{U_{REF}}{8R}$$

$$I_0 = \frac{U_{REF}}{8} \cdot \frac{1}{2R} = \frac{U_{REF}}{16R}$$

由图 4－73 可知，当某位输入代码为 1 时，该位的权电流便流入加法器的反相输入端；当该位输入代码为 0 时，相应权电流接地。因此，流入运算放大器反相输入端的总电流与各位二进制代码有关，即

$$\begin{aligned} I_{\Sigma} &= d_3I_3 + d_2I_2 + d_1I_1 + d_0I_0 \\ &= \frac{U_{REF}}{R}\left(\frac{d_3}{2} + \frac{d_2}{4} + \frac{d_1}{8} + \frac{d_0}{16}\right) \\ &= \frac{U_{REF}}{2^4R}(d_3 \cdot 2^3 + d_2 \cdot 2^2 + d_1 \cdot 2^1 + d_0 \cdot 2^0) \end{aligned} \tag{4-32}$$

运算放大器的输出电压为

$$\begin{aligned} u_o &= -R_FI_{\Sigma} \\ &= -\frac{U_{REF}R_F}{2^4R}(d_3 \cdot 2^3 + d_2 \cdot 2^2 + d_1 \cdot 2^1 + d_0 \cdot 2^0) \end{aligned} \tag{4-33}$$

当 $R_F = R$ 时，有

$$u_o = -\frac{U_{REF}}{2^4}(d_3 \cdot 2^3 + d_2 \cdot 2^2 + d_1 \cdot 2^1 + d_0 \cdot 2^0) \tag{4-34}$$

n 位二进制数的倒T形电阻网络DAC输出电压的表达式为

$$u_o = -\frac{U_{REF}R_F}{2^nR}(d_{n-1} \cdot 2^{n-1} + d_{n-2} \cdot 2^{n-2} + \cdots + d_1 \cdot 2^1 + d_0 \cdot 2^0) \tag{4-35}$$

【例4－10】 在图4－73所示的电路中，若4位二进制数为1011，$U_{REF} = 15$ V，$R_F = R$，求输出电压 u_o。

解： 由式（4－34）可得

$$\begin{aligned} u_o &= -\frac{U_{REF}}{2^4}(d_3 \cdot 2^3 + d_2 \cdot 2^2 + d_1 \cdot 2^1 + d_0 \cdot 2^0) \\ &= -\frac{15}{2^4} \times (1 \times 2^3 + 0 \times 2^2 + 1 \times 2^1 + 1 \times 2^0) \\ &= -10.312\,5(\text{V}) \end{aligned}$$

在例4－10中，若4位二进制数为1111，则输出电压为

$$u_o = -\frac{15}{2^4} \times (8 + 4 + 2 + 1) = -14.062\,5(\text{V})$$

这也说明，模拟电压与数字量的大小是成正比的。

2. DAC的主要参数

（1）分辨率。分辨率用来描述输出最小电压的能力。它是指最小输出电压（对应的输入数字量仅最低位为1）与最大输出电压（对应的输入数字量各位全为1）之比，也可用下式表示：

$$\text{分辨率} = \frac{1}{2^n - 1} \tag{4-36}$$

式中：n——数字量的位数。

例如，4位DAC的分辨率为0.067，8位DAC的分辨率为0.003 9。可见，位数越多，DAC的分辨率越小，其分辨能力越强。

有时也直接用DAC的位数来表示分辨率，如8位、10位等。

（2）转换精度。转换精度是指输出模拟电压的实际值与理论值之差，即最大静态转换

误差。

(3) 输出电压（或电流）的建立时间。它是指从输入数字量起，到输出的模拟电压（或电流）达到稳定值所需要的时间。10 位或 12 位集成 DAC 输出电压（或电流）的建立时间一般不超过 1 μs。

3. 集成 DAC

集成 DAC 种类繁多，内部结构不同，输入二进制数的位数不同，其功能和性能也就不完全相同。DAC0832 是最常用的一种集成 DAC。它是用 CMOS 工艺制成的双列直插式单片 8 位 DAC，其结构和引脚排列如图 4 –75 所示。

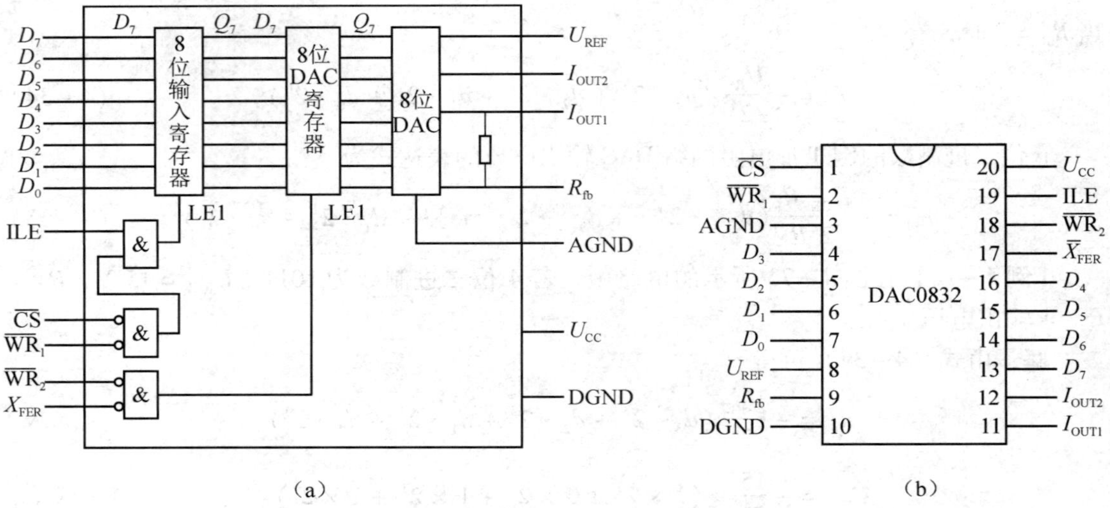

图 4 –75 DAC0832 的结构和引脚排列

(a) 结构；(b) 引脚排列

DAC0832 由 8 位输入寄存器、8 位 DAC 寄存器、8 位 DAC 三大部分组成。两个 8 位寄存器可以实现两次缓冲，使用时，不仅可以提高转换速度，而且有较大的灵活性，可根据需要接成不同的工作方式。DAC0832 采用的是倒 T 形电阻网络，无运算放大器，是电流输出，使用时需外接运算放大器。芯片内已设置了反馈电阻 R_{fb}，将 9 脚接到运算放大器的输出端即可。若运算放大器的增益不够，则还需外接反馈电阻。DAC0832 的分辨率为 8 位，输出电流的建立时间为 1 μs，功耗为 20 mW。

DAC0832 各引脚的功能如下：

(1) $\overline{CS}$：片选信号，低电平有效。当 $\overline{CS}=0$ 且 ILE = 1，$\overline{WR_1}=0$ 时，才能将输入的数据存入输入寄存器。若 $\overline{CS}=1$，则输入寄存器内的数据被锁存。

(2) ILE：允许输入锁存，高电平有效。当 ILE = 1，且 $\overline{CS}$、$\overline{WR_1}$ 均为 0 时，将输入的数据存入输入寄存器；当 ILE = 0 时，输入寄存器内的数据被锁存。

(3) $\overline{WR_1}$：写信号 1，低电平有效。在 $\overline{CS}$ 和 ILE 均有效的条件下，$\overline{WR_1}=0$ 允许写入输入数字信号。

（4）$\overline{WR_2}$：写信号2，低电平有效。当$\overline{WR_2}$=0且$\overline{X_{FER}}$为低电平时，用它将输入寄存器中的数字量传到DAC寄存器，同时进入8位DAC，开始转换。

（5）$\overline{X_{FER}}$：传送控制信号，低电平有效。用它来控制$\overline{WR_2}$。

（6）I_{OUT1}：DAC输出电流1。当DAC寄存器全为1时，输出电流最大；当DAC寄存器全为0时，输出电流为0。它一般接运算放大器的反相输入端。

（7）I_{OUT2}：DAC输出电流2。它一般接地。

（8）U_{REF}：参考电压输入。其值一般在-10～+10 V范围内选取。

（9）U_{CC}：电源电压。其值可在+5～+15 V范围内选取。

（10）DGND：数字地。

（11）AGND：模拟地。

DAC0832有三种工作方式：双缓冲器型、单缓冲器型和直通型，其电路分别如图4-76（a）～图4-76（c）所示。

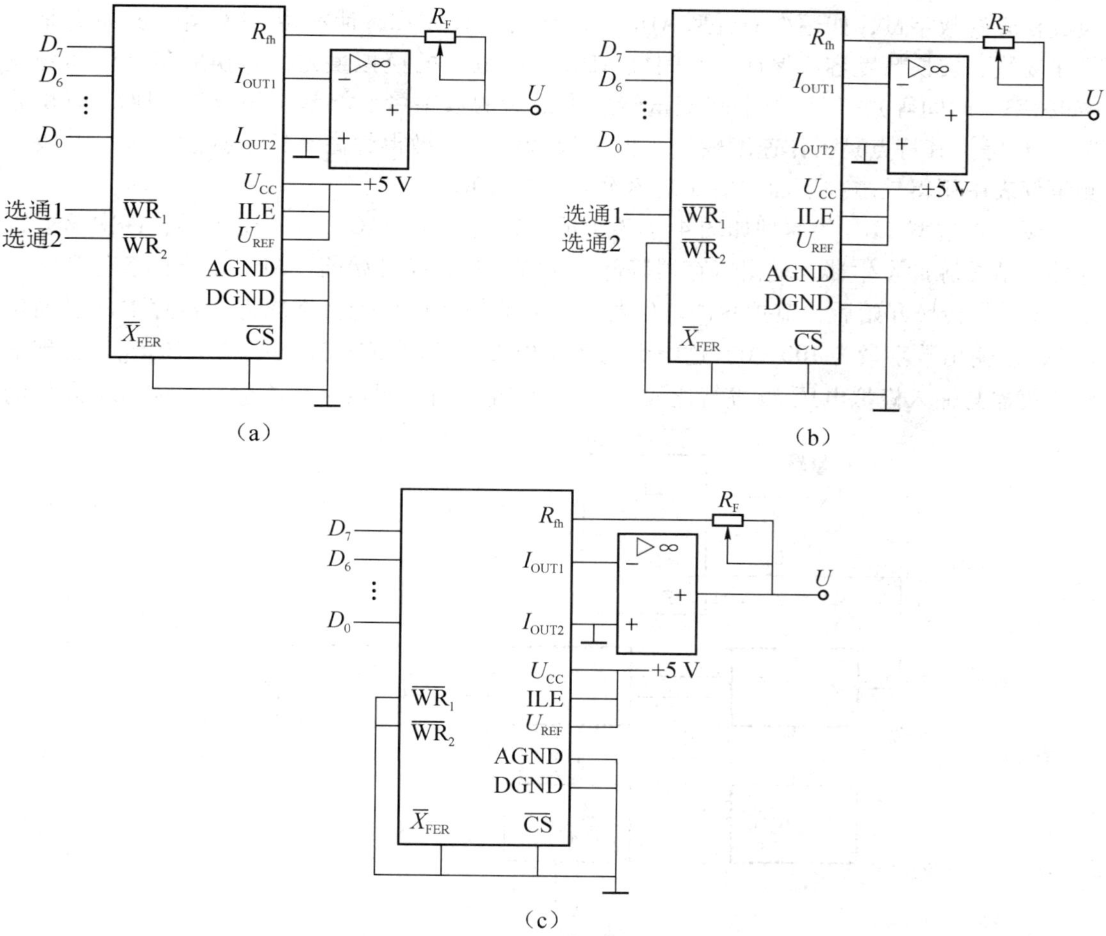

图4-76 DAC0832的工作方式

（a）双缓冲器型；（b）单缓冲器型；（c）直通型

（1）双缓冲器型工作方式。首先$\overline{WR_1}$接低电平，先将输入的数据锁存在输入寄存器中，当需要进行数/模转换时，再将$\overline{WR_2}$接低电平，将数据送入 DAC 寄存器中并进行转换。其工作方式为两级缓冲方式。

（2）单缓冲器型工作方式。DAC 寄存器处于常通状态，当需要进行数/模转换时，将$\overline{WR_1}$接低电平，使输入的数据经输入寄存器直接存入 DAC 寄存器中并进行转换。

（3）直通型工作方式。两个寄存器都处于常通状态，输入的数据直接经两个寄存器到 DAC 进行转换，故为直通型工作方式。

4.5.2 模/数转换器

1. ADC 的类型

ADC 可分为直接 ADC 和间接 ADC 两大类。在直接 ADC 中，输入的模拟量直接被转换成相应的数字量，如逐次逼近型 ADC、并行比较型 ADC、计数型 ADC 等，其特点是工作速度快，转换精度容易保证。在间接 ADC 中，输入的模拟量先被转换成某种中间变量（如频率、时间等），然后将中间变量转换为最后的数字量，如单次积分型 ADC、双积分型 ADC 等，其特点是工作速度较慢，但转换精度可以做得较高，抗干扰能力强，一般在测量仪表中用得较多。下面主要介绍逐次逼近型 ADC。

逐次逼近型 ADC 的原理如图 4－77 所示。它由 n 位 DAC、电压比较器、逐次逼近寄存器、节拍脉冲发生器、输出寄存器等部分组成。在转换开始前，ADC 输出的各位数字量全为 0。在转换开始后，节拍脉冲发生器输出的节拍脉冲首先将逐次逼近寄存器的最高位置 1，使输出数字量为 100…0，这组数码经 n 位 DAC 转换成相应的模拟电压 U_D，送到电压比较器与输入模拟电压 U_X进行比较。若 $U_X > U_D$，则说明数字量不够大，应将最高位的

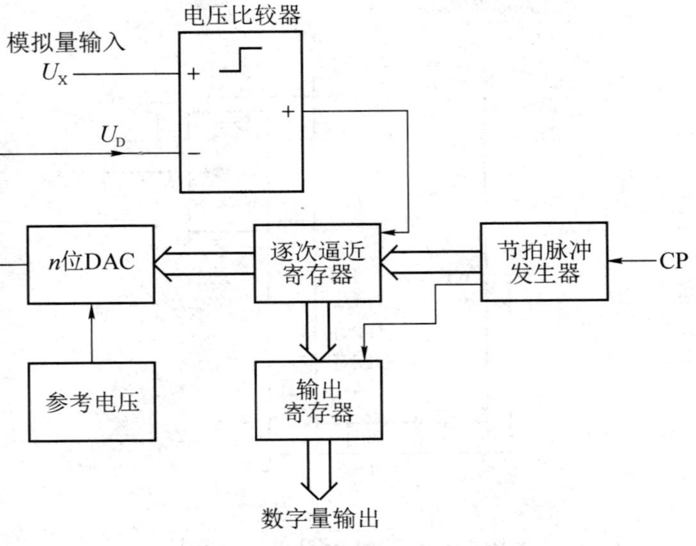

图 4－77 逐次逼近型 ADC 的原理

1 保留；若 $U_X < U_D$，则说明数字量过大，应将最高位的 1 清除。然后按上述方法把逐次逼近寄存器的次高位置 1，并经过比较，确定这个 1 是否保留。如此逐位比较下去，直至进行到最低位。比较完毕后，逐次逼近寄存器中的状态就是与输入模拟电压 U_X 对应的数字量。

3 位逐次逼近型 ADC 的电路如图 4－78 所示。5 个 D 触发器构成节拍脉冲发生器，它的初始状态为 $Q_AQ_BQ_CQ_DQ_E=10000$。在时钟脉冲 CP 作用下，节拍脉冲发生器产生的脉冲波形如图 4－79 所示。逐次逼近寄存器由基本 RS 触发器 $F_2 \sim F_0$ 组成。为便于讨论，设 DAC 的参考电压 $U_{REF}=5$ V，待转换电压 $U_X=3.13$ V。

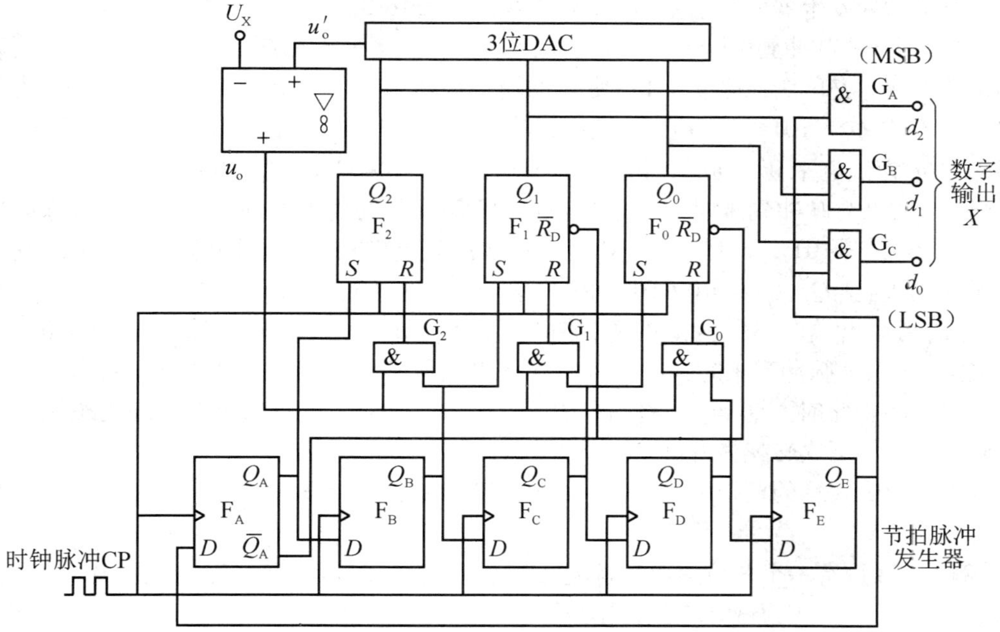

图 4－78　3 位逐次逼近型 ADC 的电路

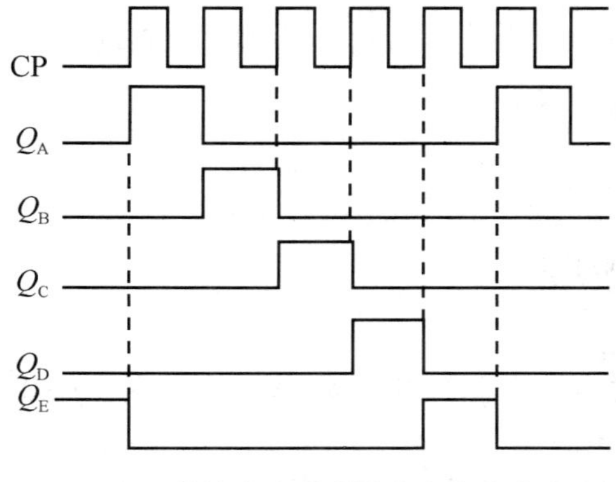

图 4－79　节拍脉冲发生器产生的脉冲波形

ADC 的工作过程分析如下：

当第 1 个 CP 脉冲到来时，Q_A由 1 变为 0，使寄存器中的 F_2置 1，F_1、F_0均复 0，即 $Q_2Q_1Q_0=100$。经 DAC 转换后，得到模拟电压 $u'_o=2.5$ V。该电压送到电压比较器的同相输入端与 U_X进行比较，因为 $U_X>u'_o$，所以电压比较器的输出 u_o为低电平 0。同时，第一个 CP 脉冲使节拍脉冲发生器的 $Q_B=1$，$Q_A=Q_C=Q_D=Q_E=0$，即 $Q_AQ_BQ_CQ_DQ_E=01000$。

当第 2 个 CP 脉冲到来时，寄存器中的 F_1被置 1，F_0被复 0。又因为原来 u_o为低电平 0，F_2的输入端 $S_2=R_2=0$，状态保持不变，使 $Q_2Q_1Q_0=110$。经 DAC 转换后，得到模拟电压 $u'_o=3.75$ V。因为 $U_X<u'_o$，所以电压比较器的输出 u_o为高电平 1。同时，第 2 个 CP 脉冲使节拍脉冲发生器的状态变为 $Q_AQ_BQ_CQ_DQ_E=00100$。

当第 3 个 CP 脉冲到来时，寄存器中的 F_0被置 1。由于 F_2的两个输入端均为 0，所以状态仍保持不变。又因为原来 $u_o=1$，使 F_1的输入端 S_1为 0，R_1为 1，所以 F_1被复 0。寄存器的状态为 $Q_2Q_1Q_0=101$。经 DAC 转换后，输出 $u'_o=3.125$ V。因为 $U_X>u'_o$，所以电压比较器输出 u_o为低电平 0。同时，第 3 个 CP 脉冲使 $Q_AQ_BQ_CQ_DQ_E=00010$。

当第 4 个 CP 脉冲到来时，由于各基本 RS 触发器的输入端都为 0，所以状态保持不变，即 $Q_2Q_1Q_0=101$。此时，F_2、F_1、F_0的状态就是转换结果。同时，节拍脉冲发生器的状态变为 $Q_AQ_BQ_CQ_DQ_E=00001$。由于 $Q_E=1$，所以 F_2、F_1、F_0的状态通过与门 G_A、G_B、G_C送到输出端。又因为此时 $Q_2Q_1Q_0=101$，所以电压比较器输出 u_o仍为 0。

当第 5 个 CP 脉冲到来时，$F_2\sim F_0$的状态仍保持不变。同时，$Q_AQ_BQ_CQ_DQ_E=10000$，返回初始状态。此时，$Q_E=0$，将与门 G_A、G_B、G_C封锁，转换输出信号随之消失，完成一次转换，并为下次转换做好准备。

数字量 101 表示的模拟电压为 3.125 V，但实际的待转换电压为 3.13 V，因此，量化误差为 0.005 V。

【例 4-11】 有一个 8 位逐次逼近型 ADC，设其内部 DAC 的基准电压为 10 V，若输入模拟电压 $U_X=6.25$ V，试计算其转换结果。

解： 对于该 8 位逐次逼近型 ADC 中的 8 位 DAC，输入数字量的最低位 1，表示模拟量的变化值 U_1 为

$$U_1=\frac{U_{REF}}{2^8}=\frac{10}{2^8}=0.039\,062\,5(\mathrm{V})$$

对于 $U_X=6.25$ V，其转换结果 Y 为

$$Y=\frac{U_X}{U_1}=\frac{6.25}{0.039\,062\,5}=(160)_{10}$$

将 Y 写成二进制数为 10100000。

2. ADC 的主要参数

（1）分辨率。常用输出二进制数的位数表示分辨率，如 8 位、10 位等。位数越多，量化误差越小，转换精度越高。

（2）转换速度。转换速度是指完成一次模/数转换所需要的时间，即从接到转换信号到输出端得到稳定数字量输出所需要的时间。

（3）相对精度。相对精度是指实际转换值和理想特性之间的最大偏差。

此外，ADC 还有其他参数，在使用时可查阅有关手册。

3. 集成 ADC

目前半导体器件生产厂家已经设计并生产出多种多样的 A/D 芯片。ADC0809 是常见的集成 ADC，它是采用 CMOS 工艺制成的 8 位逐次逼近型 ADC，适用于分辨率较高、转换速度适中的场合。ADC0809 的结构和引脚排列如图 4－80 所示。

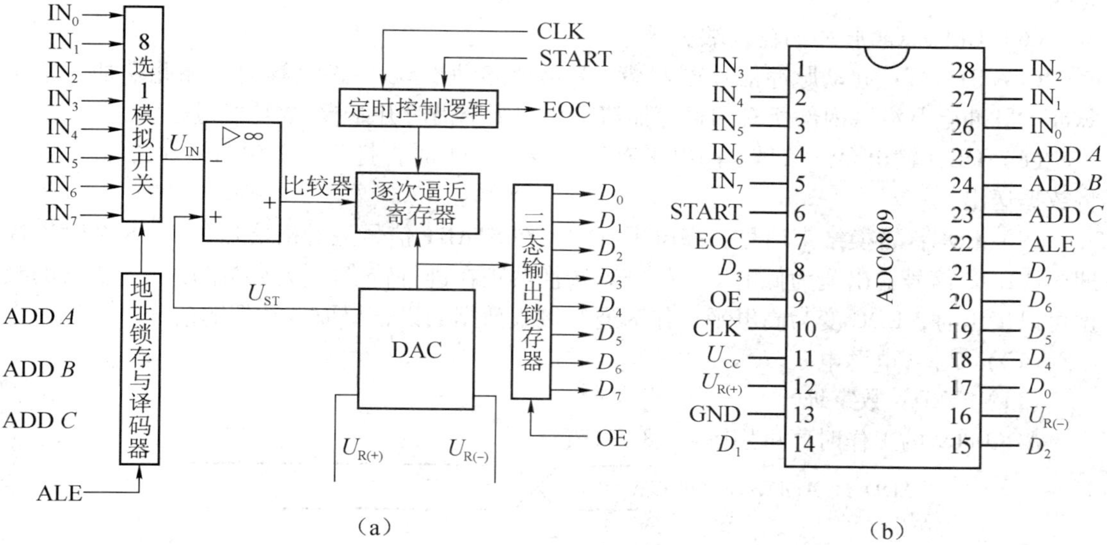

图 4－80　ADC0809 的结构和引脚排列

（a）结构；（b）引脚排列

ADC0809 由 8 选 1 模拟开关、地址锁存与译码器、DAC、三态输出锁存器等组成。各引脚的功能如下：

（1）IN_0 ~ IN_7：8 路模拟输入电压输入端。

（2）ADD *A*、ADD *B*、ADD *C*：模拟输入通道的地址选择线，如表 4－27 所示。

表 4－27　模拟通道选择

ADD *C*	ADD *B*	ADD *A*	选中模拟通道
0	0	0	IN_0
0	0	1	IN_1
0	1	0	IN_2
0	1	1	IN_3
1	0	0	IN_4
1	0	1	IN_5
1	1	0	IN_6
1	1	1	IN_7

（3）ALE：地址锁存允许信号，高电平有效。当 ALE =1 时，将通过地址选择线ADD A、ADD B、ADD C 输入的地址信息锁存，然后由译码器选中模拟输入端的其中一个通道，被选中的通道进行模/数转换。

（4）$U_{R(+)}$、$U_{R(-)}$：基准电压的正极和负极，为数/模转换电路提供参考电压。

（5）$D_0 \sim D_7$：数字量输出端。该数字端由三态输出锁存器输出，可直接与系统数据总线相连。

（6）CLK：CP 脉冲的输入端。

（7）START：起动脉冲信号输入端。当需要起动模/数转换过程时，在此端加一个正脉冲，脉冲上升沿将内部所有的寄存器清零，在下降沿时开始模/数转换过程。

（8）OE：输出允许信号，高电平有效。当 OE =1 时，打开三态输出锁存器的三态门，将数据送出。

（9）EOC：转换结束信号，高电平有效。在 START 信号上升沿之后的 1 ~8 个时钟周期内，EOC 信号输出变为低电平，标志着转换器正在进行转换。转换结束后，当所得的数据可以读出时，EOC 变为高电平，作为通知接收数据的设备提取该数据的信号。

（10）U_{CC}：电源电压。

（11）GND：数字地。

ADC0809 的工作时序可用图 4 -81 来表示。

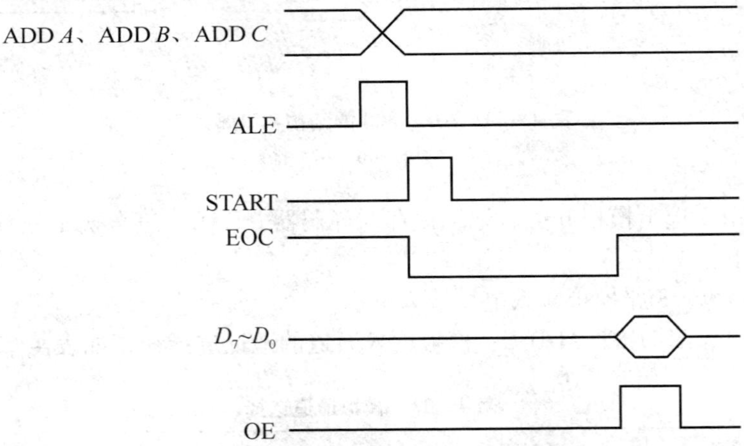

图 4 -81　ADC0809 的工作时序

本章小结

1. 基本逻辑关系有与逻辑、或逻辑和非逻辑。输出和输入之间具有这些逻辑关系的开关电路称为门电路，对应基本逻辑关系的基本门电路有与门、或门和非门。用这些基本门电路可以组成复合门电路，如与非门、或非门、与或非门等。

2. 逻辑函数用来描述逻辑电路中输出和输入之间的逻辑关系。逻辑函数具有逻辑状态表、逻辑表达式、逻辑图和卡诺图四种表示方法。若已知逻辑函数的一种表示方法，便可用其他三种方法将其表示出来。

逻辑函数的化简可以用代数法（公式法）和卡诺图法。用代数法化简时需要使用逻辑函数的基本运算规则和定律；卡诺图法适用于输入自变量小于等于4的情况，是一种非常有效、简便的方法。

3. 双稳态触发器具有置0、置1、记忆、计数等多种逻辑功能。

单稳态触发器只有一个稳定状态（0或1），在输入信号的触发下，状态可以暂时改变，随后又恢复到原来的稳定状态。单稳态触发器主要用于波形整形，实现定时控制和顺序控制等。

没有稳定状态的触发器称为无稳态触发器，又称为多谐振荡器。在无任何输入信号的情况下，它的状态总是在0和1之间自动转换。多谐振荡器主要用作脉冲信号源。

4. 寄存器由触发器和一些逻辑门电路组成，它存取数码的方式有串行和并行两种。其中，串行方式是指在一个CP脉冲作用下，只能存入或取出一位数码，n位数码需经n个CP脉冲作用才能被全部存入或取出，称为串行输入或串行输出。具有此功能的寄存器称为移位寄存器；并行方式是指在一个CP脉冲作用下，n位数码可被同时全部存入或取出，称为并行输入或并行输出。具有此功能的寄存器称为数码寄存器。集成电路寄存器具有左移、右移、清零，以及数据串行输入、串行输出、并行输入、并行输出等多种逻辑功能。

5. 计数器由触发器和门电路组成，用来对脉冲进行计数。按照不同的分类方式，有多种类型的计数器。n个触发器可以组成n位二进制计数器，可以计2^n个脉冲。4个触发器组成一位十进制计数器，n位十进制计数器由$4n$个触发器组成。当计数脉冲同时作用在所有触发器的CP端时为同步计数器；否则，为异步计数器。集成电路计数器具有清零、置数、计数等多种逻辑功能。用置数、清零及同步置数、异步清零等方法，可以方便地实现十进制计数或任意进制计数。

6. 555定时器由分压器、电压比较器、基本RS触发器和放电三极管等部分组成。通过外部适当的连接和接入合适的电阻、电容，可以构成双稳态触发器、单稳态触发器、多谐振荡器等电路。脉冲周期和定时时间与外接的电阻R、电容C有关，多谐振荡器输出脉冲周期$T=0.7(R_1+2R_2)C$，单稳态触发器输出脉宽$t_w=1.1R_TC_T$。555定时器结构简单，使用灵活、多样，应用十分广泛。

7. 数/模转换器用来将二进制数码转换为模拟量（电流或电压）。其模拟输出电压与二进制数码呈线性对应关系。DAC的分辨率用二进制数码的位数表示。

模/数转换器用来将模拟量（电流或电压）转换为二进制数码。逐次逼近型ADC由n位DAC、电压比较器、逐次逼近寄存器、节拍脉冲发生器、输出寄存器等部分组成。转换过程即逼近次数等于逐次逼近寄存器的位数。ADC的分辨率用输出二进制数的位数表示。

集成电路转换器将转换器的所有部分集成在一起，并具有有各种功能的相应引脚，可以方便地与计算机相接，是计算机系统的重要接口部件。

自测题

一、选择题

1. 在图 4－82 所示的电路中，触发器的原始状态 $Q_1Q_0=01$，在下一个 CP 脉冲作用后，Q_1Q_0 =（　　）。

A. 00　　B. 01

C. 10　　D. 11

2. 由 555 定时器组成的单稳态触发器如图 4－83 所示，若加大电容 C 的值，则（　　）。

A. 增大输出脉冲 u_o 的频率　　B. 增大输出脉冲 u_o 的宽度

C. 对输出脉冲 u_o 无影响　　D. 减小输出脉冲 u_o 的幅值

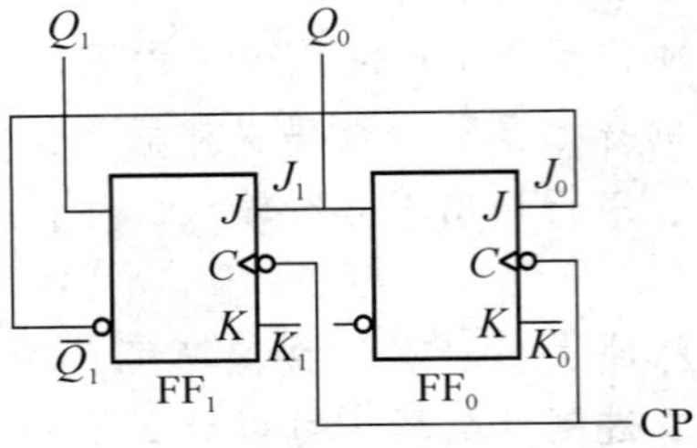

图 4－82　选择题 1 的电路

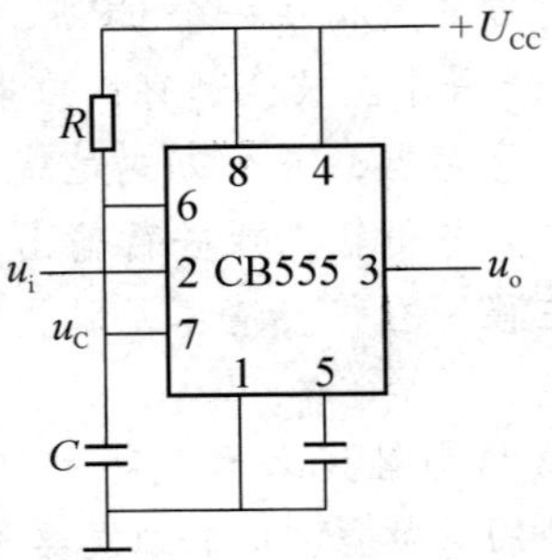

图 4－83　选择题 2 的电路

3. 已知 8 位逐次逼近型 ADC 的参考电压 $U_{REF}=-5$ V，输入模拟电压 $U_X=3.91$ V，则输出数字量为（　　）。

A. 11001000　　B. 11001001

C. 01001000　　D. 01001001

二、分析设计题

1. 写出图 4－84 中各电路的逻辑表达式，并化简。

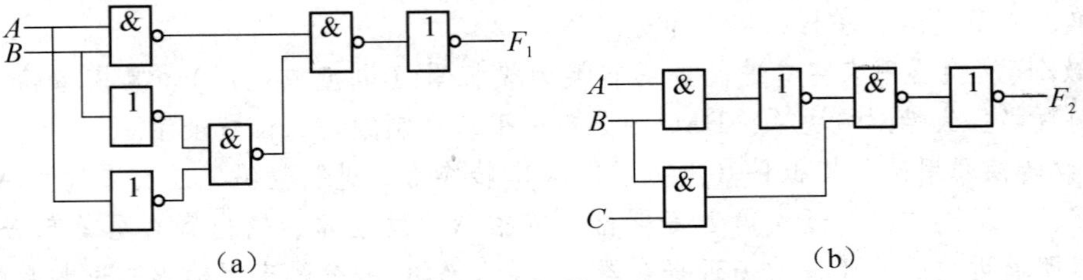

图 4－84　分析设计题 1 的电路

2. 设计一个四人（四个输入端）表决电路，使其在人数超过半数（3 个或 4 个输入变量为 1）时有效（$Y=1$）。（用与非门电路实现）

3. 当可控 RS 触发器（如图 4－85 所示）的 CP、S 和 R 端加上图 4－86 中的波形时，试画出 Q 端的输出波形。

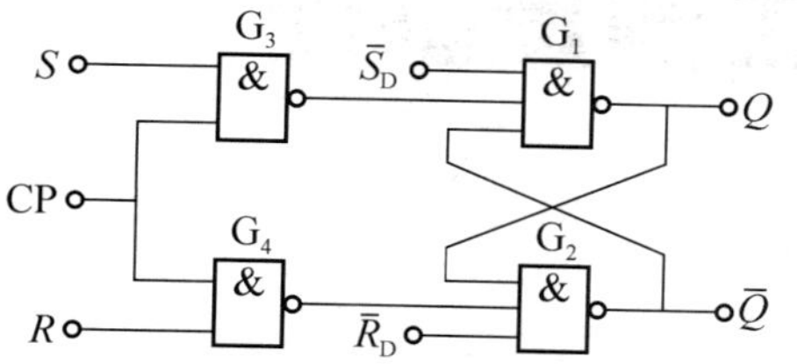

图 4－85 分析设计题 3 的电路

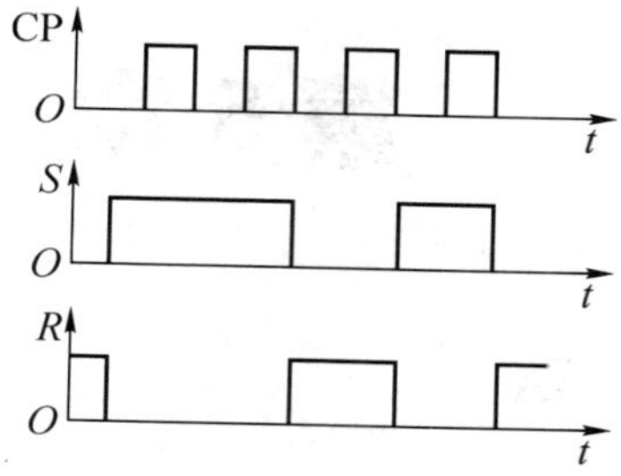

图 4－86 分析设计题 3 的波形

4. 电路如图 4－87 所示，写出逻辑状态表，并说明它是几进制计数器。

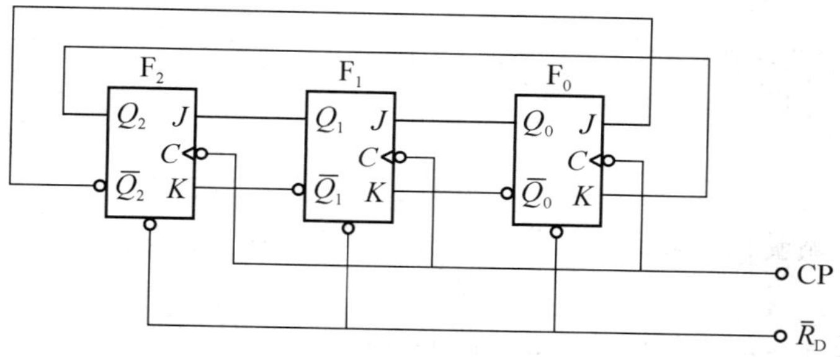

图 4－87 分析设计题 4 的电路

第5章　电工测量基础

导　言

本章主要介绍电工测量的基础知识、万用表的结构和使用等。通过本章学习内容，学生能够掌握常用电工测量仪表的基础知识，为学习后续相关章节和专业知识奠定坚实的基础。

学习目标

1. 认知目标

了解常用电工测量仪表与设备的基本结构、基本原理等。

2. 技能目标

能够进行常用电工测量仪表与设备的操作。

3. 情感目标

(1) 培养学习电工测量的兴趣，提高自主学习的能力。

(2) 尊重他人的感情和劳动成果，认可与他人协作作业的方法，养成善于倾听他人意见，特别是不同意见的习惯。

(3) 树立从全局出发考虑问题的观念，增强在学习与实践过程中自我教育、自我发展的意识，满足在汽车运用与维修技术岗位任职和个人成长的需要。

5.1　电工测量的基础知识

在电路中，对于电压、电流、电阻、电功率、电能、频率及相位角的大小，除可以用分析与计算的方法求得以外，还可以用实验的方法得到，即用电工测量仪表测量。另外，电工测量仪表还可以与变换装置配合，间接测量多种非电量，如磁通、温度、压力、流量、速度、水位、机械变形等。因此，电工测量仪表保证了生产过程的合理操作和用电设备的顺利工作，同时也为科学研究提供了有利的条件。

电工测量技术的应用之所以能在现代各种测量技术中占有重要的地位，是因为它具有以下主要优点：

(1) 电工测量仪表结构简单、使用方便，并且有较高的准确度。

(2) 可将电工测量仪表灵活地安装在需要进行测量的地方，并可实现传动记录。

(3) 可解决远距离的测量问题，为集中管理和控制提供了条件。

（4）能利用电工测量的方法对非电量进行测量。

5.1.1　常用电工测量仪表的分类

电工测量仪表种类繁多，分类方法也很多。常用的电工测量仪表一般按照以下几方面来分类：

1. 按被测量的种类分类

按被测量的种类，常用的电工测量仪表可分为安培表、伏特表、瓦特表、电能表、相位表、频率表、欧姆表等，如表5－1所示。

表5－1　常用的电工测量仪表按被测量的种类分类

被测量的种类	仪表名称	符号
电流	安培表	Ⓐ (A)
	毫安表	(mA)
电压	伏特表	(V)
	千伏表	(kV)
电功率	瓦特表	(W)
	千瓦表	(kW)
电能	电能表	kWh
相位差	相位表	(φ)
频率	频率表	(f)
电阻	欧姆表	(Ω)
	兆欧表	(MΩ)

2. 按工作原理分类

按工作原理，常用的电工测量仪表可分为磁电式、电磁式、电动式、铁磁电动式、静电式、感应式、热电式、整流式、电子式九类，最常用的主要有磁电式、电磁式、电动式和整流式四种，如表 5－2 所示。

表 5－2　常用的电工测量仪表按工作原理分类（最常用的四种）

形式	符号	被测量的种类	电流的种类与频率
磁电式		电流、电压、电阻	直流
电磁式	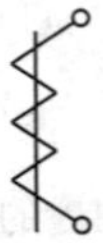	电流、电压	直流及工频交流
电动式	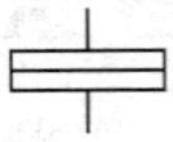	电流、电压、电功率、功率因数、电能	直流及工频与较高频率的交流
整流式		电流、电压	工频及较高频率的交流

3. 按测量电流的种类分类

按测量电流的种类，常用的电工测量仪表可分为直流仪表、交流仪表和交直流两用仪表。

4. 按准确度分类

准确度是电工测量仪表的主要特性之一。仪表的准确度与其误差有关。无论仪表制造得如何精确，其读数和被测量的实际值之间总是有误差的。

仪表的准确度是根据仪表的相对误差来分级的。相对误差是指在仪表正常工作条件下进行测量可能产生的最大基本误差 ΔA 与仪表的最大量程（满标值）A_m之比，如果用百分数表示，则

$$\gamma = \frac{\Delta A}{A_m} \times 100\% \qquad (5-1)$$

根据国家标准，直读式电工测量仪表的准确度分为 0.1 级、0.2 级、0.5 级、1.0 级、1.5 级、2.5 级和 5.0 级。这些数字就表示仪表的相对误差。通常，0.1 级和 0.2 级仪表作为标准仪表，0.5 级至 1.5 级仪表用于实验室测量，1.5 级至 5.0 级仪表用于工程测量。

在仪表上，通常都标有表示仪表的形式、准确度的等级、电流的种类，以及仪表的绝缘耐压强度和放置位置等的符号，如表 5－3 所示。

表5-3　电工测量仪表上的几种符号

符　号	意　义
−	直流
~	交流
≃	交直流
3~或≋	三相交流
☆2kV	仪表绝缘试验电压2 000 V
↑	仪表直立放置
→	仪表水平放置
∠60°	仪表倾斜60°放置

5.1.2　测量误差与测量不确定度

1. 测量误差

由于测量仪器仪表的不准确、测量方法的不完善，以及测量环境、测量人员本身等各种因素造成的影响，测量结果与被测量的真实值之间总是存在差别，这种差别称为测量误差。

（1）系统误差。在相同条件下多次测量同一量时，误差的绝对值和符号保持恒定，或在条件改变时，与某一个或几个因素呈函数关系的有规律的误差称为系统误差。

① 系统误差的分类。按其来源，可将系统误差分为以下四类：

a. 基本误差。基本误差是指测量仪器仪表本身结构和制作上的不完善，使其准确度受到限制而产生的误差。

b. 附加误差。附加误差是指测量仪器仪表使用时安装不当或未能满足所规定的条件而产生的误差。

c. 方法误差。方法误差是指测量方法不完善或测量所依据的理论不完善等造成的误差，亦称为理论误差。

d. 个人误差。个人误差是指测量人员经验不足，观察、读数不准而导致的误差。这类误差往往因人而异，并且与测量人员当时的心理和生理状态密切相关。

系统误差表明了测量结果偏离真实值的程度，系统误差越小，测量结果越准确。

② 减小系统误差的方法。减小系统误差的方法主要有以下三方面：

a. 减小仪器仪表误差。测量前，应将全部量具和仪器仪表进行校准，并确定它们的修正值，在数据处理过程中进行误差修正。此外，还应尽量检查各种影响量，如温度、湿度、电磁场等对仪表示值的影响，确定各种修正公式、曲线或表格。

b. 减小装置误差。根据测量仪器仪表的使用技术条件，仔细检查全部测量仪器仪表的调定和安放情况。例如，将仪表的指针调零、将仪表按规定位置安放、环境温度符合标准、除地磁以外没有外来电磁场的影响等。

c. 采用特殊测量方法。

一是零位式测量法。选用灵敏度足够高的指零仪表，采用零位式测量法。测量误差主要取决于标准量具的误差，而标准量具的误差是可以做得很小的。

二是替代法。在相同的测量条件下，用可调的标准量具替代被测量接入仪表，然后调整标准量具，使测量仪表的示值与被测量接入时相同，则此时标准量具的数值等于被测量的数值。这样测得的结果与测量仪器仪表本身的误差和外界因素影响无关。

三是换位抵消法。交换测量条件，使产生系统误差的原因以相反的方向影响测量结果，从而抵消其影响。

减小系统误差的方法还有很多，读者可参阅其他相关书籍。

（2）随机误差。服从统计规律的误差称为随机误差，又称为偶然误差。随机误差的特点是，单次测量的结果没有规律，但多次测量的总体服从统计规律。通过对测量数据的统计处理，能在理论上估计其对测量结果的影响。

随机误差是很多复杂因素（如环境温度和湿度、磁场、电场的偶然变化，电源电压、频率的波动，测量人员感觉器官的生理变化等）对测量值的综合影响所造成的。

减小随机误差必须采用重复测量的方法，并取各次测量结果的算术平均值。测量的次数越多，其平均值就越接近实际值。

（3）疏失误差。疏失误差是一种明显与实际值不符的误差，是测量人员在测量过程中疏失而造成的误差，如测错、读错、记错等。

为消除疏失误差，必须提高测量人员的工作责任心和测量技能。在实验过程中，如有读错、记错、电源电压或频率的突然跳动导致的疏失误差，应随时发现并消除，或重新进行实验。

2. 测量不确定度

测量不确定度是与测量结果相关联的参数，表征合理地赋予被测量值的分散性。该参数用标准偏差（或其倍数）表示，或用置信区间的半宽度表示。它还有一种比较通俗的表述：测量不确定度是指由于测量误差的存在而对被测量值不能肯定的程度，它是被测量的真值在某个量值范围内的一个评定。测量不确定度一般用字母 U 表示。

产生测量不确定度的 10 种主要原因如下：

（1）被测量的定义不完整。

（2）被测量定义值的复现不理想。

（3）取样的代表性不够。

（4）对环境条件测量不完善。

（5）对模拟式仪器读数的偏差。

（6）测量仪器分辨力、鉴别阈的限制。

（7）测量标准或标准量具的值不可靠。

（8）外部资料的数值、参数、常数不可靠。

（9）测量方法和程序中的近似与假设。

（10）在相同条件下，重复观测过程中被测量的变化。

5.1.3 电工测量的常用方法

电工测量就是用专门的仪表和设备，确定被测量的数值。电工测量的常用方法如表5－4所示。

表5－4 电工测量的常用方法

名 称	方 法	举 例	特 点
直接测量法	用按已知标准标定好的测量仪表对被测量直接进行测量，得出被测量的数值	用电压表测量电压、用电流表测量电流等	测量过程简单，读数迅速，准确度较低，广泛用于工程技术中
间接测量法	对几个与被测量有确切函数关系的电量进行直接测量，然后通过代表该函数关系的公式、曲线或表格，求出该被测量	在直流电路中，直接测出负载的电流 I 和电压 U，根据功率 $P=UI$，求出负载消耗的功率	测量步骤较多，误差较大，大多用在实验室里，有时也应用于工程中
偏差式测量法	在测量过程中，用仪表指针相对于刻度线的位移（偏差）来直接表示被测量	用指针式电压表测量电压等	测量过程简单、迅速，但精度较低，广泛用于工程测量中
零位式测量法	在测量过程中，用指零仪表的零位指示来检测测量系统是否处于平衡状态，当测量系统达到平衡时，表明被测量与标准量相等	用电桥、电位差计测量有关电量等	测量的准确度取决于标准量的精度和指零仪表的灵敏度
微差式测量法	将被测量与已知的标准量进行比较，并取得差值，然后用偏差式测量法求得此偏差值。设 N 为标准量，X 为被测量，Δ 为两者之差，则 $X=N+\Delta$	标准电池的相互比较	反应快，测量精度高，广泛用于工程测量中

5.2 万用表的结构与使用

万用表也称为多用表，是一种可以进行多种项目测量的便携式仪表，具有基本挡位和附加挡位。利用基本挡位，可以比较精确地测量交流电压、直流电压、交流电流、直流电流和电阻值的大小；利用附加挡位，可以进行电容器的测量、二极管的测量、三极管的静态电流放大系数的测量、线路的通断控制等。万用表是车辆维修人员的必备工具之一，是准确判断故障的重要依据。因此，只有熟练掌握万用表的使用方法，再辅助使用一些其他的手段，才能迅速、准确地判断故障，提高工作效率。

万用表有指针式万用表和数字式万用表两类。常见的指针式万用表有 500 型、MF500 - B 型、MF47 型、MF64 型、MF50 型、MF15 型等；常见的数字式万用表有 DT890 型、DT890D 型、DT830 型、DT9101 型、DT9102 型、DT9103 型等。指针式万用表使用方便、价格便宜、性能稳定，不易受外界环境和被测信号的影响，可以直观、形象地观察变化的趋势；而数字式万用表测量精度高、读数准确、显示清晰、测量范围大，还能准确进行电容器容量和小电阻阻值的测量。这两类万用表各有所长，在使用的过程中不能完全替代，要取长补短，配合使用。

5.2.1 指针式万用表的结构与使用

1. 指针式万用表的结构

指针式万用表的种类很多，功能各异，但它们的结构和原理基本相同。它主要由测量机构、测量电路和转换装置三部分组成，从外观上看，由外壳、表头、表盘、机械调零旋钮、电阻挡调零旋钮、转换开关旋钮、专用插座、表笔及其插孔组成，而内部是由电池及电阻、电容、二极管、三极管、集成电路等元器件组成的测量电路。

下面以 500 型指针式万用表为例，介绍指针式万用表的结构。

500 型指针式万用表是一种高灵敏度、多量程的携带式整流系仪表，共有 24 个测量量程，能完成直交流电压、直流电流、电阻及音频电平等基本项目的测量，还能估测电容器的性能，判别各种类型的二极管、三极管及其极性等。

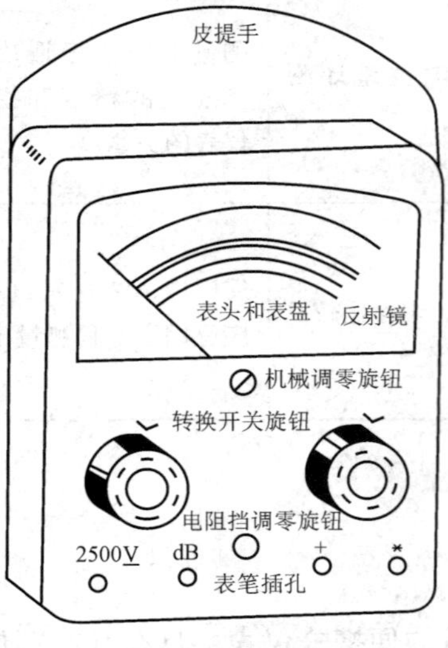

图 5 - 1　500 型指针式万用表的结构

如图 5 - 1 所示，从外观上看，500 型指针式万用表的正面有表头、表盘、两个转换开关旋钮、机械调零旋钮、电阻挡调零旋钮和四个表笔插孔，背面有电池盒，能容纳一节 1.5 V 二号电池和一块 9 V 层叠电池。

(1) 表头。表头由指针、磁路系统和偏转系统组成，是万用表的重要组成部分，决定了万用表的灵敏度。为了提高测量的灵敏度和便于扩大电流的量程，表头一般都采用内阻较大、灵敏度较高的磁电式直流安培表。500 型指针式万用表使用的是内阻为 2 800 Ω、满偏电流为 40 μA 的直流表头。

由于 500 型指针式万用表的表头采用的是直流安培表，所以电流只能从正极流入，从负极流出。在测量直流电流时，电流只能从与“+”插孔相连的红表笔流入，从与“*”插孔相连的黑表笔流出。在测量直流电压时，红表笔接高电位，黑表笔接低电位，否则，不仅测不出数值，而且很容易损坏指针。

(2) 表盘。表盘由多种刻度线和有说明作用的各种符号组成。只有正确理解各种刻度线的读数方法和各种符号所代表的意义，才能熟练、准确地使用万用表。表盘示意图如图 5 - 2 所示。

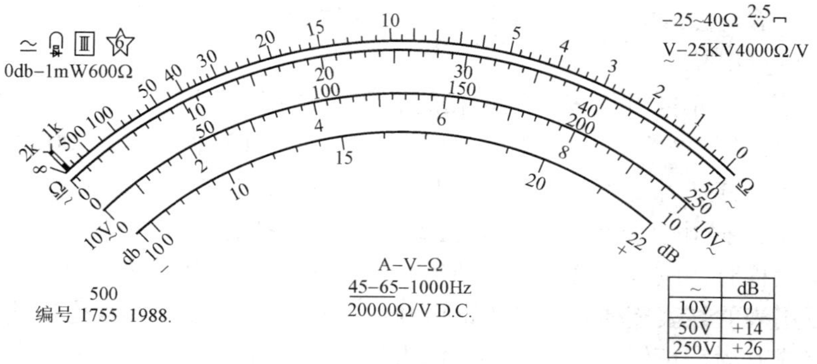

图 5–2 表盘示意图

刻度线有四种刻度标记，从上至下分别是电阻挡刻度线、交直流 50 V 和 250 V 挡的刻度线、交流 10 V 挡的专用刻度线及音频电平挡刻度线。由图 5–2 可见，直流电流和直流电压共用一条刻度线，并且该刻度线上的刻度是均匀的、等分的，其他刻度线上的刻度都是不均匀的，同一条刻度线上标有不同的数字，以避免在使用某些量程时进行换算。电阻值的读数方法与其他量程的读数方法正好相反，从右边零位开始，至左边无穷大，其他量程的读数方法都是从左边零位开始的。

测量结果的读取有三种方法：第一种是量限法，即被测量的数值在刻度线满偏范围内，可以直接读取。例如，测量 250 V 以内的电压值。第二种是量程法，即测量结果等于读数乘以量程，电阻挡就属于这一种方法。例如，将电阻挡的量程开关旋钮旋至 $R\times100\ \Omega$ 挡，读数为 8，那么被测电阻的阻值为 800 Ω。第三种是换算法，如 250 V 以上的电压挡、+22 dB以上的音频电平挡等。

（3）转换开关旋钮。万用表的型号不同，转换开关的工作方式也不同，有功能开关与量程开关合用一只开关型、功能开关与量程开关分离型、功能开关与量程开关交互使用型等。有些万用表还设有专用插座，与功能开关配合使用，以完成某些专项测量。500 型指针式万用表属于功能开关与量程开关交互使用型，使用时，首先要熟悉两个转换开关上功能选项的位置，根据被测量的类别，选择相应的测量项目，再根据被测数值的大小，选择合适的量程，即可进行测量。例如，用 500 型指针式万用表测量一节 9 V 层叠电池的电压，首先选择功能开关，即将右边的转换开关旋钮旋至“$\underline{V}$”挡；再选择量程，即将左边的转换开关旋钮旋至直流电压 10 V 挡，然后将红表笔插入“+”插孔，将黑表笔插入“*”插孔，确认无误后，即可进行测量，并从刻度线上读取测量结果。500 型指针式万用表除了可用上述方法选择量程外，还可利用改变表笔插头位置的方法来转换测量量程。例如，当测量 2 500 V 交、直流电压时，将黑表笔插在“*”插孔内不动，将红表笔插在“2500$\underline{V}$”插孔内即可进行测量。

（4）机械调零旋钮和电阻挡调零旋钮。机械调零旋钮的作用是调节表头指针静止时的位置。当万用表不做任何测量时，其指针应指在表盘刻度线左端零点（“0”的位置）。如果指针未指在零点，则可调节该旋钮，使其到位。电阻挡调零旋钮的作用是，当两只表笔短接时，表头指针应指在电阻挡刻度线右端零点。如果指针未指在零点，则可调节该旋钮，使其到位。需要注意的是，每转换一次电阻挡的量程，都要调节该旋钮，使指针指在零点，以减小测量误差。

（5）表笔插孔。不同万用表表笔插孔的表示方式有所不同，有的直接用“+”“-”表示，有的用“+”“*”表示，也有的用“+”“COM”表示等。500 型指针式万用表有四个表笔插孔，分别为“*”“+”“dB”（有些为 5 A）和“2500 V̲”。测量时，应将红表笔插入“+”插孔，将黑表笔插入公共端“*”插孔。在使用交直流“2500 V̲”和音频电平测量量程时，应分别将红表笔插入“2500 V̲”和“dB”插孔中。

指针式万用表的红表笔插孔与其内部电池的负极相连，黑表笔插孔与其内部电池的正极相连。数字式万用表正好相反。在用万用表测量二极管、三极管和某些有极性的元器件时，要特别注意表笔内部的电源极性问题，以免引起误判。

2. 500 型指针式万用表的使用

（1）调“零点”。使用前，如果万用表的指针未指在刻度线的零点（非电阻挡的零点），则必须用螺丝刀慢慢转动机械调零旋钮来校正螺丝，使指针指在零点。然后将红表笔插入“+”插孔内，将黑表笔插入“*”插孔内，再选择合适的量程，即可进行下一步的测量。

（2）直流电压挡的使用。将右边的转换开关旋钮旋至直流电压挡，将左边的转换开关旋钮旋至相应的待测直流电压的量程。测量时，两只表笔应并接在线路的两端。

如果事先不知道待测电压的值在哪一个量程范围内，应该遵循从高量程到低量程的原则，若范围选得不合适，再依次递减，直至指针在有效的范围内偏转。如果不考虑万用表的内阻对测量结果的影响，可以选择较小的量程，使指针得到最大幅度的偏转，这时，测量结果读数最准确，误差最小；如果考虑万用表的内阻对测量结果的影响，就应该选择较大的量程，这样万用表的内阻增大，减小了内阻对测量结果的影响。

在测量过程中，如果不知道电压的极性，可先将一只表笔接好，然后用另一只表笔在待测点上轻轻、快速地触一下。如果表针向左偏转，则表明表笔连接错误，只需将红、黑表笔交换即可；如果指针向右偏转，则表明表笔连接正确，这时，红表笔所接的一端为正极，黑表笔所接的一端为负极，接着可以进行细致的测量。除 50 V 和 250 V 挡的测量结果可以直接读出以外，其他挡的测量结果需按比例换算。在读取测量结果时，眼睛的视轴应与指针的中垂线重合，以减小人为的读数误差。如果表盘上带有反射镜，读数时，指针应与镜中的影像重合。

（3）交流电压挡的使用。将右边的转换开关旋钮旋至交流电压挡（与直流电压挡共用），将左边的转换开关旋钮旋至相应的待测交流电压的量程。量程的选择和测量结果的读取方法与直流电压挡相同。另外，交流电压挡又多了交流 10 V 挡的专用刻度线。需要注意的是，500 型指针式万用表是磁电式整流系仪表，它的指示值是交流电压的有效值，均按正弦波形交流电压的有效值校正，因此，它只适用于正弦波。

由于交流电没有正、负极之分，所以表笔也没有红、黑之别。但需要说明的是，在用直流电压挡测量交流电压值时，指针会抖动而不偏转，甚至会被损坏；在用交流电压挡测直流电压值时，测量结果大约要高一倍。在测量交流电压时，如被测交流信号上叠加了直流电压，则交、直流电压之和不得超过该量程的量限。必要时，应在输入端串联隔直电容，也可直接利用音频电平挡进行测量，因为该插孔内部已串联了隔直电容。因此，在利用交流电压挡进行测量时，要注意量程的选用。

（4）直流电流挡的使用。在测量直流电流时，应将左边的转换开关旋钮旋至直流电流挡，将右边的转换开关旋钮旋至相应的待测电流值的量程。量程的选定与直流电压的测量方法相同，将被测电路的某一点断开，将两只表笔串接在电路中，注意红表笔接电流流入的一端，黑表笔接电流流出的一端。在测量的过程中，要注意两只表笔与电路的接触应保持良好，切勿将两只表笔直接并接在某一电路的两端，以防万用表被损坏。

（5）电阻挡的使用。将左边的转换开关旋钮旋至电阻（Ω）处，将右边的转换开关旋钮旋至相应的待测电阻值的量程。先将两只表笔短路，调节电阻挡调零旋钮，使指针指在电阻挡刻度线的零点，再将两只表笔并接在被测电阻的两端进行测量。

为了减小测量误差、提高测量精度，电阻挡量程的选用应使指针的摆动范围尽可能在刻度线全刻度起始的20%～80%，最好指在中间部位，这样精度更高。在测量阻值较大的电阻时，要避免人体与电阻两端或表笔的导电部分接触。

$R\times1$、$R\times10$、$R\times100$、$R\times1\text{k}$ 挡所用直流电源为一节1.5 V二号电池，$R\times10\text{k}$ 挡所用直流电源是一节1.5 V二号电池和一块9 V层叠电池相串联。当两只表笔短路时，若调节电阻挡调零旋钮不能使指针指在零点，则表明电池的电压不足，应更换电池。更换时要注意电池的极性，更换后要保证电池与电池夹接触良好。当长期不用时，要把电池取出，以防止电池漏液而腐蚀或影响其他元件。

利用万用表的电阻挡可测量发光二极管的好坏。取一个容量大于100 μF的电解电容（容量越大，现象越明显），先用 $R\times100$ 挡对其进行充电，此时，将黑表笔接电容的正极，将红表笔接电容的负极。充电完毕后，将黑表笔改接电容的负极，将被测发光二极管串接在红表笔和电容正极之间。若发光二极管亮后逐渐熄灭，则表明发光二极管是好的；若发光二极管不亮，将其两个管脚交换后重新测试还不亮，则表明该发光二极管已损坏。

（6）音频电平挡的使用。利用音频电平挡，可以测量标准负载时的功率增益。标准负载是指负载阻抗正好是600 Ω。将红表笔插入“dB”插孔，将黑表笔插入“*”插孔，将左边和右边的转换开关旋钮旋至交流电压挡及其对应的量程上，将两只表笔并接在负载两端就可以进行测量。如果使用的是交流10 V挡，则指针所指的就是测量结果；如果使用的是交流50 V或250 V挡，就应该在指针读数上再分别加上14 dB或28 dB。

5.2.2　数字式万用表的结构与使用

1. 数字式万用表的结构

数字式万用表采用了大规模集成电路和液晶数字显示技术。与指针式万用表相比，数字式万用表的结构和原理都发生了根本性的改变。它具有体积小，耗电少，功能多，读数清晰、准确等优点，因此受到了广大车辆维修人员的青睐。

在常用的数字式万用表中，以 $3\frac{1}{2}$ 位和 $4\frac{1}{2}$ 位袖珍式较多。其中，$3\frac{1}{2}$ 通常读作“三位半”，其含义是最高位只能显示“1”或不显示，即称为“半位”，其他三位显示三位十进制数。也就是说，$3\frac{1}{2}$ 位数字式万用表能显示的最大数字为1 999（不考虑小数点）。

以 DT890 型数字式万用表为例，它是价格较低、较为普及的 $3\frac{1}{2}$位数字式万用表，其面板如图 5－3 所示。

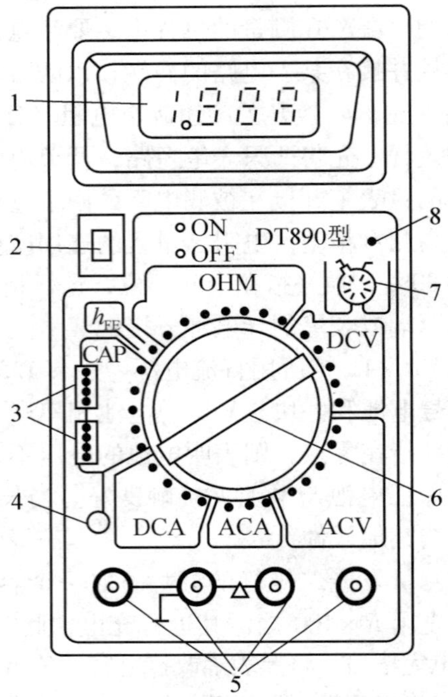

图 5－3　DT890 型数字式万用表的面板

1—液晶显示屏；2—电源开关；3—电容接口；4—测电容零点调节器；
5—表笔插孔；6—量程选择开关；7—h_{FE}端口；8—LED

DT890 型数字式万用表有 30 个基本挡和 2 个附加挡，可用来测量直流电压（direct current voltage，DCV，有 200 mV、2 V、20 V、200 V、1 000 V 五挡）、交流电压（alternating current voltage，ACV，有 200 mV、2 V、20 V、200 V、700 V 五挡）、直流电流（direct current amperage，DCA，有 200 μA、2 mA、20 mA、200 mA 和附加 10 A 五挡）、交流电流（alternating current amperage，ACA，有 2 mA、20 mA、200 mA 和附加 10 A 四挡）、电阻（OHM，有 200 Ω、2 kΩ、20 kΩ、200 kΩ、2 MΩ 和 20 MΩ 六挡）、电容（capacitors，CAP，有 2 000 pF、20 nF、200 nF、2 μF 和 20 μF 五挡），还有一挡用二极管符号和音乐符号表示，是二极管和蜂鸣器共用挡，用来检测二极管的好坏和线路的通断。在测量三极管的 h_{FE}时，采用八芯插座，分为 NPN 和 PNP 两挡。

从面板上看，数字式万用表主要由液晶显示屏（liquid crystal display，LCD）、量程开关和表笔插孔等组成。

（1）液晶显示屏。不同厂家生产的数字式万用表，其液晶显示屏所显示的内容也各有不同，主要有测量项目显示、测量数字显示、计量单位显示、状态显示等。除测量数字显示以外，其他内容的显示都是以字母或符号表示的。从液晶显示屏上可以直接读出测量结果和单位，避免了在使用指针式万用表时人为的读数误差和测量结果的换算等。

在测量直流电压或直流电流时，如果读数为负值，则表示红表笔和黑表笔接反，此时不必交换表笔重新测量。如果只显示最高位的“1”，则表示超量限，应当换用高挡位。在换用高量程之后，要注意小数点位置的变化，以免读错结果。在测量开始的1 ~2 s 内，显示的数字会反复跳动，这也是正常现象。液晶显示屏如果无任何显示，则要检查电池及开关是否接触良好。在使用过程中，如果液晶显示屏显示电池的电压不足，则打开后盖的螺丝，换上同一型号的9 V 新电池即可；如果只显示固定的数值，则要检查其是否处于保持状态。

（2）量程开关。数字式万用表的量程开关在表的中间，量程开关与功能开关合用一只开关，并且功能多、测量范围广，能测量交直流电压、交直流电流、电阻、三极管的放大倍数、电容器的容量、电路的通断等。与指针式万用表不同的是，数字式万用表还增加了交流电流和电容容量测量等挡位。

在数字式万用表中，量程挡的首位数几乎都是2，如200 Ω、2 V、20 μF、20 mA 等。如果测量结果只显示“半位”上的读数“1”，则表示被测数值超过了该量程的测量范围（这种现象称为溢出），说明量程选得太小，应换用高量程。需要注意的是，当测量电压或电流时，在不能确定被测数值范围的情况下，应先选高挡位进行测量，然后根据测量数据，选择合适的挡位进行测量。

数字式万用表相邻两个挡位之间的距离一般很小，很容易造成跳拨和错拨，因此，在转换量程时，动作要慢一些，不要用力过猛，到位后要来回晃动一下，看是否接触良好。严禁在测量的同时拨动量程开关，特别是在高电压、大电流的情况下，以防产生电弧，烧坏量程开关。

（3）表笔插孔。表笔插孔一般有4 个。标有“COM”字样的为公共插孔，应插入黑表笔；标有“V/Ω”字样的插孔应插入红表笔，以测量交直流电压值和电阻值。测量交直流电流还有两个插孔，分别为“A”插孔和“10A”插孔，供不同量程挡选用，应插入红表笔。

2. DT890 型数字式万用表的使用

（1）电阻挡的使用。将红表笔插入“V/Ω”插孔，将黑表笔插入“COM”插孔，将功能开关旋至电阻挡相应的量程。当无输入时，如在开路情况下，液晶显示屏显示1。如果被测电阻值超出所选择量程的最大值，则液晶显示屏也将显示1，应选择更高的量程。对于电阻值大于1 MΩ 或更大的电阻，要过几秒后读数才能稳定，这是正常现象。在测量高阻值（电阻）时，应减去误差。例如，使用200 MΩ 挡测量电阻值为100 MΩ 的电阻，测量结果应减去表笔短路时显示的数值。

与指针式万用表相比，当使用数字式万用表测量电阻值时，在任何挡位都无须调零，读数直观、准确，精确度高。例如，测量一只标有47 kΩ 的电阻，将量程开关旋至200 kΩ 挡，打开数字式万用表的电源开关，这时显示1。将表笔跨接在电阻的两端，读数最后稳定在45.4 kΩ，这就是测量结果。电阻值的误差和数字式万用表的误差导致测量结果与电阻的标注值之间存在差异，由此不能说明电阻值不准或数字式万用表测量不准。

（2）直流电压挡的使用。将红表笔插入“V/Ω”插孔，将黑表笔插入“COM”插孔，将功能开关旋至相应的待测直流电压的量程，量程的选用与指针式万用表相同。但当被测电压的极性接反时，测量结果前面会显示“ - ”，此时不必调换表笔重测。

如果液晶显示屏只显示 1，则表示被测电压超过了该量程的最高值，应选用更高的量程。需要注意的是，不要测量 1 000 V 以上的电压值，否则容易损坏内部电路。

（3）交流电压挡的使用。将红表笔插入“V/Ω”插孔，将黑表笔插入“COM”插孔，将功能开关旋至相应的待测交流电压的量程，其他方法与测量直流电压基本相同。需要注意的是，不要测量 700 V 以上的电压值，否则容易损坏内部电路。

（4）直流电流挡的使用。将黑表笔插入“COM”插孔，当测量电流的最大值不超过 200 mA 时，将红表笔插入“mA”插孔；当测量电流的最大值超过 200 mA 时，将红表笔插入“10 A”插孔。将功能开关旋至相应的待测直流电流的量程，再将两只表笔串联在被测电路中，便可测量出结果。

（5）交流电流挡的使用。将功能开关旋至相应的待测交流电流的量程，其他方法与直流电流的测量方法相同。

（6）电容挡的使用。将功能开关置于电容量程，将电容器直接插入电容测量插座“CX”中，便可显示测量结果。需要注意的是，数字式万用表本身对电容挡设置了保护电路，在测量过程中，不用考虑电容的极性和放电情况。在测量容量较大的电容时，稳定读数需要一定的时间。

（7）h_{FE}挡的使用。将待测三极管插入“NPN”（用于测量 NPN 型三极管的电流放大系数）或“PNP”（用于测量 PNP 型三极管的电流放大系数）插孔中，液晶显示屏上显示的数值为被测三极管的电流放大系数 β 值。

（8）数字式万用表的妙用。灵活运用数字式万用表所具有的一些特殊功能，会给元器件检测和电路测量带来很多方便。下面介绍数字式万用表在元器件检测和电路测量中的一些技巧。

① 二极管和蜂鸣器挡的使用。将红表笔插入“V/Ω”插孔，将黑表笔插入“COM”插孔，将功能开关旋至二极管和蜂鸣器挡，便可进行测量。该挡有以下两项功能：

a. 判断二极管的好坏、极性、正向压降。将红、黑表笔分别接在二极管的两端，如果显示溢出，则表示反向。再交换表笔，这时显示的数值为二极管的正向压降，红表笔所连接的一端为正极，另一端为负极。同时，也可以根据正向压降的大小判断二极管的制作材料。在一般情况下，锗管的正向压降为 0.2 ~ 0.3 V，硅管的正向压降为 0.6 ~ 0.8 V。如果以上两次测量均为溢出，则表明此二极管已被损坏。

b. 判断线路的通断。将两只表笔跨接在线路的两端，当蜂鸣器有声音时，表示线路导通（$R \leqslant 90\ \Omega$）；如果蜂鸣器没有声音，则表示线路不通。

需要注意的是，数字式万用表的红表笔连接内部电池的正极，黑表笔连接内部电池的负极，与指针式万用表正好相反。在测量二极管时不要误判。

② 发光二极管的检测。利用数字式万用表检测发光二极管有以下两种方法：

a. 将红表笔插入“V/Ω”插孔，将黑表笔插入“COM”插孔，将功能开关旋至二极管和蜂鸣器挡，用红、黑表笔分别接触发光二极管的正、负极，在显示正向压降的同时，发光二极管还能被点亮且发出微光。

b. 将发光二极管的两个管脚分别插入 h_{FE} 插座的 C、E 检测孔，若发光二极管不亮，但对调管脚后亮，则说明该发光二极管是好的；反之，则说明该发光二极管是坏的。当发光二极管亮时，在 NPN 挡插入 C 孔的是正极，在 PNP 挡插入 E 孔的是正极。

③ 晶体振荡器的检测。用电容挡测其容量，以 200 ~ 300 pF 为宜。若容量大于 300 pF，则表明晶体振荡器漏电；若容量小于 200 pF，则表明晶体振荡器破碎；若无容量，则为极间断路。

④ 三极管管脚的判别。用二极管和蜂鸣器挡检测三极管的好坏时，将功能开关旋至二极管和蜂鸣器挡，用表笔测量 PN 结，如果正向导通，则数字式万用表上显示的数值为此 PN 结的正向压降。压降大的为发射结，压降小的为集电结。如果红表笔连接的是公共极，则被测三极管为 NPN 型，且红表笔连接的是基极；如果黑表笔连接的是公共极，则被测三极管为 PNP 型，且黑表笔连接的是基极。

⑤ 可控硅的检测。在 h_{FE}挡时，用 NPN 座测量，将可控硅的阳极引线插入 C 孔内，将其阴极引线插入 E 孔内，控制极空着，这时显示应为 0。如果显示千位数为 1，则表明可控硅已被击穿。当显示为 0 时，把控制极连接到阳极上，这时显示千位数为 1，或除千位数显示 1 外，后 3 位数也有数字闪动，这表明可控硅已导通。断开控制极与阳极之间的连线，把阳极在 C 孔内的线拆下，再插入，重复上述方法，显示数值从 0 变到千位 1，则说明可控硅是好的。

⑥ 电解电容的检测。将功能开关旋至电容挡，两只表笔分别与被测电容的两只引脚接触，如果表内的蜂鸣器急速地响了一下，对换表笔后又响了一下，同时显示 1，则说明该电容是好的；如果蜂鸣器响声不断，则说明该电容漏电或内部短路；如果反复对换表笔，蜂鸣器始终不响，总是显示 1，则说明该电容断路。

5.2.3 指针式万用表和数字式万用表的合理使用

指针式万用表和数字式万用表在结构与原理上的不同决定了它们在性能上各有差异。因此，在实际的维修过程中，要根据实际需要，合理使用不同类型的万用表。

1. 宜使用指针式万用表的情况

（1）在判断电容器是否漏电时，使用指针式万用表比较方便。

（2）在用数字式万用表测量一些连续变化的电量和过程时，不如指针式万用表方便、直观。例如，测量电容器的充、放电过程，热敏电阻，光敏二极管等。

（3）在估测二极管、三极管的耐压和穿透电流时，宜用指针式万用表。

（4）在用电阻法测量集成块和厚膜电路时，宜用指针式万用表。

2. 宜使用数字式万用表的情况

（1）在线测量电压时，选用的万用表内阻越大越好，这样对电路的影响就越小。因此，数字式万用表为首选，对于精度要求较高的测量尤其如此。

（2）在测量小阻值电阻时，宜用数字式万用表，因为数字式万用表的输入阻抗很高，对输入信号无衰减作用。当被测电阻的阻值较大时，指针式万用表也完全能胜任，但在测量对精度要求较高的电阻时，只能使用数字式万用表。

（3）要准确地测量电容器的容量，只能使用数字式万用表。在用指针式万用表的电阻挡测量电容器的容量时，只能靠经验或对比粗略地进行判断。对于容量在几百皮法以下的电容器，指针式万用表在 $R\times10\text{k}$ 挡时也毫无反应；对于容量在 2 000 pF 以上的电容器，也只能用指针式万用表的 $R\times10\text{k}$ 挡进行测量，通过指针的摆动来判断电容器的容量。在测试电容器的耐压或软击穿情况时，指针式万用表 $R\times10\text{k}$ 挡内电池的电压较高，接近有些电容器的工作条件，容易损坏电容器。

（4）要准确地测量二极管和三极管 PN 结的压降，宜使用数字式万用表，还能够较准确地测量小功率三极管的 h_{FE} 值。

（5）在测量发光二极管时，使用数字式万用表既能够判断其好坏，又能够判断其正、负极。

可以看出，指针式万用表和数字式万用表虽然各有优势，但不能相互代替，在维修的过程中，要注意取长补短，配合使用。

5.2.4 万用表使用时的注意事项

1. 指针式万用表使用时的注意事项

指针式万用表属于常规仪器，使用人员多，而且使用频繁，稍有不慎，轻则损坏表内的元器件，重则损坏表头，甚至危及使用人员的生命安全。因此，在使用指针式万用表时要格外小心，需要注意以下几方面：

（1）全面了解指针式万用表的性能。在使用指针式万用表之前，必须详细阅读其使用说明书，了解每条刻度线所对应的量程，熟悉各个转换开关、旋钮、测量插孔、专用插座的作用。

指针式万用表有直立放置和水平放置之别，若不按规定的要求放置，则会引起倾斜误差。按规定的要求放置后，当指针不指在机械零点时，应调节表头下方的机械调零旋钮，使指针回零，以消除零点误差。另外，在使用内装运算放大器的指针式万用表（如 MF101 型）之前，需分别进行机械调零和放大器调零，使用电阻挡时，还要调节欧姆零点。

（2）测量前应注意的事项。首先要确定测量什么和怎样测量，然后正确选择测量项目和量程。如果不能估计被测量的大小，应将量程开关旋至最大挡，若不合适，再依次递减，使指针在刻度线起始位的 20% ~80% 范围内即可。每次拿起表笔准备测量时，务必核对一下测量项目及量程开关是否合适。在使用专用插座时，要注意选择正确，以免烧坏指针式万用表。

（3）测量电压时应注意的事项。测量电压时，应将两只表笔并联在被测电路的两端。测量直流电压时，应注意电压的正、负极性。如果不知道极性，应将量程旋至较大挡，迅速检测一下。如果指针向左偏转，则说明极性接反，应将红、黑表笔调换（在这种情况下，如果有数字式万用表，最好使用数字式万用表）。

当被测电压高于几百伏时，必须注意安全，要养成单手操作的习惯。首先把一只表笔固定在被测电路的公共端，用另一只表笔碰触测量点。在测量过程中，要保持精力集中，避免触电。在测量1 000 V以上的高压时，应把插头插牢，避免插头接触不良而造成打火，或插头脱落而引发意外事故。严禁在测量较高的电压时转动量程开关，以免产生电弧，烧坏转换开关的触点。

如果误用直流电压挡测量交流电压，则指针不动或稍有摆动；如果误用交流电压挡测量直流电压，则读数会偏高1倍。

电压挡的测量误差以满量程的百分数表示，因此，在测量时，应使指针具有最大限度的偏转，这样测量误差最小。

（4）测量电流时应注意的事项。在测量电流时，要将两只表笔串联在被测电路中，切勿将其跨接在被测电路的两端，以防止损坏指针式万用表。在测量直流电流时，应注意电流的正、负极性（极性的判别和量程的选择与直流电压挡相同）。若负载电阻比较小，应尽量选择高量程挡，以降低内阻，减小内阻对被测电路的影响。

（5）测量电阻时应注意的事项。在测量电阻时，要将两只表笔并接在电阻的两端。严禁在被测电路带电的情况下测量电阻，或用电阻挡测量电源的内阻，这相当于接入了一个外部电压，会使测量结果不准确，而且极易损坏指针式万用表。

每次更换电阻挡时，均应重新调节欧姆零点。当$R\times1$挡不能调节到零点时，应立即更换电池，且要注意电池的极性。如果手头没有新电池可更换，应将测量值减去零点误差。由于电阻挡的刻度呈非线性，越靠近高阻值端，刻度越密，读数误差也就越大。因此，在测量的过程中，要正确选择量程，使得指针的偏转最好在中心值附近，这时误差最小。

在用高阻挡测量大电阻时，不能用手捏住表笔的导电部分，以免对测量结果产生影响。

在测量过程中，应尽可能避免两只表笔短路，以免空耗电池。

在用电阻挡测量电解电容器的性能时，要先放电再进行测量，以免烧坏表头。由于指针式万用表$R\times10\text{k}$挡采用一节1.5 V二号电池和一块9 V层叠电池串联使用，因此，不宜用它测量耐压很低的元器件，如耐压6 V的小电解电容器。

在测量二极管、三极管、稳压管时，首先，要注意两只表笔的极性，黑表笔连接内部电池的正极，红表笔连接内部电池的负极。一旦两只表笔的极性接反，测量结果就会迥然不同。其次，在采用不同量程测量其等效电阻时，测量结果也不同，这是因为非线性器件对不同的测试电流呈现出不同的等效电阻，这是正常现象。

（6）维护时应注意的事项。在指针式万用表使用完毕后或携带过程中，应将量程开关拨至最高电压挡，防止下次使用时不慎损坏指针式万用表。而有些指针式万用表（如500型指针式万用表）设置了相应的开关，两个转换开关旋钮上各有一个“·”（早期的500型指针式万用表只有右边的旋钮上有“·”）。当右边的旋钮旋至此处时，表内的电路呈开路状态，可以防止有人不会使用或因粗心大意而损坏指针式万用表，用完后，要把右边的旋钮旋至“·”处；当左边的旋钮旋至此处时，表头被短路，使得指针的阻尼作用得到加强，抗震能力得到提高，所以在携带或运输时，要把右边的旋钮旋至“·”处。也有些指针式万用表（如MF64型）设置了“OFF”开关，使用完毕后，应将功能开关拨至此挡，使表头短路，以起到防震、保护作用。需要注意的是，对于带运算放大器的指针式万用表，此“OFF”挡代表电源的开关。

指针式万用表应在干燥、无震动、无强磁场以及温度与湿度适宜的环境中存放和使用。潮湿的环境容易使绝缘度降低，还会使元器件受潮，进而使其性能变劣；机械震动容易使表头中的磁钢退磁，导致其灵敏度降低；若在强磁场附近使用指针式万用表，会使测量误差增大；若环境温度过高或过低，不仅会使整流管的正、反向电阻发生变化，改变整流系数，而且会影响表头的灵敏度以及分压比和分流比，产生附加温度误差。

2. 数字式万用表使用时的注意事项

数字式万用表属于精密电子仪器，尽管有比较完善的保护电路和较强的过载能力，但使用时仍应力求避免误操作，要倍加爱护。使用时需要注意以下几方面：

（1）全面了解数字式万用表的性能。使用前，要认真阅读其使用说明书，熟悉电源开关、量程开关、各个功能键、专用插座以及其他旋钮的作用和使用方法；熟悉数字式万用表的极限参数及各种显示符号所代表的意义，如过载显示、正负极性显示、表内电池低电压显示等；熟悉各种声、光报警信息的意义。

有些数字式万用表具有自动关机功能。当停止使用的时间超过15 min时，数字式万用表能自动切断主电源，进入低功耗的备用状态。此时，数字式万用表不能继续进行测量，液晶显示屏上也没有任何显示，必须连续按两次电源开关，它才能恢复正常工作。有些新型的数字式万用表设置了读数保持开关，具有读数保持功能，方便了读数和记录。如果数字式万用表只显示某一数值而不随测量发生变化，这是因为误按下了读数保持开关，弹起该键后即可转入正常测量状态。

（2）测量前应注意的事项。测量前，首先要明确测量什么和怎样测量，然后选择相应的测量项目和合适的量程。尽管数字式万用表内部有比较完善的保护电路，但仍要避免出现误操作。每次拿起表笔准备测量时，务必核对一下测量项目及量程开关是否合适。在使用专用插座时，要注意选择正确，以免损坏数字式万用表。

若数字式万用表开机后不显示任何数字，首先应检查9 V层叠电池及引线；若开机后显示低电压符号，应及时更换电池，安装时，要注意电池的极性。更换电池前，要先关闭电源开关。在更换熔丝管时，它必须与原来的保持一致。

（3）测量电压时应注意的事项。在测量电压时，数字式万用表的两只表笔应并接在被测电路的两端。如果无法估计被测电压的大小，应选择最大的量程试测一下，再选择合适的量程。若只显示 -1，其他位消隐，则表明已发生过载，应选择更高的量程。当被测交流电压上叠加了直流分量时，两者的电压之和不得超过所用ACV挡的最大值。必要时，可加隔直电容，使直流分量不能进入测量电路。在测量直流电压时，可以不考虑表笔的极性，因为数字式万用表具有自动转换并显示极性的功能。测量完毕后，应将量程开关旋至电压最大挡，以免下次使用时因误操作而损坏数字式万用表。

若误用ACV挡测量直流电压，或误用DCV挡测量交流电压，则数字式万用表可显示000，或在低位上出现跳数现象。由于数字式万用表电压挡的输入阻抗很高，当其两个输入端开路时，因外界干扰信号的输入，其低位也会显示没有变化规律的数字，这是正常现象。

不得使用数字式万用表的DCV挡来检查自身9 V层叠电池的电压。

（4）测量电流时应注意的事项。在测量电流时，一定要注意将两只表笔串接在被测电路的两端，以免损坏数字式万用表。在测量直流电流时，与测量直流电压一样，数字式万用表可以自动转换并显示电流的极性，因此，不必考虑电流的方向。

（5）测量电阻时应注意的事项。在使用电阻挡时，红表笔接“V/Ω”插孔，带正电；黑表笔接“COM”插孔，带负电。这与指针式万用表正好相反，因此，在检测二极管、三极管、电解电容等有极性的元器件时，要注意表笔的极性。由于各电阻挡的短路电流不尽相同，在用不同的电阻挡测量同一个非线性器件时，测得的结果会有差异，这是正常现象。由于数字式万用表电阻挡所提供的测试电流较小，测二极管的正向电阻时，测量结果要比用指针式万用表测得的值高出几倍，甚至几十倍，这也是正常现象。此时，建议改用二极管和蜂鸣器挡测量PN结的正向电压，以便获得准确的结果。

在利用高阻挡测量大阻值电阻时，显示值需要经过一定时间才能稳定下来，这是正常现象。测量结果应当等于稳定的显示值减去零点的固有误差。在利用低阻挡测量小阻值电阻时，应先将两只表笔短路，测出两只表笔引线的电阻值，测量的实际结果应等于显示值减去此值。另外，有些新型的数字式万用表增加了低功率法测量电阻挡，符号为“LOΩ”或“LOWOHM”。该挡的开路电压低于0.3 V，不会使硅管导通，因此，适合测量在线电阻，而不必考虑被测电路中硅管的影响。

利用蜂鸣器，可以快速测量电路的通断。当被测电路的电阻值低于发声阈值时，蜂鸣器就会发出音频振荡声。利用此法有一定的偏差，应以实测值为准。

严禁在被测电路带电的情况下测量电阻，也不允许直接测量电池的内阻，因为这相当于给数字式万用表加了一个输入电压，这样不仅使测量结果失去了意义，而且容易损坏数字式万用表。

（6）使用其他功能时应注意的事项。在利用电容挡测量有极性的电解电容时，电容插座的极性应与被测电容的极性保持一致。测量前必须先放电，再进行测量。新型的数字式万用表采用容抗法测量电容的容量，实现了自动调零，不必考虑电容挡的零点误差。对于早期的数字式万用表（如DT890型、DT890A型等），使用前，首先要调节零点，更换电容挡时也需要重新调节零点。

在利用 h_{FE} 插孔测量小功率三极管的电流放大系数时，三极管的三个电极和选择的挡位应保持一致，不得弄错。因为测试电压较低，h_{FE} 插孔提供的基极电流又很小，使得被测三极管工作在低电压、小电流状态下，所以测量结果仅供参考。

在利用频率挡测量频率时，被测信号的有效值应大于50 mV且小于10 V。由于频率挡的输入阻抗较高，所以在不接信号时液晶显示屏上也可能有一定的读数，但这并不影响正常测量。

（7）维护时应注意的事项。

① 禁止在高温、阳光直射、潮湿、寒冷、灰尘多的地方使用或存放数字式万用表，以免损坏液晶显示屏和其他元器件。若液晶显示屏长期处于高温环境中，则其表面会发黑，从而造成早期失效。潮湿的环境容易造成集成电路和线路板的锈蚀、漏点，使测量误差明显增大，甚至引发短路故障。

② 若发生故障，应对照电路进行检修，或送有经验的人员维修，不得随意打开数字式万用表来拆卸线路，以免造成人为故障或改变出厂时已调好的技术指标。修理完毕后，要进行校准。另外，有些数字式万用表的后盖上贴有屏蔽层，请勿揭下屏蔽层或拆掉引线；有些装有金属屏蔽层或屏蔽胶罩，要注意紧固螺丝或摆正压簧，否则容易引入外界电磁干扰，影响屏蔽效果。

③ 清洗表壳时，可用酒精棉球清洗污垢，不得使用汽油、丙酮等有机溶剂。

④ 若长期不使用，应将数字式万用表的电池取出，以免电池漏液而腐蚀线路板。

本章小结

1. 常用的电工测量仪表一般按照以下几方面来分类：

(1) 按被测量的种类，常用的电工测量仪表可分为安培表、伏特表、瓦特表、电能表、相位表、频率表、欧姆表等。

(2) 按工作原理，常用的电工测量仪表可分为磁电式、电磁式、电动式、铁磁电动式、静电式、感应式、热电式、整流式、电子式九类，最常用的主要有磁电式、电磁式、电动式和整流式四种。

(3) 按测量电流的种类，常用的电工测量仪表可分为直流仪表、交流仪表和交直流两用仪表。

(4) 按准确度，直读式电工测量仪表可分为 0.1 级、0.2 级、0.5 级、1.0 级、1.5 级、2.5 级和 5.0 级仪表。

2. 电工测量仪表的测量误差一般可分为系统误差、随机误差、疏失误差等。按系统误差的来源，又可将其分为基本误差、附加误差、方法误差和个人误差四种。

3. 万用表也称为多用表，一般的万用表可以用来测量直流电压、交流电压、直流电流、交流电流和电阻等，有的万用表还可以用来测量电容器、音频电平、二极管和三极管的某些参数。

自测题

一、选择题

1. 在相同条件下多次测量同一量时，误差的绝对值和符号保持恒定，或在条件改变时，与某一个或几个因素呈函数关系的有规律的误差称为（　　）。

A. 系统误差　　B. 附加误差

C. 随机误差　　D. 疏失误差

2. 对几个与被测量有确切函数关系的电量进行直接测量，然后通过代表该函数关系的公式、曲线或表格，求出该被测量，这种测量方法称为（　　）。

A. 间接测量法　　B. 偏差式测量法

C. 零位式测量法　　D. 微差式测量法

3. 数字式万用表的红表笔连接内部电池的（　　），黑表笔连接内部电池的（　　），与指针式万用表正好相反。

A. 正极、正极　　　　B. 负极、负极

C. 正极、负极　　　　D. 负极、正极

二、问答题

1. 若被测电压的实际值为 12 V，现有 150 V、0.5 级和 15 V、2.5 级的两种电压表各一只，试问这两只电压表可能出现的最大绝对误差和最大相对误差分别为多少？应选择哪一只电压表？

2. 测量 220 V 的电压，要求相对误差不超过 ±1.0% 。如果选用量程为 300 V 的电压表，其准确度等级应为多少才能满足测量要求？如果选用量程为 500 V 的电压表，其准确度等级应为多少才能满足测量要求？

3. 为何用万用表的交流电压挡测量非正弦电量时会出现波形误差？

4. 在测量电阻时，为何每更换一个量程都必须调节欧姆零点？如何调节？

5. 使用万用表时如何正确地选择量程？

第 6 章　电工电子基本技能训练

导　言

本章主要介绍电工电子的基本技能，对汽车相关专业的学生进行电工电子基本技能的训练，培养学生运用所学电工电子学理论知识来分析、解决实际问题的能力，为学习后续的“汽车电器构造与检修”“汽车电控技术” 等课程打下坚实的基础。

学习目标

1. 认知目标

（1） 掌握直流电路的测试方法。

（2） 掌握基本放大电路、整流滤波电路、集成运算放大器的测试方法。

（3） 掌握 TTL 逻辑门电路、集成计数器的测试方法。

2. 技能目标

（1） 掌握电工电子实验的基本内容、实验步骤、实验报告等。

（2） 了解做实验的相关要求，掌握减小测量误差的方法。

3. 情感目标

（1） 培养学习电工电子实验的兴趣，提高自主学习的能力。

（2） 尊重他人的感情和劳动成果，认可与他人协作作业的方法，养成善于倾听他人意见，特别是不同意见的习惯。

（3） 树立从全局出发考虑问题的观念，增强在学习与实践过程中自我教育、自我发展的意识，满足在汽车运用与维修技术岗位任职和个人成长的需要。

6.1　训练要求

1. 实验准备

认真预习实验指导书，了解所做实验的目的、内容、方法与步骤，复习相关的理论知识，为实验做好准备。

2. 实验的基本要求

（1） 了解实验所需的仪器设备及工具的使用方法。

（2） 按给定的实验电路图连接好实验线路，经自己检查无误后再请指导教师检查，经指导教师确认后才可接通电源。

（3）在实验过程中，要严格遵守操作规程，仔细观察实验现象，认真做好实验记录。

（4）实验结束后，应将实验数据交给指导教师查阅，经指导教师认可后才可结束实验。

（5）实验完毕后，按规定整理实验所用到的元器件、导线及仪器设备，并将其放在指定位置，经指导教师同意后才可离开实验室。

3. 实验的注意事项

（1）切实遵守实验室的各项安全操作规程，注重人身和设备安全，做到不擅自接通电源、不触及带电部位，严格遵守“先接线后通电，先断电后拆线”的操作规程。若发现异常现象，应立即断开电源，报告指导教师，等待处理。

（2）注重仪器设备的使用，严格按照操作规程进行操作。对于不了解性能和用法的设备，不得随意使用。同时，还要注意设备的容量、参数应符合实验要求，其工作电压和电流不超过额定值。

（3）正确接线。一般按“先串后并，先分后合，先主后辅”的原则进行接线。根据实验电路的结构特点和要求，选择合理的接线步骤。

（4）正确读数。读数前，应弄清楚仪器仪表的量程及刻度。读数时，应注意使用正确的姿势。记录数据时，要求完整、清晰，力求表格化。

4. 实验报告

每次完成实验后，要认真填写实验报告。填写实验报告时，要使用专用实验报告用纸，做到简明扼要、字迹清晰、图表整洁、结论明确。实验波形或曲线一律要画在坐标纸上，且比例适当，并在坐标轴上注明各物理量的符号和单位，在图下标明所画波形或曲线的名称。

6.2　训练项目

6.2.1　直流电路测试

1. 训练目标

（1）正确使用直流稳压电源和万用表。

（2）能够验证叠加定理，并进行误差分析。

2. 训练说明

叠加原理适用于线性交、直流电路，本实验选用直流电路来进行验证。

3. 训练器材

（1）双路直流稳压电源，1台。

（2）数字式万用表，1台。

4. 训练内容

电路如图6-1所示，$R_1=1\ k\Omega$，$R_2=2\ k\Omega$，$R_3=1.5\ k\Omega$，直流稳压电源 $U_{S1}=5\ V$，$U_{S2}=10\ V$。R_3支路的电流I_3应等于图6-2中U_{S1}单独作用时的电流I_3和图6-3中U_{S2}单独作用时的电流I_3之和。

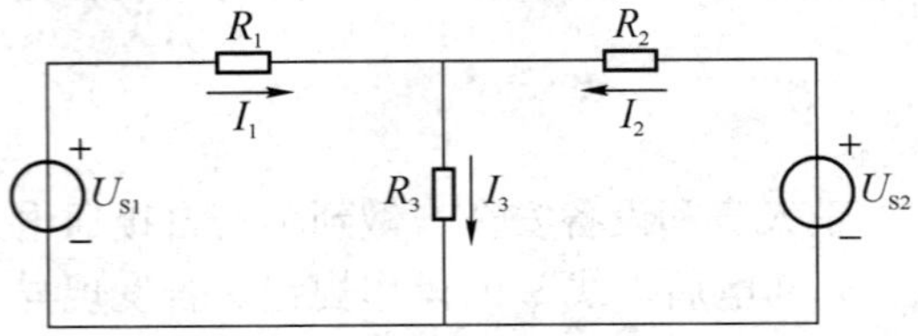

图6-1　直流电路测试实验的电路

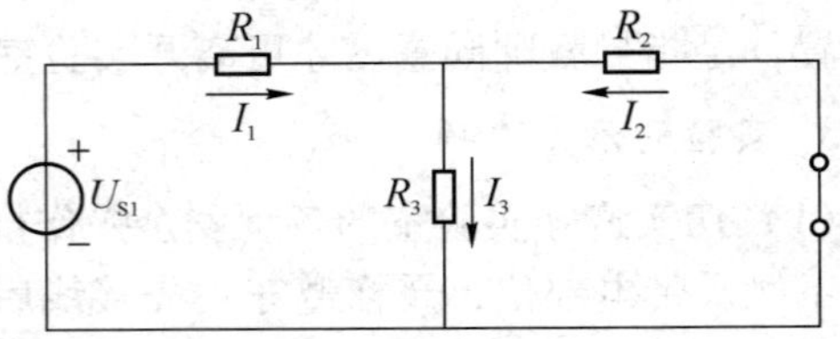

图6-2　直流电路测试实验的电路（U_{S1}单独作用时）

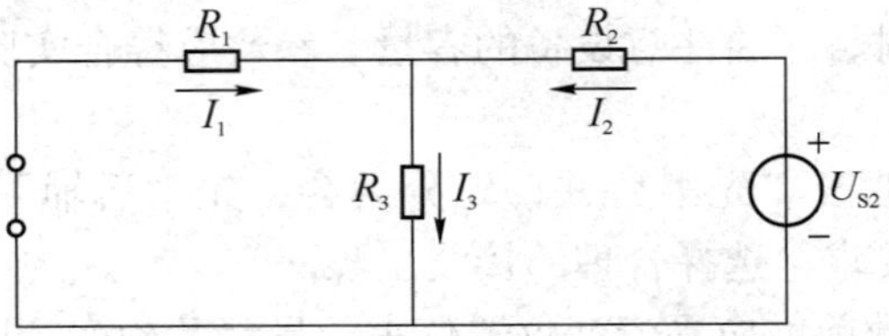

图6-3　直流电路测试实验的电路（U_{S2}单独作用时）

用数字式万用表分别测量R_1、R_2、R_3的阻值，并将U_{S1}调到5 V，将U_{S2}调到10 V（用数字式万用表的电压挡监测）。

按图6-1连接电路，用数字式万用表测量U_{R_1}、U_{R_2}、U_{R_3}，用计算的方法得到I_3（不测量），填入表6-1中。

按图6-2连接电路，在U_{S1}单独作用时，测量U_{R_1}、U_{R_2}、U_{R_3}，计算I_3，填入表6-1中。

按图6-3连接电路，在U_{S2}单独作用时，测量U_{R_1}、U_{R_2}、U_{R_3}，计算I_3，填入表6-1中。

表6-1　直流电路测试记录表

方　式	实验值			计算值			
	U_{R_1}/V	U_{R_2}/V	U_{R_3}/V	I_3/mA	U_{R_1}/V	U_{R_2}/V	U_{R_3}/V
U_{S1}、U_{S2}同时作用							
U_{S1}单独作用							
U_{S2}单独作用							

5. 训练要求及注意事项

（1）当一个电源单独作用时，将另一个电源被从电路中取走后留出的空位用导线连接起来。注意：不允许将另一个电源短路。

（2）直流稳压电源的内阻非常小，可以认为其内阻为零。

6. 预习要求

（1）复习有关叠加原理的知识。

（2）复习有关系统误差的计算方法。

7. 实验报告要求

（1）用实验数据验证支路电流 I_3是否符合叠加原理。

（2）对实验数据进行误差分析。

8. 思考题

根据电流 I_3，分别计算 U_{S1}单独作用、U_{S2}单独作用及 U_{S1}、U_{S2}同时作用三种情况下 R_3 所消耗的功率是多少？能否直接用叠加原理计算？为什么？

6.2.2　基本放大电路测试

1. 训练目标

（1）掌握三极管放大电路静态工作点的概念及其调试方法。

（2）掌握静态工作点对放大电路工作状态的影响。

（3）学习放大电路技术指标的测试方法。

2. 训练说明

分压式放大电路如图 6－4 所示。

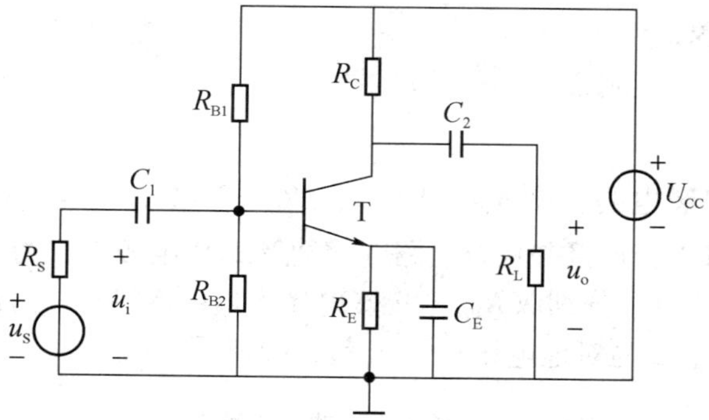

图 6－4　分压式放大电路

静态工作点的测量及调整方法如下：对于由三极管组成的分立元件电路来说，静态工作点（U_{BE}、U_{CE}、I_C、I_B）调整是一项重要的工作，因为静态工作点决定了三极管的工作状态。若静态工作点设置太低（I_B太小），则容易产生截止失真；反之，则将产生饱和失真，不仅影响电路的正常工作，而且影响电路的技术指标。

（1）静态工作点的测量。

① U_{BE}：发射结的正向偏压，为 0.7 V，一般不必测量。

② U_{CE}：需要测量，可用万用表的直流电压挡直接测量三极管集电极（C 极）和发射极（E 极）之间的电压。

③ I_C：通常通过 V_E 换算得出，$I_C = V_E / R_E$。

④ I_B：通过 I_C 换算得出，$I_B = I_C / \beta$。

静态工作点的测量在组装、修理电路及电路的调试中都要经常用到。

（2）调整方法。在三极管确定后，影响静态工作点的因素主要有电源电压 U_{CC}、集电极负载电阻 R_C、基极偏置电阻 R_{B1} 和 R_{B2}。其中任意一个元件参数的变化都将使静态工作点发生变化。但是，在一般情况下，电路确定后，R_C、R_E、U_{CC} 已经确定，静态工作点主要取决于 I_B 的选择，即主要由 R_{B1} 和 R_{B2} 来决定，即

$$V_B = \frac{U_{CC}}{R_{B1} + R_{B2}} R_{B2}$$

$$I_B = \frac{V_B - U_{BE}}{R_B + (1+\beta) R_E} \text{（其中 } R_B = R_{B1} /\!/ R_{B2}\text{）}$$

可见，通过改变 R_{B1} 和 R_{B2} 均可改变 V_B 值，进而改变 I_B。在实际中，一般都是通过调整 R_{B1} 来实现静态工作点的调整的。操作方法如下：

① 一般用一个固定电阻 R 和一个电位器 R_P 串联来代替 R_{B1}，R 稍小于 R_{B1}，R_P 与 R_{B1} 相当即可。R 的作用是保护三极管，防止当 R_P 被调到零时，U_{CC} 全部加到三极管的发射结上，使流过三极管的电流过大而将其烧坏。

② 调整 R_E，并同时测量 U_E（发射极的电位），使 I_C 为设计值。

3. 训练器材

（1）信号发生器，1 台。

（2）示波器，1 台。

（3）直流稳压电源，1 台。

（4）数字式万用表，1 台。

4. 训练内容

（1）按图 6－4 组装电路。设 $R_{B2} = 10\ \text{k}\Omega$，$R_C = 3\ \text{k}\Omega$，$R_E = 3\ \text{k}\Omega$，$C_1 = C_2 = 10\ \mu\text{F}$，直流稳压电源 $U_{CC} = 12$ V，连接并检查电路（将直流稳压电源设置为 12 V）。

（2）测量静态工作点。分别取 $R_{B1} = 12\ \text{k}\Omega$、8.2 kΩ、51 kΩ，用数字式万用表 DCV 挡测量三极管引脚 E、B、C 的对地电压，填入表 6－2 中。

表 6－2　单管放大电路的记录表（一）

R_{B1}/kΩ	测量值/V			由测量得出的计算值			理论值		
	V_E	V_B	V_C	U_{BE}/V	U_{CE}/V	I_C/mA	U_{BE}/V	U_{CE}/V	I_C/mA
12									
8.2									
51									

（3）测量放大电路的电压放大倍数 $A_u = \dot{U}_o / \dot{U}_i$。测量方法如下：

① 设置信号源的频率为 1 kHz，电压为 20 mV，并连接到输入端；将负载开路，用示

波器观察输出波形。改变信号的幅度，使输出波形在不失真的情况下最大，用示波器（或数字式万用表的ACV挡）测量输出端的电压 U_o，再根据信号源设置的 U_i，求出放大电路的电压放大倍数 A_u。

② 用示波器同时观察输入波形和输出波形，对应画出其波形的草图，讨论其相位关系。

③ 在输出端与地之间接一个负载电阻 $R_L = 3\ \text{k}\Omega$，再测量 A_u，讨论负载对 A_u的影响。

将上述测量数据填入表6－3中，并简单分析 A_u变化的原因。

表6－3　单管放大电路的记录表（二）

测量条件		U_i/mV	U_o/mV	A_u	结论
$R_L = \infty$（开路）	$C_E = 0$				
	$C_E = 47\ \mu\text{F}$				
$R_L = 3\ \text{k}\Omega$	$C_E = 0$				
	$C_E = 47\ \mu\text{F}$				

5. 预习要求

（1）实验前必须做好预习，并对此电路进行理论计算：静态工作点（U_{BE}、U_{CE}、I_C、I_B）、A_u（以 $R_{B1} = 12\ \text{k}\Omega$ 为准），按要求写出预习报告。

（2）回答并理解思考题，以便在实验中加以应用。

6. 实验报告要求

（1）实验结束后，将数据整理好，在预习报告的基础上完成实验报告。

（2）将实验结果与理论计算值进行比较，如果误差超过10%，则分析误差产生的原因。

7. 思考题

（1）如何对静态工作点进行调整和测量？简要写出操作过程。

（2）为什么必须在输出不失真的条件下测量放大电路的电压放大倍数？

（3）测量时，若把示波器的地线与测量线接反，会出现什么情况？

6.2.3　整流滤波电路测试

1. 训练目标

（1）学会单相桥式整流电路和滤波电路的连接方法。

（2）学会用示波器观察整流电路的输入、输出波形，了解输入、输出电压的关系。

（3）学会测量整流电路和滤波电路的输入、输出电压。

2. 训练器材

通用电学实验台的直流稳压电源部分和元件插板、万用表、示波器、变压器、二极管、电容、电阻及导线等。

3. 训练原理

单相桥式整流电路如图 6-5 所示。当 u_2 为正半周时，D_1、D_3 导通，D_2、D_4 截止，电流经 $D_1 \to R_L \to D_3$ 形成回路，R_L 上输出电压的波形与 u_2 的正半周波形相同。当 u_2 为负半周时，D_2、D_4 导通，D_1、D_3 截止，电流经 $D_2 \to R_L \to D_4$ 形成回路，R_L 上输出电压的波形是 u_2 的负半周波形的反相。单相桥式整流电路的输出直流电压 $U_L = 0.9U_2$。

在整流电路和负载电阻之间并联一个电容，就组成了电容滤波电路，如图 6-6 所示。根据电容两端电压不能突变的特点，可以实现电容滤波。单相桥式整流电容滤波电路的输出直流电压 $U_L = 1.2U_2$。

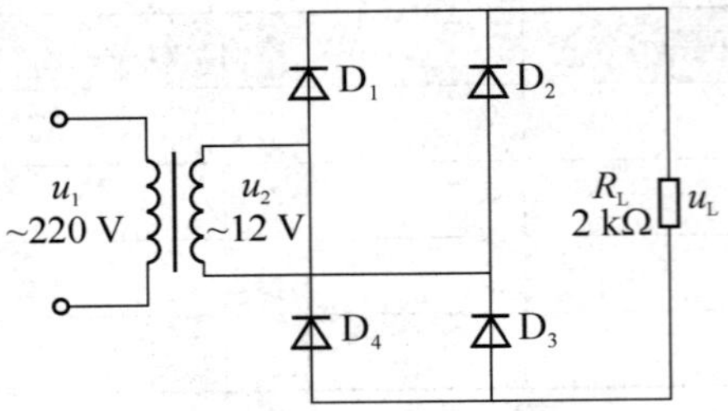

图 6-5　单相桥式整流电路

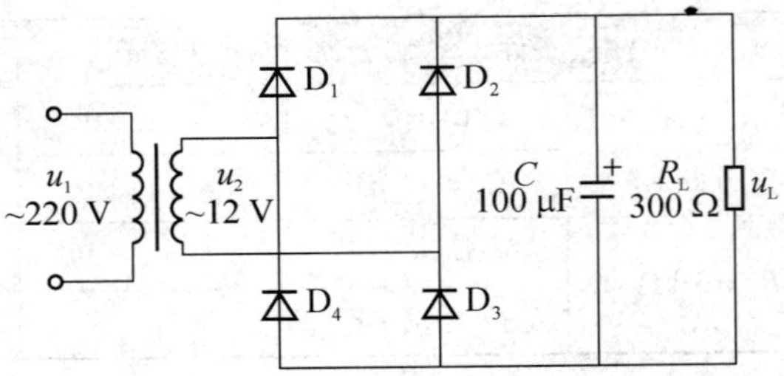

图 6-6　单相桥式整流电容滤波电路

4. 训练内容

（1）观察单相桥式整流电路的输入、输出波形，测量输入、输出电压，并验证其关系。

按图 6-5 中的电路连接好线路，确认无误后，接通电源。用示波器观察变压器二次绕组的电压 u_2 和负载电阻 R_L 上电压 U_L 的波形，并将其绘制在坐标纸上。用万用表的交流电压挡测量变压器二次绕组的电压 u_2 与整流输出电压 U_L，并将数据填入表 6-4 中。

表 6-4　单相桥式整流电路的电压测量数据

测量值		计算值
U_2/V	U_L/V	U_2/U_L

（2）按图 6-6 中的电路连接好线路，确认无误后，接通电源。用示波器观察负载电阻 R_L 上的直流电压波形，并将其绘制在坐标纸上。用万用表的直流电压挡测量负载电阻 R_L 上的直流电压 U_L，并将其记录于表 6-5 中。

表6-5 单相桥式整流电容滤波电路的电压测量数据

测量值		计算值
U_2/V	U_L/V	U_2/U_L

5. 思考题

（1）通过表6-4和表6-5中的计算，能得出什么结论？

（2）试通过 u_2、图6-5中 U_L 和图6-6中 U_L 的波形对比，说明单相桥式整流电容滤波电路的工作原理。

（3）如果在图6-5中有一只二极管断路，则示波器显示的输出电压波形将会出现什么变化？如果有一只二极管接反了，会出现什么后果？

（4）直流稳压电源由哪几部分组成？各部分的作用分别是什么？

6.2.4 集成运算放大器测试

1. 训练目标

（1）掌握集成运放的正确使用方法。

（2）了解集成运放的特点及其基本运算关系。

2. 训练器材

（1）信号发生器，1台。

（2）数字式万用表，2台。

（3）双踪示波器，1台。

3. 训练内容

（1）反相输入比例运算电路。反相输入比例运算电路如图6-7所示。反相输入比例运算电路的输出电压 u_o 与输入电压 u_i 成比例变化，且极性相反，即

$$A_{uf}=\frac{u_o}{u_i}=-\frac{R_F}{R_1}.$$

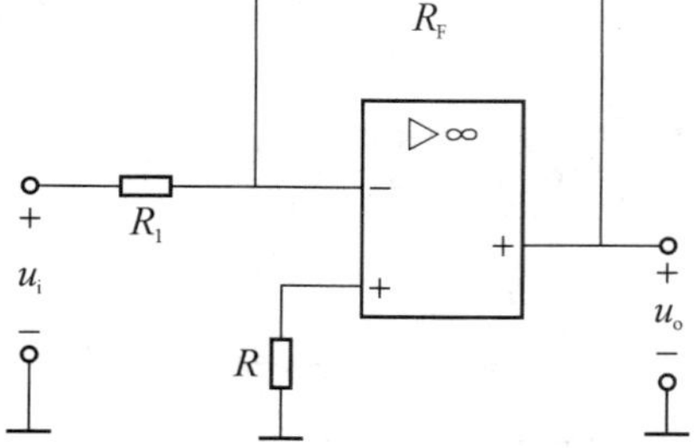

图6-7 反相输入比例运算电路

实验步骤如下：

① 按图6-7中的电路连接好线路，取 $R_1=1\ k\Omega$，$R_F=3\ k\Omega$，$R=1\ k\Omega$。

② 设置电源电压为 ±12 V。

③ 为了观察输入、输出的相位关系，输入信号采用直流，由直流稳压电源提供。

④ 分别按表 6－6 输入相应信号，用数字式万用表测量各自的输出电压 u_o，并将其与理论值进行比较。完成表 6－6 后，再测量反相输入端对地的电压。

表 6－6　反相输入比例运算电路记录表

u_i/V		0.5	－1
u_o/V	测量值		
	理论值		
误差			
反相输入端电压 U_-			

⑤ 输入信号改为由信号源提供 1 kHz、1V_{P-P}的交流信号，测量该电路的电压放大倍数 A_{uf}，用示波器观测输入、输出波形，并将其记录在图 6－8 中。

⑥ 关掉实验箱上的电源，以备后面改变电路。

⑦ 总结实验结论。

⑧ 分析误差产生的主要原因。

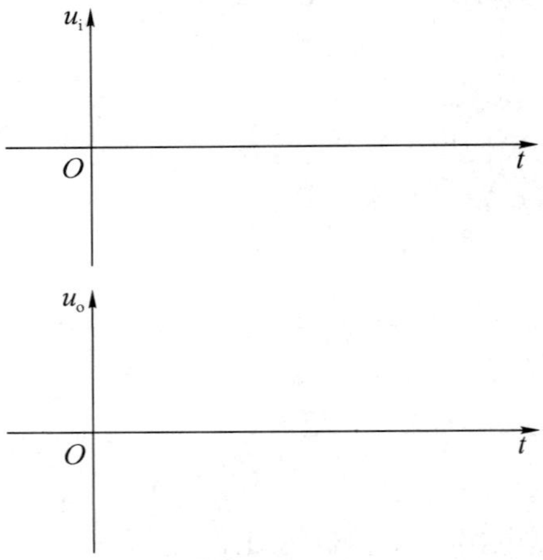

图 6－8　反相输入比例运算电路的波形

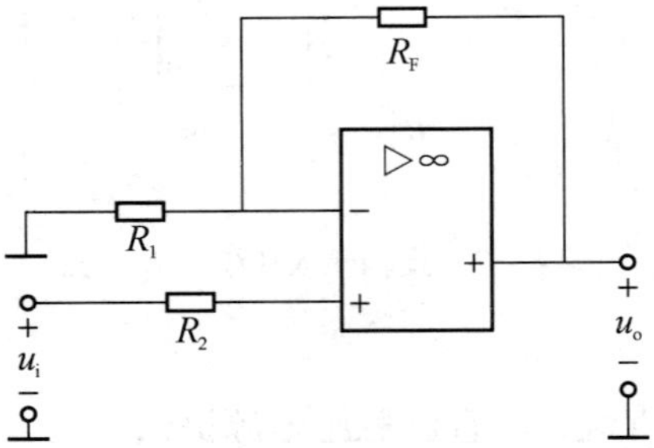

图 6－9　同相输入比例运算电路

（2）同相输入比例运算电路。同相输入比例运算电路如图 6－9 所示，可见，信号从同相输入端输入，反馈网络仍加到反相输入端，属于串联电压反馈类型，故它有输入阻抗高、输出阻抗低的特点。电压放大倍数为

$$A_{uf} = 1 + \frac{R_F}{R_1}$$

实验步骤如下：

① 按照图 6－9 中的电路连接好线路。

② 按表6－7中的输入信号，测量 u_o，并完成表6－7。

表6－7　同相输入比例运算电路记录表

u_i/V		1	－0.5
u_o/V	测量值		
	理论值		
误差			
U_-			

③ 测量同相输入端和反相输入端的直流电压。

④ 关掉实验箱上的电源，以备后面改变电路。

⑤ 总结实验结论。

⑥ 分析误差产生的主要原因。

（3）加法器。在图6－7中电路的基础上，在反相输入端再接一个电阻 $R_2=1.5\ \text{k}\Omega$，并加入另一个输入信号 u_{i2}，则可实现两个信号相加。电路如图6－10所示，设 $R_1=R_2$。

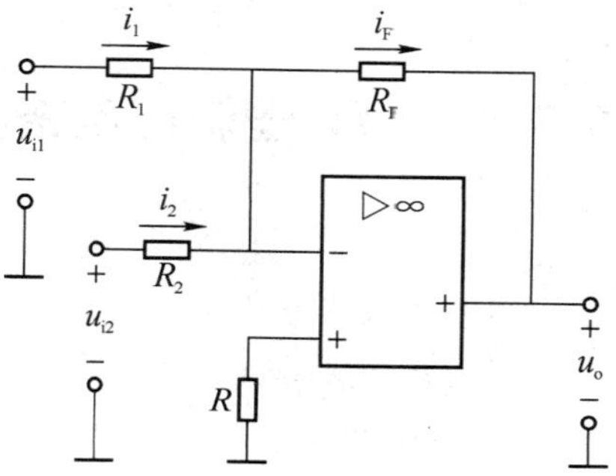

图6－10　加法器

实验步骤如下：

① 保持图6－7中电路的连线不变，在反相输入端再接一个电阻 $R_2=1.5\ \text{k}\Omega$，并加入另一个输入信号 u_{i2}。

② 按表6－8中的输入信号，测量 u_o，并完成表6－8。

表6－8　加法器记录表

u_i/V		u_{i1}	u_{i2}	u_{i1}	u_{i2}
		1	－2	－0.5	1.5
u_o/V	测量值				
	理论值				
误差					

③ u_i改为由信号源提供1 kHz、1 V_{P-P}的交流信号，测量该电路的电压放大倍数 A_{uf}。用示波器观测输入、输出波形，并记录。

④ 关掉实验箱上的电源，以备后面改变电路。

⑤ 总结实验结论。

⑥ 分析误差产生的主要原因。

4. 预习要求

（1）做好实验预习，弄清楚集成运放的工作原理及其应用，写好预习报告。

（2）掌握集成运放的使用方法。

5. 实验报告要求

（1）整理好实验数据。

（2）总结每种电路的特点。

（3）总结实验的收获及体会。

6. 思考题

（1）集成运放实际上是一个直流放大器，它能否放大交流信号？

（2）在集成运放的使用过程中，当从同相输入端输入时，反相输入端的电压是否为零？为什么？

（3）在电路中，怎样判断集成运放是否被损坏？

（4）影响输出误差的主要因素有哪些？

6.2.5 TTL逻辑门电路测试

1. 训练目标

（1）熟悉并掌握数字电路的测试方法。

（2）验证基本逻辑门电路的逻辑功能。

2. 训练器材

（1）直流稳压电源，1台。

（2）集成逻辑门芯片74LS00、74LS02、74LS04、74LS08、74LS10，各1片。

3. 训练内容

（1）2输入四与非门——74LS00。74LS00包括四个独立的2输入与非门，即所谓的“四与非门”，它们引脚中的A、B是输入端，Y是输出端。选用实验箱上的两组高低电平开关作为被测与非门的A、B两个输入端，用一个发光二极管与Y端相连，显示输出电平。

① 熟悉引脚的排列，如图4－22所示。

② 改变电平开关的位置，观察发光二极管，将输出电平值填入表6－9中。

表6－9　74LS00记录表

A	B	Y
0	0	
0	1	
1	0	
1	1	

（2）2输入四或非门——74LS02。74LS02包括四个独立的2输入或非门，即所谓的“四或非门”，它们引脚中的A、B是输入端，Y是输出端。选用实验箱上的两组高低电平开关作为被测或非门的A、B两个输入端，用一个发光二极管与Y端相连，显示输出电平。

① 熟悉引脚的排列，如图6-11所示。

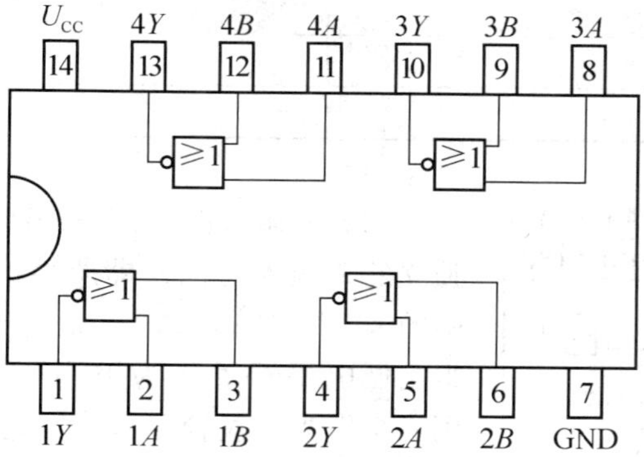

图6-11 74LS02的引脚排列

② 改变电平开关的位置，观察发光二极管，将输出电平值填入表6-10中。

表6-10 74LS02记录表

A	B	Y
0	0	
0	1	
1	0	
1	1	

（3）六非门——74LS04。74LS04包括六个独立的非门，亦称为“六非门”，它们引脚中的输入端为A，输出端为Y，可自选任何一个非门进行测试。选用实验箱上的一组高低电平开关作为被测非门的输入端，用一个发光二极管显示输出电平。

① 熟悉引脚的排列，如图6-12所示。

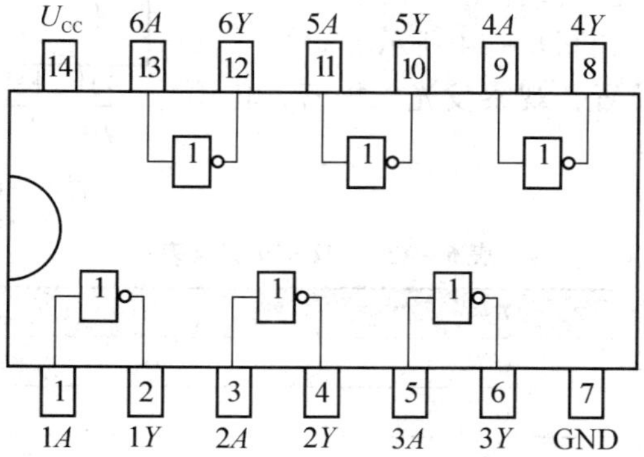

图6-12 74LS04的引脚排列

② 改变电平开关的位置，观察发光二极管，将输出电平值填入表6-11中。

表 6-11　74LS04 记录表

A	*Y*
0	
1	

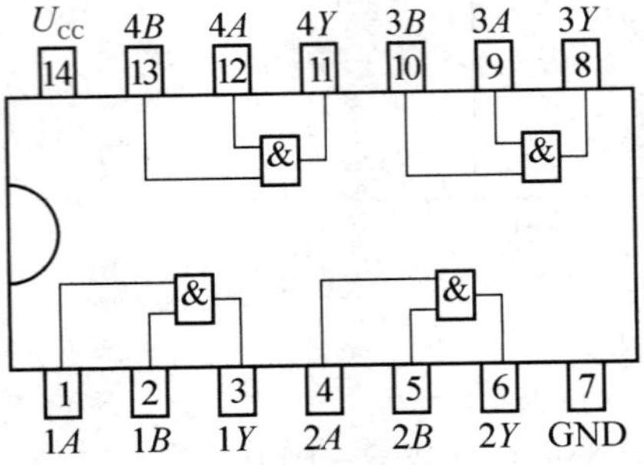

图 6-13　74LS08 的引脚排列

（4）2 输入四与门——74LS08。74LS08 包括四个独立的 2 输入与门，即所谓的“四与门”，它们引脚中的 *A*、*B* 是输入端，*Y* 是输出端。选用实验箱上的两组高低电平开关作为被测与门的 *A*、*B* 两个输入端，用一个发光二极管显示输出电平。

① 熟悉引脚的排列，如图 6-13 所示。

② 改变电平开关的位置，观察发光二极管，将输出电平值填入表 6-12 中。

表 6-12　74LS08 记录表

A	*B*	*Y*
0	0	
0	1	
1	0	
1	1	

（5）3 输入三与非门——74LS10。74LS10 包括三个独立的 3 输入与非门，即所谓的“三与非门”，它们引脚中的 *A*、*B*、*C* 是输入端，*Y* 是输出端。选用实验箱上的两组高低电平开关作为被测与非门的 *A*、*B*、*C* 三个输入端，用一个发光二极管显示输出电平。

① 熟悉引脚的排列，如图 6-14 所示。

② 改变电平开关的位置，观察发光二极管，将输出电平值填入表 6-13 中。

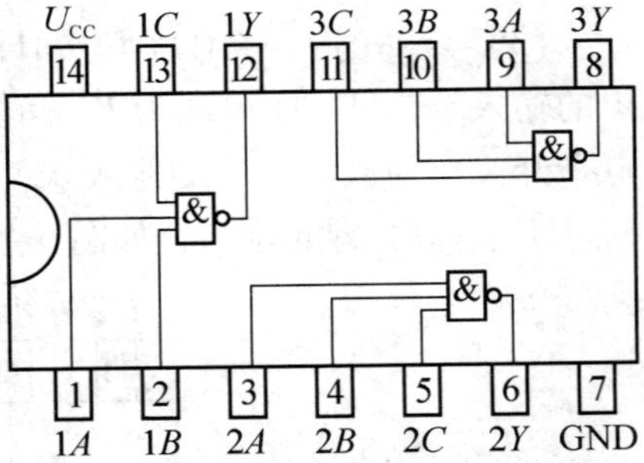

图 6-14　74LS10 的引脚排列

表 6-13　74LS10 记录表

A	*B*	*C*	*Y*
0	0	0	
0	0	1	
0	1	0	
0	1	1	
1	0	0	
1	0	1	

续表

A	B	C	Y
1	1	0	
1	1	1	

（6）验证基本逻辑门电路的逻辑功能。

① 用非门和与非门组成的或门电路如图6－15所示，输入端用电平开关，输出端接发光二极管。

② 改变电平开关的位置，观察发光二极管，将输出电平值填入表6－14中。

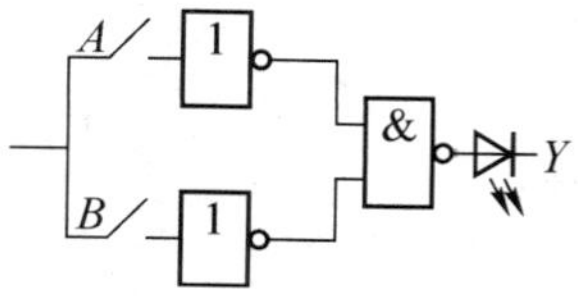

图6－15　用非门和与非门组成的或门电路

表6－14　或门记录表

A	B	Y
0	0	
0	1	
1	0	
1	1	

4. 实验报告要求

（1）填写各集成门的逻辑功能表。

（2）写出各集成门电路的逻辑表达式。

（3）根据图6－15推导或门的逻辑表达式。

5. 思考题

表6－14中的实验结果是否符合图6－15中电路的逻辑功能？

6.2.6　集成计数器测试

1. 训练目标

（1）熟悉并掌握集成计数器的逻辑功能和各个控制端的作用。

（2）掌握集成计数器的使用方法。

2. 训练器材

（1）直流稳压电源，1台。

（2）集成电路芯片74LS161（4位同步二进制计数器）、74LS00（2输入四与非门）、74LS248（七段显示译码器），各1片。

3. 训练内容

（1）4位同步二进制计数器74LS161。计数器是应用最广泛的时序逻辑电路，74LS161是一种4位二进制或1位十六进制计数器，可以直接用来组成4位二进制计数器和1位十六进制计数器。除此之外，借助于异步清零法和同步置数法，还可以灵活地组成2～16的任意一种进制。74LS161的引脚排列如图4－61所示，其逻辑功能表如表6－15所示。

表 6-15 74LS161 的逻辑功能表

$\overline{CR}$	$\overline{LD}$	$\overline{CT_T}$	$\overline{CT_P}$	功能	CP	Q_3	Q_2	Q_1	Q_0	备注	CO
0	×	×	×	清零	×	0	0	0	0	←0000	
1	0	×	×	置数	↑	D_3	D_2	D_1	D_0	←$D_3D_2D_1D_0$	
1	1	0	×	保持	×	Q_3	Q_2	Q_1	Q_0	不变	
		×	0								
1	1	1	1	计数	↑	0	0	0	0		0
					↑	0	0	0	1		0
					⋮	⋮	⋮	⋮	⋮		0
					↑	1	1	1	1		1
					↑	0	0	0	0		0

注："×"号表示取值为"0""1"均可。

（2）2 输入四与非门 74LS00。2 输入四与非门 74LS00 的引脚排列如图 4-22 所示。

（3）七段显示译码器 74LS248。74LS248 把 4 位 BCD 码译成驱动七段数码管的信号。74LS248 的引脚排列如图 6-16 所示，其逻辑功能表如表 6-16 所示。

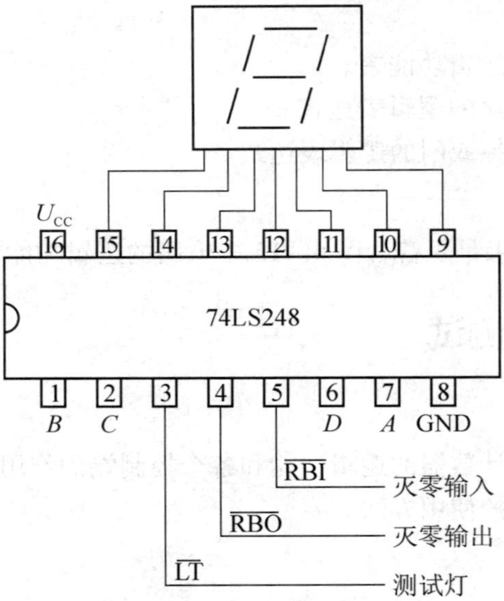

图 6-16 74LS248 的引脚排列

表 6-16 74LS248 的逻辑功能表

$\overline{LT}$	$\overline{RBI}$	D	C	B	A	数字	$\overline{RBO}$
1	1	0	0	0	0	0	0
1	1	0	0	0	1	1	1
1	1	0	0	1	0	2	1
⋮	⋮	⋮	⋮	⋮	⋮	⋮	⋮

续表

$\overline{LT}$	$\overline{RBI}$	*D*	*C*	*B*	*A*	数字	$\overline{RBO}$
1	1	0	1	1	1	7	1
1	1	1	0	0	0	8	1
1	1	1	0	0	1	9	1
0	×	×	×	×	×	8	0
1	0	0	0	0	0	熄灭	0

注："×"号表示取值为"0""1"均可。

（4）设计应用74LS161、74LS00和74LS248组成十进制加法计数器，并用七段数码管显示记数结果。其电路如图6－17所示。

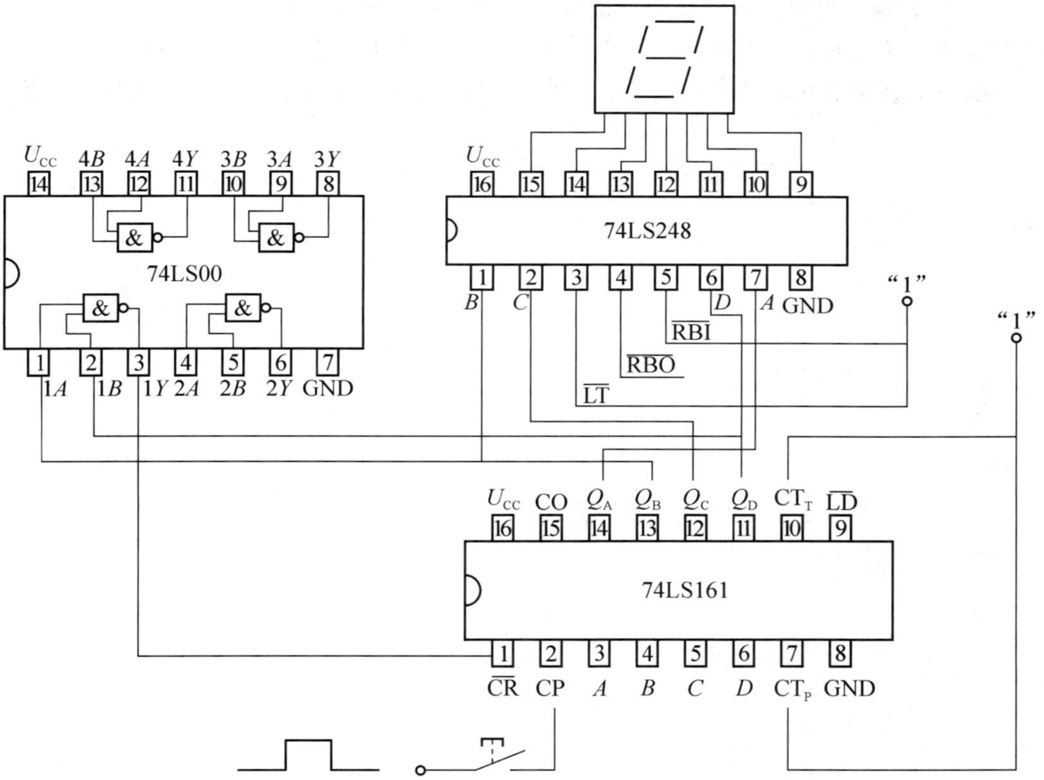

图6－17　74LS248的应用电路

4. 预习要求

（1）做好实验预习，弄清楚74LS161、74LS00和74LS248各个引脚的作用。

（2）总结实验的收获及体会。

5. 思考题

（1）什么是译码？

（2）简述74LS248的译码过程。

参考文献

[1] 秦曾煌. 电工学：上册：电工技术 [M]. 7 版. 北京：高等教育出版社，2009.
[2] 秦曾煌. 电工学：下册：电子技术 [M]. 7 版. 北京：高等教育出版社，2009.
[3] 张宪. 电工技术：电工学Ⅰ [M]. 北京：国防工业出版社，2003.
[4] 王乃成. 电子技术：电工学Ⅱ [M]. 北京：国防工业出版社，2003.
[5] 舒华. 汽车电器与电控技术 [M]. 北京：机械工业出版社，2011.
[6] 舒华，姚国平. 汽车电器设备与维修 [M]. 3 版. 北京：北京理工大学出版社，2012.
[7] 李良洪. 电工手册 [M]. 2 版. 北京：电子工业出版社，2012.
[8] 李良洪，何惠英. 电工仪表与测量 [M]. 北京：电子工业出版社，2014.
[9] 李良洪. 万用表检测汽车发动机电控系统 [M]. 2 版. 北京：化学工业出版社，2013.

附录

附录1　常用电阻器、电容器的标称值

电阻器和电容器的标称值应符合附表1中所列数值之一，或附表1中所列数值乘以10^n（n为正整数或负整数）。

附表1　电阻器和电容器的标称值

E24 系列	E12 系列	E6 系列	E24 系列	E12 系列	E6 系列
允许偏差 ±5%	允许偏差 ±10%	允许偏差 ±20%	允许偏差 ±5%	允许偏差 ±10%	允许偏差 ±20%
1.0	1.0	1.0	3.3	4.7	
1.1	1.2	1.5	3.6	5.6	
1.2	1.2	1.5	3.9	5.6	
1.3	1.5	1.5	4.3	6.8	
1.5	1.5	2.2	4.7	8.2	
1.6	1.8	3.3	5.1		
1.8	2.2	3.3	5.6		
2.0	2.2	3.3	6.2		
2.2	2.7	4.7	6.8		
2.4	3.3	6.8	7.5		
2.7	3.3	6.8	8.2		
3.0	3.9	6.8	9.1		

注：1. 常用的固定电阻器分为线绕电阻器和非线绕电阻器两类。其中，线绕电阻器的额定功率有0.05 W、0.125 W、0.25 W、0.5 W、1 W、2 W、4 W、8 W、10 W、16 W、25 W、40 W、50 W、75 W、100 W、150 W、250 W、500 W等；非线绕电阻器的额定功率有0.05 W、0.125 W、0.25 W、0.5 W、1 W、2 W、5 W、10 W、25 W、50 W、100 W等。

2. 电解电容的容量范围一般为1～5 000 μF。直流工作电压有6.3 V、10 V、16 V、25 V、32 V、50 V、60 V、100 V、160 V、200 V、300 V、450 V、500 V等。

附录2　半导体器件型号的命名方法

国产半导体器件的型号一般由以下五个部分组成：

第一部分：用数字表示器件的电极数目，如2表示二极管、3表示三极管。

第二部分：用字母表示器件的材料和极性，其含义如附表2所示。

第三部分：用字母表示器件的类型，其含义如附表3所示。

第四部分：用数字表示序号。

第五部分：用字母表示规格号。

注：场效应器件、半导体特殊器件、复合管、PIN型管、激光器件的型号中只有第三至第五部分。

附表2　国产半导体器件材料和极性的含义

电极数目	符　号	含　义
二极管	A	N型，锗材料
	B	P型，锗材料
	C	N型，硅材料
	D	P型，硅材料
三极管	A	PNP型，锗材料
	B	NPN型，锗材料
	C	PNP型，硅材料
	D	NPN型，硅材料
	E	化合物材料

附表3　国产半导体器件类型的含义

符号	含义	符号	含　义
P	普通管	X	低频小功率三极管（截止频率低于3 MHz，耗散功率低于1 W）
V	微波管	G	高频小功率三极管（截止频率不低于3 MHz，耗散功率低于1 W）
W	稳压管	D	低频大功率三极管（截止频率低于3 MHz，耗散功率不低于1 W）
C	参量管	A	高频大功率三极管（截止频率不低于3 MHz，耗散功率不低于1 W）
Z	整流管	T	半导体闸流管（可控整流管）
L	整流堆	Y	体效应器件
S	隧道管	B	雪崩管
N	阻尼管	J	阶跃恢复管

续表

符号	含义	符号	含 义
U	光电管	CS	场效应器件
K	开关管	BT	半导体特殊器件
FH	复合管	JG	激光管
PIN	PIN 管		

国产半导体器件的型号示例如附图 1 所示。

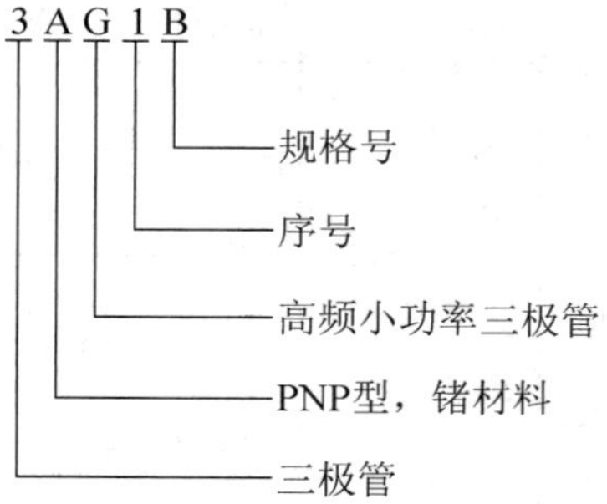

附图 1 国产半导体器件的型号示例

附录3　集成电路型号的命名方法

集成电路型号的命名方法如附表4所示。

附表4　集成电路型号的命名方法

第一部分		第二部分		第三部分	第四部分		第五部分	
器件符合国家标准		用字母表示器件的类型		用数字表示器件的系列和品种代号	用字母表示器件的工作温度		用字母表示器件的封装形式	
符号	含义	符号	含义		符号	含义	符号	含义
C	中国制造	T	TTL电路		C	0 ℃ ~70 ℃	F	多层陶瓷扁平
		H	HTL电路				B	塑料扁平
		E	ECL电路		G	−25 ℃ ~70 ℃	H	黑瓷扁平
		C	CMOS				D	多层陶瓷双列直插
		M	存储器		L	−25 ℃ ~85 ℃	J	黑瓷双列直插
		μ	微型机电路				P	塑料双列直插
		F	线性放大器		E	−40 ℃ ~85 ℃	S	塑料单列直插
		W	稳压器				K	金属菱形
		B	非线性电路		R	−55 ℃ ~85 ℃	T	金属圆形
		J	接口电路				C	陶瓷片状载体
		AD	模/数转换器		M	−55 ℃ ~125 ℃	E	塑料片状载体
		DA	数/模转换器				G	网格阵列
		D	音响电视电路					
		SC	通信专用电路					
		SS	敏感电路					
		SW	钟表电路					

集成电路的型号示例如附图2所示。

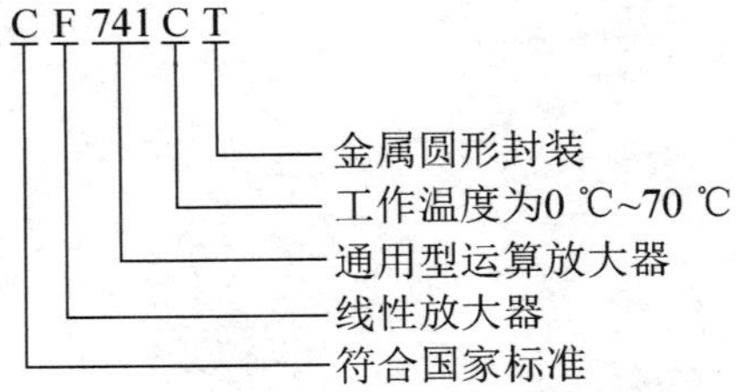

附图2　集成电路的型号示例

汽车电工电子基础

形成性考核册

国家开放大学汽车学院　编

考核册为附赠资源，适用于本课程采用纸质形考的学生。

若采用**网上形考**或有其他疑问请咨询课程教师。

学校名称：________________

学生姓名：________________

学生学号：________________

班　　级：________________

形成性考核是学习测量和评价的重要组成部分。在教学过程中，对学生的学习行为和成果进行考核是教与学测评改革的重要举措。

《形成性考核册》是根据课程教学大纲和考核说明的要求，结合学生的学习进度而设计的测评任务与要求的汇集。

为了便于学生使用，现将《形成性考核册》作为主教材的附赠资源提供给学生，采用纸质形考的学生可将各次作业按需撕下，完成后自行装订交给老师。若采用**网上形考**或有其他疑问请咨询课程教师。

汽车电工电子基础作业 1

姓　　名:	
学　　号:	
得　　分:	
教师签名:	

一、单项选择题（在每小题的备选答案中，选出一个正确答案，并将其序号填在括号内。多选、错选均不得分。15 小题，每小题 2 分，共 30 分）

1. 已知空间中有 A、B 两点，电压 $U_{AB}=10$ V，A 点的电位为 $V_A=4$ V，则 B 点的电位 $V_B=$（　　）。

A. 6 V　　B. −6 V　　C. 14 V　　D. −14 V

2. 在电路中，任一瞬时流向某一结点的电流之和应（　　）从该结点流出的电流之和。

A. 大于　　B. 小于　　C. 等于　　D. 无关

3. 基尔霍夫电压定律是关于电路中（　　）受到的约束。

A. 电磁关系　　B. 支路电流　　C. 回路电压　　D. 回路电流

4. 在图 1 所示的电路中，电源开路电压 $U_o=230$ V，电源短路电流 $I_S=1\ 150$ A。当负载电流 $I=50$ A 时，负载电阻为（　　）。

A. 0.2 Ω　　B. 4.0 Ω　　C. 4.4 Ω　　D. 4.6 Ω

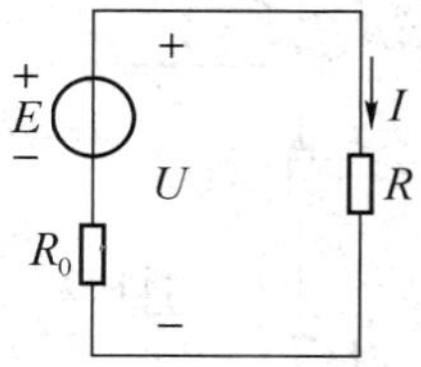

图 1　单项选择题 4 的电路

5. 在图 2 所示的电路中，A、B 两点间的等效电阻为（　　）。

A. 0.5 Ω　　B. 2.0 Ω　　C. 3.0 Ω　　D. 5.0 Ω

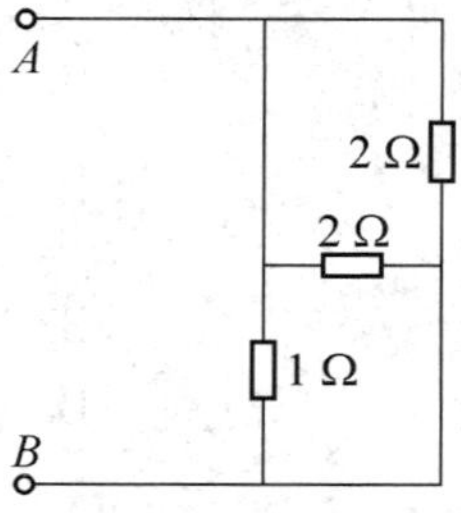

图 2　单项选择题 5 的电路

← 每次作业做完后，由此剪下，请自行装订。

6. 图3（a）中的电路用图3（b）中的等效电压源代替，则该等效电压源的参数为（　　）。

A. $U_S=4$ V，$R=2$ Ω　　B. $U_S=1$ V，$R=2$ Ω

C. $U_S=4$ V，$R=0.5$ Ω　　D. $U_S=1$ V，$R=0.5$ Ω

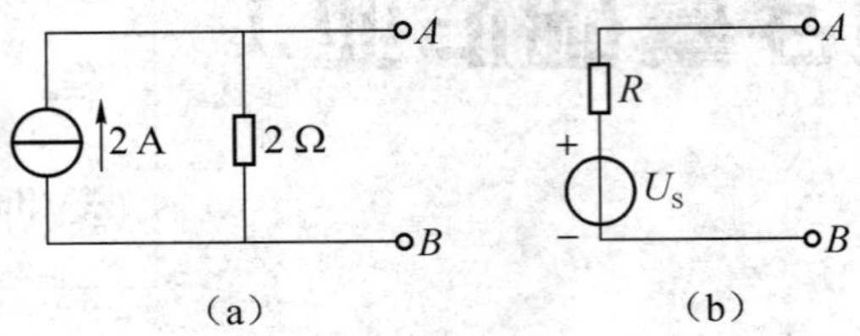

图3　单项选择题6的电路

7. 将图4中的电路化为电流源模型，其电流 I_S 和电阻 R 分别为（　　）。

A. 1 A，2 Ω　　B. 1 A，1 Ω　　C. 2 A，1 Ω　　D. 2 A，2 Ω

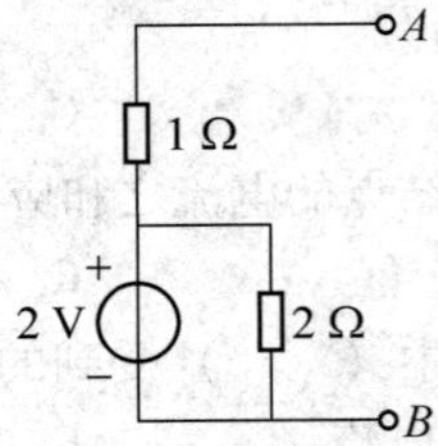

图4　单项选择题7的电路

8. 将图5中的电路化为电压源模型，其电压 U 和电阻 R 分别为（　　）。

A. 2 V，1 Ω　　B. 1 V，2 Ω　　C. 2 V，2 Ω　　D. 1 V，1 Ω

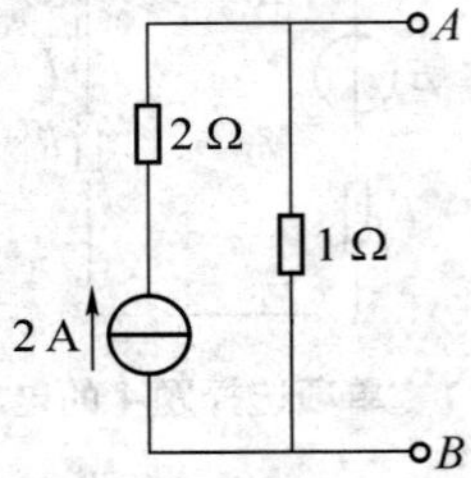

图5　单项选择题8的电路

9. 当电流源开路时，该电流源内部（　　）。

A. 有电流，有功率损耗　　B. 无电流，有功率损耗

C. 有电流，无功率损耗　　D. 无电流，无功率损耗

10. 磁感应强度的单位是（　　）。

A. 安［培］每米（A/m）　　B. 韦［伯］（Wb）

C. 特［斯拉］（T）　　D. 伏·秒（V·s）

11. 磁场强度的单位是（　　）。

A. 安［培］每米（A/m）　　B. 韦［伯］（Wb）

C. 特［斯拉］（T）　　D. 伏·秒（V·s）

12. 当直流磁路中铁心的平均长度增加，而其他条件不变时，磁路的磁通（　　）。

A. 增大　　B. 减小　　C. 不变　　D. 无法确定

13. 当直流铁心线圈的匝数增加一倍，其他条件不变时，磁路的磁通势（　　）。

A. 增大　　B. 减小　　C. 不变　　D. 无法确定

14. 在交流磁路中，当铁心的横截面积减小，其他条件不变时，磁路的磁通势（　　）。

A. 增大　　B. 减小　　C. 不变　　D. 无法确定

15. 汽车交流发电机不能给（　　）提供电能。

A. 蓄电池　　B. 收音机　　C. 起动机　　D. 空调压缩机

二、多项选择题（在每小题的备选答案中，选出不少于两个正确答案，并将其序号填在括号内。多选、少选、错选均不得分。5小题，每小题4分，共20分）

1. 在含有储能元件的电路中，下列说法中，正确的是（　　）。

A. 电阻元件中的电压不能跃变　　B. 电感元件中的电压不能跃变

C. 电容元件中的电压不能跃变　　D. 电感元件中的电流不能跃变

2. 下列有关汽车蓄电池和汽车发电机的说法中，正确的是（　　）。

A. 汽车蓄电池是汽车的主要电源，汽车发电机是辅助电源

B. 汽车发电机与汽车蓄电池并联连接

C. 汽车发电机与汽车蓄电池可以同时供电，也可以单独供电

D. 汽车发电机需要电压调节器来调节输出电压

3. 下列有关磁性材料的说法中，正确的是（　　）。

A. 磁性材料的磁导率很高，其相对磁导率$\mu_r \gg 1$，可达数百、数千乃至数万

B. 磁性材料具有磁饱和性

C. 磁性材料具有磁滞性

D. 永磁材料具有较大的矫顽磁力，磁滞回线较宽

4. 下列有关功率损耗的说法中，正确的是（　　）。

A. 在交流铁心线圈中，既有铜损耗，又有铁损耗

B. 铁损耗是由磁滞和涡流产生的

C. 由磁滞产生的铁损耗称为磁滞损耗

D. 由涡流产生的铁损耗称为涡流损耗

5. 某反应式步进电机的结构如图6所示，其定子具有均匀分布的六个磁极，磁极上绕有绕组，两个相对的磁极组成一相。下列说法中，正确的是（　　）。

A. 在单三拍工作方式下，其步距角为30°

B. 在六拍工作方式下，其步距角为15°

C. 在双三拍工作方式下，其步距角为15°

D. 步进电机的转速取决于脉冲控制信号的频率

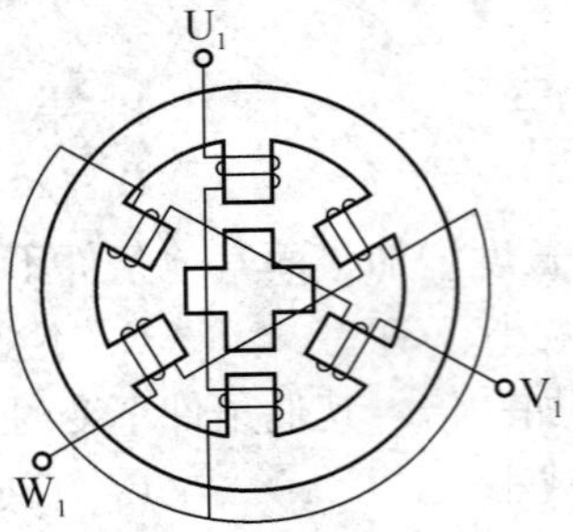

图 6　多项选择题 5 的图

三、判断题（对的画"√"，错的画"×"。10 小题，每小题 1 分，共 10 分）

1. 电感是储存电场能的元件。（　　）
2. 电阻是储存电场能的元件。（　　）
3. 电容是储存磁场能的元件。（　　）
4. 磁路就是磁通的闭合回路。（　　）
5. 直线电流的方向与其磁感线方向之间的关系可用安培定则来判定：用左手握住导线，让伸直的大拇指指向与导线中的电流方向一致，弯曲的四指所指的方向就是磁感线的环绕方向。（　　）
6. 磁场对电流的作用力称为安培力。安培力又称为磁场力，俗称磁力。（　　）
7. 在磁场中，垂直于磁场方向的通电直导线所受的安培力 F 与电流 I 和导线长度 L 的乘积 IL 之比叫作磁感应强度。（　　）
8. 电路中感应电动势的大小与穿过这一电路的磁通的变化率成正比。这就是法拉第电磁感应定律。（　　）
9. 楞次定律是这样叙述感应电流的方向的：感应电流的磁场总要加速引起感应电流的磁通的变化。（　　）
10. 伸开右手，让拇指与其余四指垂直，并且都与手掌在一个平面内，让磁感线垂直从手心进入，拇指所指的方向就是感应电流的方向，其余四指指向导体运动的方向。（　　）

四、简答题（2 小题，每小题 5 分，共 10 分）

1. 根据基尔霍夫电流定律，求图 7 所示电路中的电流 I_1 和 I_2。

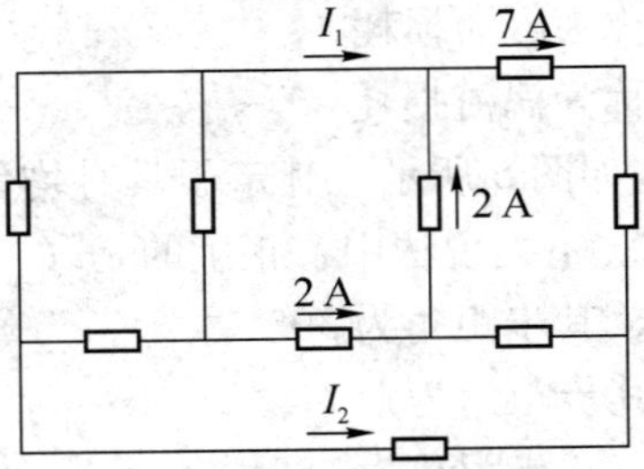

图 7　简答题 1 的电路

2. 已知电路如图 8 所示，试计算 A、B 两端的电阻。

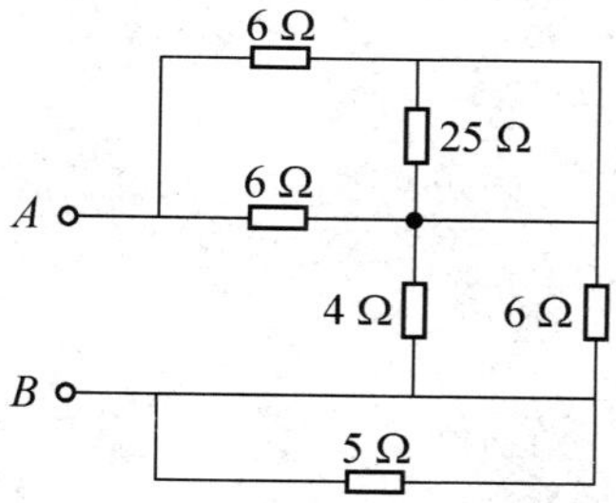

图 8　简答题 2 的电路

五、分析计算题（2 小题，每小题 15 分，共 30 分）

1. 根据基尔霍夫电压定律，求图 9 所示电路中的电压 U_1、U_2 和 U_3。

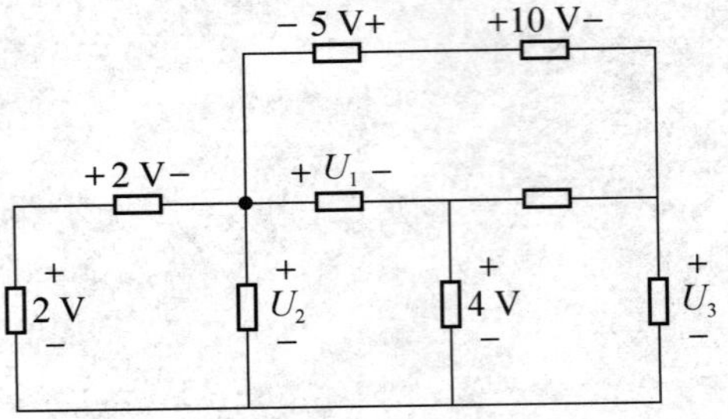

图 9　分析计算题 1 的电路

2. 试用电压源模型与电流源模型等效变换的方法，计算图 10 所示电路中阻值为 2 Ω 的电阻的电流 I。

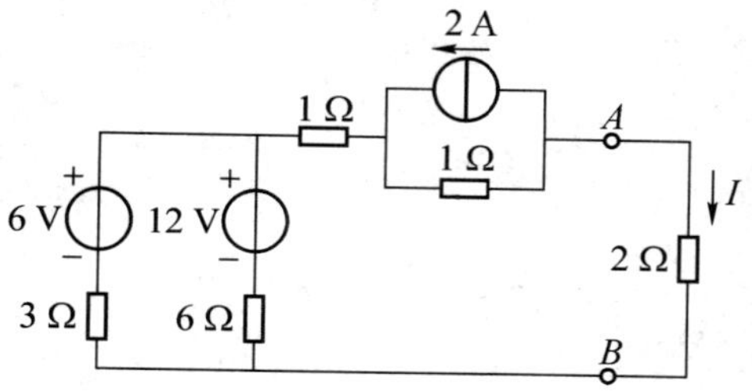

图 10　分析计算题 2 的电路

答 题 纸

汽车电工电子基础作业 2

姓　　名：________

学　　号：________

得　　分：________

教师签名：________

一、单项选择题（在每小题的备选答案中，选出一个正确答案，并将其序号填在括号内。多选、错选均不得分。15 小题，每小题 2 分，共 30 分）

1. 在杂质半导体中，多数载流子的浓度主要取决于（　　）。

A. 温度　　B. 掺杂工艺　　C. 杂质浓度　　D. 晶体缺陷

2. 半导体中传导电流的载流子是（　　）。

A. 电子　　B. 空穴　　C. 电子和空穴　　D. 不确定

3. PN 结具有的导电性为（　　）。

A. 双向导电性　　B. 单向导电性　　C. 不导电　　D. 不确定

4. 对半导体而言，下列说法中，正确的是（　　）。

A. 在 P 型半导体中，由于多数载流子为空穴，所以它带正电

B. 在 N 型半导体中，由于多数载流子为自由电子，所以它带负电

C. P 型半导体和 N 型半导体本身都不带电

D. P 型半导体带负电，N 型半导体带正电

5. 在图 1 所示的电路中，稳压二极管 D_{Z1} 和 D_{Z2} 的稳定电压分别为 5 V 和 7 V，其正向压降可忽略不计，则 U_o =（　　）。

A. 5 V　　B. 7 V　　C. 2 V　　D. 12 V

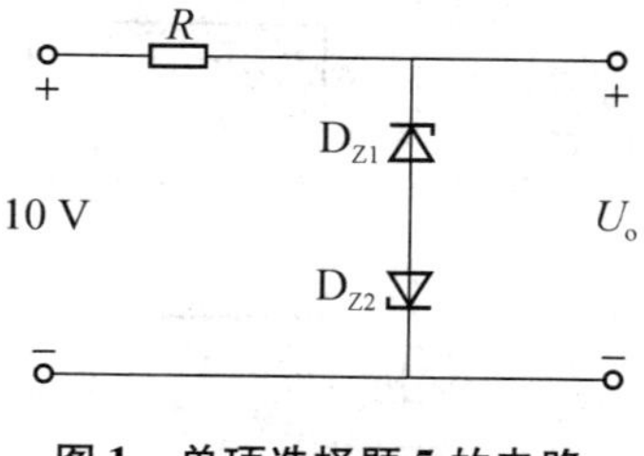

图 1　单项选择题 5 的电路

6. 在放大电路中，若测得某三极管三个极的电位分别为 6 V、1.2 V、1 V，则该三极管为（　　）。

A. NPN 型硅管　　B. PNP 型锗管　　C. NPN 型锗管　　D. PNP 型硅管

7. 某放大电路在负载开路时的输出电压为4 V，接入3 kΩ的负载电阻后，输出电压降为3 V，这说明放大电路的输出电阻为（　　）。

A. 10 kΩ　　B. 2 kΩ　　C. 1 kΩ　　D. 0.5 kΩ

8. 在画三极管放大电路的交流微变等效电路时，直流电压源 U_{CC} 应作（　　）。

A. 短路　　B. 开路　　C. 保留不变　　D. 任意处理

9. 在画三极管放大电路的交流微变等效电路时，电容 C_1、C_2 应作（　　）。

A. 短路　　B. 开路　　C. 保留不变　　D. 任意处理

10. R_o 是理想运算放大器的输出电阻，其特征是（　　）。

A. $R_o=0$　　B. R_o 较大　　C. $R_o\to\infty$　　D. R_o 与信号有关

11. 在图2所示的由理想运算放大器组成的运算电路中，若理想运算放大器所接电源为±12 V，且 $R_1=10$ kΩ，$R_F=100$ kΩ，则当输入电压 $u_i=2$ V时，输出电压 u_o 最接近（　　）。

A. 12 V　　B. −12 V　　C. 20 V　　D. −20 V

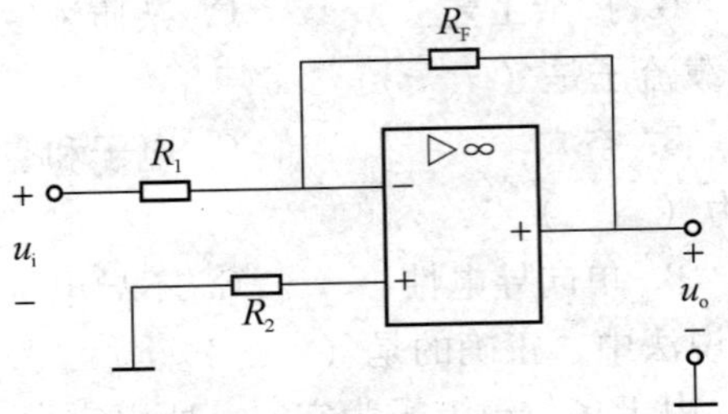

图2　单项选择题11的电路

12. 在图3所示的电路中，$R_1=4$ kΩ，$R_F=40$ kΩ，则其闭环电压放大倍数为（　　）。

A. −10　　B. −4　　C. 10　　D. 11

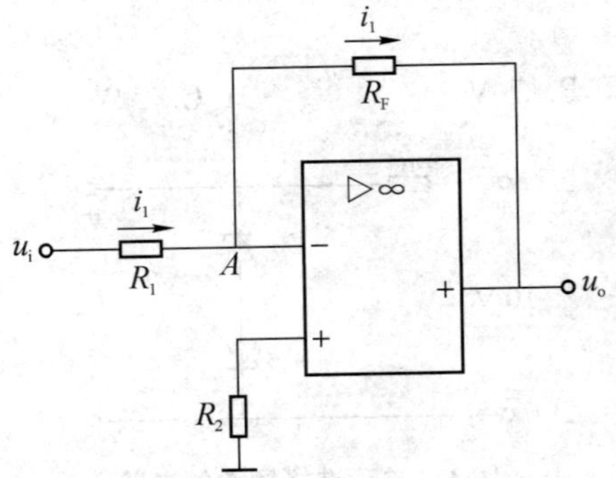

图3　单项选择题12的电路

13. 电路如图4所示，若 u_i 一定，当可变电阻 R_P 的阻值适当减小时，输出电压 u_o 的变化情况为（　　）。

A. 由小变大　　B. 由大变小

C. 基本不变　　D. 无法确定

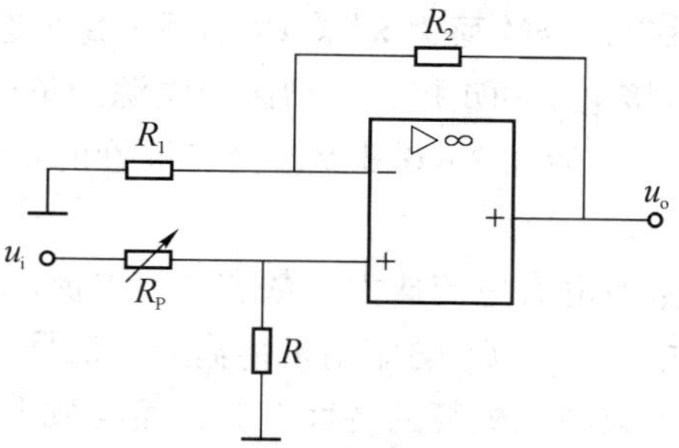

图 4　单项选择题 13 的电路

14. 要测量单相桥式整流电路的输入电压 U_i 及输出电压 U_o，应采用的方法是（　　）。

A. 用直流电压表分别测量 U_i 及 U_o

B. 用交流电压表分别测量 U_i 及 U_o

C. 用直流电压表测量 U_i，用交流电压表测量 U_o

D. 用交流电压表测量 U_i，用直流电压表测量 U_o

15. 在图 5 所示的稳压电路中，已知 $U_Z=6$ V，则 $U_o=$（　　）。

A. 6 V　　B. 15 V　　C. 21 V　　D. 150 V

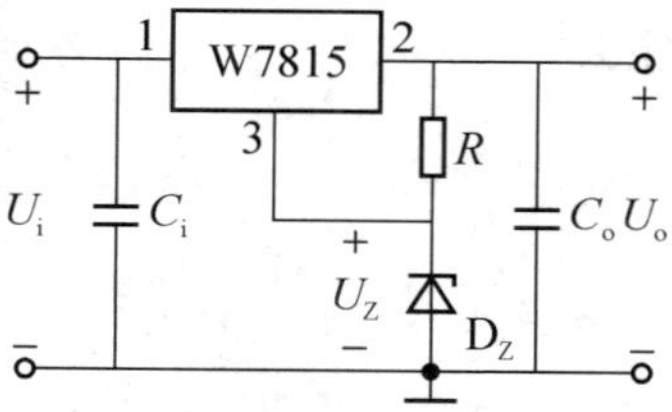

图 5　单项选择题 15 的电路

二、多项选择题（在每小题的备选答案中，选出不少于两个正确答案，并将其序号填在括号内。多选、少选、错选均不得分。5 小题，每小题 4 分，共 20 分）

1. 本征半导体具有（　　）。

A. 热敏性　　B. 光敏性　　C. 掺杂性　　D. 单向导电性

2. 集成运算放大器具有（　　）的特点，广泛应用在信号的放大、运算、处理等各方面。

A. 可靠性高　　B. 使用方便　　C. 放大性能好　　D. 单向导电性

3. 集成运算放大器引入适当的反馈，可以使输出和输入之间具有某种特定的函数关系，即实现特定的模拟运算，如（　　）等模拟运算电路。

A. 加法　　B. 减法　　C. 积分　　D. 微分

4. 常用的直流稳压电源一般包括（　　）等组成部分。

A. 电源变压器　　B. 整流电路　　C. 滤波电路　　D. 稳压电路

5. 整流电路可以按不同的分类方式进行分类，常用的有（　　）。

A. 单相半波整流电路　　B. 单相桥式整流电路

C. 双相半波整流电路　　D. 双相桥式整流电路

三、判断题（对的画“√”，错的画“×”。10 小题，每小题 1 分，共 10 分）

1. PN 结正偏是指 P 型区接电源的正极，N 型区接电源的负极。（　）

2. 硅二极管的正向导通电压为 0.2～0.3 V，锗二极管的正向导通电压为 0.6～0.8 V。（　）

3. 三极管的电流放大系数有静态电流放大系数和动态电流放大系数。（　）

4. 共发射极放大电路中电容 C_1、C_2 的作用是传输交流信号，而隔断直流信号。（　）

5. 放大电路的静态工作点只与三极管的特性有关，而与放大电路的结构无关。（　）

6. 对信号源而言，放大电路可等效为一个负载电阻，这个等效负载电阻称为放大电路的输出电阻。（　）

7. 集成运算放大器是一种具有很高的电压放大倍数的多级放大器。（　）

8. 若引入的反馈信号削弱了输入信号，使电路的放大倍数降低，则称为负反馈。（　）

9. 滤波电路用来将交流电变换成单向脉动直流电。（　）

10. 对于单独用电容或电感构成的滤波电路，其滤波效果不够理想。为了提高滤波效果，常用由电容和电感组成的复合滤波电路。（　）

四、简答题（2 小题，每小题 5 分，共 10 分）

1. 二极管反向截止的条件是什么？

2. 三极管处于放大区工作的条件是什么？

五、分析计算题（2 小题，每小题 15 分，共 30 分）

1. 三极管放大电路如图 6 所示，已知 $U_{CC}=15\ \text{V}$，$R_B=500\ \text{k}\Omega$，$R_C=5\ \text{k}\Omega$，$R_L=5\ \text{k}\Omega$，$\beta=50$。

（1）求静态工作点；

（2）画出微变等效电路；

（3）求电压放大倍数、输入电阻、输出电阻。

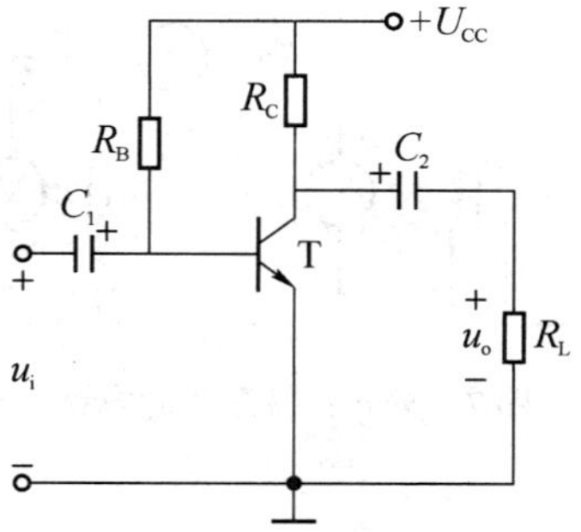

图 6　分析计算题 1 的电路

2. 在图 7 中．已知 $R_L = 80\ \Omega$，直流电压表(V)的读数为 110 V，试求：

（1）直流电流表(A)的读数；

（2）整流电流的最大值；

（3）交流电玉表(V_1)的读数；

（4）变压器二次侧电流的有效值，其中，二极管的正向压降忽略不计。

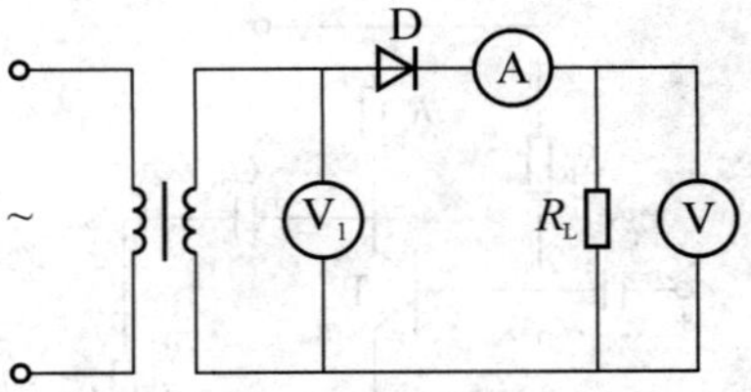

图 7　分析计算题 2 的电路

汽车电工电子基础作业 3

姓　　名：________

学　　号：________

得　　分：________

教师签名：________

一、单项选择题（在每小题的备选答案中，选出一个正确答案，并将其序号填在括号内。多选、错选均不得分。15 小题，每小题 2 分，共 30 分）

1. 图 1 所示为应用最广泛的矩形电压脉冲波形，其中，脉冲前沿是指图中的（　　）。

A. A　　B. B　　C. C　　D. D

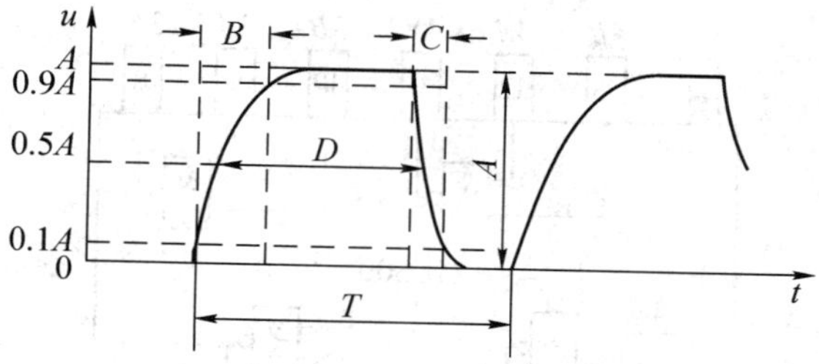

图 1　单项选择题 1 的图

2. 如图 2 所示，门电路的输出为（　　）。

A. $Y=\overline{A}$　　B. $Y=1$　　C. $Y=0$　　D. $Y=A$

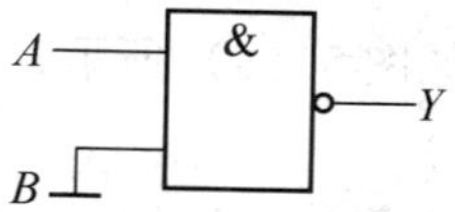

图 2　单项选择题 2 的图

3. 和$\overline{AB}$表示不同逻辑关系的逻辑表达式是（　　）。

A. $\overline{A}+\overline{B}$　　B. $\overline{A}\,\overline{B}$　　C. $\overline{A}B+\overline{B}$　　D. $A\overline{B}+\overline{A}$

4. 若两个逻辑函数相等，则它们的（　　）可能不同。

A. 真值表　　B. 逻辑表达式

C. 卡诺图　　D. 波形图

5. 如图 3 所示，组合逻辑电路的逻辑表达式为（　　）。

A. $Y=\overline{A}$　　B. $Y=A$　　C. $Y=1$　　D. $Y=0$

← 每次作业做完后，由此剪下，请自行装订。

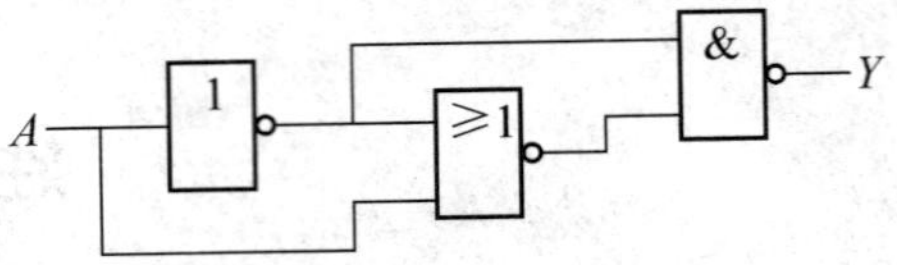

图 3　单项选择题 5 的图

6. 逻辑表达式 $Y=A(\overline{A}+B)+B(B+C)+B$ 可化简为（　　）。

A. $Y=A$　　B. $Y=B$　　C. $Y=C$　　D. $Y=1$

7. 在下列逻辑电路中，（　　）是组合逻辑电路。

A. 触发器　　B. 编码器　　C. 计数器　　D. 寄存器

8. 在下列逻辑电路中，（　　）不是组合逻辑电路。

A. 译码器　　B. 编码器　　C. 全加器　　D. 寄存器

9. 图 4 所示为常用的 74LS00 的引脚排列，其内部的 4 个（　　）是相互独立的，可以单独使用。

A. 与门　　B. 非门　　C. 与非门　　D. 与或非门

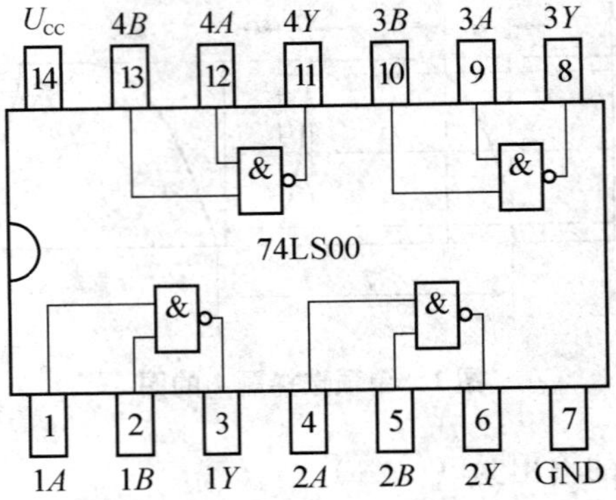

图 4　单项选择题 9 的图

10. 七段 LED 数码管的连接电路如图 5（a）所示，若输入信号 A 为高电平，则图 5（b）中的七段 LED 数码管显示数字（　　）。

A. 1　　B. 2　　C. 3　　D. 5

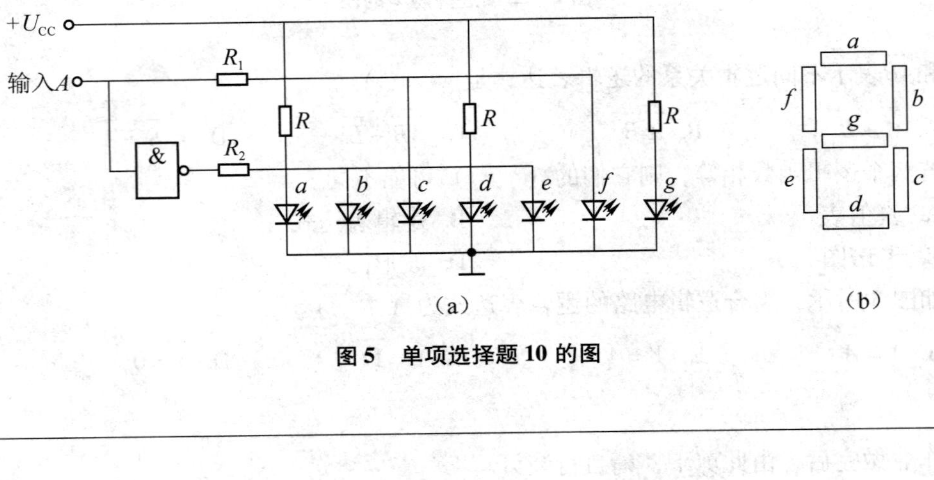

（a）　（b）

图 5　单项选择题 10 的图

11. 在下列电路中，常用于数据串并行转换的电路是（　　）。

A. 加法器　　B. 计数器

C. 移位寄存器　　D. 数值比较器

12. 变量 A、B 和函数 F 的逻辑关系如图 6 所示，F 的逻辑表达式为（　　）。

A. $F=AB$　　B. $F=A+B$

C. $F=\overline{A+B}$　　D. $F=\overline{AB}$

A	B	F
0	0	0
0	1	0
1	0	0
1	1	1

图 6　单项选择题 12 的图

13. 由 555 定时器组成的单稳态触发器如图 7 所示，若加大电容 C 的电容值，则（　　）。

A. 增大输出脉冲 u_o 的频率　　B. 增大输出脉冲 u_o 的宽度

C. 对输出脉冲 u_o 无影响　　D. 减小输出脉冲 u_o 的幅值

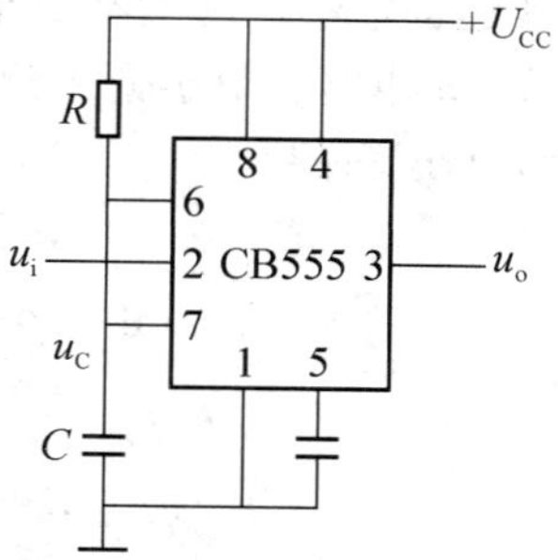

图 7　单项选择题 13 的图

14. 由 555 定时器组成的多谐振荡器如图 8 所示，其中，电阻 R_1、R_2 和电容 C 为外接元件，该多谐振荡器的振荡周期为（　　）。

A. $0.7(R_1+2R_2)C$　　B. $0.7(2R_1+R_2)C$

C. $1.4(R_1+2R_2)C$　　D. $1.4(2R_1+R_2)C$

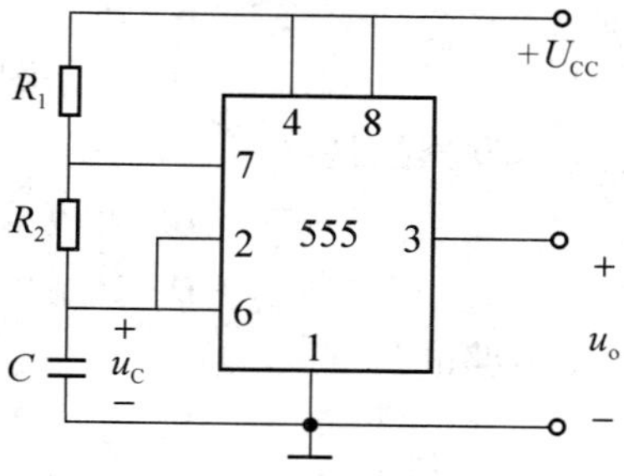

图 8　单项选择题 14 的图

15. 4 位倒 T 形电阻网络 DAC 如图 9 所示。它由倒 T 形电阻网络、模拟电子开关和一个加法器组成，则支路电流（　　）。

A. $I_3 = \dfrac{U_{REF}}{2R}$　　　B. $I_3 = \dfrac{U_{REF}}{4R}$

C. $I_3 = \dfrac{U_{REF}}{8R}$　　　D. $I_3 = \dfrac{U_{REF}}{16R}$

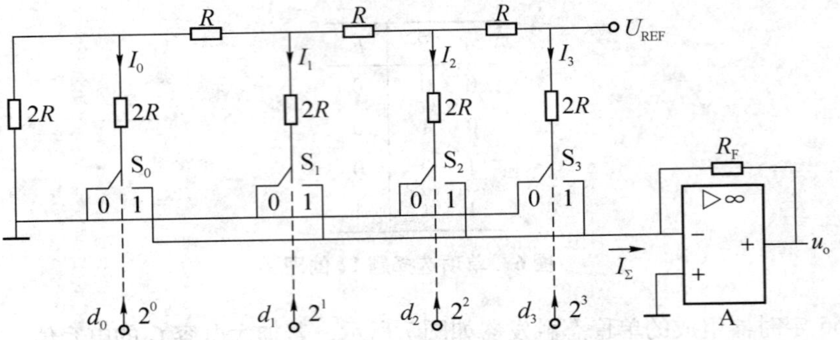

图 9　单项选择题 15 的图

二、多项选择题（在每小题的备选答案中，选出不少于两个正确答案，并将其序号填在括号内。多选、少选、错选均不得分。5 小题，每小题 4 分，共 20 分）

1. 下列逻辑门中，能使 Y 恒为 1 的逻辑门是（　　）。

A. 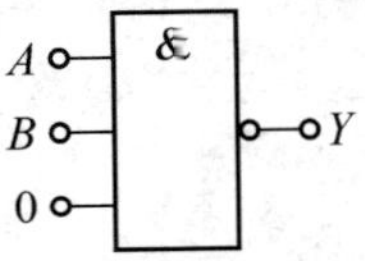

B. 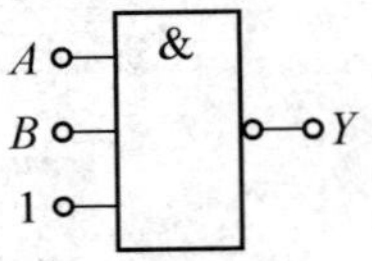

C. 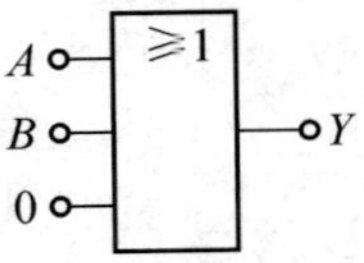

D. 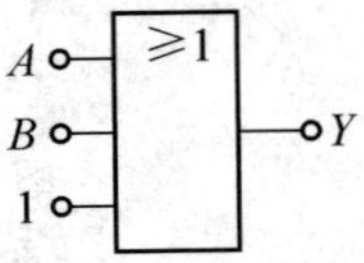

2. 与模拟电路相比，数字电路具有（　）等特点。

A. 抗干扰能力强　　B. 可靠性高

C. 精确性和稳定性好　　D. 通用性广

3. 下列各方法中，可以用来化简逻辑函数的是（　　）。

A. 配项法　　B. 并项法

C. 吸收法　　D. 卡诺图法

4. 下列触发器中，属于双稳态触发器的是（　　）。

A. 基本 RS 触发器　　B. 可控 RS 触发器

C. JK 触发器　　D. D 触发器

5. 下列电路中，属于时序逻辑电路的是（　　）。

A. 计数器　　B. 移位寄存器

C. 译码器　　D. 多谐振荡器

三、判断题（对的画“√”，错的画“×”。10小题，每小题1分，共10分）

1. 逻辑函数用来描述逻辑电路输出和输入之间的逻辑关系。（　　）
2. 在 $C=0$，$D=1$ 时，逻辑函数 $F=ACD+\overline{C}\,\overline{D}$ 的值为1。（　　）
3. 卡诺图既可以用来表示逻辑函数，也可以用来化简逻辑函数。（　　）
4. 基本逻辑关系有与逻辑、或逻辑和非逻辑。（　　）
5. 不考虑来自低位进位的两个一位二进制数的相加为全加，实现半加运算的电路称为全加器。（　　）
6. 把具有特定含义的输入信号（如文字、数字和符号）转换成二进制代码的过程叫作译码，能够实现该功能的电路称为译码器。（　　）
7. 时序逻辑电路与组合逻辑电路不同，它在任何时刻的输出状态只与该时刻输入信号的状态有关，而与输入信号作用前的输出状态无关。（　　）
8. JK触发器具有置0、置1、记忆、记数等多种逻辑功能。（　　）
9. 计数器由触发器和门电路组成，用来对脉冲进行计数。（　　）
10. 没有稳定状态的触发器称为无稳态触发器，又称为多谐振荡器。（　　）

四、简答题（2小题，每小题5分，共10分）

1. 化简逻辑表达式 $F=AB\overline{C}+\overline{A}B\overline{C}$。

2. 什么是计数器？除计数功能外，计数器还有什么功能？

五、分析计算题（2小题，每小题15分，共30分）

1. 已知某逻辑电路如图10所示，写出输出 Y 的逻辑表达式，并画出其波形（各输入端的输入波形如图11所示）。

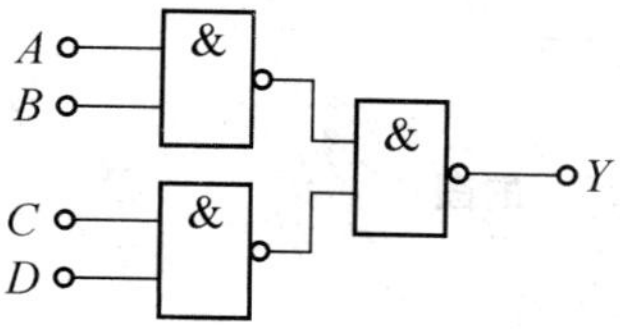

图10　分析计算题1的电路

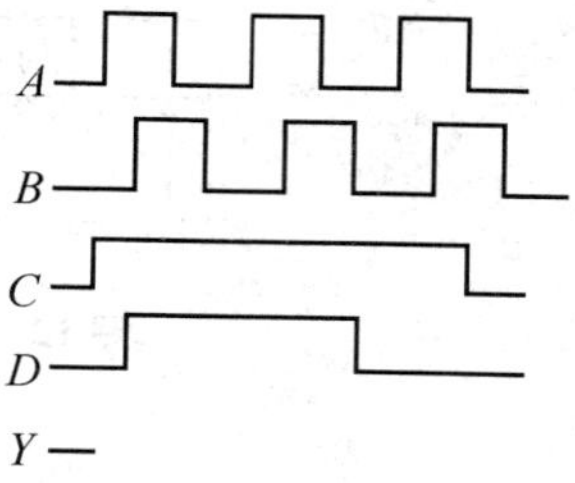

图11　分析计算题1的波形

2. 已知逻辑电路如图 12 所示，试写出它的输出逻辑表达式，并列出其真值表。

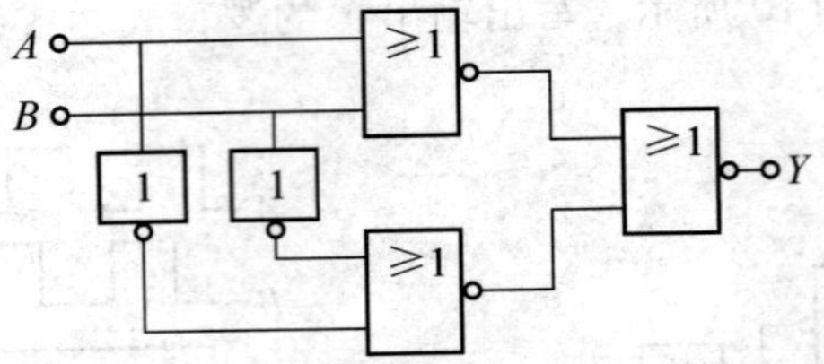

图 12　分析计算题 2 的图